T0285051

O Ensino das Literaturas em Português

Outono 2022/Primavera 2023

Tagus Press
Center for Portuguese Studies and Culture
University of Massachusetts Dartmouth
Portuguese Literary & Cultural Studies (PLCS) 38/39

PREVIOUS ISSUES

Fronteiras/Borders (PLCS 1)
Edited by Victor J. Mendes, Paulo de Medeiros, and José N. Ornelas

Lídia Jorge in other words / por outras palavras (PLCS 2)
Edited by Cláudia Pazos Alonso

Pessoa's Alberto Caeiro (PLCS 3)
Edited by Victor J. Mendes

2001 Brazil: A Revisionary History of Brazilian Literature and Culture (PLCS 4/5)
Edited by João Cezar de Castro Rocha

On Saramago (PLCS 6)
Edited by Anna Klobucka

A Repertoire of Contemporary Portuguese Poetry (PLCS 7)
Edited by Victor K. Mendes

Cape Verde: Language, Literature & Music (PLCS 8)
Edited by Ana Mafalda Leite

Post-Imperial Camões (PLCS 9)
Edited by João R. Figueiredo

Reevaluating Mozambique (PLCS 10)
Edited by Phillip Rothwell

Vitorino Nemésio and the Azores (PLCS 11)
Edited by Francisco Cota Fagundes

The Other Nineteenth Century (PLCS 12)
Edited by Kathryn M. Sanchez

The Author as Plagiarist—The Case of Machado de Assis (PLCS 13/14)
Edited by João Cezar de Castro Rocha

Remembering Angola (PLCS 15/16)
Edited by Phillip Rothwell

Parts of Asia (PLCS 17/18)
Edited by Cristiana Bastos

Facts and Fictions of António Lobo Antunes (PLCS 19/20)
Edited by Victor K. Mendes

Garrett's Travels Revisited (PLCS 21/22)
Edited by Victor K. Mendes and Valéria M. Souza

Economies of Relation: Money and Personalism in the Lusophone World (PLCS 23/24)
Edited by Roger Sansi

Lusofonia and Its Futures (PLCS 25)
Edited by João Cezar de Castro Rocha

Literary Histories in Portuguese (PLCS 26)
Edited by João Cezar de Castro Rocha

The South Atlantic, Past and Present (PLCS 27)
Edited by Luiz Felipe de Alencastro

Portuguese Literary & Cultural Studies (PLCS) is an interdisciplinary, peer-reviewed hybrid online and print journal that publishes original research related to the literatures and cultures of the diverse communities of the Portuguese-speaking world from a broad range of academic, critical and theoretical approaches. PLCS is published semi-annually by Tagus Press in the Center for Portuguese Studies and Culture at the University of Massachusetts Dartmouth.

Manuscript Policy

Portuguese Literary & Cultural Studies welcomes submission of original and unpublished manuscripts in English or Portuguese appropriate to the goals of the journal. Manuscripts should be between 6,000–8,500 words in length and must be accompanied by an abstract. Manuscripts should be in accordance with the *MLA Style Manual and Guide to Scholarly Publishing* (latest version) or *The Chicago Manual of Style* (latest version) with parenthetical documentation and a list of works cited. The author is responsible for the accuracy of all quotations, titles, names, and dates. Manuscripts should be double-spaced throughout. All of the information must be in the same language (e.g., abstract, body of the article, bio-blurb). Updated guidelines are available at https://ojs.lib.umassd.edu/index.php/plcs/index. PLCS encourages submission of manuscripts in the form of a single attached MS Word document.

Portuguese Literary & Cultural Studies 38/39

O Ensino das Literaturas em Português

Editado por Ana Bela Almeida e Joana Meirim

Tagus Press
UMass Dartmouth
Dartmouth, Massachusetts

Portuguese Literary and Cultural Studies 38/39
Center for Portuguese Studies and Culture/Tagus Press
University of Massachusetts Dartmouth
© 2023 The University of Massachusetts Dartmouth
All rights reserved
Manufactured in the United States of America
Copyedited by Diana Simões and Laura Reed-Morrison
Designed by Richard Hendel
Cover design & typesetting by Inês Sena

For all inquiries, please contact:
Center for Portuguese Studies and Culture/ Tagus Press
University of Massachusetts Dartmouth
285 Old Westport Road
North Dartmouth MA 02747–2300
Tel. 508–999–8255
Fax 508–999–9272
https://www.umassd.edu/portuguese-studies-center/

Cover Image: Constança Penedo

ISSN: 1521-804X (print)
ISSN: 2573-1432 (online)
ISBN: 978-1-951470-25-8 (pbk.: alk. paper)
ISBN: 9978-1-951470-26-5 (Ebook)

Library of Congress Control Number: 2023939240

5 4 3 2 1

Índice

O Ensino das Literaturas em Português

Secção Literária

Recensões

O Ensino das Literaturas em Português

O Ensino das Literaturas em Português:
Entre o Abismo e o Sofá

Prestes a começar a falar, ainda hoje a desnorteia pensar que o prazer que um dia
sentiu ao estar ali, sentada entre seus pares, diante da promessa da lousa, escutando
e anotando, foi responsável por conduzi-la a esse outro lugar que agora ocupa,
diante (e tão distante) deles.
Marcos Natali, A Literatura em Questão, 242.

A aula de literatura pressupõe a leitura do texto literário. É comummente aceite que o texto (a não ser em casos isolados, quando é breve, ou escolhido sob a forma de excerto) deve ser lido antes da aula, é anterior à aula, precede-a. De certa forma, é como se a aula fosse um apêndice em relação ao trabalho de leitura que já se fez. E, afinal, esta aula-apêndice é necessária ou não? Poderia um estudante ter uma nota brilhante num exame de literatura após a leitura aturada de bibliografia primária e secundária, sem necessidade da aula? Tudo nos indica que sim. Mas, então, para que servem as aulas de literatura, nas quais tantas vezes os professores recorrem à paráfrase, ao resumo, mesmo ao *spoiler* do final do romance, se os estudantes podem encontrar no texto e no aparato crítico em torno do mesmo (hoje em dia até em aplicações de inteligência artificial como o ChatGPT) material suficiente para passar no exame? A verdade é que, como argumenta Alcir Pécora, o que os professores de letras dão nas aulas de literatura não é propriamente "conhecimento," ainda que precisem muitas vezes de o afirmar para justificarem a sua existência (Pécora 2014, 307). Se a aula não traz exatamente conhecimento, qual é a estranha motivação que leva o estudante à aula quando esta não tem utilidade prática e existe apesar e para além da nota e da conclusão satisfatória da disciplina? Qual é o prazer que anula o desprazer de numa aula o professor nos contar o final de um romance?

Tendo, no início deste século, sido alunas de literatura do mesmo professor, o professor Abel Barros Baptista, na Universidade Nova de Lisboa, a nossa resposta comum é que o prazer deriva do contacto com o domínio de uma arte performativa, que, no caso das referidas aulas, consistiu numa verdadeira escola de ironia e de humor como forma de nos relacionarmos com o texto literário.

1

As aulas de literatura oferecem ainda um prazer paralelo ao da própria literatura, resultante da revisitação e indagação dos textos na companhia do professor e colegas. Nesta aula-diálogo formulam-se múltiplas hipóteses sobre o texto, numa longa sequência de perguntas sem resposta. Ora, se o ensino e a aprendizagem da literatura residem num processo de perguntas sem resposta, como alinhar isto com a necessidade do exame de literatura a que nos referíamos acima? Qual é a resposta para o exame? Qual é a resposta à pergunta sobre se a Capitu de Machado de Assis foi ou não infiel? Porque é que a literatura, e as aulas de literatura, são importantes? Talvez disto se deduza que as aulas de literatura são mais importantes para o resto das nossas vidas do que para o exame.

Agradecemos, desde logo, o muito generoso e desafiante convite da Professora Anna M. Klobucka, editora da *Portuguese Literary & Cultural Studies*, para organizarmos o volume sobre o ensino das literaturas em português. O tema que aqui nos ocupa, o do pensamento sobre o ensino da literatura, é, de certa forma, pouco comum. Não será por acaso que Paulo Franchetti, em nota prévia ao seu importante estudo *Sobre o Ensino da Literatura*, descreve com espanto: ". . . passei a vida ensinando e me preocupando com o que ensinar e como ensinar. E escrevi pouco sobre isso. . . . Então por que dediquei tão poucas páginas ao que para mim era essencial?" (Franchetti 2021, 7).

Procuramos, com este volume, dar espaço a esta indagação rara, a reflexão sobre a aula de literatura e sobre os sistemas de ensino que lhe servem de suporte, sobre o texto literário e sobre o que lhe acontece ao ser ensinado. E o que são hoje as literaturas "em português," procurando nós afastar-nos do uso da palavra "lusófonas"? Poderão debates centrais nos nossos dias, como o da descolonização do currículo, ser de particular importância no caso das literaturas em português, dado o papel de Portugal na história global como potência colonizadora? Se, como na máxima de Faulkner, "the past is never dead. It's not even past," também a aula de literatura ressuscita o texto literário, trá-lo de volta, renova-o. Desde *Os Maias* à *Dama Pé-de-Cabra*, os artigos deste volume são um bom exemplo de como a aula de literatura sacode e revitaliza o texto, que nunca está verdadeiramente terminado, como, aliás, não o está o passado (em português).

Recentemente, numa palestra transmitida na *BBC*, Chimamanda Ngozi Adichie refletiu sobre os tempos atuais de censura social e sobre como estes, na sua perspetiva, comprometem a liberdade criativa e podem ameaçar a literatura. A escritora nigeriana fala de um ambiente geral de autocensura que poderá dissuadir as pessoas de dizerem o que pensam ou de pensarem de maneira diferente.

Cabendo à literatura a revelação da complexidade humana e das suas contradições, abdicar dela, para Chimamanda, seria perder uma boa parte daquilo que nos torna humanos:

> Literature deeply matters and I believe literature is in peril because of social censure. If nothing changes, the next generation will read us and wonder, how did they manage to stop being human? How were they so lacking in contradiction and complexity? How did they banish all their shadows? (Adichie 2022)

Chimamanda centra a sua atenção no contexto histórico-cultural dos países de língua inglesa e tem sobretudo em consideração a sua atividade como escritora e não tanto o papel de quem ensina literatura. Em "A Paradoxalidade do Ensino da Literatura," Silvina Rodrigues Lopes considera que este não deve ser alheio a "questões éticas e políticas." A literatura não tem de assumir uma responsabilidade social, mas as questões levantadas pelos textos nas aulas "fazem apelo ao debate entre professores e à responsabilidade que devem assumir" (Lopes 2003, 126). Na hora de preparar e planear uma aula, pensamos certamente na literatura como exemplo maior da complexidade humana, retomando o argumento de Chimamanda, mas também não nos são estranhas as inquietações do ensaio de Silvina Rodrigues Lopes, e não nos é difícil formular a seguinte pergunta: qual é a parte de responsabilidade e de liberdade dos professores na escola ou na universidade no momento de escolherem os textos e de pensarem no que com eles vão fazer: contribuir para a educação de cidadãos responsáveis? Refletir sobre a história e cultura nacionais? Analisar as potencialidades da língua? Ou simplesmente partilhar o prazer da leitura destes textos e o gozo de os interrogar?

Todas estas decisões dependem também do formato que queremos dar a essa aula e do lugar onde a vamos ensinar. Se ensinarmos literatura numa universidade, podemos criar o programa, escolher autores, definir objetivos, sugerir tópicos de análise, e propor uma avaliação. Se ensinarmos no ensino básico e secundário, sobretudo nos três últimos anos do ensino obrigatório, e no caso português, temos de nos cingir a um programa proposto pelo Estado, que orienta o trabalho, determinando muitas vezes a leitura de excertos de obras e a verificação de determinadas ideias prévias sobre textos e autores. A chamada "educação literária" é antes uma "literatura sob protectorado," que tem consistido, ao longo dos tempos, como notou Abel Barros Baptista, num "rol de textos a dar uns ares de cânone para os pobres" e na "indicação do que deve ser ensinado a respeito" das obras e autores (Baptista 2015, 26), o que limita a liberdade e o espírito de iniciativa dos professores e compromete a experiência dos estudantes.

É nesse rol de textos do programa de Português do ensino secundário que encontramos o canónico romance de Eça de Queirós, *Os Maias*, que, contrariamente à ideia generalizada de que se trata de obra obrigatória, é uma entre duas opções dentro do cânone queirosiano (a outra é *A Ilustre Casa de Ramires*). Para o estudo deste romance, professores e estudantes devem considerar linhas de leitura previamente estipuladas – desde as "características trágicas dos protagonistas" à "descrição do real e o papel das sensações" (Buescu et al. 2014, 20) –, a par de aspetos relativos à linguagem, estilo e estrutura. Desde 2018 que um novo documento ministerial já não contempla estes tópicos,[1] mas as obras continuam as mesmas e os manuais tendem a replicar as linhas de leitura acima transcritas. Nenhuma delas, porém, prevê a possibilidade de algum estudante vir a questionar-se sobre o racismo d'*Os Maias* ou de alguma estudante indagar sobre a misoginia de algumas personagens queirosianas. A verdade é que os programas não preveem a possibilidade de se fazerem perguntas fora do programa.

No presente volume quisemos dar espaço às perguntas incómodas e compreender o porquê da acrimónia e alarido inusitados quando estas surgem. O desconforto gerado pela pergunta parece revelar o incómodo com o facto de haver perguntas que não estão no programa nacional da disciplina de Português e menos ainda no programa do debate público português, sempre avesso às questões *fraturantes*, "uma das palavras mais saturadas em Portugal hoje" (Feijó 2020, 12), definida argutamente nestes termos por António M. Feijó: "a não discutir; cuja discussão pública deve ser evitada", ou "onerando ociosamente o debate público, que deveria centrar-se em tópicos de importância real" (Feijó 2020, 12).

A aula de literatura, a discussão à volta de um texto literário que nela tem lugar, não é imune (e ainda bem) ao debate fraturante; pelo contrário, estimula-o, abala as certezas que temos sobre os assuntos e sobre o mundo em que vivemos. Ambicionamos neste volume replicar essa experiência de abertura ao questionamento. Um dos ensaios deste número, o de Vanusa Vera-Cruz Lima e de Viktor Mendes, procura responder à pergunta de um estudante de licenciatura, "Era Ega racista?," tentando orientá-lo, de forma cabal e informada, para a interpretação de uma passagem d'*Os Maias*. O artigo configura, de certa maneira, um exercício de *close reading* de uma passagem do romance queirosiano, procurando, através de uma análise cuidada, evidências textuais para a sua interpretação e para eventuais objeções que possam ser apontadas. Esta aula-ensaio é um bom exemplo do exercício de liberdade de discutir aquilo que mais nos inquieta quando lemos uma passagem d'*Os Maias* ou de qualquer outro texto literário.

A mesma preocupação com o processo criativo e reflexivo no planeamento da aula e com a melhor abordagem teórico-pedagógica a adotar é comum aos artigos de Burghard Baltrusch, Alexandra Dias e Peter Haysom-Rodriguez. Os três refletem sobre a possibilidade de revisão crítica do cânone, à luz sobretudo dos debates recentes acerca da descolonização do currículo. Burghard Baltrusch apresenta uma proposta de leitura da lenda da *Dama Pé-de-Cabra*, de acordo com as diferentes versões da narrativa, desde a Idade Média ao século XXI, revisitando-a na literatura, mas também nas artes plásticas. A amplitude da unidade didática que propõe, baseada num texto tão presente na memória coletiva portuguesa, permite, segundo Baltrusch, uma leitura hermenêutica que faça jus quer ao contexto histórico original, quer às questões éticas e político-culturais levantadas no momento em que essa leitura é realizada na sala de aula. Alexandra Dias, por sua vez, propõe uma reflexão sobre o ensino de uma novela gráfica que retrata o início da luta anticolonial em Angola, defendendo a mais-valia do ensino desta narrativa na aula de Português Língua Estrangeira. Finalmente, o artigo de Peter Haysom-Rodriguez centra-se na análise crítica da experiência de ensinar um conto de José Saramago em aulas de licenciatura, dando atenção a um texto menos canónico no conjunto da obra de Saramago.

Os artigos de Sara de Almeida Leite e de Rui Afonso Mateus analisam o domínio da educação literária nos programas vigentes no ensino básico e secundário em Portugal, questionando a pertinência dos seus objetivos e a possibilidade de efetiva (e afetiva, sobretudo) fruição estética das obras literárias. Sara de Almeida Leite propõe não só um conjunto instigante de "direitos da literatura," mas também propostas didáticas que visam, de facto, uma "fruição estética" do texto literário, na tentativa de o libertar das diretrizes presentes nos programas e manuais. Rui Afonso Mateus, por sua vez, defende no seu artigo a leitura da obra integral (e não apenas em excertos ou fragmentos no manual escolar) como propícia ao entendimento da noção de obra literária e ao prazer da leitura, através do estudo comparativo com os currículos de outros países europeus (*e.g.* Espanha, Inglaterra, Itália e França).

Os artigos de Sara Augusto e de Ana Maria Machado dão especial atenção ao ensino da literatura na sala de aula de Português Língua Estrangeira / Português Língua Não Materna no ensino universitário. Sara Augusto defende no seu ensaio a importância do conhecimento de aspetos teóricos dos estudos literários para uma leitura mais eficaz e orientada de textos complexos e codificados. Assim, propõe um estudo do soneto e do bucolismo que permita aos estudantes usufruírem das aulas de análise textual de vários autores de diferentes períodos, desde Sá de Miranda a Bocage. O artigo de Ana Maria Machado reflete sobre as mais-valias pedagógicas e didáticas da inclusão do texto literário, adaptado ou original, nas aulas de Português Língua Não Materna, considerando o ensino da literatura indissociável do ensino da língua.

Os artigos de Ida Alves, Luís Kandjimbo e Luís Fernando Prado Telles oferecem uma reflexão sobre a presença e autonomização das disciplinas de literatura portuguesa, literatura brasileira e literatura angolana nos currículos de diferentes níveis de ensino. Ida Alves centra-se no ensino da literatura portuguesa no Brasil, questionando a atual legislação que a tem negligenciado e fazendo o escrutínio da sua presença no ensino médio e universitário. A autora refere ainda a importância dos projetos e iniciativas que têm contribuído para a divulgação de escritores portugueses junto dos leitores brasileiros. Luís Kandjimbo, por sua vez, analisa a separação curricular das disciplinas de literatura portuguesa e literatura angolana, descrevendo o percurso histórico desta última enquanto disciplina autónoma, logo depois do processo de descolonização, e destacando os diferentes obstáculos à sua constituição e à definição de um cânone literário angolano. Já Luís Fernando Prado Telles aborda no seu artigo a questão da institucionalização da disciplina de literatura brasileira nos primórdios da Universidade de São Paulo, focando-se nas décadas de 30 e 40 do século XX. O artigo faz também um levantamento aturado de documentos relativos ao estabelecimento das disciplinas de literatura luso-brasileira e à sua posterior separação.

Na conceção deste volume procurámos uma harmonização, talvez pouco frequente, entre as várias secções que o compõem: artigos, recensões e textos literários. Os livros recenseados oferecem uma reflexão sobre o ensino e os programas escolares em Portugal (João Dionísio, *Contra a Literatura. Programas (e Metas) na Escola*, organizado por Abel Barros Baptista et al.) e sobre a responsabilidade da instituição literária, subtítulo da obra de Marcos Natali (*A Literatura em Questão*) recenseada por Anita Martins de Moraes. Problematizam o convívio entre cânone e crítica literária (Luís Prista, *O Cânone*, editado por António M. Feijó, João R. Figueiredo e Miguel Tamen). Refletem sobre o gesto de antologiar textos de diferentes tempos que dialogam uns com os outros (Patrícia Silva, *Antologia Dialogante da Poesia Portuguesa*, de Rosa Maria Martelo) ou de geografias diversas de língua portuguesa, com um passado colonial em comum (Luís Maffei, *O Brasil na*

Poesia Africana de Língua Portuguesa, com organização de Anita de Moraes e de Vilma Martin). Analisam a inclusão de novas palavras em volumes de teoria literária e a sua relevância para a leitura crítica dos textos (Patrícia Martinho Ferreira, (*Novas*) *Palavras da Crítica*, organizado por José Luís Jobim, Nabil Araújo e Pedro Puro). Finalmente, mostram como a ironia pode ser uma forma de educação literária, como escreve Rita Patrício na recensão a *Obnóxio (Cenas)*, de Abel Barros Baptista.

Num verdadeiro momento de *last but not least*, contamos ainda com um conjunto de textos literários que muito nos honram. Queremos, desde logo, deixar uma especial nota de agradecimento aos autores: Adília Lopes, Golgona Anghel, Isabela Figueiredo, Patrícia Lino, Paulo Faria, Pedro Mexia, Richard Zimler e Tércia Montenegro. Agradecemos aos que nos autorizaram a cedência dos direitos de reprodução dos seus textos com origem em publicações anteriores e aos que criaram textos inéditos para este número, aceitando o repto de escrever sob o mote "ensino de literaturas em português." Nesta secção, podemos ler sobre a experiência extraordinária de se ser professora e sobre a experiência comum de todos termos sido estudantes algum dia. Os textos partilham uma ideia de literatura como algo que nos é transmitido, que nos chega em língua materna ou estrangeira. E, afinal, não será a literatura sempre uma língua estrangeira? ("Só porque uma Escada não Responde," de Richard Zimler). A literatura aparece como herança que nos é deixada pela professora ("Queridos Alunos," de Tércia Montenegro), ainda que à custa da nossa "vida social" ("Subordinados," de Isabela Figueiredo). Uma herança que nos chega por via paterna na "leitura em voz alta" ("Eu que Nunca Li Beckett," de Paulo Faria). Uma herança, enfim, que preservamos como "fórmula liceal" ("ASA PEP," de Pedro Mexia), que se tornou num fardo ("Pediram-me um Poema," de Golgona Anghel), e que deveríamos, talvez, derrubar ("Espingarda de Cânone Cerrado," de Patrícia Lino). Em última instância, uma memória que é herança da experiência inicial que para todos nós foi a sala de aula ("A 1ª Classe," de Adília Lopes). No texto de Adília Lopes, literatura e escola aparecem-nos de forma indestrinçável, visto que aqui é a própria literatura que deve a sua existência à escola: "começo sempre um texto, isto é, chego sempre ao texto, esse abismo e esse sofá, a achar que quero ir para a escola, para a 1ª classe."

Com este volume, desejamos estimular o pensamento sobre o que é o ensino das literaturas em português, no que isto tem de quotidiano e de extraordinário, "esse abismo e esse sofá," e esperamos que muitos outros estudos se sigam sobre este tema. Agora, desliguem os telemóveis, abram o livro: a aula vai começar.

NOTA

1. Ver: República Portuguesa Educação. 2018. *Aprendizagens Essenciais: Articulação com o Perfil dos Alunos – 11.º Ano | Ensino Secundário*. https://www.dge.mec.pt/sites/default/files/Curriculo/Aprendizagens_Essenciais/11_portugues.pdf, 11.

REFERÊNCIAS

Adichie, Chimamanda Ngozi. 2022. "1. Freedom of Speech." Em *The Reith Lectures. The Four Freedoms*, 30 de novembro. Londres: BBC.

Baptista, Abel Barros. 2015. "O Protetorado pela Selecta." Em *E Assim Sucessivamente*, 25-26. Lisboa: Tinta da China.

Buescu, Helena, Luís Maia, Maria Graciete Silva, e Regina Rocha. 2014. *Programa e Metas Curriculares de Português do Ensino Secundário*. Lisboa: Ministério da Educação e Ciência.

Feijó, António M. 2020. "Cânone 1." Em *O Cânone*, edição de António M. Feijó, João R. Figueiredo e Miguel Tamen, 11-15. Lisboa: Tinta da China.

Franchetti, Paulo. 2021. "Nota Prévia." Em *Sobre o Ensino da Literatura*, 7-12. São Paulo: Editora Unesp.

Lopes, Silvina Rodrigues. 2003. "A Paradoxalidade do Ensino da Literatura." Em *Literatura, Defesa do Atrito*, 115-33. Lisboa: Vendaval.

Pécora, Alcir. 2014. "Literatura como Ato Irredutível a Conhecimento." *Remate de Males* 34, no. 2: 307-12.

ANA BELA ALMEIDA é professora na Universidade de Liverpool. Algumas das suas publicações incluem os livros: *Adília Lopes* (Imprensa da Universidade de Coimbra, 2016); em coedição, *Literatures in Language Learning: New Approaches* (Research-publishing.net, 2020); e, em coautoria, *Quiosque Literário: Aprender Português com a Literatura* (Lidel, 2021).

JOANA MEIRIM é professora convidada na Universidade Nova de Lisboa. O seu ensaio *Uma carta à posteridade. Jorge de Sena e Alexandre O'Neill* ganhou o prémio INCM/Vasco Graça Moura de Ensaio em Humanidades (2022). Recentemente publicou o livro *O Essencial sobre as Três Marias* (INCM, 2023).

"Era Ega Racista?" Orientação para a Interpretação dum Parágrafo d'*Os Maias* (1888), de Eça de Queirós, em Massachusetts

RESUMO. A interpretação das opiniões da personagem emblemática e excêntrica João da Ega do romance canónico queirosiano *Os Maias* resultou em respostas muito diversas e complexas à palestra pública de Vanusa Vera-Cruz Lima, intitulada "Is Eça de Queirós's *The Maias* (1888) a Racist Novel?", a 18 de fevereiro de 2021, via Zoom. Ega toca em feridas históricas e cria espanto devido às suas posições liberais e revolucionárias na sociedade lisboeta da segunda metade do século XIX. Em relação à questão racial, Ega não é tão progressista como noutros dos seus tópicos de controvérsia. Pouco se pode estranhar a subsequente e pertinente pergunta de um estudante de licenciatura da Universidade de Massachusetts Dartmouth: "Era Ega racista?" Tomando esta pergunta como de pesquisa (*research question*) e no quadro da imprescindível liberdade académica, este artigo oferece orientações preliminares para o prosseguimento da análise racial ao clássico *Os Maias*, rebatendo objeções a esta abordagem interpretativa, através, por exemplo, do *contexto histórico* e da *ironia*.

PALAVRAS-CHAVE: Eça de Queirós, *Os Maias*, análise racial, racismo, João da Ega, interpretação, ironia, contexto histórico.

ABSTRACT. The interpretation of the views expressed by the emblematic and eccentric character João da Ega in Eça de Queirós's canonical novel *The Maias* resulted in very diverse and complex responses to a public talk by Vanusa Vera-Cruz Lima, entitled "Is Eça de Queirós's *The Maias* (1888) a Racist Novel?," which took place on February 18, 2021, on Zoom. Ega probes historical wounds and provokes amazement of late nineteenth-century Lisbon society with his liberal and revolutionary positions. On the racial issue, Ega is not as progressive as on other controversial topics he addresses. No wonder, then, that an undergraduate student at the University of Massachusetts Dartmouth could pose the following pertinent question: "Was Ega a racist?" Taking this query as a research question within the framework of indispensable academic freedom, this article offers preliminary guidelines for the development of racial analysis in the classic *The*

Maias, rebutting objections to this hermeneutic approach that rely on notions such as, for example, the *historical context* and *irony*.

KEYWORDS: Eça de Queirós, *The Maias*, racial analysis, racism, João da Ega, interpretation, irony, historical context.

"Era Ega racista?" pergunta um estimado estudante de licenciatura na Universidade de Massachusetts Dartmouth. O parágrafo que provocou esta pergunta, legítima, surge no capítulo XII d'*Os Maias: Episódios da Vida Romântica*, de Eça de Queirós, cuja primeira edição, e única em vida do autor, foi publicada em dois volumes no Porto em 1888; o cenário espacial ficcional principal é Lisboa, no jantar na casa do conde, Gastão, e da condessa de Gouvarinho, Teresa, cerca duma década antes, numa segunda-feira à noite. A primeira frase do parágrafo em questão é a seguinte: "Ega declarou muito decididamente ao sr. Sousa Neto que era pela escravatura" (Queirós [1888] 2017, 409).[1]

Para orientar adequadamente uma resposta epistemologicamente credível a esta pergunta do estimado estudante de licenciatura, que paga elevadíssimas propinas e emolumentos;[2] e, por essa via, contribui para as benevolentes circunstâncias que permitem que este artigo seja escrito, façamos alguns trabalhos preliminares.[3]

Durante a crise mais severa de Covid-19, sem aulas presenciais, ofereceu a Universidade de Massachusetts Dartmouth um ciclo de palestras através da plataforma digital Zoom, aberto a todos os interessados e interessadas dentro e fora da universidade, nos Estados Unidos e no estrangeiro, nos semestres do outono de 2020 e da primavera de 2021. Como é habitual, no fim de cada palestra todos os participantes puderam fazer perguntas e obtiveram respostas; elogiaram o conteúdo da palestra, ou colocaram cordialmente objeções, etc. Duas dessas palestras foram sobre o longo e hiper-canónico romance de Eça de Queirós, *Os Maias*. Ambas as comunicações procuravam expandir as interpretações possíveis e legítimas desta obra-prima, sujeitando-se aos elogios e às críticas, como é adequado ao trabalho de pesquisa e discussão universitária.

A primeira dessas palestras, por Diana Simões, intitulada "Objetos, Plantas e Animais: A Naturalização das Mulheres n'*Os Maias* (1888)," decorreu a um de outubro de 2020. Esta comunicação foi maioritariamente em português, aceitando perguntas em português e em inglês, para maior conforto da audiência. A interpretação de Diana Simões não era sobre um tópico rotineiro, popular, ou escolarizado da análise dos *Maias*, pelo que se poderia antecipar resistência por leitores conservadores para quem a análise de género e, já agora, a análise racial são anátemas. Embora Ernesto Guerra da Cal (1954) já tivesse notado no seu *Lengua y Estilo de Eça de Queiroz*, a animalização do ser humano em Eça de Queirós, não faz uma destrinça sobre o género das personagens a que se refere.[4] Simões mostra, específica e convincentemente, como as personagens femininas são animalizadas nos *Maias*. Se Ernesto Guerra da Cal *esqueceu* o género da animalização, Diana Simões *esqueceu* a raça do processo de animalização. Com efeito, quando Simões se refere a mulheres, designa o conjunto das mulheres brancas, numa estrutura ficcional queirosiana de recorrente glorificação da branquitude, principalmente das personagens femininas. Assim, numa hierarquia racial inequívoca, o destaque da narrativa vai para a branquitude de Maria Eduarda da Maia (tal como a interpretação tem ido), relegando para uma margem coletiva esse indiferenciado conjunto de mulheres consideradas inferiores, ponto muito resumido, por exemplo, na aliteração do fim do seguinte período do capítulo XVI: "Ela [Maria Eduarda] por seu lado, loura, alta, esplêndida, vestida por Laferrière, flor duma civilização superior, faz relevo nesta multidão de mulheres miudinhas e morenas" (*Maias* 611). Mas raça não era o tópico de pesquisa de Diana Simões, cuja interpretação teve o mérito de fazer o seu percurso de revisão pelos pares e foi aceite para publicação, e publicada, na excelente revista *Queirosiana*, como "Objeto, Planta, Animal: Sobre a Naturalização das Mulheres em *Os Maias*," um título apenas muito ligeiramente diferente do da palestra pública de outubro de 2020.

O que aconteceu com a outra palestra pública sobre *Os Maias* do ciclo de conferências de 2020–2021 foi consideravelmente diferente em termos de impacto e receção do público. A comunicação de Vanusa Vera-Cruz Lima, com o título "Is Eça de Queirós's *The Maias* (1888) a Racist Novel?," foi agendada para 18 de fevereiro de 2021 na plataforma Zoom. O conteúdo concreto da palestra não era antecipadamente público. Preliminarmente, as ameaças de boicote ao evento na plataforma Zoom exigiram, uma vez que foi tomada a decisão de prosseguir com a palestra em nome da preciosa e indispensável liberdade académica, um reforço extraordinário de segurança e medidas muito concretas para proteger minimamente a palestrante e a palestra. Essas medidas foram eficazes. A palestra em inglês decorreu sem incidentes, com abertura para as perguntas da audiência em inglês e em português; e o dinâmico diálogo subsequente prolongou-se por mais de duas horas. O tópico tocou as pessoas.

As reações e respostas à palestra de Vanusa Vera-Cruz Lima sobre *Os Maias*, antes e depois da palestra propriamente dita, foram, resumamos muito, muitas e intensas, positivas e negativas, representando várias classes, à esquerda e à direita do espectro político em Portugal, no Brasil, nos Estados Unidos e em Cabo Verde. Além de milhares de diálogos muito intensos, digamos, nas redes sociais, como o Facebook e o Twitter, entre outras respostas nos *media*, cerca de quarenta artigos de imprensa foram publicados em torno da palestra ao longo das semanas e meses seguintes. Foi uma polarizante controvérsia intelectual pública. Para uma parte dos comentários, a especificidade e os méritos e deméritos da palestra não eram o ponto; o que importava eram questões mais genéricas, como, por exemplo, o *cancelamento cultural* dos clássicos portugueses e da tradição ocidental. Não é objetivo deste artigo responder exaustivamente a essas críticas ou elogios; o que nos ocupa é agrupar esse conjunto de reações e respostas, que não é possível destacar aqui caso a caso, tendo em vista informar e orientar uma resposta satisfatória à pergunta do estimado aluno de licenciatura: "Era Ega racista?"

Para um primeiro grupo de reações grosseiras e, sem sombra de dúvida, grosseiramente racistas ao título da palestra e ataques *ad hominem* a Vanusa Vera-Cruz Lima, é muitíssimo difícil conceber um fórum para prosseguir a conversa. Mais parecem casos de polícia sobre violência verbal, que descrevem sobretudo quem os pratica. Ainda a este primeiro grupo pertencem as acusações de atentado ao património e tentativa de flagelar a República Portuguesa e a sua riquíssima herança cultural. Este grupo não só questiona a legitimidade duma análise racial dos *Maias* como também a quer suprimir totalmente – e *a priori*. Dos outros grupos de reações e respostas, destacamos alguns sem pretensão de exaustividade, ou até de representatividade de cada um dos comentários, tendo apenas em vista orientar o estimado estudante de licenciatura na interpretação do parágrafo do capítulo XII dos *Maias*. A controvérsia teve o mérito de trazer para a ordem do dia, em português, o campo das interpretações do romance *Os Maias* e a pertinência, ou a falta dela (admitamos como hipótese), da análise racial.

Um segundo grupo de leitores, críticos e professores, confessam ter lido, e até ensinado, o romance várias vezes ao longo dos anos sem destacarem algumas passagens pertinentes para a análise racial dos *Maias*, considerando, apesar disso, esta expansão interpretativa benéfica para a hermenêutica da obra, sem se comprometerem com aspetos específicos duma dada análise. Neste grupo incluímos também aqueles e aquelas que, pedagogicamente, procuraram distinguir em acesos debates viralizados nas redes sociais conceitos elementares para a análise dum romance, como *autor*, *narrador*, *personagem*, dos quais, no calor da discussão, tendemos, por vezes, a fazer tábua rasa; ou que observaram que o que estava em causa não era o bom nome da República Portuguesa, ou, a muito menor escala, sequer as posições políticas do cidadão, diplomata e romancista José Maria de Eça de Queirós (1845–1900). Esse seria um outro projeto de pesquisa que vai muito além dos termos dos *Maias*. Neste grupo incluímos ainda aqueles e aquelas que chamaram a atenção para que a boa prática da pesquisa académica em qualquer área, em benefício da potencial produção de conhecimento, não deve ser limitada por uma lista de perguntas proibidas, mesmo as incómodas. O desconforto da pergunta pode até estimular a análise e o debate, de forma respeitosa, pois claro!

Um terceiro grupo de reações e respostas também não questiona, aparentemente, a legitimidade duma análise racial dos *Maias*, mas tipicamente objeta com *a ironia*. Assim, aquilo que lemos no texto do romance precisa de ser interpretado, alegam, tendo em conta as subtilezas da linguagem figurada. Como não é apresentada uma análise racial alternativa e melhor, para este terceiro grupo a ironia funciona, de facto, como travão hermenêutico, uma espécie de conclusão precipitada da objeção. Se uma dada passagem é irónica, então a interpretação estanca, e esta abordagem de análise racial estaria, por conseguinte, encerrada. Algo de equivalente se pode dizer para a objeção através do *contexto histórico*. Como o contexto, incluindo o histórico, não é saturável, então a análise racial dos *Maias* fica invariavelmente ferida de incompletude e, por conseguinte, seria desqualificada. Ora, o contexto histórico não explica o parágrafo "Ega declarou muito decididamente ao sr. Sousa Neto que era pela escravatura" (capítulo XII dos *Maias*) que despoletou a pergunta do estimado estudante de licenciatura (mais sobre isto adiante).

De resto, já passaram mais de 130 anos desde a publicação dos *Maias* no Porto em 1888, e a interpretação do romance gerou uma bibliografia passiva abundante. Onde estão as análises raciais dos *Maias* tendo em conta a ironia e o contexto histórico dos privilegiados da interpretação que querem ambiciosamente generalizar a sua até à universalidade e universidades? Nos termos precisos da controvérsia sobre a interpretação dos *Maias*, os epistemologicamente dignos *contexto histórico* e a *ironia* foram usados para tentar barrar e desacreditar a análise racial, que, tal como outras abordagens interpretativas, é hoje pertinente a partir de várias sociedades e culturas, de diferentes línguas, de vários níveis de ensino,

13

como o secundário e o universitário.[5] Quanto ao nível universitário de licenciatura nos Estados Unidos, lembremos, com Lucas Mann (2022), que bem pode acontecer que o nosso estimado estudante de licenciatura pratique a associação das suas experiências mentais, emocionais, pessoais, familiares e sociais à sua dispendiosa e negociada interpretação dos grandes clássicos da literatura, e que isso não tenha que ser considerado nem tragédia epistemológica nem moral.[6]

Por último, o quarto agrupamento, o da objeção esteticista, ou, digamos, da autonomia da literatura, ou da liberdade romanesca. Trata-se duma doutrina sofisticada. A posição de que em arte é legítimo ser completamente irresponsável procura encostar a análise racial à análise moral, para a desqualificar, ou ainda mais especificamente cola a análise racial a uma moralização inaceitável da arte. É bem possível que a análise racial seja informada pela análise moral, pela análise filosófica, pela análise legal, etc., e também pela análise estética e estilística. Porém, a verdadeira posição de João da Ega, seja ela qual for no detalhe, é desde logo ela própria também um pensamento moral inscrito em linguagem figurativa. Ainda assim, o que responder, em clave profissional, à pergunta "Era Ega racista?"

Num sistema económico-social em que o ensino-aprendizagem universitário é muito dispendioso em propinas, tendo em consideração a taxa de esforço para os estudantes, responder "Deixe lá isso; é moralista; o que importa verdadeiramente é a autonomia da literatura ou o uso da vírgula de Oxford nos *Maias* (tópico pertinente, por sinal)!" não conduz certamente a uma almejada avaliação de Excelente da professora pelo estimado estudante de licenciatura no fim do semestre. A interpretação é a interpretação mais as suas circunstâncias. Por outro lado, a análise racial, sugerida pela pergunta "Era Ega racista?," não é necessariamente incompatível com a autonomia estética dos *Maias*, ou com a análise de aspetos estilísticos desta obra-prima. João da Ega é uma personagem extravagante do romance, bem distinta das outras figuras dos *Maias*; não é seguramente uma pessoa, nem o seu próprio *autor material*, para usar uma expressão inspirada pelo próprio Ega.[7] Na sua criação, a liberdade romanesca não foi, nem é, beliscada. A coda é que, na intensa controvérsia gerada pelos primeiros passos da análise racial dos *Maias*, a desejável liberdade de interpretação também o não seja.

Procuremos orientar o estimado estudante mantendo o texto dos *Maias* à vista e à mão. Aliás, centrar primeira e estrategicamente a interpretação na melhor edição disponível do texto do romance corresponde a empoderar o estudante universitário em Massachusetts, a mais de 5000 quilómetros de distância dum estudante de Lisboa, muito mais próximo de material empírico potencialmente relevante para determinadas interpretações dos cenários espaciais e temporais dos *Maias*. A interpretação é a interpretação e as suas circunstâncias. O estudante de Massachusetts e o de Lisboa têm à mão a mesma edição cuidada do romance de Eça de Queirós. A edição usada não é despicienda. Depois de consultada a primeira edição, a que temos acesso, a edição de Helena Cidade Moura para Livros do Brasil e a edição crítica de Carlos Reis e Maria do Rosário Cunha, optámos por esta última por ser aquela que apresenta o texto mais escorreito, corrigindo até alguns pequenos erros óbvios da primeira edição, que certamente Eça de Queirós teria emendado se tivesse tido oportunidade para o fazer, bem como pelo benefício da ortografia dos *Maias* ser atualizada para o Acordo Ortográfico de 1990, que procuramos seguir. Em Massachusetts, em cuja fábrica económico-social confluem as variantes do português europeu, do português brasileiro e do português africano, sofremos por vezes a escassez, no processo de ensino-aprendizagem, de obras ortograficamente atualizadas para este Acordo de 1990 em vigor.

Vejamos o jantar na casa da condessa e do conde de Gouvarinho, no qual participam, além, claro está, dos anfitriões, João da Ega e o seu amigo íntimo Carlos da Maia; Sousa Neto, oficial superior da Instrução Pública, e sua esposa, a senhora "gorda e vestida de escarlate" (XII, 405), entre outros. O capítulo XII dos *Maias* decorre entre um sábado e uma quarta-feira e "alguns dias depois" (429). João da Ega, regressado a Lisboa de Celorico, vai ficar instalado num quarto do Ramalhete com uma cópia dos *Borrachos* de Velázquez, "um dos Santos Padres do naturalismo" (399), segundo o próprio Ega em conversa com Carlos. Quando este lhe diz, depois de lhe ter mentido sobre a sua relação com Teresa, a condessa de Gouvarinho, que ele vem obsceno de Celorico na província, Ega responde com o seu primeiro paradoxo do capítulo: "– É o que se aprende no seio da Santa Madre Igreja."[8] Este paradoxo não nos deixa margem para dúvidas quanto à crítica à Igreja Católica – na segunda-feira, no jantar dos Gouvarinhos, Ega complementará o seu paradoxo e crítica clara, em confissão a Teresa e a Dona Maria, que em Celorico escrevia sermões para o abade que, "sob forma mística, eram de facto afirmações revolucionárias" (405.) Poucos parágrafos adiante ficamos a saber pelo narrador que Ega defende a "necessidade social de dar às coisas o nome exato. Para que servia então o movimento naturalista do século? Se o vício se perpetuava, é porque a sociedade, indulgente e romanesca, lhe dava nomes que o perpetuavam, que o idealizavam" (400). Eis um primeiro mini-programa interpretativo do capítulo XII da autoria de João da Ega: *dar às coisas o nome exato*.

Na segunda-feira, no jantar dos Gouvarinhos, a leitora e o leitor são enriquecidos por um segundo mini-programa interpretativo, neste caso de Carlos da Maia em conversa com Teresa, a condessa. Este mini-programa filia-se, em parte, na *exatidão* do de João da Ega e acrescenta-lhe explicitamente a *alusão* e a *ironia*: "Há assim uma infinidade de coisas que se dizem e que não são exatas. . . . E se se faz uma alusão irónica a elas, ninguém compreende a alusão nem a ironia" (407). Através do seu programa, Carlos procura defletir a observação certeira da condessa de que ele está a envolver-se romanticamente com Maria Eduarda, sua concorrente amorosa. A micro-teoria da linguagem de Carlos é motivada pelo seu interesse em dissimular a verdade. A alusão e a ironia são expedientes. O funcionamento da alusão que Teresa, a condessa de Gouvarinho, não compreende (407), Maria Eduarda, por contraste, entenderá muito bem adiante (420).

Logo de seguida, a leitora e o leitor são ainda premiados por um terceiro mini-programa interpretativo, teoricamente mais frágil, mais empírico, mais local, de Teresa, condessa de Gouvarinho, como resposta ao programa de linguagem figurativa de Carlos: "– No fundo de tudo o que se diz há sempre um facto, ou um bocado de facto que é verdadeiro. E isso basta. . . . Pelo menos a mim basta-me" (408). Como diz o ditado, *não há fumo sem fogo*. A novidade do programa de interpretação de Teresa, de âmbito menos ambicioso e muitíssimo menos teoricamente informado, de conceptualização mais frágil e informal, por entre as névoas intencionais da ironia de Carlos, são os factos verdadeiros, ou bocados de factos verdadeiros. E, apesar da negação e da crítica de Carlos, o programa limitado da condessa de Gouvarinho acerta nos factos, ou *bocados de factos*, que as leitoras e os leitores conhecem muito bem, isto é, que Carlos mente, apesar da sua linguagem figurativa, e se está, *de facto*, a envolver com Maria Eduarda.

A relativa abundância de mini-programas interpretativos nas primeiras páginas do capítulo XII, de melhor ou pior qualidade, de maior ou menor abrangência, prepara as leitoras e os leitores, e os estudantes e as estudantes, para o que se vai seguir no capítulo: uma cena hermenêutica dum "paradoxo" (o termo é de Gastão, conde de Gouvarinho; 409) de João da Ega como resposta a uma pergunta do senhor Sousa Neto, oficial superior da Instrução Pública. Ao longo do romance, Ega vai fazendo paradoxos, e *acontecem-lhe* alguns também, não só no sentido lógico de contradições mas também no sentido de sistemas de valores concorrentes.[9] Vejamos alguns.

Comecemos por um parágrafo de apresentação de João da Ega no capítulo IV, para que se conheça um pouco a sua dinâmica de personalidade:

João da Ega, com efeito, era considerado não só em Celorico, mas também na Academia que ele espantava pela audácia e pelos ditos, como o maior ateu, o maior demagogo, que jamais aparecera nas sociedades humanas. Isto lisonjeava-o: *por sistema exagerou o seu ódio à Divindade, e a toda a Ordem social: queria o massacre das classes médias, o amor livre das ficções do matrimónio, a repartição das terras, o culto de Satanás.* O esforço da inteligência neste sentido terminou por lhe influenciar as maneiras e a fisionomia; e, com a sua figura esgrouviada e seca, os pelos do bigode arrebitados sob o nariz adunco, um quadrado de vidro entalado no olho direito – tinha realmente alguma coisa de rebelde e de satânico. Desde a sua entrada na Universidade, renovara as tradições da antiga boémia: trazia os rasgões da batina cosidos a linha branca; *embebedava-se com carrascão*; à noite, na Ponte, com o braço erguido, atirava injúrias a Deus. E no fundo muito sentimental, enleado sempre em amores por meninas de quinze anos, filhas de empregados, com quem às vezes ia passar a *soirée*, levando-lhes cartuchinhos de doce. A sua fama de fidalgote rico tornava-o apetecido nas famílias. (IV, 139–40; itálicos nossos, com a exceção de *soirée*.)

No capítulo VI, em linha com o IV, e demonstrando que neste caso há continuidade entre os estados de sobriedade e embriaguez, João da Ega reitera "o amor livre das ficções do matrimónio"; "muito bêbado, e num acesso de idealismo, lançara-se num *paradoxo tremendo*, condenando a honestidade das mulheres como origem da decadência das raças: e dava como prova os bastardos, sempre inteligentes, bravos, gloriosos!" (222; itálicos nossos). O contraste entre a embriaguez e o estado de sobriedade vai permitir a Ega, adiante, como veremos, estender uma armadilha a Dâmaso Salcede num humilhante paradoxo. Já no capítulo XV, Ega contradiz-se em relação ao que havia sustentado no IV e VI: "num ódio repentino da boémia e do romantismo, entoou louvores sonoros à família, ao trabalho, aos altos deveres humanos – bebendo copinhos de cognac" (525). As contradições de João da Ega são abundantes.

Apesar da proliferação de paradoxos em vários registos, o anticlericalismo e o ateísmo de Ega não nos oferecem dúvidas. É assim que Ega está contra a "padraria" (460) e a "cruz" (570). E quando a baronesa de Alvim lhe diz "O sr. Ega não acredita em Deus" (588), ele não a corrige. A indisposição para festejar o "santo de aldeia" (528), presumivelmente católico, e substituir essa celebração por uma

17

recôndita cena bélica pagã de Leónidas e dos Trezentos constitui mais um paradoxo que alinha com o seu claríssimo anticlericalismo.

Mesmo Afonso da Maia, uma personagem em geral muito simpática com João da Ega, chega a chamá-lo "Anticristo" (237). No último capítulo dos *Maias*, o XVIII, a brevíssima inclusão genérica de Deus a respeito do poeta romântico Tomás de Alencar não chega para denegar o recorrente e dominante anticlericalismo e ateísmo de Ega ao longo do romance. No fim da obra, nesse passo de brevíssima revisão, o "bom Deus," em discurso direto encomiástico de Ega para Carlos, fez Alencar "num dia de grande verve, e depois quebrou a forma" (675).

No seu exílio da província beirã em Celorico, após a vexante derrocada da sua ligação romântica com Raquel Cohen, Ega escreveu sermões paradoxais. Os sermões pregados pelo abade na missa, implicitamente de conteúdo católico e conservador, eram "afirmações revolucionárias" (405). O revolucionarismo histriónico e recorrente de Ega vai esbarrar com pelo menos uma exceção, que pode ser lida como encenação de um conservadorismo extremo, a racial (mais sobre isto adiante). Ega, como o seu *autor material*, Eça, revela muitíssimo talento a escrever paradoxos para serem pronunciados por outros. Será também o caso da engenhosa e humilhante carta que Ega escreve em nome de Dâmaso Salcede a Carlos da Maia, destruindo a reputação de Dâmaso, que é precisamente transformado num paradoxo. Vejamos como.

No capítulo XV, para desgraçar a reputação de Dâmaso, após um artigo vingativo deste contra Carlos da Maia e a sua relação romântica com Maria Eduarda, publicado na *Corneta do Diabo*, João da Ega, antecipando seguramente que uma "reparação pelas armas" (551) seria recusada, escreve um "documento de honra" (556), nas palavras do próprio Ega, para que Dâmaso o copie e assine, e depois seja entregue a Carlos, cujo texto citamos:

> Ex.mo sr. – Tendo-me V. Exa, por intermédio dos seus amigos João da Ega e Vitorino Cruges, manifestado a indignação que lhe causara um certo artigo da *Corneta do Diabo*, de que eu escrevi o rascunho e de que promovi a publicação, venho declarar francamente a V. Exa que esse artigo, como agora reconheço, não continha senão falsidades e incoerências: e a minha desculpa única está em que o compus e enviei à redação da *Corneta* no momento de me achar no mais completo estado de embriaguez... (XV, 556)

Ega está a mentir para que Dâmaso minta também ao copiar e assinar o documento. Nos termos precisos do romance, nada sugere que Dâmaso estivesse bêbado quando escreveu o rascunho do artigo enxovalhando Carlos da Maia. Por outro lado, a embriaguez e a mentira (incluindo a implicada na ironia) são recorrentes na personagem Ega; pratica ambas abundantemente.[10] Que saibamos pelos termos do romance, não é o caso do cobarde Dâmaso Salcede. A mentira implica a contradição ruinosa que transforma o "documento de honra" em *documento de desonra*, e Dâmaso numa personagem bêbada que não é digna de confiança em momentos decisivos, desacreditada num vexante paradoxo entre a sobriedade e a embriaguez. O argumento persuasivo de Ega, que levará Dâmaso a copiar e a assinar o texto da carta para Carlos, culmina com uma pérola de ironia: "Você alcança deste modo a coisa que mais se apetece neste nosso século XIX – a irresponsabilidade!" (557). As palavras são de Ega em discurso direto.

Esta "obra" (559), como lhe chamará adiante Carlos, é o mais sofisticado, legível e eficaz paradoxo que Ega, o escritor repetidamente fracassado de apenas projetadas grandes obras, faz nos *Maias*. Apesar de muitíssimo engenhoso, o Dâmaso-paradoxo é claramente interpretável. A linguagem figurada permite ler a ironia da almejada *irresponsabilidade* do século como *responsabilização* do grotesco Dâmaso Salcede. Lembremos que no triângulo afetivo entre Maria Eduarda, Carlos e o próprio Ega, que se intensifica nos capítulos XV, XVI e XVII, o seu extraordinário talento para fazer paradoxos e controvérsias se desvanece.[11] Por exemplo, na Toca dos Olivais, ninho de amor de Carlos e Maria Eduarda, o paradoxo do "santo de aldeia" e de "Leónidas e os Trezentos" (528) é manifestamente de inferior qualidade e eficácia que se conheça. Dito por outras palavras, alguns paradoxos e controvérsias de João da Ega são mais conseguidos do que outros.

Um paradoxo mais bem sucedido seria aquele para o qual os *Maias* em algum lugar oferecem texto para os dois pólos da contradição, permitindo ou até facilitando a sua interpretação. Poderíamos também entregar-nos ao exercício de situar no espectro entre a interpretabilidade e a ininterpretabilidade os paradoxos de Ega; nesse caso, o paradoxo do parágrafo "Ega declarou muito decididamente ao sr. Sousa Neto que era pela escravatura" é dos mais difíceis de interpretar, porque não localizamos no romance texto para o pólo oposto desta posição, isto é, em palavras ou em ação, também uma inequívoca condenação da escravatura por parte de Ega. O certo é que, diz Ega, "a coisa que mais se apetece neste nosso século XIX – a irresponsabilidade!" (557) assenta particularmente bem aos paradoxos que ele faz e pontua adequadamente a análise moral desta personagem. O "Mefistófeles de Celorico" (194), segundo Carlos, é também apelidado "diabo" pelo marquês de Souselas (248) e de "Anticristo" pelo super-sensato ancião Afonso da Maia (237). Ega granjeou o estatuto de irrespon-sável com graça.

Depois deste excurso, eis-nos chegados ao, resumamos assim, paradoxo da civilização e do progresso. Recuperemos a insistência nas primeiras páginas do capítulo XII em abordagens interpretativas de que tratámos acima, o natura-lismo de Ega, a alusão e a ironia de Carlos da Maia e os bocados de factos de Teresa, condessa de Gouvarinho. É segunda-feira à noite, e presenciamos o jan-tar dos Gouvarinhos. A certa altura, na sequência de Ega se ter manifestado a favor da existência de "selvagens" (408) para benefício da diversidade que se ofe-rece ao *touriste* (*sic*) e de Dona Maria da Cunha ter aplaudido "– Este Ega! Este Ega! Que graça! Que *chic!*" (408), Sousa Neto, oficial superior da Instrução Pública, faz uma "pergunta grave" (409) ao Ega:

> – V. Exa pois é em favor da escravatura?
>
> Ega declarou muito decididamente ao sr. Sousa Neto que era pela escrava-tura. Os desconfortos da vida, segundo ele, tinham começado com a liber-tação dos negros. Só podia ser seriamente obedecido, quem era seriamente temido. . . . Por isso ninguém agora lograva ter os seus sapatos bem enverni-zados, o seu arroz bem cozido, a sua escada bem lavada, desde que não tinha criados pretos em quem fosse lícito dar vergastadas. . . . Só houvera duas civilizações em que o homem conseguira viver com razoável comodidade: a civilização romana, e a civilização especial dos plantadores da Nova Orleans. Porquê? Porque numa e noutra existira a escravatura absoluta, a sério, com o direito de morte! . . .
>
> Durante um momento o sr. Sousa Neto ficou como desorganizado. Depois passou o guardanapo sobre os beiços, preparou-se, encarou o Ega.
>
> – Então V. Exa, nessa idade, com a sua inteligência, não acredita no progresso?
>
> – Eu não, senhor.
>
> O conde interveio, afável e risonho:
>
> – O nosso Ega quer fazer *simplesmente um paradoxo*. E tem razão, tem real-mente razão, porque os faz brilhantes. . . . (409; itálicos nossos)

À gravidade de Sousa Neto, oficial superior da Instrução Pública, opõe-se a ligeireza do duende traquina João da Ega; ao brilhantismo deste contrapõe-se a estupidez daquele. Gastão, o conde de Gouvarinho, explica inteligentemente a surpresa e desorganização de Sousa Neto pela engenhosa arte de João da Ega fazer paradoxos.[12] Está Ega a fazer paradoxos, queremos dizer ironia, no entendimento do conhecimento comum de expressar o contrário do que está a dizer? Vamos por partes neste núcleo paradoxal da civilização e do progresso nos termos dos *Maias*, sem excluir noutra pesquisa o que foi entendido historicamente como progresso e civilização nas décadas de 1870 e 1880.

Comecemos pelo progresso; Ega diz a Sousa Neto que não acredita nele. Ora, sucessivamente, João da Ega mostra-se um crente no progresso, desde esse paradoxo que faz a Afonso da Maia segundo o qual "O desacato é a condição do progresso" (237), o que leva o avô de Carlos a chamá-lo "Anticristo." Por duas vezes, nos capítulos seguintes (XIII e XIV) ao do jantar dos Gouvarinhos (XII), Ega caracteriza o progresso na oposição entre campo e cidade; o campo é para os selvagens; a cidade para o homem civilizado. "A realização do progresso, o paraíso na Terra, que pressagiam os Idealistas, concebia-o ele [Ega] como uma vasta cidade ocupando totalmente o Globo" (449). No capítulo seguinte, Ega volta a argumentar em favor da cidade *versus* campo para a "instalação" (483) do amor de Carlos e Maria Eduarda. O desejo de campo da "porção de animalidade" (457) de Ega num bilhete a Carlos no início do capítulo XIV é apenas um expediente engraçado e uma desculpa para tentar reencontrar o seu grande e sincero amor, que é Raquel Cohen, em Sintra. De resto, o projeto vago e nunca concretizado, com Carlos da Maia, da *Revista de Portugal*, também pode ser lido como uma ideia de progresso. Por conseguinte, nos termos precisos do romance, Ega mente, ou ironiza (estritamente a ironia é uma mentira), a Sousa Neto no jantar dos Gouvarinhos: Ega acredita no progresso, mas disse ao seu interlocutor exatamente o contrário.

O provado paradoxo do progresso leva a concluir que o que Ega diz imediatamente antes ao mesmo interlocutor também é irónico. O parágrafo "Ega declarou muito decididamente ao sr. Sousa Neto que era pela escravatura" não é discurso direto do Mefistófeles de Celorico. Porém, nos termos desse parágrafo, entre citações exatas do que Ega dizia, não temos razões para argumentar que se desconfie das palavras do narrador. Pelo contrário, não temos indícios neste parágrafo que o narrador tome partido, como noutros passos faz por vezes apenas com a subtileza dum adjetivo negativo, sobre o que está a relatar em discurso indireto. É visível a lógica da sequência paradoxal que começa com o exemplo dos negros de São Tomé, se prolonga pelo parágrafo de defesa da escravatura e remata com a descrença no progresso. Temos, pois, razões para confiar no narrador quanto aos termos do discurso indireto irónico deste parágrafo sobre a civilização e a escravatura.

21

Eis o momento para regressarmos ao grupo da objeção à análise racial através da ironia (acima). O caráter irónico do parágrafo "Ega declarou muito decididamente ao sr. Sousa Neto que era pela escravatura," ou até a invocação da *ironia queirosiana* em geral, não tem necessariamente que implicar o fim abrupto da análise da passagem. A ironia do parágrafo, ou a ironia nos *Maias*, ou a ironia queirosiana podem, pelo contrário, constituir um ponto de partida para a interpretação desse parágrafo. Quanto à ironia queirosiana, vejamos muito brevemente duas interpretações. A primeira, muito negativa, por Fernando Pessoa (1928), e a segunda, muito positiva, por Isabel Pires de Lima (1987). Primeiro, Pessoa no *Notícias Ilustrado*:

O exemplo mais flagrante do provincianismo português é Eça de Queirós. É o exemplo mais flagrante porque foi o escritor português que mais se preocupou (como todos os provincianos) em ser civilizado. As suas tentativas de ironia aterram não só pelo grau de falência, senão também pela inconsciência dela. Neste capítulo, A *Relíquia*, Paio Pires a falar francês, é um documento doloroso. As próprias páginas sobre Pacheco, quase civilizadas, são estragadas por vários lapsos verbais, quebradores da imperturbabilidade que a ironia exige, e arruinadas por inteiro na introdução do desgraçado episódio da viúva de Pacheco. Compare-se Eça de Queirós, não direi já com Swift, mas, por exemplo, com Anatole France. Ver-se-á a diferença entre um jornalista, embora brilhante, de província, e um verdadeiro, se bem que limitado, artista. (Pessoa 1928, 373)

É credível que a descrição destrutiva de Pessoa seja, pelo menos em parte, motivada pela concorrência que um romancista realista celebrado, como Eça de Queirós em 1928, fazia a outro artista literário modernista muito ambicioso. E a "imperturbabilidade que a ironia exige," no entender de Pessoa, é amplamente conseguida no caso do parágrafo da defesa da escravatura de Ega, que não se desmancha perante Sousa Neto, o ignorante oficial superior da Instrução Pública. Mas serão *lapsos* recorrentes os exemplos da doutrina da civilização e da escravatura?

Isabel Pires de Lima (1987) distingue entre ironia socrática e ironia romântica em Eça de Queirós e, para o que mais nos interessa, nos *Maias*. Para a autora, a ironia socrática procede por forma a interrogar para detetar a ignorância, para prosseguir na pesquisa e a corrigir, enquanto a ironia romântica afirma a liberdade absoluta, oscila ambiguamente entre contrários e é amoral. Citemos:

Em conclusão, se por um lado se constata a existência duma permanente oscilação em Eça entre uma ironia socrática e uma ironia romântica, por outro parece admissível encarar um processo evolutivo no seu tratamento da ironia tendente a acentuar mais e mais o seu pendor romântico em detrimento do socrático. E de novo *Os Maias* nos pode aparecer, agora a este nível, como um romance de charneira que joga, também aqui, na ambiguidade, na duplicidade.

Disto é sintoma, desde logo, o facto de num romance onde a ironia do narrador é, como verificaremos, predominantemente romântica, a personagem que mais frequentemente assume uma atitude irónica, Ega, recorrer sobretudo a uma ironia socrática. Com efeito, a ironia de Ega, embora cáustica, é uma ironia social, *positiva*, aberta. Começa por ser uma ironia que se propõe transformar a "choldra, transformar num só inverno, todo o velho e rotineiro Portugal" (*Maias* 700), e "fazer disto um *bijou*!..." (*Maias* 523), embora sempre matizada por um certo dandismo e diletantismo que o paralisam na sua vontade interveniente. E uma tal paralisação acabará por ser causa e efeito do outro tipo de ironia a que ele é conduzido, uma ironia romântica, solitária, dupla, que se esgota na indecisão, na oscilação, em face dos dois pratos da balança e que desemboca na esterilidade, na inação; uma ironia que imuniza contra a deceção, aquela ironia distante, fria, amarga de que Ega dá provas no episódio final do romance. (Lima 1987, 237–38; ortografia adaptada para o Acordo Ortográfico de 1990, e as páginas dos *Maias* foram atualizadas para a edição Reis e Cunha; os itálicos no adjetivo *positiva* são nossos.)

O adjetivo *positiva* para descrever a ironia só se pode entender em relação à burguesia dos brancos, pois a ironia socrática de Ega, ou já agora a romântica, não implica nada de positivo para os africanos negros. Entre a ironia socrática e a ironia romântica, o parágrafo do capítulo XII sobre a civilização e a escravatura pode ser lido como estando escassamente do lado da ironia socrática. Nesse caso, Ega quereria incomodar a ignorância de Sousa Neto, para duma forma *positiva* chegar a um conhecimento mais satisfatório sobre a escravatura. Será? Por outro lado, a ironia romântica é a que pressupõe a liberdade absoluta e a amoralidade. E esta é, muito possivelmente, a que melhor serve para descrever o comportamento discursivo de João da Ega na sua perturbadora resposta ao senhor Sousa Neto, oficial superior da Instrução Pública; há pouquíssima (se é que há alguma) esperança de regeneração.

Apesar dos inegáveis méritos dos conceitos de ironia para Fernando Pessoa e Isabel Pires de Lima, partamos duma noção de ironia do conhecimento comum, sem grande comprometimento com uma teoria específica. Regressamos ao parágrafo da defesa da escravatura. Certíssimo, então: estamos perante uma ironia; prossigamos. Neste caso, o texto descodificado da ironia seria uma frase como *Ega declarou muito decididamente ao sr. Sousa Neto que era contra a escravatura.* A posição de Ega é razoavelmente elaborada e oferece dois exemplos históricos para a corroborar, a escravatura no império romano e as plantações de escravos de Nova Orleães, nos Estados Unidos. Como no caso adjacente do progresso, temos texto nos *Maias* que confirme esta leitura da ironia de Ega? Vejamos.

João da Ega recorre aos negros de São Tomé para estabelecer uma hierarquia de sociedades e culturas por duas vezes. A primeira no capítulo IV (155), e a segunda no último, o XVIII (685). A estrutura é a mesma. Face à civilização superior da Inglaterra e da França, os portugueses são comparados aos negros de São Tomé, que se imaginam "cavalheiros" e "*brancos*" (155) por usarem roupa do patrão, ou "lunetas" (685) sobrepostas para o mesmo efeito. Temos assim uma hierarquia geográfica que é também civilizacional. A assimilação dos portugueses à civilização inglesa corre mal, como a dos negros de São Tomé corre mal em relação aos portugueses. Não se trata aqui de avançar com o tópico geral da representação dos africanos nos *Maias*. O relevante é que os negros de São Tomé caricaturados, na base da pirâmide civilizacional, são usados para, comparativamente, criticar os portugueses.

No capítulo XV, quando se discutia política e a possibilidade de Gastão, o conde de Gouvarinho, assumir uma pasta governamental, pouco depois de Ega fazer o seu paradoxo dos políticos com "*imenso talento*" (546; em itálicos no original), porém fracassados, que deveriam ser substituídos por "imbecis" (546), e de ter sugerido, maliciosamente, o ministério da Marinha para o conde, este propõe, uma vez que a libertação dos escravos, a moral cristã e os serviços aduaneiros estão assegurados, "Enfim, o melhor está feito. Em todo o caso, há ainda detalhes interessantes a terminar. . . . Por exemplo, em Luanda. . . . Menciono isto como um pormenor, um retoque mais de progresso a dar. Em Luanda, precisava-se bem um teatro normal como elemento civilizador!" (546). Um teatro em Luanda é ocasião para João da Ega falar ao Cruges sobre Gastão, o conde de Gouvarinho, "mandar representar a *Dama das Camélias* no sertão!" (548). Ega obviamente exemplifica o "teatro normal" com a famosa peça de teatro de Alexandre Dumas Filho (de 1852), e Luanda com o sertão. No sarau do teatro da Trindade, Ega será cúmplice do senhor Guimarães, um assimilado português em Paris, quando este se opôs a que se "citasse Proudhon, ali naquele teatreco, a propósito de estrumes do Minho" (592). Eis a hierarquia civilizacional em três níveis: no topo, A Dama das Camélias e Proudhon; depois, o "teatreco" em Lisboa onde se fala dos estrumes do Minho; e, na base, o absurdo d'A Dama das Camélias no sertão de Luanda. João da Ega nunca fará uma sugestão alternativa a um "teatro normal" em Luanda. O projeto antigo de João da Ega de "uma Revista que dirigisse a literatura, educasse o gosto, elevasse a política, *fizesse a civilização*" (523; itálicos nossos) não passará dum "confuso plano" (562); a adjetivação é do narrador.

Ainda sobre civilização, no capítulo XV, em que o triângulo afetivo entre Carlos, Maria Eduarda e Ega se intensifica, e a ligação homoafetiva entre Ega e Carlos também, surpreendemos o seguinte diálogo:

– [...] Eu [Carlos] não nasci para fazer civilização...
– Nasceste, acudiu o Ega, para colher as flores dessa planta da civilização que a multidão rega com o seu suor! No fundo, também eu, menino!
Não, não! Maria não queria que falassem assim!
– Esses ditos estragam tudo. E o sr. Ega, em lugar de corromper Carlos, devia inspirá-lo... (XV, 524)

Maria Eduarda, leitora dos romances de Charles Dickens (386) e "socialista" (387), tem consciência social e discorda dos "ditos" de espírito de Ega, neste caso do muito consciente explorador classista, o que, segundo o próprio, o irmana a Carlos. Não se trata da ligação irónica entre civilização e escravatura, mas daquela com a exploração classista. Maria Eduarda não está só na crítica aos ditos de João da Ega. O ignorante Sousa Neto diz-lhe o seguinte lá para o fim do jantar dos Gouvarinhos: "– É meu costume, sr. Ega, não entrar nunca em discussões, e acatar todas as opiniões alheias, mesmo quando elas sejam absurdas" (414). O *chic* que Dona Maria da Cunha encontra nos ditos de Ega, como tantas leitoras e leitores dos *Maias*, não é universalmente partilhado pelas outras personagens do romance.

Pode o estudo geral da personagem João da Ega, esse duende traquina, ajudar a interpretar o parágrafo da defesa da escravatura do capítulo XII? No utilíssimo artigo de Carlos Reis (2016) sobre Ega no *Dicionário de Personagens de Ficção Portuguesa*, podemos ler:

A situação de João da Ega, no desenvolvimento da ação social do romance, é exuberante e provocatória, conforme pode observar-se nos episódios em que a personagem está presente: no jantar do hotel Central (capítulo VI), num outro jantar, em casa do conde de Gouvarinho (capítulo XII), ou no sarau do Teatro da Trindade (capítulo XVI). Repare-se nos termos em que Ega responde a uma pergunta do perplexo Sousa Neto: "Ega declarou muito decididamente ao sr. Sousa Neto que era pela escravatura". . . . Deste modo, é em função do paradoxo e da irreverência iconoclasta que João da Ega vai deixando um rasto de afirmações e de poses em desconformidade com uma atmosfera mental conservadora. (Reis 2016)

A "irreverência iconoclasta" de Carlos Reis (2016) para caraterizar Ega é uma descrição geral justa que escassamente pode dar conta do escaldante exemplo concreto do parágrafo da defesa irónica da escravatura. Porém, não nos oferece uma pista específica para orientar o nosso estimado estudante de licenciatura na direção duma resposta satisfatória para a pergunta "Era Ega racista?" O "regime da pluridiscursividade" (Reis 2006), que Reis expandiu em "Pluridiscursividade e representação ideológica n'*Os Maias*" (1999), é seguramente mais feliz para caraterizar as contradições de Ega sobre o catolicismo, ou as mulheres, do que o seu pensamento racial. O humor de João da Ega é progressista em relação ao catolicismo, etc., mas é conservador e *monótono* na prática do seu *punching down* racial.[13] Quanto a este ponto específico, não localizamos texto nos *Maias* para contrastar inequivocamente João da Ega e Carlos da Maia, que parecem estar em linha no reforço duma espécie de *monodiscursividade racial*.

A nobre liberdade de criação artística só merece elogios. A sua contrapartida é a liberdade de interpretação. Na controvérsia sobre o início da análise racial dos *Maias*, alguns e algumas esqueceram-se da contrapartida. Invocar a liberdade romanesca e bloquear a liberdade de interpretação não é aceitável; para que serviriam as universidades nesse caso? Se nos entendermos sobre estes pontos de partida elementares, podemos avançar para a distinção entre liberdade e arbitrariedade. A ideia de que João da Ega queria troçar do ignorante Sousa Neto no jantar dos Gouvarinhos, e para o efeito usou a defesa da escravatura como pressuposto da civilização, merece meditação e é arbitrária, apesar de poder ser caucionada pela ironia romântica. A ironia da defesa da escravatura como pilar da civilização que está no texto seria, neste uso, neutra. Nesse caso, está lá a ironia da defesa da escravatura como base da civilização, como lá poderia estar a ironia da defesa da *sujeição absoluta dos criados alentejanos*. Nesta aceção, podemos substituir, com razoável verosimilhança, a defesa da escravatura pela defesa da *sujeição absoluta dos criados alentejanos.* Com verdade e brutal honestidade, porém, não podemos, legitimamente, fazê-lo. Esta arbitrariedade (em que, por exemplo, *escravos* podem ser substituídos por *criados alentejanos*) não nos conduz a interpretar o texto específico dos *Maias*, o que lá está. A defesa irónica da escravatura pertence, antes de mais, à rede de recorrências dos *Maias*, romance no qual logo no capítulo I surge o "papá Monforte" (78) (de Maria Monforte, futura esposa de Pedro da Maia), negreiro que enriqueceu a transportar africanos para o Brasil, Havana e, justamente também, para a civilização esclavagista das plantações de Nova Orleães, ironicamente elogiada por João da Ega no parágrafo do jantar dos Gouvarinhos. Além do poeta romântico Tomás de Alencar, a escravatura é encarada negativamente também pelos termos precisos do narrador do capítulo I: "[Manuel Monforte, negreiro,] *arrancara* uma fortuna *da pele do Africano*" (78; itálicos nossos). O narrador do primeiro capítulo não tem uma posição neutra face à escravatura; muito pelo contrário, toma partido contra ela.

Porque é que João da Ega usou a defesa da escravatura, em vez da, por exemplo arbitrário, *sujeição absoluta dos criados alentejanos,* para troçar do oficial superior da Instrução Pública Sousa Neto? Por enquanto, lendo com muito cuidado e detalhe, não encontrámos texto nos *Maias* para saber. Isso por si só não faz de Ega um racista. A doutrina da interpretação de Teresa, condessa de Gouvarinho, do "bocado de facto" (408) por trás de tudo o que se diz, apesar de ser a mais certeira das três mini-doutrinas da interpretação como pórticos hermenêuticos do capítulo XII, não nos assegura um *facto* ou *bocado de facto* a partir da ironia, ou mentira, de Ega. Que Ega seja classista, snob, inconsequente, sem ideias concretas para as colónias (apesar de criticar severamente o teatro para Luanda de Gastão, o conde de Gouvarinho), sem o mínimo sentido prático para realizar os seus próprios projetos, não há dúvidas; e temos abundantes provas textuais locais para o efeito. Que João da Ega *se encena como um racista* perante Sousa Neto, oficial superior da Instrução Pública, não há dúvidas também. Aliás, com ou sem ironia, Ega reitera os paradoxos racializados da civilização com o riso cúmplice do seu amigo íntimo Carlos da Maia no capítulo final, o XVIII (685). Que não temos prova textual que Ega seja consequente com essa encenação irónica e, por conseguinte, aja como um anti-esclavagista, que com toda a verosimilhança os há na ficção dos *Maias* e nos factos do seu tempo histórico, ou um anti-racista sem ironia, não há igualmente dúvidas.

Se tomarmos o discurso pesadamente sexista de Ega sobre as mulheres e a literatura no jantar dos Gouvarinhos como irónico (413), para desorganizar

Sousa Neto, oficial superior da Instrução Pública, então a leitura desse paradoxo pode apoiar-se e esclarecer-se, *a contrario*, na genuína admiração e encantamento de Ega por duas *mulheres literárias*, como Raquel Cohen (174) e Maria Eduarda (430, 577). No que diz respeito à encenação da defesa da escravatura, não encontrámos texto, *a contrario*, para o duende traquina João da Ega nos *Maias*, como, ao invés, localizámos para o paradoxo do progresso, ou para o acesso das mulheres à vida intelectual, outro exemplo.

Se o nosso estimado estudante de licenciatura pretender enriquecer a pesquisa com uma interpretação comparatista, poderíamos recomendar-lhe o capítulo XVIII, intitulado "Lady Dedlock," do também longo e hiper-canónico romance *Bleak House* (1853), de Charles Dickens, capítulo narrado pela heroína Esther Summerson, no qual esta vai com a sua amiga Ada Clare, o tutor de ambas, John Jarndyce, e Harold Skimpole visitar Lawrence Boythorn em casa deste, em Lincolnshire, durante uma semana. Nos pitorescos arredores da casa de Boythorn, onde o grupo ia passear a pé, Esther Summerson cita o irresponsável e amoral Harold Skimpole, que gostava de se deitar de costas debaixo duma árvore a olhar o céu:

"Enterprise and effort," he [Harold Skimpole] would say to us (on his back), "are delightful to me. I believe I am truly cosmopolitan. I have the deepest sympathy with them. I lie in a shady place like this and think of adventurous spirits going to the North Pole or penetrating to the heart of the Torrid Zone with admiration. Mercenary creatures ask, 'What is the use of a man's going to the North Pole? What good does it do?' I can't say; but, for anything I *can* say, he may go for the purpose – though he don't know it – of employing my thoughts as I lie here. Take an extreme case. Take the case of the slaves on American plantations. I dare say they are worked hard, I dare say they don't altogether like it. I dare say theirs is an unpleasant experience on the whole; but they people the landscape for me, they give it a poetry for me, and perhaps that is one of the pleasanter objects of their existence. I am very sensible of it, if it be, and I shouldn't wonder if it were!" (Dickens [1853] 2008, 273)[14]

A estetização da escravatura permite a sua defesa implícita por Harold Skimpole. Ao contrário do parágrafo "Ega declarou muito decididamente ao sr. Sousa Neto que era pela escravatura," do capítulo XII dos *Maias*, 1888, não podemos afirmar que estejamos exatamente perante o mesmo paradoxo publicado 35 anos antes, em 1853, por Dickens. Este é "um caso extremo" (Dickens [1853] 2008,

273) de poesia da paisagem. Como todas as comparações, também esta terá os seus limites. Porém, para quem pesquise textos precursores, suspeitamos que alguns aspetos das irresponsabilidades e amoralidades de Harold Skimpole e de João da Ega mereçam ser comparados, nomeadamente o da análise racial.

Agora, para a concreta pergunta do estimado estudante de licenciatura, "Era Ega racista?," o melhor é levar em conta este e outros pertinentes trabalhos preliminares, continuar seguindo o estilo de pesquisa da Modern Language Association of America, *MLA Handbook*, nona edição (2021) – por exemplo, além da não despicienda questão moral, a linguagem inclusiva é sobretudo uma forma de corrigir imperfeições epistemológicas, como generalizações injustificadas –, e chegar, após uma releitura anotada dos *Maias*, às suas próprias conclusões com provas textuais, primeiramente no corpo a corpo com o texto na cuidada edição recomendada.[15] Mais uma, e final, sugestão sob a forma de pergunta: Será que, depois duma releitura detalhada dos *Maias*, e em especial muitíssimo pormenorizada do capítulo XII, um (ou mais do que um, se for o caso) dos três mini-programas interpretativos desse capítulo é mais útil para a sua interpretação? Os mini-programas são o naturalista, desidealizante e inconsequente de João da Ega; o oportunista da linguagem figurativa de Carlos da Maia; e o mais popular e menos sofisticado dos *bocados de factos* de Teresa, a condessa de Gouvarinho. Bom trabalho!

NOTAS

1. Daqui em diante abreviamos Queirós ([1888] 2017) – ou seja, *Os Maias: Episódios da vida romântica*, edição crítica citada –, para apenas *Maias* (queremos dizer sem o artigo). Um número sem outra indicação, a maior parte das vezes entre parêntesis curvos, denota o número da página ou páginas do romance *Os Maias* na edição crítica citada; *e. g.*, (409) é (*Maias* 409). Abreviamos igualmente a designação desta passagem para "parágrafo 'Ega declarou muito decididamente ao sr. Sousa Neto que era pela escravatura'."

2. Respondendo a uma potencial objeção: "Se o estudante de licenciatura não pagasse propinas, com uma taxa de esforço financeiro considerável, o compromisso ético e pedagógico não seria o mesmo?" A *priori*, esperaríamos que sim, que em qualquer ambiente académico, o compromisso ético e pedagógico seria o mesmo, mas a realidade apresenta-nos cenários diferenciados. A situação financeira para estudantes e professores no ensino universitário nos Estados Unidos é chocantemente diferente da realidade financeira europeia, nomeadamente de Portugal. Tanto as propinas de estudantes como os salários dos professores nos Estados Unidos são incomparavelmente mais elevados, e isso cria uma maior pressão e responsabilidade ética e pedagógica que ultrapassa opiniões e vontades. Os custos financeiros do ensino superior, por serem muito mais elevados, também estão

diretamente ligados a um sistema de avaliação dos docentes, e dos cursos, feitos pelos discentes de forma anónima; tais avaliações têm um peso específico na forma como a carreira da professora é percebida pelo seu próprio departamento e universidade. Devido a estas propinas muito elevadas, os estudantes sentem-se com mais direitos de verem as suas perguntas respondidas, ou pelo menos de percecionar um esforço do professor na tentativa de oferecer respostas satisfatórias aos pagantes de propinas. As avaliações nas universidades dos Estados Unidos são também uma forma de mostrar aos alunos que as propinas, caríssimas, são compensadas por uma avaliação consequente para o salário e a carreira do professor que se pode traduzir como *a voz do aluno*. Por outras palavras, o pesado encargo financeiro é contrabalançado pela oportunidade de expressar a sua satisfação ou descontentamento. Tal pressão não tem equivalente aproximado na generalidade das universidades europeias, devido à responsabilidade financeira não ser, de todo, mesmo percentualmente equivalente à das universidades dos Estados Unidos. Daí a referência às pesadas propinas do aluno de licenciatura da UMass Dartmouth. Quer queiramos quer não, quando se tem experiência de ensino universitário na Europa e nos Estados Unidos, tanto como professora ou como aluna, em ambas as macro-estruturas sócio-económicas, a esta modesta conclusão chega-se facilmente.

3. Para além dos dilemas epistemológicos e morais, as realidades sócio-económicas das universidades europeias e as dos Estados Unidos são distintas. O nosso estimado estudante de licenciatura poderia ter todo o direito a uma orientação de pesquisa razoável mesmo que não pagasse um cêntimo de propinas, é certo. Porém, o facto relevante é que paga, e não pouco, e este fator não é negligenciável na comparação entre universidades dos Estados Unidos e Europeias, bem como na resposta de quem ensina.

4. "Cuando usa los raíles convencionales del diálogo, busca siempre maneras de personalizar su expresión, sorteando los mencionados verbos de dicción por medio de variados subterfugios. Esta es la razón de que sus personajes manifiesten esa curiosa tendencia a producirse oralmente de manera semi-animal. La locución normal deja paso, con una extraordinaria frecuencia, a toda una serie de formas de expresión inarticulada. *Uivar, ganir, rosnar, rugir, bramir*, etc. son maneras habituales de manifestarse el ser humano en la narración queirociana . . . " (Cal 1954, 200). A extraordinária pesquisa com amor ao detalhe do galego Ernesto Guerra da Cal, professor que foi nosso *vizinho* em Nova Iorque, envelheceu bem e continua proveitosamente ímpar para uma análise estilística da obra de Eça de Queirós.

5. Não está aqui em causa a pertinência do contexto histórico, como é possível encontrar em João António Salvado, *O olhar colonial em Eça de Queirós* (2016), mas o uso instrumentalizado deste conceito para bloquear a análise racial.

6. Nas mais de 5.000 universidades dos Estados Unidos, segundo Mann (2022), há duas realidades da interpretação bem diferenciadas, sendo a primeira, a das Harvards e

Stanfords, mediaticamente hiper-representada e abusivamente generalizada, mas com não mais de 250.000 estudantes; e a segunda, muito sub-representada nos *media* de elite, como o *The New York Times*, a dos cerca de 16.000.000 de estudantes das outras universidades. Ora, no segundo grupo, eis a experiência do professor Mann: "I can say that in nearly every class period, a student will bring a facet of their own identity to their reading of a particular text. This used to worry me; I'd think we were drifting away from the safety and rigor of objective discourse into some minefield of interpersonal slights. But I never saw those fears manifested. I am forever impressed by the respect with which they treat one another's lives. No wonder this image of an uber-liberal, hyper-focused mob snarling back at me in the classroom rings untrue. Who has the time?" E conclui, procurando desidealizar: "This fantasy that academia's concerns are *elite*, a semantic playground for those who have the time and luxury to play. There are so few true ivory towers. Alongside them, millions of people are trying to teach and learn, under duress, and largely invisible" (Mann 2022).

7. João da Ega acusa Dâmaso Salcede em discurso direto no capítulo XV: "– Aqui está a sua carta remetendo ao Palma Cavalão o rascunho do artigo. . . . Aqui está, pela sua letra igualmente, a lista das pessoas a quem se devia mandar a *Corneta*, desde o Rei até à Fancelli. . . . Além disso nós temos as declarações do Palma. O Dâmaso não é só o inspirador, mas *materialmente o autor* do artigo. . . . O nosso amigo Carlos da Maia exige, pois, como injuriado, uma reparação pelas armas. . ." (*Maias* 551; itálicos nossos).

8. Notámos que, apesar do nome próprio da condessa de Gouvarinho aparecer explicitamente nos *Maias*, Teresa (409-10), o narrador do romance e os leitores críticos da obra tendem a usar os pares desequilibrados Carlos e a condessa de Gouvarinho, ou João da Ega e a condessa de Gouvarinho. Além do título nobiliárquico, a condessa também tem nome, pelo que o procuramos usar a par do de Carlos ou de João da Ega.

9. Entre os paradoxos que *acontecem* a João da Ega, defensor do "amor livre das ficções do casamento" (140), estão certamente o do seu grande, sincero e sofrido amor por Raquel Cohen, mulher enredada nas teias dum casamento; e o não menos apreensivo caso do grande, sincero e sofrido amor de Carlos da Maia, o seu homoafetivo amigo íntimo, por Maria Eduarda (antes de se saber que ela é irmã dele), mulher sofisticada, leitora de Dickens e "socialista," quando Ega reiterava a sua misoginia.

10. Os potenciais comentários racistas de Ega, textualmente, não beneficiam da distinção dos seus estados de sobriedade e embriaguez. O desafio é que ele faz comentários potencialmente racistas de forma consistente e de forma sóbria.

11. A relação homoafetiva de João da Ega com Carlos da Maia, que pela influência de Ega se tende a sobrepor à relação heteroafetiva entre Carlos e Maria Eduarda, mesmo antes da revelação do incesto, é analisada pela *leitora* Maria Manuel Lisboa (2000) em "Amigos certos, fortuna incerta: Carlos, Ega & C.ª" e bem inspirada, em parte, na

pesquisa sobre triângulos afetivos entre dois homens em que uma mulher funciona como objeto intermediário, de Eve Kosofsky Sedgwick (1985), em *Between Men: English Literature and Male Homosocial Desire*.

12. Usamos *duende traquina* como tradução de *troll*, como para quem escreve deliberadamente mensagens provocatórias ou ofensivas nas redes sociais.

13. Do conhecimento comum, em comédia, distingue-se entre *punching up*, que consiste no humor crítico face aos poderosos, e *punching down*, que consiste em troçar dos subalternos e oprimidos.

14. Foi a partir duma sugestão do professor Thomas Earle em Oxford, a quem muito agradecemos, que relemos *Bleak House* (1853), de Charles Dickens, à procura dum parágrafo que permitisse trabalhar numa perspetiva comparatista o parágrafo "Ega declarou muito decididamente ao sr. Sousa Neto que era pela escravatura," do capítulo XII dos *Maias* (1888), cuja interpretação tentamos orientar. Optámos por este.

15. Reler com anotações os *Maias* é um investimento de trinta horas que, do nosso ponto de vista, compensa.

REFERÊNCIAS

Cal, Ernesto Guerra da. 1954. *Lengua y Estilo de Eça de Queiroz: Elementos Básicos*. Coimbra: Universidade de Coimbra.

Dickens, Charles. (1853) 2008. *Bleak House*, edited by Stephen Gill. New York: Oxford University Press.

Lima, Isabel Pires de. 1987. *As Máscaras do Desengano: Para uma Abordagem Sociológica de Os Maias de Eça de Queirós*. Lisboa: Caminho.

Lisboa, Maria Manuel. 2000. "Amigos Certos, Fortuna Incerta: Carlos, Ega & C.ª" Em *Teu Amor Fez de Mim um Lago Triste: Ensaios sobre Os Maias*, 181–332. Porto: Campo das Letras.

Mann, Lucas. 2022. "I'm a Longtime Professor. The Real Campus 'Free Speech Crisis' Is Not What You Think." *Slate*, 16 April 2022. https://slate.com/human-interest/2022/04/campus-free-speech-crisis-myths-realities.html/.

MLA Handbook. 2021. 9ª ed. New York: The Modern Language Association of America.

Pessoa, Fernando. (1928) 2000. "O Provincianismo Português." Em *Crítica: Ensaios, Artigos e Entrevistas*, editado por Fernando Cabral Martins, 371–73. Lisboa: Assírio & Alvim.

Queirós, Eça de. (1888) 2017. *Os Maias: Episódios da Vida Romântica*. Edição crítica de Carlos Reis e Maria do Rosário Cunha. Lisboa: Imprensa Nacional-Casa da Moeda.

Reis, Carlos. 2016. "João da Ega (Eça de Queirós, Os Maias)." *Dicionário de Personagens de Ficção Portuguesa*. http://dp.uc.pt/conteudos/entradas-do-dicionario/item/543-ega-joao-da.

———. 1999. "Pluridiscursividade e Representação Ideológica n'Os Maias." Em *Estudos Queirosianos: Ensaios sobre Eça de Queirós e a sua Obra*, 124–36. Lisboa: Presença.

Reis, Carlos, e Maria do Rosário Cunha. 2017. "Introdução." Em *Os Maias: Episódios da Vida Romântica*. Edição crítica de Carlos Reis e Maria do Rosário Cunha, 17-58. Lisboa: Imprensa Nacional-Casa da Moeda.

Salvado, João António. 2016. *O Olhar Colonial em Eça de Queirós: O Continente Africano na Escrita Queirosiana*. Lisboa: Edições Vieira da Silva.

Sedgwick, Eve Kosofsky. (1985) 2016. *Between Men: English Literature and Male Homosocial Desire*. Foreword by Wayne Koestenbaum. New York: Columbia University Press.

Simões, Diana Gomes. 2021. "Objeto, Planta, Animal: Sobre a Naturalização das Mulheres em *Os Maias*." *Queirosiana* no. 27-28: 89–102.

VIKTOR MENDES é Professor Associado de Português na Universidade de Massachusetts Dartmouth. Entre seus interesses de pesquisa e publicação estão as humanidades ambientais; foi co-editor do inovador volume *Literatura Portuguesa e Ambiente* (2019).

VANUSA VERA-CRUZ LIMA possui grau de bacharel em Relações Internacionais (com ênfase em ciência política) pela Universidade Candido Mendes no Rio de Janeiro, Brasil, e mestre em Linguística Aplicada pela UMass Boston. Ela lecionou Português e Estudos Sociais para o Programa de Imersão Dupla OLÁ-Português das Escolas Públicas de Cambridge para as séries intermediárias (6ª a 8ª) de 2012 a 2020. Os interesses de pesquisa de Lima são a descolonização do ensino de línguas e literatura e Análise Racial na língua luso-afro-brasileira Estudos. Atualmente ela está a terminar o programa de PhD em Estudos Portugueses e é TA (teaching assistant) no programa de ensino online de português no Departamento de Português da Universidade de Massachusetts Dartmouth.

A Obra Integral nos Programas de Português do Ensino Secundário. Fragilidades de um Domínio Curricular Oficialmente Sólido

RESUMO. Seja entendida como competência ou como modalidade particular de leitura, a educação literária encontra hoje nas obras integrais um objeto de difícil escolarização. Por assentar num *corpus* de adesão não imediata por parte dos alunos e em exercícios que a leitura *natural* descarta, o estudo de obras integrais tem sido tratado e programado de formas muito diversas em diferentes sistemas de ensino. Em Portugal, o atual quadro de regulação do ensino não particulariza o trabalho a fazer nesta modalidade de leitura, embora consagre o seu lugar no currículo, pelo que uma análise comparativa da situação portuguesa com a de outras realidades europeias permitirá lançar alguma luz sobre os pressupostos e as tendências mobilizadas na abordagem a um dos problemas didáticos atualmente mais sensíveis no ensino da literatura.

PALAVRAS-CHAVE: educação literária, leitura integral, ensino da literatura, cânone escolar.

ABSTRACT. Whole books are an object of difficult schooling in the context of literary education, considered either as a skill or as a particular reading mode. Because it depends on a *corpus* to which students do not adhere immediately and on activities discarded in *natural* reading, the study of whole books has been diversely treated and programmed in different school systems. In Portugal, the current syllabus does not regulate, in particular terms, the work expected in this reading feature, although it establishes its place in the curriculum. Thus, an approach that compares the Portuguese situation to those in similar European school systems may cast some light upon the assumptions and the trends that feature one of today's most serious problems in literature teaching.

KEYWORDS: literary education, reading whole books, literature teaching, school canon.

Lembramo-nos de escritores e poetas portugueses por muitas razões. Apesar de algumas vezes os termos lido, a mais frequente não é tê-los lido.

Miguel Tamen, "Cânone 4"

1.

A noção de obra integral, em contexto literário, só aparentemente é de fácil circunscrição. A inquirição da ideia de integralidade no espaço estético, criativo (e editorial) da literatura coloca-nos perante dúvidas de natureza ontológica e epistemológica que o tratamento pedagógico do conceito necessariamente simplifica, mas com as quais o professor, enquanto congeminador e executante desse tratamento, constantemente se depara e confronta, sem que, na maioria das vezes, tenha ocasião ou tempo para dedicar ao problema a reflexão que merece. Perante os textos literários cuja abordagem pedagógica implica a ponderação de estratégias que mobilizem a consideração da sua integralidade (seja ela entendida como formato material, unidade genética ou delimitação genológica), resulta, no professor, um efeito de incerteza e inquietação. Este efeito desagua frequentemente em soluções didáticas redutoras, que ignoram a especificidade do objeto em causa e a desconsideram, conduzindo a modelos de leitura pouco distinguíveis dos que se aplicam ao texto breve, ao fragmento ou ao excerto escolar. Esta resolução do problema por uma via de nivelamento didático, que consiste, efetivamente, numa fuga, é feita ao arrepio das finalidades exaradas nos programas em vigor, onde a abordagem a obras definidas pela sua integralidade é especificamente requerida como prática distinta das restantes sequências de ensino.

Porém, esta distinção coloca questões que vão além da configuração da obra, pois afetam ainda a natureza da leitura que constitui o objeto do trabalho em torno do texto. Além disso, há que ter em conta que o convívio escolar com a obra literária tem lugar num contexto muito complexo, no qual estão implicados e influem ativamente diversos fatores, em que avultam o facto de o confronto pessoal do aluno com o texto estar envolvido numa dinâmica coletiva que necessariamente o afeta, bem como a presença de agentes de mediação com uma incidência determinante. Entre esses agentes destaca-se, naturalmente, o incontornável (e enriquecedor) diálogo com os outros leitores mais ou menos qualificados também presentes na sala de aula – o professor e os pares –, mas também a interferência do manual escolar, cuja mobilização para a abordagem didática à obra necessariamente altera a perceção da sua integralidade, as modalidades de contacto com o texto e o processo de exploração e discussão dos tópicos de conteúdo constantes das disposições programáticas.

Há, portanto, que tomar como ponto de partida para o debate sobre o lugar das obras integrais no quadro curricular da língua materna a existência de uma diferença seminal entre a leitura de uma obra integral realizada por iniciativa pessoal e com finalidades estabelecidas particularmente pelo leitor, e aquela que ocorre no espaço letivo, condicionada por motivações, objetivos e processos inexistentes ou irrelevantes no primeiro caso. Veck (1997, 134) dedica a esta duplicidade da integralidade da obra literária uma atenção particular, pois vê nela o fundamento de um conjunto de questões que se colocam ao trabalho didático com a literatura e à sua própria configuração como domínio de ensino. A distância que medeia entre a leitura da obra *qua* objeto social destinado a fruição privada e a leitura que dela é feita no espaço da escola obriga-nos, efetivamente, a refletir sobre o próprio conceito de educação literária e sobre os mecanismos que nela estão ao serviço de uma aprendizagem para a vida.

Na verdade, enquanto domínio de aprendizagem escolar centrado na experiência da leitura de objetos inscritos no campo da literatura, a educação literária tende a ser encarada por muitos investigadores como uma competência,[1] transferível, portanto, da sala de aula para a experiência social do aluno. Contudo, a dicotomia para que nos alerta Veck (1997) é bem esclarecedora quanto ao hiato funcional que existe entre o trabalho escolar com as obras literárias – distinto, em muitos aspetos, do que é desenvolvido no domínio genérico da leitura, mas com ele partilhando uma inegável matriz processual e experiencial – e o envolvimento estético que com essas obras se realiza em meio não escolar, antes, durante e após o processo de escolarização, no espaço social de cada um. Nesta perspetiva, teríamos de entender a educação literária, acima de tudo, como um domínio específico de aprendizagem da leitura, um formato complexo e artístico de comunicação humana que a escola desenraíza do seu modelo funcional e natural de realização. O objetivo será, em ambiente pedagógico, com o que de artificial isso implica, exponenciar a acuidade aos seus meios e instrumentos de significação e formar, *à la longue*, leitores competentes e autónomos, dotados de uma cultura literária que lhes permita usufruir, ao longo da vida, do convívio que Veck (1997) classifica como "social."

Esta dicotomia da leitura literária, responsável por uma espécie de duplicidade de que o leitor facilmente ganha consciência consoante a sua realização ocorra dentro ou fora da escola, gera, a respeito dos textos, manifestações de variável exuberância, agravadas pelo facto de a *reading list* imposta pelo currículo se caraterizar, em grande parte dos casos, por uma evidente incoincidência com as opções e gostos naturais e imediatos dos leitores em idade escolar. Essa incoincidência explica que, perante a leitura de textos literários na escola, os alunos verbalizem frequentemente o seu desagrado diante dos professores, e justifica também os testemunhos que relatam memórias de um desagrado semelhante por parte de quem o superou em adulto, inclusivamente a respeito das mesmas obras.

Em entrevista de 2 de novembro de 2021 ao *Diário de Notícias*, a escritora italiana Paola D'Agostino, radicada em Portugal e apaixonada pela literatura portuguesa, fala com Leonídio Paulo Ferreira a respeito do seu romance *Tancredi, o Napolitano*, uma espécie de *spin-off* de *Os Maias*, em que a autora se apropria de uma personagem do romance queirosiano, Tancredo, o amante italiano por quem Maria Monforte abandona Pedro, condenando-o ao desamparo e ao suicídio. Convidada a apontar, no cânone literário italiano, uma obra com estatuto simbólico e institucional equivalente a *Os Maias*, Paola d'Agostino não hesita em indicar *Os Noivos*, de Alessandro Manzoni, como o "clássico intemporal" de Itália, "um grande fresco, com o destino de todos os livros de leitura obrigatória: ser odiado por muitos na adolescência, ser relido com entusiasmo e surpresa na idade adulta" (Ferreira 2021, 25). Este comentário verte, com eloquente concisão, o problemático espaço que as obras integrais de leitura obrigatória ocupam no segmento do campo literário que é recortado pela receção escolar, assim como o diverso impacto afetivo que o desafio que colocam pode provocar. Esse impacto estará dependente, como sugere Paola d'Agostino, do momento da vida de cada um de nós em que ocorre? Ou advirá do modo como a escola congraça a integralidade do objeto literário com as linhas didáticas que andam associadas, por tradição mas também por inércia, à ideia de obrigatoriedade que o programa instila nesta modalidade escolar de exposição à literatura?

A verdade é que vemos o pressuposto, algo torturado, de peso e dificuldade que envenena o processo à partida a ser veiculado pelos seus próprios promotores, que assim contribuem para uma mistificação que desde logo condena a leitura integral ao fracasso. Em novembro de 2021, uma campanha de uma importante editora escolar portuguesa, lançada por meios digitais para divulgar novos títulos de uma coleção de textos literários integrais intitulada "Clássicos hoje," utilizava o enunciado "Ler os clássicos: uma missão (im)possível" como *slogan* de apresentação e invocava a necessidade de edições visual e digitalmente eficazes para "seduzir os alunos de hoje para a leitura." Sugere-se, nas entrelinhas, que as obras literárias, se apresentadas no despojamento da sua materialidade *natural*, são um objeto de impossível fruição por parte dos jovens. É imperioso, perante estas considerações, averiguar de que forma e em que termos se encontram representadas nos programas em vigor as obras integrais e extrair dessa representação as linhas com que é sugerido aos professores um trabalho de leitura e aprendizagem que garanta ao sistema de ensino o objetivo fundamental, sempre propalado, da formação de leitores "para a vida."

2.

Falar em "programas em vigor" no contexto institucional e legislativo que conforma o ensino secundário português no ano letivo de 2021/2022, aquele a que este texto se reportará, é um exercício de difícil delimitação. De facto, no que à disciplina de Português diz respeito, está implementado nas escolas um referencial curricular decorrente de uma simplificação e depuração sucessivas dos diplomas de regulação das aprendizagens, que fez desaparecer a figura oficial do "programa." O último programa de Português do Ensino Secundário implementado nas escolas após o curial processo de consulta pública e homologação data de 2014[2] e a sua fixação definitiva resultou de invasivos ajustamentos e atualizações a uma versão inicial, cujo diagnóstico e experimentação permitiram identificar dificuldades de execução que o elenco inicial de conteúdos colocava a professores e alunos, sobretudo ao nível da educação literária. A versão refundida do programa original, ao qual vinha apenso um conjunto de metas curriculares, ao mesmo tempo que reconhecia as dificuldades verificadas no terreno, traduzia um pensamento pedagógico muito focado na avaliação e certificação de aprendizagens, cujo sucesso dependeria de uma definição clara daquilo que, no todo dos programas, devia "ser objeto primordial de ensino," e apresentava-se como "referencial para a avaliação interna e externa, com especial relevância para as provas finais de ciclo e exames nacionais."[3]

A redução da quantidade e da profundidade dos conteúdos não alterou os pressupostos básicos em que o programa originalmente assentava. Os dois conceitos fundamentais que a "Introdução" do documento identifica têm incidência direta nos domínios da leitura e da educação literária. A escolha do texto complexo, na definição proposta por Bauerlein (2011), complementada pela noção de *challenging text* de Shanahan, Fischer e Frey (2012), privilegia ações pedagógicas que tomem como objeto enunciados densos, com elementos estruturais bem marcados, uma seleção vocabular diversificada e uma intencionalidade comunicativa que mobilize modalidades de compreensão exigentes da parte do leitor, nomeadamente ao nível da leitura inferencial, um conjunto de traços cuja materialização mais completa se realiza no campo das obras literárias. Em segundo lugar, a opção por textos em que seja evidente uma inscrição de natureza genológica, rastreável e suscetível de promover o confronto e a comparação entre enunciados aparentemente díspares, encontra também na literatura um repertório praticamente inesgotável, uma vez que a categoria "género" se tem mostrado ativa e determinante na produção literária desde as suas origens, estando na base de um património estético cuja eficácia funcional e descritiva extravasa os próprios limites do literário. Embora estes dois conceitos não se esgotem no domínio da literatura, é nos textos nela inscritos que eles se realizam de forma mais completa, contextualizada e culturalmente significativa, em formatos que exploram as potencialidades expressivas e discursivas da língua.

Tendo em conta o protagonismo dado a estes dois elementos, não é de admirar que o enquadramento teórico deste programa dê um relevo particular à exposição dos alunos ao texto literário, enquanto objeto de fruição e reflexão. Porém, a fundamentação apresentada não especifica as modalidades de leitura literária através das quais se propõe a consecução dos objetivos estabelecidos para este domínio: aponta-se a necessidade de desenvolver atividades de leitura de textos de diferentes géneros, mas não são tecidas considerações a respeito dos formatos que essas leituras devem contemplar. Apenas no capítulo da operacionalização dos conteúdos programáticos e na definição dos descritores de desempenho do domínio da educação literária se torna clara a separação entre as obras a explorar através de excertos e as que devem ser alvo de leitura integral, quer se destinem a exploração coletiva na aula, quer se destinem a um trabalho pessoal de convívio com o texto tendo em vista a sua apresentação aos pares. Estando aqui em causa a análise do trabalho de educação literária dinamizado coletivamente por turmas sob orientação direta de um professor, interessa-nos interrogar a abordagem feita a obras integrais em contexto letivo estrito, que, neste programa, estava previsto nos seguintes moldes:

a. 10.º ano de escolaridade: leitura integral de uma peça teatral (um auto vicentino);

b. 11.º ano de escolaridade: leitura integral de uma peça teatral (*Frei Luís de Sousa*, de Almeida Garrett), de um romance queirosiano e, eventualmente, um conto ("A abóbada," de Alexandre Herculano);

c. 12.º ano de escolaridade: leitura integral de um romance de José Saramago e dois contos de autores contemporâneos.

Foi curta, nos termos aqui descritos, a vigência deste programa e deste quadro de leituras integrais, implementados sequencialmente nos três anos curriculares do ensino secundário entre 2015/2016 e 2017/2018. As preocupações e necessidades de ajustamento do sistema educativo ocasionadas pelo alargamento da escolaridade obrigatória para doze anos trouxeram para o espaço público uma discussão profunda sobre as aprendizagens que a escola devia proporcionar a todos os cidadãos. O debate sobre a inevitável massificação da escola, ocorrido num contexto social marcado pela globalização, pela volatilidade dos saberes e pela hegemonia do paradigma tecnológico, sublinhava a imprescindibilidade de uma formação de base humanista, capaz de dotar os cidadãos de valores éticos, culturais e civilizacionais que lhes facultassem o sentido de pertença a uma comunidade e a consciência do seu lugar num mundo cada vez mais complexo e desafiador. Esta discussão conduziu à publicação, em 2017, de um documento hoje estruturador da planificação e realização das aprendizagens em contexto escolar, o *Perfil dos Alunos à Saída da Escolaridade Obrigatória* (PASEO), em função de cujos princípios, visão, valores e áreas de competência os currículos específicos das várias disciplinas foram redesenhados, dando origem, em todos os níveis de ensino, às *Aprendizagens Essenciais*, homologadas em 2018.

No que à leitura diz respeito, a visão explicitada no PASEO põe a tónica na capacitação do cidadão com um corpo de literacias que lhe permitam, nos diferentes aspetos da vida quotidiana, utilizar e mobilizar informação de forma autónoma e crítica, o que corresponde a um pressuposto genérico particularizado no segmento do texto dedicado à especificação das áreas de competência que concretizam esse desígnio. E, neste ponto, aparecem destacados os domínios da leitura e da escrita, sem que, contudo, haja referências concretas ao contacto com textos integrais. Ainda assim, em pelo menos duas das dez áreas de competência definidas no documento, são apontados objetivos de aprendizagem em que a leitura de obras literárias integrais é, se não implícita, certamente plausível.

Uma dessas áreas é a das "Linguagens e Textos," na qual é dado particular relevo à aquisição de códigos que garantam a todos os cidadãos o exercício da leitura e da escrita, não só na sua língua, mas também em línguas estrangeiras. No final de doze anos de escolaridade, o conceito de leitura subjacente a esta competência terá necessariamente de ir além da simples decifração e compreensão de textos simples, alcançando a exposição a enunciados complexos, extensos e desafiadores, como é o caso de uma obra literária integral. A outra área que abre espaço para esta modalidade de leitura é a da "Sensibilidade Estética e Artística," desenhada como via preferencial de contacto dos alunos com "processos de experimentação, de interpretação e de fruição de diferentes realidades culturais" (Martins 2017, 28), o que abrange o envolvimento em atividades de criação artística, a apreciação de objetos estéticos de proveniência e expressão diversas, assim como a valorização da arte enquanto componente do património da comunidade.

O estudo de obras integrais é, no domínio da formação literária e do contacto com a literatura em contexto escolar, a forma indubitavelmente mais apta para proporcionar ao aluno uma experiência completa, cabal e abrangente de envolvimento com os produtos literários na sua inteireza e de exploração do seu potencial estético e humano. É, inclusive, pouco expectável que o aluno consiga compreender o conceito de "obra literária" se o seu contacto com a literatura se limitar ao estudo de excertos ou fragmentos recolhidos num manual sem que lhe seja facultada a possibilidade de conhecer obras completas na sua materialidade, e replicar, com o apoio do professor, a fruição de textos que, só na íntegra, facultam experiências estéticas equivalentes à apreciação de uma pintura, de uma escultura ou de uma peça musical. Por outro lado, também só através da convivência com o livro na sua integralidade é possível conceber a dimensão patrimonial da escrita literária, sem cujo suporte material em permanente reconfiguração o texto não passa de uma realidade fragmentária, volátil e carente da densidade que a arte não exclusivamente performativa requer para se impor esteticamente perante o fruidor.

Os desígnios genéricos e transversais às diferentes áreas de aprendizagem que o PASEO estipula serviram de fundamento à formulação das Aprendizagens Essenciais em vigor desde 2018. No caso do documento relativo à disciplina de Português do Ensino Secundário, cuja formulação é resultado de uma depuração da versão revista do programa de 2014 e das respetivas metas curriculares, verifica-se a preservação da autonomia da educação literária como domínio programático e da sua centralidade na aprendizagem da língua materna. Especificando as linhas pedagógicas assumidas pelo PASEO e cruzando os conhecimentos, capacidades e atitudes a adquirir pelos alunos com as ações a desenvolver pelo professor para que o perfil desejado seja atingido, as Aprendizagens Essenciais de Português para este ciclo de ensino sublinham a importância de uma

41

literacia sólida que se desdobra em duas vertentes: a do conhecimento da literatura enquanto saber, nomeadamente na sua dimensão patrimonial e multicultural, e a da capacitação para a fruição da leitura de textos literários, através da qual se pretende formar os alunos para serem leitores assíduos de literatura à saída do sistema escolar. É na fundamentação destes pressupostos que o documento coloca em destaque a leitura de obras literárias integrais, colocadas ao lado de outros textos complexos que só uma literacia profundamente enraizada no conhecimento da língua permite compreender e interpretar:

> Estas aprendizagens são essenciais para ler na íntegra uma obra literária, para compreender uma decisão jurídica, um poema épico ou um ensaio filosófico, para interpretar um discurso político, para inferir a intencionalidade comunicativa de um texto argumentativo, . . . para ler e para escrever o seu mundo interior e o mundo em que os alunos se movimentam. (*Aprendizagens Essenciais de Português*, 2)

A abordagem didática de obras integrais não se restringe, também neste documento regulador, ao domínio da leitura orientada desenvolvida coletivamente na aula sob orientação direta do professor, mas engloba ainda a construção de um projeto individual de leitura, desenhado com "pensamento crítico e criativo" (8) e perseguindo dois objetivos: num plano imediato, a realização de uma exposição oral; *à la longue*, a consolidação de hábitos individuais de leitura criados e gradualmente ampliados durante os vários ciclos do Ensino Básico, tendo por base o Plano Nacional de Leitura, um referencial bibliográfico institucional com forte reconhecimento social. No que respeita à leitura de obras integrais, este documento mantém a linha de seleção canónica do programa de 2014 e das respetivas metas curriculares, uma vez que não são alterados os princípios que presidem à seleção e distribuição dos textos ao longo do ciclo, mas apenas o seu número. Neste aspeto em concreto, a diferença só se fez sentir no 12.º ano de escolaridade, em que os alunos passaram a ler apenas um conto de um autor contemporâneo em vez dos dois previstos no desenho curricular anterior.

A sucessão destes documentos traçou, no repertório genérico das aprendizagens da educação literária, mas também no campo específico do estudo de obras integrais, um movimento de sístole, que resultou numa considerável contração dos conteúdos definidos na sua formulação inicial. Depois de generalizada, em 2021, a implementação progressiva das *Aprendizagens Essenciais de Português* no Ensino Secundário, o ano letivo de 2021/2022 arrancou sob a égide de uma decisão legislativa que veio alterar o equilíbrio entre os documentos até aqui analisados. O despacho n.º 6605-A/2021, de 6 de julho, oportunamente publicado no momento do calendário escolar em que as escolas fecham um ano letivo e preparam o seguinte, vem, no número 1, proceder à elevação do PASEO e das *Aprendizagens Essenciais*, desenhadas entre 2018 e 2020 por um conjunto de quatro diferentes despachos ministeriais, à condição de "referenciais curriculares das várias dimensões do desenvolvimento curricular, incluindo a avaliação externa," procedendo, assim, ao cancelamento tácito – no caso concreto do Português – dos dois documentos que, em termos estritamente programáticos, são a base pedagógica do trabalho desenvolvido nas escolas.

Porém, a decisão que este despacho governamental consubstancia promove ao lugar de programa disciplinar um documento necessariamente incapaz de cumprir todas as funções inerentes a um estatuto, que, aliás, não tinha a intenção de assumir quando foi elaborado. Pensadas para estabelecer nexos curriculares e didáticos entre o quadro programático de cada disciplina e a matriz referencial para a educação obrigatória em Portugal vertida no PASEO, as *Aprendizagens Essenciais* viram a sua função ancilar (e, em certa medida, contingente) converter-se, por via exclusivamente legislativa e sem a realização de alterações de fundo ao seu conteúdo, em principal instrumento de regulação do ensino e da aprendizagem. Embora de uma forma não tão drástica e lesiva como a que se verifica noutras disciplinas, esta extensão funcional das aprendizagens essenciais levou, no Português, à elisão e ao empobrecimento do quadro curricular que estrutura o trabalho de planificação, execução e avaliação do professor, privado agora do suporte teórico, informacional e normativo que os documentos anteriores lhe proporcionavam.

É sobretudo ao nível do elenco de conteúdos e aprendizagens a desenvolver em cada ano curricular e em cada domínio que mais se faz sentir a rarefação do material pedagógico que os anteriores documentos indicavam, operacionalizavam e sequenciavam de uma forma mais substantiva e articulada. Exemplos claros desta omissão, que não é surpreendente se considerarmos a natureza sucinta dos documentos que contêm as aprendizagens essenciais, são a ausência de bibliografia de referência, a supressão do enunciado dos conteúdos abordados em cada domínio (particularmente visível no caso da gramática e da educação literária) e a eliminação da lista específica de obras a ler autonomamente pelos alunos no âmbito do projeto de leitura. Na área curricular especificamente respeitante ao estudo de obras integrais, esta redução teve como consequência a generalização e indiferenciação das aprendizagens literárias que lhe estão associadas: a listagem dos conteúdos a tratar em cada obra desaparece deste documento, ficando estabelecido apenas, como suporte para a operacionalização das estratégias e ações a desenvolver no domínio da educação literária (apresentadas sempre a título de exemplo), um anexo identificativo dos autores e obras a estudar em cada ano, com a indicação, nos casos em que tal se verifique, da natureza da leitura a efetuar, seja em excertos ou em versão integral.

3.

Num tempo em que a informação circula a um ritmo veloz, em que os métodos e processos de trabalho tendem, num mundo globalizado, a uniformizar-se e nivelar-se nos mais diversos campos de investigação, produção ou divulgação do conhecimento, e também no atual contexto sociopolítico europeu, em que Portugal se integra, em que a confluência das iniciativas de legislação e regulamentação ocorre nas mais diversas áreas da gestão dos assuntos públicos e do exercício da cidadania, faz sentido ir além do panorama nacional descrito nos pontos anteriores, confrontando-o com as opções pedagógicas realizadas em países cultural e socialmente próximos de Portugal. Estando em causa um domínio de estudo em que se joga com bens culturais, escolhas educativas decisivas e aprendizagens determinantes para a formação humanística, estética e linguística dos indivíduos, este exercício de análise e comparação entre realidades nacionais diferentes mas culturalmente contíguas permite, além de identificar os pontos comuns aos cenários curriculares analisados, sinalizar idiossincrasias e particularidades indicativas das prioridades de cada sistema educativo nacional. No domínio específico da educação literária – ao qual é reconhecido, em todos os casos analisados, um espaço próprio na disciplina de língua materna –, a leitura de obras integrais configura um problema didático que cada realidade escolar gere mobilizando estratégias reveladoras do lugar educativo que o novívio com a literatura assume em cada contexto.

Colomer (2007, 2) lembra que o processo de globalização em curso está a provocar, em articulação com outras condicionantes tendencialmente sistémicas na vida atual, um abalo profundo na estrutura social, cultural, mental e axiológica que tem servido de travejamento humanístico à escola que valoriza a educação literária e lhe reconhece uma função insubstituível, tanto para a "aprendizagem linguística" como para a "coesão social." A massificação do fenómeno educativo não tem tido como contrapartida a universalização de saberes e padrões culturais de elite, sobretudo quando estes não se prestam a uma imediata tradução em empregabilidade, sucesso empresarial ou rendimento económico, como é o caso das aprendizagens adquiridas por via da educação literária. Daqui até à relativização da função curricular da literatura e da justificação de padrões elevados de trabalho, exigência e exaustividade a respeito da leitura literária, o passo foi relativamente breve e a escola viu-se inundada por soluções pedagógicas que vão condenando o conhecimento literário a um estatuto de *soft skill*, em cujo âmbito a realização de tarefas como a leitura de uma obra integral é cada vez menos tida como justificada ou sequer praticável pela generalidade dos alunos.

A transversalidade deste problema nas atuais comunidades educativas legitima uma indagação de respostas que passem, antes de tudo, pelo levantamento dos panoramas de trabalho pedagógico com a obra literária integral que, em diferentes sistemas escolares, correspondem a um *status quo* que interessa conhecer, seja para encontrar formas diversas de manifestação dos sintomas do problema, seja para colher caminhos de solução, que terão necessariamente de ser criativos e, embora direcionados para uma contrariedade global, orientados para o quadro específico que configura cada caso local, regional ou nacional. Esta indagação percorrerá quatro diferentes cenários pedagógicos, correspondentes a quatro diversos sistemas educativos europeus – o espanhol, o britânico, o italiano e o francês –, em cujos programas da disciplina de língua materna do ensino secundário, frequentada, como em Portugal, pelos alunos da generalidade dos cursos pré-universitários, serão identificadas linhas de continuidade, pontos de afastamento e soluções diferenciadoras capazes de enriquecer e fecundar o debate que se impõe no contexto português, considerando o esvaziamento curricular que afeta este lugar central e desafiador da didática da literatura, de acordo com o exposto na segunda secção deste texto.

3.1.

O caso espanhol constitui um quadro educativo complexo, tendo em conta a estrutura autonómica de organização do estado, que atribui às diferentes comunidades regionais uma soberania ampla que inclui a definição, em grande escala, dos programas escolares e das aprendizagens a desenvolver no seu âmbito. Tomar-se-á como exemplo o caso da comunidade autónoma de Madrid, que, por ser a região onde se localiza a capital do país, possui um ordenamento legal e cívico mais amplo e uma vivência escolar marcada por um maior cosmopolitismo e diversidade cultural. O sistema educativo é regulado pela *Lei orgânica de educação* (Lei n.º 2/2006, de 3 de maio),[4] que o subdivide em Educação Infantil (dos 0 aos 6 anos), Educação Primária (dos 6 aos 12 anos), Educação Secundária obrigatória (dos 12 aos 16 anos) e "Bachillerato," que integra os dois anos anteriores à entrada no ensino superior. Os três anos do ensino secundário português equivalem, em termos etários e curriculares, ao último ano da Educação Secundária obrigatória e aos dois anos do "Bachillerato," sendo a disciplina de "Lengua Castellana y Literatura" aquela cujo lugar no currículo é funcionalmente equivalente à do Português no sistema educativo de Portugal, sendo transversal à composição dos diversos cursos. A criação de hábitos de leitura e o desenvolvimento de competências leitoras são desígnios que atravessam um currículo em que se estabelecem, de forma gradual, objetivos de educação literária que têm como meta a formação de cidadãos capazes de ler autonomamente (à maneira do projeto de leitura do programa de Português) e a aquisição de um quadro diacrónico da literatura nacional (que é também o critério central da escolha de obras literárias para a *reading list* sobre a qual incidem as atividades de análise em aula).

Munido, tal como o programa de Português, de um bloco especificamente destinado ao desenvolvimento da educação literária, o programa de "Lengua Castellana y Literatura" determina, com pormenor, os objetivos de aprendizagem e os conteúdos neles implicados, mas não fornece indicações precisas sobre as épocas, movimentos, obras e autores a estudar em cada um dos três anos do ensino secundário. O foco da leitura literária proposta em cada um desses anos, e cujos conteúdos estão sintetizados por Roig Rechou (2013, 193-94), pode esquematizar-se da seguinte forma:

a. 4.º ano da Educação Secundária obrigatória (10.º ano português): estudo de obras da literatura espanhola (do século XVIII aos nossos dias) e universal (de todos os tempos) e da literatura juvenil, mediante a leitura de fragmentos ou, quando se justifique, obras integrais;
b. 1.º ano do "Bachillerato" (11.º ano português): estudo das obras mais representativas da literatura espanhola desde a Idade Média até ao século XIX, mediante a leitura de fragmentos e obras significativas;
c. 2.º ano do "Bachillerato" (12.º ano português): estudo cronológico dos movimentos, autores e obras da literatura espanhola do século XX aos nossos dias, mediante a leitura de fragmentos e obras representativas.

Verifica-se, pois, que não é definida, para cada ano, uma lista fechada ou orientadora das escolhas a fazer pelos professores, o que, podendo ser resultado

– em parte – de uma política educativa interessada em proteger as opções de especificação do currículo em cada comunidade autónoma, decorre sobretudo da natureza do próprio documento legal, que, no caso das obras literárias, ao contrário do que sucede com obras de outras artes no programa de outras disciplinas,[5] opta por não se comprometer com um cânone estético disposto com nitidez pelo legislador. Soldevilla Elduayen (2019, 14) refere-se a esta característica do currículo espanhol como um problema, na medida em que explicita finalidades de aprendizagem para as quais não delimita estratégias didáticas, apenas fornecendo ao professor critérios de avaliação de onde é possível extrair algumas linhas de trabalho genéricas, inclusive ao nível da leitura de textos integrais. Veja-se, a título exemplificativo, o critério com a notação 4.1. no elenco das aprendizagens de educação literária do 4.º ano da Educação Secundária obrigatória: "[El alumno] lee y comprende una selección de textos literarios representativos de la literatura del siglo XVIII a nuestros días, identificando el tema, resumiendo su contenido y interpretando el lenguaje literario" (*Boletín Oficial del Estado* 2015, 370).

O critério tem a formulação de uma meta de aprendizagem e, talvez por isso mesmo, não fornece orientações para a concretização dos objetivos nele contidos nem especifica elementos que se podem esperar de um programa oficial: é mencionada a mobilização de uma seleção de textos literários representativos dentro de uma determinada baliza temporal, mas não só essa seleção não é concretizada como não são apontados critérios (genológicos, por exemplo) para que os docentes o possam fazer com objetividade. É indicada a interpretação da linguagem literária como aprendizagem a realizar, mas o enunciado desta finalidade é vago, e em nenhum outro ponto do documento são particularizadas as vertentes e tarefas em que se pretende ver esse complexo trabalho hermenêutico desenvolvido neste nível de ensino.

Esta indefinição das disposições programáticas atinge de igual forma a questão da integralidade dos textos literários, uma vez que está prevista a leitura de obras em excerto e de obras completas, mas não são enumerados os títulos que se destinam a cada uma destas modalidades de leitura, nem – novamente – são definidas as linhas orientadoras para que a realização das necessárias escolhas seja sólida, fundamentada e formativamente eficaz. Na ausência destas diretrizes, a seleção de textos e a definição da modalidade em que a sua leitura se efetua acabam por se concretizar, de forma indireta, no momento da adoção dos manuais escolares e nas práticas locais de avaliação. Consultando, por exemplo,

47

o portal educativo da Junta de Castilla y León,[6] verifica-se que é prática corrente, nos dois anos de "Bachillerato," a leitura de uma obra integral em cada trimestre, com distribuição das escolhas pelos três modos naturais da literatura, o que se reflete na elaboração das provas trimestrais de avaliação da disciplina de "Lengua Castellana y Literatura," para as quais é sugerida a inclusão de uma questão obrigatória sobre a obra integral lida.

3.2.

O sistema britânico de educação pré-universitária integra treze anos de escolaridade, cujas *key stages* 4 e 5, frequentadas por alunos de 15-16 e 17-18 anos respetivamente, correspondem *grosso modo* ao ensino secundário português. O programa nacional de Inglês que enquadra as atividades de aprendizagem a desenvolver na primeira destas duas etapas define um espaço curricular ocupado pela leitura que, embora não circunscreva uma área especificamente dedicada à educação literária, salvaguarda metas que lhe estão naturalmente associadas, como o desenvolvimento da fluência na leitura, a leitura extensiva e a leitura autónoma de textos esteticamente motivados. O reconhecimento da importância da exposição dos alunos à literatura em meio escolar consubstancia-se, no currículo britânico, em objetivos que valorizam tanto a dimensão experiencial como a dimensão patrimonial da leitura literária, referida – neste segundo ponto – com um sublinhado explícito da delimitação nacional do cânone a observar.

As recomendações de leitura em cada *key stage* são definidas por critérios de progressão e de dificuldade crescente que abrangem um leque diversificado de textos, tanto em termos genológicos como periodológicos, no qual as obras integrais (*whole books*) merecem uma menção explícita.[7] Contudo, excluindo o caso do teatro shakespeariano, que constitui naturalmente o ápice do cânone escolar britânico, não são apresentadas (tal como no currículo espanhol) indicações precisas a respeito do número de obras, autores, géneros ou títulos a estudar. Apesar disso, são dadas orientações genéricas a respeito dos domínios de criação literária a contemplar nas escolhas a fazer pelo professor, sem prejuízo da leitura de não-ficção que o programa igualmente salvaguarda. Nas duas *key stages* em consideração, essas orientações são as seguintes:

a. *Key stage* 4 (alunos de 15-16 anos): leitura de, pelo menos, uma peça de Shakespeare, obras dos séculos XIX a XXI e poesia posterior a 1789, nomeadamente do período romântico, devendo haver lugar para a leitura de textos integrais;

b. *Key stage* 5 (disciplina de Inglês com programa misto de língua e literatura, frequentada por alunos de 17-18 anos, tendo em vista a realização da prova de acesso a estudos superiores): estudo de um *corpus* mínimo de cinco obras literárias que contemplem a prosa de ficção, a poesia e o teatro.

O foco canónico deste currículo abrange, quase em exclusivo, obras da época moderna e contemporânea, o que constitui um traço diferenciador no conjunto dos programas nacionais de língua materna considerados. O teatro shakespeariano é a referência literária mais recuada na *reading list* do ensino secundário britânico, o que consubstancia uma opção programática que, ao mesmo tempo que abdica de um critério de representatividade canónica assente na refração da história literária nacional, privilegia a dinâmica literária da modernidade sem excluir géneros nem coartar a amplitude e a diversidade das escolhas a fazer por professores e alunos, o que engloba a própria definição das obras integrais a ler.

3.3.

O sistema escolar italiano abrange, tal como o britânico, treze anos de escolaridade, sendo a educação secundária ocupada pelos últimos cinco, distribuídos por dois ciclos: o *ginnasio*, correspondente aos dois primeiros anos, e o *liceo*, que integra os últimos três e equivale, em termos funcionais, ao ensino secundário português. Este segmento terminal do ensino secundário desdobra-se em seis vias de estudo específicas definidas pelo Decreto legislativo n.º 89, de 15 de março de 2010. Seja qual for a via seguida pelos alunos, existe uma disciplina de língua materna de frequência obrigatória comum na qual se desenvolvem, conjuntamente, aprendizagens de natureza linguística e literária, contempladas na sua designação genérica ("Lingua e Letteratura Italiana"). O documento regulador dos *curricula* destas seis vias de estudo elenca as aprendizagens desta disciplina transversal, que sofre variações mínimas de curso para curso.[8] A estrutura e a organização da disciplina por domínios e competências é igual em todos os percursos, servindo as ligeiras diferenças de conteúdo para assegurar a especificidade de cada via. Assim, por exemplo, na disciplina de língua materna do *liceo classico*, frequentado por alunos que optam por estudos que privilegiam os saberes humanísticos, é evidente um reforço do número de textos e autores a ler, face ao que está previsto noutros *licei*, como o *scientifico* ou o *delle scienze umane*.

Ao contrário do que sucede nos casos espanhol e britânico, as aprendizagens do domínio da educação literária no currículo italiano de língua materna mantêm uma base canónica circunscrita e vertida num programa de leituras obrigatórias de recorte histórico-literário muito evidente. Aliás, o próprio texto justificativo dos conteúdos selecionados explicita a opção, nos três anos do *liceo*, por um método histórico de estudo da literatura, com uma abordagem que privilegie elementos do contexto de produção das obras (incluindo o contacto com documentos que permitam aos alunos reunir dados históricos, sociais e filosóficos que favoreçam a interpretação), o tratamento de aspetos estilísticos do autor e do período literário em que se inscreve e a articulação com aprendizagens linguísticas diretamente implicadas na compreensão textual.

Embora seja dada primazia a uma organização cronológica das leituras a efetuar, estão previstas aprendizagens decorrentes do confronto de textos literários de diferentes épocas e práticas letivas que iluminem as relações intertextuais entre diferentes tradições e épocas da literatura italiana, não excluindo textos fundamentais de literaturas estrangeiras. O programa explicita a centralidade da obra de Dante na educação literária dos três anos do *liceo*, pelos quais se reparte o estudo da *Divina Comédia*, de cujos cem cantos é expressamente indicada a leitura de uma quarta parte. Orbitando em torno de Dante, aparecem explicitados no programa os nomes dos grandes representantes de cada época e movimento da literatura italiana, o que corresponde a um natural prolongamento escolar dos consensos canónicos do campo literário, muito marcado, no espaço cultural italiano, pelo peso institucional do "clássico" enquanto categoria estética.[9] Por essa razão, o regulamento curricular da disciplina constante das *Indicazioni* faz acompanhar a enumeração dos autores propostos de apreciações valorativas que sublinham a sua indispensabilidade na *reading list* escolar, traduzidas em qualificativos como "necessário," "grande," "imprescindível," "não elidível," "decisivo," "significativo," "recomendável" ou "melhor" (46).

Para além de determinar a transmissão do quadro literário canónico, o programa de língua materna do ensino secundário italiano procura assegurar também o contacto com um conjunto importante de obras em versão integral ou, quando tal não for viável, em "porções significativas," acautelando expressamente o acesso aos textos em edições de reconhecida qualidade filológica (44).[10] Sem precisar todo o leque de obras a ler na íntegra, e favorecendo com isso o trabalho de negociação de leituras em cada turma, o programa de "Lingua e Letteratura Italiana" estabelece as seguintes orientações:

a. 1.º ano do triénio liceal (10.º ano português): estudo de obras da literatura italiana medieval até ao Quattrocento (nomeadamente Boccaccio e Petrarca); leitura de uma antologia de cantos do "Inferno" da *Divina Comédia*;

b. 2.º ano do triénio liceal (11.º ano português): estudo de obras da literatura italiana dos séculos XV a XVIII (com destaque para Ariosto, Tasso, Maquiavel, Goldoni e Alfieri); leitura de uma antologia de cantos do "Purgatório" da *Divina Comédia*;

c. 3.º ano do triénio liceal (12.º ano português): estudo de obras da literatura italiana dos séculos XIX-XXI (escolhidas de entre a produção de um vasto conjunto de autores em vários géneros); leitura de uma antologia de cantos do "Paraíso" da *Divina Comédia*.

A incidência da escolha de obras para leitura integral é determinada por fatores diversos, entre os quais pontuam a força da tradição didática, as diretivas dos manuais adotados e, por fim, as afinidades de professores e alunos. A consulta de manuais e planificações publicadas por algumas escolas centrais revela a tendência para que essa escolha recaia, no segundo ano, sobre uma tragédia de Alfieri e uma comédia de Goldoni e, no terceiro ano, sobre uma tragédia de Manzoni (cuja obra-prima, o romance I *Promessi Sposi*, é alvo de leitura integral no segundo ano do *ginnasio*) e um romance de Giovanni Verga. Estas escolhas vêm, no fundo, sublinhar a estrutura canónica do programa e, ao vincarem pontos fundamentais do alinhamento cronológico que o caracteriza, têm como desígnio assegurar a transmissão social da tradição literária italiana.

3.4.

No sistema educativo francês, os anos correspondentes ao ensino secundário português são os do *lycée*, um triénio que abrange as classes de *Seconde*, *Première* e *Terminale*. Na vertente orientada para o prosseguimento de estudos, muito focada na realização de provas finais de acesso ao ensino superior, a frequência da disciplina de Francês, embora comporte diferenças ao nível dos conteúdos e aprendizagens, é transversal aos vários percursos previstos nos dois primeiros anos e assegura, em todos eles, uma vertente de enriquecimento da cultura literária dos alunos em articulação com as restantes dimensões do programa.

Em comparação com as estruturas curriculares nacionais já analisadas, a francesa é nitidamente a mais normativa, diretiva e reguladora das opções a fazer pelos professores com as suas turmas, tanto ao nível dos textos literários a

51

ler como ao nível das estratégias de leitura e atividades de aprendizagem a desenvolver a seu propósito. Trata-se de um programa fortemente ancorado numa organização cronológica dos conteúdos literários e explicitamente interessado em dar continuidade a uma visão canónica da literatura francesa (embora aberta à inclusão de outras expressões no domínio da leitura extensiva), vazada em aprendizagens suportadas por leituras escolhidas em função de parâmetros que cruzam critérios histórico-literários e genológicos.

O programa propõe duas formas básicas de leitura literária: a "escolar" e a "pessoal," a que correspondem, respetivamente, as modalidades metódica e extensiva de contacto com as obras, privilegiando sempre o formato integral (mesmo no caso do modo lírico, em cujo âmbito se dá preferência ao estudo de volumes de um mesmo autor em vez das habituais antologias) ou substituindo-o por "secções substanciais e coerentes de obras integrais" (na formulação do programa oficial). Estes princípios são válidos nos quatro grandes domínios de leitura literária consagrados no programa (poesia, romance e narrativa, teatro, literatura de ideias e imprensa de períodos literários específicos) e visam garantir, em cada ano, o cumprimento de metas nacionais quantificadas, suscetíveis de avaliação nas provas finais do ensino secundário. Assim, embora o professor tenha a liberdade de definir os temas e as obras a estudar pelos alunos no seu percurso didático, estão claramente definidas à partida as linhas globais que circunscrevem o desenho curricular, balizado por um conjunto de objetivos de trabalho mensuráveis. O programa sublinha, de qualquer forma, que os temas e obras selecionados devem ser estudados tendo em conta o contexto histórico, artístico e cultural da sua produção, recorrendo – se possível – à convocação de textos complementares que permitam aprofundar a análise ou favorecer o esclarecimento de questões literárias colocadas pelo texto ou pelo quadro contextual da sua génese e receção.

No que diz concretamente respeito a leituras integrais, o cumprimento do programa implicará, em cada ano, o estudo, na aula, de quatro obras completas inscritas em dois percursos pedagógicos, às quais acrescerá a leitura extensiva de mais quatro textos integrais, escolhidos pelo aluno dentro de um campo periodológico e genológico circunscrito pelo próprio programa. Para garantir a dinâmica do cânone escolar e promover a diversificação das leituras e abordagens didáticas, a tutela compromete-se a renovar a lista de obras a partir da qual se fazem as escolhas de cada professor nos quatro domínios acima referidos, fazendo com que o cânone escolar seja integralmente revisto a cada quatro anos, não em todos os domínios de uma vez, mas apenas em metade dos títulos previstos para cada ano: um decreto legal fixará, anualmente, a lista de três obras a partir da qual se fará a escolha, em cada turma, da obra integral a estudar em cada domínio. Da interseção destas orientações resulta, esquematicamente, o seguinte quadro de leituras:

a. *Seconde* (10.º ano português): obras poéticas da Idade Média ao século XVIII (uma antologia de textos agrupados por critério temático ou formal para estudo em aula e uma recolha ou secção significativa de uma recolha de textos literários para leitura extensiva); textos da literatura de ideias e da imprensa dos séculos XIX a XXI (uma antologia de textos acerca de uma questão ética, estética ou social para estudo em aula e um artigo, discurso ou ensaio para leitura extensiva); romance e narrativa dos séculos XVIII a XXI (duas obras integrais de género e épocas diferentes, incluindo um romance e uma coleção de novelas, um relato de viagem ou um relato biográfico, às quais acresce, em regime extensivo, outro romance ou relato literário produzido em época distinta das representadas nas escolhas anteriores); teatro (duas peças de géneros e séculos diferentes para estudo em aula, a que acresce uma terceira peça para leitura extensiva, a escolher de entre a produção literária de uma época diversa das representadas nas escolhas anteriores).

b. *Première* (11.º ano português): *corpus* de leituras quantitativamente equivalente ao anterior e com igual distribuição genológica, mas com incidência periodológica diversa: poesia dos séculos XIX a XXI; literatura de ideias dos séculos XVI a XVIII; romance e narrativa da Idade Média ao século XXI; teatro.

c. *Terminale* (12.º ano português): do currículo do ano anterior ao exame final do ensino secundário não faz parte uma disciplina transversal de língua materna, havendo um vasto leque de percursos definidos em função das opções de prosseguimento de estudos e estando a leitura literária representada num deles: "Humanidades, Literatura e Filosofia."

O lugar concedido à leitura integral de obras literárias no currículo francês é sintoma e resultado de uma longa e sólida tradição pedagógica, em cujo âmbito se foi desenvolvendo, desde há décadas, uma discussão que tem, acima de tudo, o mérito de preservar o protagonismo que cabe à escola na construção e projeção de práticas culturais indissociáveis de uma cidadania plena e da assunção do património artístico que as sustenta. De modo aparentemente mais limitativo (porque também mais regulado), mas afinal assente num formato de

53

gestão rotativa e aberta de um cânone escolar em permanente reconfiguração, o modelo francês de inclusão da leitura integral em percursos de estudo com base temática, histórica e artística estimula a realização de abordagens consistentes e fecundas aos textos.

4.

Segundo Reis e Adragão (1992, 115-17), a leitura de obras integrais é uma componente fulcral da própria constituição funcional da Didática da Literatura enquanto disciplina científica, pois é nela que objetivamente se concretiza o desígnio de ensinar a ler. Sem o insubstituível efeito prático que essa aprendizagem tem na literacia que os alunos levam consigo para a vida extra e pós-escolar, seria de curto alcance e difícil justificação o compromisso de convívio com as obras que essa leitura implica.

A caracterização deste aspeto do programa português de língua materna no ensino secundário, em paralelo com o conspecto da sua formalização em quatro importantes currículos europeus, permite identificar como ponto de partida comum o reconhecimento da imprescindibilidade que, em maior ou menor grau, a leitura integral tem na educação literária. Permite, também, verificar que, independentemente dos percursos e prioridades que concretizam e especificam as determinações curriculares em cada um dos sistemas, a leitura integral é sempre considerada a preferível para o cabal estudo das obras, sendo apenas substituída pela exposição a fragmentos por razões práticas impostas pela gestão temporal dos programas e pela necessidade de expandir o cânone escolar para alargar a sua capacidade de representação.

A partir desta consensual valorização teórica da leitura integral, interessa desenhar procedimentos para a sua concretização que, independentemente dos critérios inerentes ao currículo, garantam um convívio gratificante, compensador e formativo com as obras, promovendo estratégias de enriquecimento e aprofundamento da interpretação decorrentes da construção coletiva do sentido do texto, num modelo de aula de literatura com inspiração fishiana, em que a negociação comunitária seja constitutiva e diferenciadora da experiência de ler. Não é a natureza do cânone fixado pelo currículo, em função da prevalência de critérios de representatividade, autonomia, pragmatismo, exaustividade ou rotatividade – que resumem a lógica organizativa que subjaz, respetivamente, aos programas português, espanhol, britânico, italiano e francês aqui analisados –, que determina o exercício dessa experiência, mas sim o modelo de leitura escolhido para a sustentar. Só depois de definidas linhas pedagógicas que possibilitem aprendizagens exploratórias e esteticamente sólidas dos textos fará sentido repensar o edifício canónico sobre o qual a ação educativa repousa. E o formato, necessariamente flexível e negociado, dessa estrutura, decerto encontra nos modelos aqui visitados sugestões de organização e regulação que, combinados, se revelarão capazes de fecundar práticas parcelares atualmente em uso, pouco promissoras e, em muitos casos, falseadoras da própria natureza da leitura integral.

NOTAS

1. Pode, para um conspecto histórico e epistemológico deste conceito, consultar-se com proveito a resenha que dele fazem Costa e Melo (2018, 98-104), tendo como suporte posições como as de Antonio Mendoza Fillola, Teresa Colomer, George Steiner e Blanca-Ana Roig Rechou.

2. Nos termos previstos no Despacho n.º 5306/2012, do Ministério da Educação e Ciência. *Diário da República* (2.ª série) de 18/04/2012, 13952-53.

3. Despacho n.º 15971/2012, do Ministério da Educação e Ciência. *Diário da República* (2.ª série) de 14/12/2012, 39853.

4. A esta lei fundamental seguiram-se decretos régios e regulamentos de incidência regional que vieram definir aspetos objetivos do funcionamento e da organização curricular dos vários níveis de ensino. No caso da Educação Secundária obrigatória e do "Bachillerato," essa especificação está estabelecida no Real Decreto n.º 115/2014, de 26 de dezembro, cujos anexos (publicados no n.º 3/2015 do *Boletín Oficial del Estado*, de 3 de janeiro) disponibilizam, por ordem alfabética, os programas de todas as disciplinas destes níveis de ensino.

5. No mesmo diploma (333-41), veja-se, como exemplo contrastivo, o programa de História da Arte, que, não só identifica os movimentos, escolas e estilos estéticos a estudar, como também determina quais são exatamente os artistas e as peças pictóricas, escultóricas ou arquitetónicas a analisar e apreciar na sala de aula.

6. Ver online: http://educa.jcyl.es/.

7. É também de assinalar o destaque particular que merece, no currículo britânico, a indicação de atividades de releitura de obras literárias. Trata-se de uma modalidade da educação literária que não é alvo de abordagem explícita nos restantes programas analisados.

8. Trata-se das *Indicazioni Nazionali Riguardanti gli Obiettivi Specifici di Apprendimento*, elaboradas pelo ministério que tutela, em Itália, as áreas da educação, ensino superior e investigação científica.

9. Ver Fortini (1989).

10. O acesso a edições escolares dos clássicos que favoreçam o contacto com a materialidade do livro e não concentrem o estudo da língua materna no objeto "manual" é, em Itália, uma tradição estimulada pelas próprias editoras e pelas escolas. A consulta de listas de *libri di testo* adotados em escolas italianas é reveladora dessa política: a par do manual propriamente dito, onde consta a exposição das matérias, o aluno adquire uma antologia de textos literários e edições autónomas das obras para leitura integral.

REFERÊNCIAS

Bauerlein, Mark. 2011. "Too Dumb for Complex Texts?" *Educational Leadership* 68, no. 6: 28-33.

Colomer, Teresa. 2007. "El Espacio de la Educación Literaria en las Nuevas Sociedades." Comunicação apresentada às *Jornadas Guetxo Linguae. La educación literaria en las aulas del siglo XXI.* https://www.academia.edu/58422621/Colomer_Teresa_El_espacio_de_la_educación_literaria_en_las_nuevas_sociedades/.

Costa, Paulo Lampreia, e Sandra Melo. 2018. "Contributos para uma Análise Crítica do Discurso Oficial sobre Educação Literária." *Educação em Análise* 3, no. 2: 96-119.

Ferreira, Leonídio Paulo. 2021. "O Napolitano d'*Os Maias* Renasce num Romance da Napolitana de Lisboa." *Diário de Notícias*, Novembro 2, 2021.

Fortini, Franco. 1989. "Clássico." Em *Enciclopédia Einaudi*, 17, 295-305. Lisboa: IN-CM.

Martins, Guilherme d'Oliveira, coord. 2017. *Perfil dos Alunos à Saída da Escolaridade Obrigatória.* Lisboa: Ministério da Educação / Direção-Geral da Educação.

Reis, Carlos, e José Vítor Adragão. 1992. *Didática do Português.* Lisboa: Universidade Aberta.

Roig Rechou, Blanca-Ana. 2013. "A Educación Literaria no Estado Español." Em *Didática e Práticas. A Língua e a Educação Literária*, organizado por Maria da Graça Sardinha e Fernando Azevedo, 185-208. Guimarães: Opera Omnia.

Shanahan, Timothy, Douglas Fischer e Nancy Frey. 2012. "The Challenge of Challenging Text." *Educational Leadership* 69, no. 6: 58-62.

Soldevilla Elduayen, Carmela. 2019. "Los Hábitos Lectores en Educación Secundaria y Bachillerato." Tese de mestrado, Universidad de la Laguna.

Veck, Bernard. 1997. *L'Oeuvre Intégrale au Lycée.* Lyon: INRC.

RUI MANUEL AFONSO MATEUS (Lisboa, 1971) é professor de Português do Ensino Básico e Secundário. Em 2014 doutorou-se em Literatura de Língua Portuguesa na Faculdade de Letras da Universidade de Coimbra com uma tese sobre as adaptações de clássicos da literatura para jovens. É membro do Centro de Literatura Portuguesa sediado na mesma Universidade. É autor de *A Receção de Camões no Barroco Português. O Caso de Estêvão Rodrigues de Castro* (IN-CM, 2011) e *Literatura e Ensino do Português*, escrito em parceria com José Cardoso Bernardes (FFMS, 2013). Integrou a equipa responsável pela organização documental da exposição "Carlos de Oliveira. A parte Submersa do Iceberg" (Museu do Neo-Realismo, 2017), com curadoria de Osvaldo Silvestre. Atualmente desenvolve na Faculdade de Letras da Universidade do Porto um projeto de pós-doutoramento sobre o lugar da leitura de obras integrais no ensino da literatura, sob a supervisão da Professora Doutora Sónia Valente Rodrigues.

SARA AUGUSTO

Artes do Soneto no Ensino de Literatura em PLE

RESUMO. O estudo da literatura no contexto do ensino do Português Língua Estrangeira (PLE) obriga a um exercício particular, por conta das características peculiares do objeto de estudo, da importância dos contextos de produção e, sobretudo, da específica configuração do leitor, cuja proficiência na língua é instável e variável. Este trabalho pretende demonstrar uma abordagem que contempla a leitura e a observação do texto literário num quadro onde seja dada relevância tanto ao género literário como à periodização literária, utilizando o soneto e o bucolismo como pontos de partida. Com efeito, do século XVI ao início do século XIX, a extrema codificação formal e temática, longe de constituir um obstáculo, pode constituir uma orientação eficaz da leitura, situando o aluno numa dinâmica indispensável ao processo de produção e de leitura, de diálogo intertextual, de tradição e de memória literária.

PALAVRAS-CHAVE: Literatura Portuguesa, soneto, bucolismo, Português Língua Estrangeira, leitura.

ABSTRACT. The study of literature in the context of teaching Portuguese as a foreign language requires a particular exercise, due to the peculiar characteristics of the object of study, the importance of the production contexts, and, above all, the specific configuration of the reader, whose proficiency in the language is unstable and variable. This work intends to demonstrate an approach that contemplates the reading and observation of the literary text in a framework where relevance is given to both the literary genre and the literary periodization, using the sonnet and bucolism as starting points. In fact, from the sixteenth century to the beginning of the nineteenth century, the extreme formal and thematic codification, far from being an obstacle, can constitute an effective reading orientation, placing the student in an indispensable dynamics in the process of production and reading, of intertextual dialogue, tradition, and literary memory.

KEYWORDS: Portuguese Literature, sonnet, bucolism, Portuguese as a Foreign Language, reading.

1. A Relação entre PLE e Literatura

Em 1998, aquando da publicação de *O Ensino da Literatura e a Problemática dos Géneros Literários*, Cristina Mello referiu como o "ensino da literatura" se tratava de uma área de investigação em franco desenvolvimento desde os últimos vinte anos, na sua maior parte consagrada aos problemas do ensino-aprendizagem, no domínio da língua e da literatura, com uma grande incidência no campo da leitura, delimitando as questões e propondo soluções de acordo com orientações teóricas da linguística, da literatura, da didáctica e da pedagogia (1998, 11). Pretendeu, como tema central, demonstrar a importância de uma abordagem de natureza arquitextual, "intimamente relacionada com categorias que transcendem os textos literários e explicam a sua realização enquanto formas culturais e estéticas" (1998, 12), ou seja, os géneros e os modos literários. Significa que os modos e os géneros apresentam características que permitem diferenciar os textos no que diz respeito aos seus radicais de apresentação (Frye 1973, 246-47), constituindo-se o modo como uma categoria abstrata e transhistórica (Reis 2008, 239-46), e no que diz respeito ao conjunto de códigos literários, ou hipercódigos (247), atualizados no tempo histórico, apresentando-se o género, e os respetivos subgéneros, como categorias históricas e transitórias (246-50).

Esta categoria histórica e transitória implica, desta forma, um desenvolvimento no tempo, uma historicidade, que revela, como diz Carlos Reis, "uma tensa articulação (uma articulação muitas vezes difícil de perscrutar, diga-se de passagem) entre géneros literários e contextos epocais" (2008, 251). Parece, assim, que não só a perceção da diferença de textos literários, tendo em conta a essência representativa e a sua função, além das múltiplas regras que constituem o policódigo literário, como também o conhecimento da periodização literária e dos seus movimentos de rutura e recuperação (Reis 2008, 409-79), podem ter uma função muito importante na leitura. Com efeito, o conhecimento do contexto de produção e do objeto artístico produzido emana um conjunto de orientações essenciais para um reconhecimento de formas e temas por parte do leitor.

O estudo de Cristina Mello que referi foi feito no contexto do ensino do Português como Língua Materna. O trabalho que apresento, contudo, coloca-se no âmbito do seu ensino enquanto Língua Estrangeira e, de forma mais particular ainda, no campo do estudo da Literatura Portuguesa. Significa isto que não se trata apenas de uma reflexão sobre o uso do texto literário na aula de PLE, não deixando esta preocupação de estar presente, mas de uma abordagem que implica, ou exige, ter em conta o nível de proficiência na língua e um maior grau de motivação para a aprendizagem. É expectável que, sobretudo numa aula de literatura, o texto literário assuma um papel central na aula, convocando outras dimensões com ele relacionadas, mas fazendo com que todas estas se dirijam, comentem, expliquem, ou dele decorram.

Esta especificidade do ensino da literatura vem do facto de se assumir como primado essencial que o texto literário apresenta características particulares que o distanciam da funcionalidade da linguagem quotidiana, claramente mais estandardizada e servindo a necessária "utilidade." E essas particularidades necessitam de ser contextualizadas para que o aluno entenda conceitos como conotação, ambiguidade, ficcionalidade, intertextualidade, género literário, recursos estilísticos, ou seja, todo um conjunto de características que contribuem para a caracterização "literária" de um texto.

O conhecimento dos aspetos teóricos mais básicos oferecidos pelos estudos literários permite a um estudante de Literatura em PLE poder realizar uma leitura mais eficaz, sobretudo de textos literários mais codificados. De alguma forma, o domínio destes saberes e mesmo da metalinguagem literária permitirá rentabilizar, desenvolver os conhecimentos relacionados com o contexto e as circunstâncias de produção e de leitura, com a tradição e a memória literária, além do fundamental domínio e versatilidade da língua escrita, sobretudo, então, em registo mais erudito. Assim, conhecer as grandes vertentes temáticas, o funcionamento básico dos modos e dos géneros literários e a dinâmica dos períodos literários específicos da literatura portuguesa, mesmo que em traços gerais, pode ser extremamente útil. Tal como, tanto neste campo de estudo específico da literatura, como em outros campos, tem toda a vantagem, como já foi sendo adiantado, dotar o aluno de uma terminologia que lhe permita, com o rigor possível, ler, comentar, analisar, expressar os seus pontos de vista sobre um texto literário, permitindo ir além da simples impressão pessoal, ou sendo fundamental para expressar essa mesma impressão.

Nestes últimos anos de experiência de ensino de literatura portuguesa em PLE, tenho tido a perceção de como a leitura de formas extremamente codificadas, como acontece com o soneto, permite ao aluno desenvolver estratégias de leitura. O conhecimento dos códigos, da estrutura, dos temas principais, são elementos que providenciam orientação, que permitem cumprir expectativas e podem recompensar o aluno do imenso esforço que é, na verdade, ler uma língua estrangeira no seu registo mais elevado e complexo, muitas vezes mais erudito, seja por causa do vocabulário, mais rico e metafórico, seja por causa de códigos estilísticos de maior requinte, ou seja, resumindo, pela complexidade do chamado policódigo literário (Reis 2008).

2. Literatura e Géneros Literários

Não há formas certas e únicas de ensinar literatura, e mesmo este "ensinar" pode ser proveitosamente discutido. Lembro com frequência a este propósito as reflexões de Jacinto do Prado Coelho no seu conhecido e citado livro, *Ao Contrário de Penélope*, sobre a especificidade do ensino da literatura. Parafraseando o autor, a literatura constitui mais uma experiência do que uma matéria de ensino: "A literatura não se faz para ensinar: é a reflexão sobre literatura que nos ensina" (Coelho 1976, 46). O que é possível ensinar parecem ser os mecanismos que facilitam a leitura e que podem ser intermediários eficientes na aproximação, ou seja, na experiência de leitura que um aluno de PLE faça de um texto literário. A amplitude do texto literário, exigente em termos de utilização de capacidades e de conhecimentos de quadrantes diversos, faz com que a literatura não possa ser "ensinada" como outras ciências o são, podendo sim ser ensinados e experimentados os instrumentos que possibilitem uma leitura com grau considerável de eficácia. Esta discussão não é contemporânea, longe disso: já a teorização levada a cabo no Renascimento italiano dava conta do facto de a literatura ter "quebrado os limites do seu campo específico e se ter tornado uma ciência universal, partilhando de todas as outras, situação justificada pela estrutura alegórica que correntemente a caracterizava" (Augusto 2010, 20; Weinberg 1963).

Além do diálogo da literatura com as outras artes e ciências, parece-me ser essencial que os alunos entendam que a literatura se apresenta de forma diacrónica, sendo que os períodos literários, segmentos temporais caracterizados pelo conjunto formado pela mundivisão e pela codificação literária, permitem uma arrumação que não só é didática, mas que também tem efeitos na leitura e na interpretação dos textos. É natural que o grau de dificuldade da leitura aumente quando está em causa um registo literário mais antigo em língua portuguesa, com maiores exigências linguísticas, formais ou temáticas. Apesar disso, a literatura dos séculos mais recuados permite uma aproximação que pode ser rentabilizada: as formas codificadas podem conduzir a um exercício de leitura mais orientada por causa da previsibilidade das partes da sua composição relacionadas com o género literário.

Dou um exemplo: a observação das cantigas de amigo, sobretudo as que apresentam como estrutura o paralelismo perfeito, tornou-se um exercício agradável e sem dificuldades de maior para os alunos. Esclarecidos sobre o vocabulário específico e determinadas expressões próprias do discurso medieval, a repetição do paralelismo e do refrão apresentou elementos constantes e com uma vertente quase lúdica, capazes de prender a atenção dos alunos, proporcionando uma compreensão mais rápida e eficaz do desenvolvimento do tema e do sentido geral da cantiga. Sejam as "Ondas do Mar de Vigo", de Martim Codax, sejam "As Flores do Verde Pino", de D. Dinis, as construções mais arrevesadas podem ser explicadas, eventualmente transpostas também para uma expressão contemporânea; a estrutura formal pode ser alvo de observação e de posterior sistematização e conceptualização. Primeiro os alunos brincam com o texto, depois consolidam e aplicam em outras cantigas de amigo, desenhando ao mesmo tempo o contexto de produção. Desde o início, percebem que a língua evoluiu e que cada texto literário se constrói mediante códigos formais e temáticos, válidos e eficazes num determinado contexto de produção.

Já o caso das cantigas de amor e das cantigas de escárnio e de maldizer implicou um trabalho diferente, por causa da maior especialização, tanto em termos de forma como de tema. A sua leitura exigiu mais trabalho, desequilibrando a relação entre dificuldade e eficácia. O grau de dificuldade impediu frequentemente que, no tempo disponível, o aluno sentisse recompensa pelo seu esforço, escapando sempre mais sentidos do que aqueles que conseguia revelar a sua capacidade inexperiente de leitura. Este juízo de valor pode ajudar a refletir e a avaliar experiências menos bem conseguidas e, por isso, descartadas no contexto dos objetivos definidos para a disciplina.

A leitura conseguida de um texto é uma recompensa que leva o aluno a enfrentar com vontade novos desafios. Já a extrema dificuldade ao nível de expressões específicas e vocabulário particular, demorada e incompleta a maior parte das vezes, pode ter efeitos adversos. O problema pode ser sempre controlado pela escolha adequada dos textos, jogando com este equilíbrio que pesa, na balança, a dificuldade, o tempo de execução e a recompensa motivadora. Contudo, o refinamento deste processo implica momentos constantes de insucesso que devem ser valorizados pelo facto de deverem favorecer a reflexão e uma nova e distinta implementação.

3. Artes do Soneto

Uma das formas de não destratar o texto literário em PLE é poder situá-lo numa linha de produção que se balança entre a tradição, a inovação e a adequação a novos contextos de produção literária. A introdução do estudo do soneto surgiu como necessária no âmbito do estudo da literatura clássica portuguesa, por várias razões. Em primeiro lugar, permitiu estabelecer a diferença entre as formas tradicionais que constituíram a medida velha, que utilizavam a redondilha e em que as estrofes glosavam um mote – como acontece com o vilancete e a cantiga, por exemplo –, e a "medida nova", que recorreu ao verso decassílabo heroico, acentuado na sexta e na décima sílabas, utilizado em géneros líricos de origem clássica, como a écloga, a ode, a canção, entre outros, e sobretudo o soneto. Em segundo lugar, tratando-se de uma forma breve e com uma lógica de construção interna muito marcada, permite uma leitura mais consistente, capaz de acompanhar a literatura portuguesa desde o século XVI e proporcionando uma observação da evolução temática e formal ao longo dos períodos literários, sobretudo entre os séculos XVI e XIX.

De estrutura poética aperfeiçoada por Petrarca e por Dante Alighieri, o soneto surge em Portugal por mão de Sá de Miranda, que em 1521 viajou para Itália, onde permaneceu alguns anos e onde tomou contacto com toda a efervescência renascentista. Apesar de introduzido com outras formas clássicas, foi o soneto que se impôs pela exigência de mestria e rigor: um desenvolvimento ordenado logicamente ao longo de catorze versos decassílabos, organizados em duas quadras e dois tercetos. A própria história da introdução do soneto é interessante, uma vez que possibilita que o aluno observe as viagens que as formas literárias sofreram, revelando o constante diálogo estabelecido entre as literaturas europeias, sobretudo as literaturas do sul da Europa na época do Renascimento, e a completa mudança de paradigma provocada pelo Renascimento e pelo Classicismo em termos de princípios poéticos, de influência clássica e erudita.

Cultivado pelos nomes mais significativos da literatura clássica portuguesa, trata-se de uma forma cuja complexidade, reforçada pela anástrofe e pelo hipérbato, traz problemas aos alunos, que se veem frequentemente perdidos num labirinto a exigir orientação de leitura. Contudo, apresenta-se também como género extremamente codificado, uma forma fixa que, com algumas variações, permite um esquema tripartido de apresentação, desenvolvimento e conclusão, capaz de conduzir a leitura. A sua construção, recorrendo a processos como a enumeração e a descrição, para além de todo um conjunto de recursos estilísticos, onde pontuam a metáfora e a antítese, permite localizar no percurso das quatro estrofes marcas indicadoras do desenvolvimento do tema.

Por outro lado, a "imitação" que se impunha como princípio de composição poética nos séculos XVI, XVII e XVIII (Ferreira 1718, 150-209) permite ainda apreciar o domínio dos mestres e dos modelos, a repetição de formas e motivos, para além de avaliar a mundividência que se reflete em cada soneto, em cada período literário, num interessante jogo de rutura e de recuperação, de novidade e de imitação. Desta forma, a codificação temática e formal torna-se um feliz aliado para uma leitura que se pode tornar, se não fácil, pelo menos bem mais segura. Se às particularidades apontadas se acrescentar uma escolha pensada dos sonetos, será possível garantir dois aspetos: uma leitura agradável, no mínimo não desesperante para o aluno, que se pode sentir capaz, com o apoio devido, de aceder a um texto clássico; depois, a possibilidade de o integrar num contexto em que a literatura e a arte se desenvolvem e ganham sentido e, mais ainda, de participar de uma memória coletiva que reconhece como seus alguns dos principais textos literários da nossa literatura (Augusto 2018).

Ao longo dos últimos anos fui introduzindo no programa de Literatura vários sonetos de Sá de Miranda, Camões, Francisco Manuel de Melo, de autores do Arcadismo e de Bocage, mas também fui deixando cair outros. A razão foi prática e simples: a sua complexidade em termos vocabulares e temáticos fazia com que o benefício de mostrar o funcionamento de determinado tema e determinada forma não compensasse a dificuldade desmotivadora, tanto para mim como para os alunos.

4. O Soneto: Uma Lógica Muito Específica

O primeiro contacto com a forma e os temas clássicos surgiu com Sá de Miranda. Como o estudo do Classicismo pretende enfatizar a introdução de uma forma de expressão e de mundividência distinta da literatura medieval, torna-se importante observar e descrever o contraste entre a forma tradicional e a medida nova do soneto. A leitura atenta de duas composições distintas, ambas exemplificativas da poesia de Sá de Miranda, pretende que o aluno, utilizando a terminologia certa, consiga, de forma sensível, perceber essa diferença: a cantiga tão conhecida "Comigo me Desavim" (Miranda 2011, 63) e o soneto "O Sol É Grande, Caem co'a Calma as Aves" (Miranda 2011, 101):

Comigo me desavim,
sou posto em tod'o perigo,
não posso viver comigo
nem posso fugir de mim.

Com dor, da gente fugia,
antes que esta assim crescesse,
agora já fugiria
de mim, se de mim pudesse.
Que meio espero ou que fim
do vão trabalho que sigo,
pois que trago a mim comigo,
tamanho imigo de mim?

O sol é grande, caem co'a calma as aves,
do tempo em tal sazão, que sói ser fria;
esta água que d'alto cai acordar-m'-ia
do sono não, mas de cuidados graves.

Ó cousas, todas vãs, todas mudaves,
qual é tal coração qu'em vós confia?
Passam os tempos, vai dia trás dia,
incertos muito mais que ao vento as naves.

Eu vira já aqui sombras, vira flores,
vi tantas águas, vi tanta verdura,
as aves todas cantavam d'amores.

Tudo é seco e mudo; e, de mestura,
também mudando-m'eu fiz doutras cores:
e tudo o mais renova, isto é sem cura!

Explicando a função do mote na cantiga, glosado na "volta", que mostra a contradição interna do sujeito poético, não se torna difícil descrever a sua forma, reconhecer a redondilha maior e a rima, identificando a interrogação final, que reforça o tema do conflito interior visto como impossível de resolver.

Quanto ao soneto, o objetivo da primeira leitura será dar conta das características formais, de forma a precisar o que seja um soneto enquanto forma fixa. A sua composição formal, incluindo estrofes, verso, metro e rima, acabará por ser vista de forma quase imediata. Quanto ao tema desenvolvido, o trabalho pode assumir caminhos demorados, tendo em conta a elucidação sobre vocabulário e expressões, que se tornam marcas de um discurso situado numa determinada época.

A observação das coisas "todas mudaves", da própria mudança do sujeito poético, da oposição entre um estado passado da natureza ("eu vira") e o seu estado presente ("Tudo é seco e mudo"), permite identificar a "mudança" como tema principal, confirmando que se trata de um dos temas correntes não só do Classicismo, como do maneirismo e dos períodos seguintes. É importante que o aluno perceba a antítese profunda entre "renovar" e "ser sem cura", uma vez que esta revela a grande diferença entre a natureza e o homem: a natureza transforma-se, mas funciona por ciclos, renascendo a cada primavera; quanto ao homem, este tem um único ciclo, uma linha que se inicia com o nascimento e termina com a morte. O sujeito poético observa as mudanças da natureza e compara-as consigo mesmo ("também mudando-m'eu fiz doutras cores"), verificando que não possui, no entanto, a mesma capacidade de renovação ("sem cura").

Importante também é que o aluno dê conta do modo como se desenvolve o tema ao longo do soneto: a descrição inicial da natureza, contrapondo a calma e a quietude da hora com os cuidados graves do sujeito poético; a constatação da instabilidade da natureza e o apontamento de situações concretas dessa mudança; terminando, na última estrofe, com a conclusão necessária: toda a natureza é composta de mudança (lembrando o soneto camoniano), fazendo dela parte o ser humano, sendo que neste é essa mudança a passagem para estados cada vez menos favorecidos e a apontar a morte como destino. Assim, o soneto apresenta genericamente uma tripartição (introdução, desenvolvimento e conclusão), facto que pode orientar e facilitar a leitura.

O conhecimento dos códigos temáticos e ideológicos do Classicismo também é relevante. É importante referir como a produção poética, que via a imitação dos modelos como forma legítima, permite conceber fios de desenvolvimento mais ou menos estabelecidos e expectáveis.

5. O Soneto e o Bucolismo

O primeiro terceto do soneto de Sá de Miranda serve de ponto de partida:

> Eu vira já aqui sombras, vira flores,
> vi tantas águas, vi tanta verdura,
> as aves todas cantavam d'amores. (Miranda 2011, 101)

Desta natureza fazem parte aquelas que serão as constantes de uma natureza ideal, desenhada pela poesia bucólica desde Teócrito e Virgílio e retomada de uma forma e com uma intensidade de que apenas as "selvas" românticas poderão modificar o paradigma: a sombra das árvores e a verdura dos campos, as flores e a abundância das águas, o canto das aves favorecedor de um amor feliz, de acordo com harmonia da natureza (Mourão-Ferreira 1985, 128-30; Bernardes 1995, 199-804). Se aos alunos for pedido que pesquisem imagens de "natureza bucólica", facilmente vão reconhecer nos resultados obtidos os detalhes referidos no terceto mirandino. Em segundo lugar, pretende-se realçar a ideia de que raramente o sentimento humano acompanha esta natureza idealizada e desenhada a pincel: contrariamente, a poesia reforça a oposição entre a natureza e o caos que habita dentro do sujeito poético. Neste caso de Sá de Miranda, o contraste serviu para distanciar a natureza que constantemente se renova do ser humano condenado a uma brevidade dolorosa.

A continuação do estudo do soneto não pode deixar de lado os sonetos de Luís de Camões. Se o maneirismo se distancia da expressão clássica, pelo véu de melancolia que cobre as impressões do sujeito poético, a presença do bucolismo adapta-se a uma diferente mundividência (Silva 1971). Assim, a lírica camoniana retoma a natureza bucólica, desenvolvendo o tema em conjugação com um ideário onde pontua o amor, sobretudo quando ausente e contraditório, a fugacidade do tempo, a efemeridade da vida.

A escolha de um soneto camoniano, capaz de exemplificar o tratamento do cenário bucólico, de uma forma que se tornaria modelo para as gerações seguintes, não foi complicada:

A formosura desta fresca serra,
E a sombra dos verdes castanheiros,
O manso caminhar destes ribeiros,
Donde toda a tristeza se desterra;

O rouco som do mar, a estranha terra,
O esconder do sol pelos outeiros,
O recolher dos gados derradeiros,
Das nuvens pelo ar a branda guerra:

Em fim, tudo o que a rara natureza
Com tanta variedade nos oferece,
M'está (se não te vejo) magoando.

Sem ti tudo me enoja, e me aborrece;
Sem ti perpetuamente estou passando
Nas mores alegrias mor tristeza. (Camões 1962, 271)

A leitura atenta do soneto, em cuja estrutura formal se insiste, dará conta do desenho de um cenário, a partir da forma dos elementos e dos adjetivos discretos que os acompanham, e que se acumulam, em apontamentos sinestésicos, de verso para verso. Reforça-se o sentido metafórico de expressões como o "manso caminhar destes ribeiros", o "rouco som do mar", a "estranha terra", a "branda guerra" das nuvens, centrada a descrição nas duas quadras. Depois da enumeração, optando por uma estrutura de dispersão e de recolha em menor escala, o "em fim" reúne "tudo" aquilo com que a natureza diverte e entretém o espírito humano, pela sua riqueza e variedade; mas não é esse o efeito que tem no sujeito poético. De onde vem essa mágoa, que transforma a maior alegria na maior tristeza? É a ausência do interlocutor, revelada pela expressão "se não te vejo" e pela repetição anafórica do "sem ti", que transforma a alegria harmoniosa do fim do dia, compondo um quadro onde concorre a viveza da cor com a frescura da sombra e o ruído das águas e do gado, em nojo e em aborrecimento. É essa metamorfose que a ausência da sua amada provoca no sujeito poético.

O soneto partilha da reflexão bucólica de Sá de Miranda, mas sobretudo insiste na oposição entre a tranquilidade da natureza bucólica e o interior aceso e pungente do sujeito poético, atormentado pela dita ausência. A morte da amada pode extremar ainda mais a dor do sujeito poético, como se revela também no soneto que tem o pescador Aónio como protagonista: "O Céu, a Terra, o Vento Sossegado".

A descrição da natureza na primeira estrofe, para cujo sossego contribui o movimento suave dos verbos e a escolha dos adjetivos, torna mais desesperado o "choro" e o pedido do pescador Aónio, que se vê "morrer de amor", situação descrita na segunda e na terceira estrofes. A conclusão é silenciosa: a natureza continua o seu movimento repousado, indiferente ao sofrimento provocado pela morte.

O céu, a terra, o vento sossegado,
As ondas que se estendem por a areia,
Os peixes que no mar o sono enfreia,
O nocturno silêncio repousado.

O Pescador Aónio que, deitado
Onde com o vento a água se meneia,
Chorando, o nome amado em vão nomeia,
Que não pôde ser mais que nomeado.

Ondas, (dizia) antes que Amor me mate,
Tornai-me a minha Ninfa, que tão cedo
Me fizestes à morte estar sujeita.

Ninguém responde; o mar de longe bate;
Move-se brandamente o arvoredo;
Leva-lhe o vento a voz, que ao vento deita. (Camões 1962, 247)

A observação da forma como o tema se desenvolve, separando o foco inicial
na descrição da natureza para a introdução seguinte da figura do sujeito poético, permitirá ao aluno antecipar uma estrutura que se tornou modelo, tanto
na sequência dos elementos como na oposição entre disposição exterior e conflito interior.

Foi a prática da imitação, já referida, que viu em Camões o modelo maior
do que todos os outros, que explica a contínua recuperação de conceitos e de
expressões camonianos, tanto na literatura barroca como no Arcadismo. Assim,
se nestes períodos literários se assistiu a diferente codificação, sobretudo quanto
ao entendimento e ao fulgor da forma e da imaginação, como aconteceu na poesia barroca, a verdade é que manifestam uma interessante continuidade na sua
relação com a poética estabelecida desde o início do século XVI. A natureza
bucólica, que se vai diferenciando na intensidade expressiva do seu bucolismo,
é uma destas constantes.

O soneto barroco é um dos melhores repositórios da própria poética barroca:
formas alegóricas, fábulas, sonetos construídos com base em antíteses, metáforas e contradições, que permitem ao aluno um contacto constante com as principais figuras de estilo. Francisco Manuel de Melo, poeta diverso e rico, na língua e
nas formas, permite observar a estrutura narrativa alegórica em alguns sonetos
de carácter moral, mas curiosamente não me deu possibilidade, pelo menos na
sua obra poética em língua portuguesa, de estabelecer esta continuidade temática com base na descrição da natureza bucólica.

António Barbosa Bacelar, cuja obra poética está essencialmente publicada na
Fénix Renascida, coletânea de poesia barroca publicada por Matias Pereira da Silva
em cinco volumes, de 1716 a 1728, oferece-nos, contudo, um soneto que continua
a descrição bucólica, tal como foi apresentada em Camões:

Que alegre noite, que horas tão gostosas,
Que clara lua, que resplandecente,
Que alegre vista e que brandamente
Debuxa o vento as maduras rosas!

Como quebram as ondas vagarosas
Nas praias deste rio mansamente!
E que ruído fazem tão contente
Nas árvores as folhas buliçosas!

Como é tudo quieto e tão fermoso
Que se não ouvem mais que suavidades
Do fresco rio e campo deleitoso!

Mas ai, que em tão fermosas novidades
Desperta amor no peito cuidadoso
Novas lembranças, novas saudades. (Pires 2003, 118)

A descrição positiva da natureza, que ocupa três estrofes do poema, contrasta com a última estrofe, iniciada com a conjunção adversativa "mas", absolutamente necessária para cumprir com o tema bucólico nos termos camonianos. A natureza, também variada e rica, está detalhada: a noite, a lua, a vista, as rosas, o rio, as folhas das árvores, todos estes nomes acompanhados de adjetivos risonhos, indicadores de harmonia e sossego. Esta natureza parece infundir no sujeito poético sentimentos de alegria, de gosto, de contentamento, mas a sua vivência, através da personificação, é atribuída à natureza: a noite sente alegria? As horas têm gosto? O ruído das árvores exprime contentamento? Esta transferência de sentimentos entre sujeito poético e cenário, para além de se tornar um importante recurso estilístico, reforça ainda o carácter exclamativo da descrição: o sujeito aponta cada elemento, um a um, orientando o movimento visual na imaginação do leitor e, ao mesmo tempo, definindo o bucolismo das imagens: uma natureza ideal e perfeita. Esta descrição, se bem que continue no primeiro terceto, implica não a continuação do detalhe, mas a sua recolha numa imagem única: "Como é tudo quieto e tão formoso", dando relevância às duas características fundamentais da natureza bucólica: a beleza e a quietude. Tal como está presente no modelo camoniano, esta descrição serve para intensificar a antítese. Se, idealmente, esta natureza infunde alegria em quem a contempla, na verdade, tal contentamento tropeça na sua incompletude: a lembrança da ausência e a saudade são sombras no pensamento do sujeito poético.

A facilidade do vocabulário, a ordem linear dos versos, a acumulação dos elementos descritos, a exclamação no final de cada estrofe (sinal da admiração do poeta), a estrofe adversativa final, o desenvolvimento do poema em duas partes lógicas são elementos que, apesar de fugirem à retórica complexa do Barroco, potenciam uma leitura satisfatória e eficaz por parte dos alunos. Em termos de estudo da poética barroca, os textos de Francisco Manuel de Melo podem ser mais exemplares. No entanto, este soneto de Barbosa Bacelar permite ao aluno perceber a forma como a natureza bucólica, claramente idealizada e ficcionalizada, parte integrante da literatura pastoril (Augusto 2010, 113-17), um espaço de harmonia, ou seja, um *locus amoenus* (Greenwood s.d., 53; Lopez Estrada 1974, 82-83; Loughrey 1984), se construiu como tema que perdurou ao longo do tempo, recuperado e reatualizado em termos que permitem o seu reconhecimento, como tinha sido visto nas cantigas de amigo, por exemplo, ou como acontece nas descrições das *Viagens na Minha Terra*, de Almeida Garrett, em *A Cidade e as Serras*, de Eça de Queirós, ou com a poesia dos heterónimos Alberto Caeiro e Ricardo Reis (Machado e Pageaux 1988, 115-23).

Por outro lado, em termos de periodização literária, a permanência do tema com o mínimo de modificações permite perceber o movimento dos períodos literários (Aguiar e Silva 1988, 406-12) ao longo do tempo, não só relativamente a fenómenos de rutura e inovação, como de recorrência. É esta recuperação que se manifesta em nomes como o do Neoclassicismo, que coexiste com o Arcadismo, este formado a partir da fundação da Arcádia Lusitana pelos árcades, em 1756, por oposição ao exagerado "mau gosto" que encontravam na literatura barroca. Esta subsistência do bucolismo relaciona-se com o facto de a lírica camoniana se manter ainda como modelo de virtudes.

Entre os principais árcades, encontra-se António Dinis da Cruz e Silva, um dos fundadores da Arcádia, conhecido nesse âmbito pelo nome pastoril de Elpino Nonacriense. Só no século XIX (1807-1817), a título póstumo, foram publicadas as suas *Poesias*, onde se encontra o soneto XIV:

Aqui sentado neste mole assento,
Que formam as ervinhas deste prado,
Enquanto a verde relva pasce o gado,
Quero ver se divirto o meu tormento.

Que fresca a tarde está! Que brando o vento
Move as águas do rio sossegado!
E como neste choupo levantado
Se queixa a triste rola em doce acento!

As flores com suavíssima fragância
As aves com docíssima harmonia
Fazem mais alegre esta fresca estância.

Mas nada os meus pesares alivia;
Que da minha saudade a cruel ânsia
Me não deixa um instante de alegria. (Cruz e Silva 1807, I-16)

O processo de leitura em sala de aula seguiu os mesmos passos dos sonetos anteriores: uma leitura silenciosa para observar – e confirmar – a estrutura
formal do soneto; uma leitura em voz alta e entoada, dando conta dos versos,
da pontuação, da rima, da passagem de estrofe para estrofe, e acentuando o
movimento do tema ao longo da composição. O vocabulário é revelado em termos de sinonímia e antonímia, recorrendo à experiência dos alunos, elucidando
dúvidas. Uma terceira leitura dará conta da organização do soneto em partes
lógicas, de acordo com as composições lidas anteriormente: a presença do
sujeito poético que descreve a natureza bucólica que o rodeia, procurando nela
o descanso do espírito, cujos pormenores correspondem ao código clássico de
beleza, alegria, sossego e harmonia, visíveis nos adjetivos escolhidos, na acen-
tuação do grau superlativo de "suavíssima" e "docíssima", na imagem sinestésica
que resulta da descrição (o assento mole, a verde relva, a tarde fresca, o vento
brando, o rio sossegado, a fragrância das flores, o canto harmonioso das aves);
e, em segundo lugar, a oposição entre a natureza pacífica e o interior do poeta,
cuja intensidade se evidencia em palavras como "tormento", "pesares", "cruel
ânsia", sentimentos provocados pela saudade sentida.

A semelhança entre os sonetos lidos era inegável: porque é que três sonetos,
escritos em momentos diferentes de um tempo com duração de dois séculos e
meio, se aproximavam de forma tão evidente? As respostas foram sendo registadas, permitindo conjugar as observações feitas ao longo das aulas. Em primeiro lugar, a semelhança vem da conjugação de três aspetos: o género lírico
em causa, o soneto; o tema bucólico, tendo em conta as constantes que o definem; e os diferentes períodos literários percorridos, do Classicismo ao Neoclassicismo. Assim, a utilização do soneto obriga a um desenvolvimento estruturado
do tema, resultando na oposição entre descrição da natureza e constatação da
antítese entre esta e o sujeito poético atormentado. Depois, o tema bucólico
repete os detalhes de uma paisagem variada nos sentidos que invoca, rica de

harmonia, mas uniforme na imagem que resulta de idealização positiva. Quanto à periodização, demonstrou-se o movimento cíclico de recuperação, já referido anteriormente.

Estes três elementos resultam numa estratégia que caracteriza a literatura clássica, sendo que estou a usar o termo no sentido em que Fidelino de Figueiredo a usava, considerando uma amplitude temporal considerável, de 1502, ano da representação do *Monólogo do Vaqueiro*, de Gil Vicente, a 1825, aquando da publicação do poema *Camões*, de Almeida Garrett, obra que marca o início do Romantismo em Portugal. Significa isto que, apesar das ruturas, este período caracteriza-se por uma poética assente não só numa extrema codificação formal e temática, como também numa estratégia de composição poética baseada na imitação dos modelos, sendo Camões o maior de todos eles.

Ciente destas premissas que verificou a partir dos textos, o aluno tem instrumentos mais fiáveis que lhe permitem ler os dois seguintes sonetos de Bocage, ainda completamente arcádicos:

Já se afastou de nós o Inverno agreste
Envolto nos seus húmidos vapores;
A fértil Primavera, a mãe das flores,
O prado ameno de boninas veste:

Varrendo os ares o subtil nordeste
Os torna azuis; as aves de mil cores
Adejam entre Zéfiros, e Amores,
E torna o fresco Tejo a cor celeste:

Vem, ó Marília, vem lograr comigo
Destes alegres campos a beleza,
Destas copadas árvores o abrigo:

Deixa louvar da corte a vã grandeza:
Quanto me agrada mais estar contigo
Notando as perfeições da Natureza!
(Bocage 1998, 57)

Olha, Marília, as flautas dos pastores,
Que bem que soam, como estão cadentes!
Olha o Tejo a sorrir-se! Olha, não sentes
Os Zéfiros brincar por entre as flores?

Vê como ali beijando-se os Amores
Incitam nossos ósculos ardentes!
Ei-las de planta em planta as inocentes,
As vagas borboletas de mil cores!

Naquele arbusto o rouxinol suspira,
Ora nas folhas a abelhinha pára,
Ora nos ares sussurrando gira.

Que alegre campo! que manhã tão clara!
Mas ah! Tudo o que vês, se eu te não vira,
Mais tristeza que a morte me causara.
(Bocage 1998, 61)

Dirigindo-se à sua interlocutora e amada, os dois sonetos encontram-
-se na descrição bucólica da natureza, dela participando a beleza de Marília.
De nenhum deles a amada do sujeito poético está ausente, e a natureza revela-se sem sombras, de forma completa, alegre no exterior e no interior do
poeta. A harmonia clássica, diferente da melancolia maneirista, invade todo o
primeiro soneto, contemplando os dois amantes juntos as perfeições da natureza. A mesma leveza se encontra no segundo soneto. O sujeito incita Marília
a observar cada pormenor da paisagem alegre e clara. Provavelmente o aluno
dará conta da conjunção adversativa "mas" no último terceto. Contudo, perce-
berá que não se trata de situação igual aos sonetos tributários de Camões: com
efeito, a amada não está ausente e tudo vê em conjunto com o sujeito poético.
Em segundo lugar, trata-se de uma construção condicional, que levanta a hipótese de ela estar ausente. Nesse caso, a natureza alegre provocaria "mais tristeza
que a morte", mas não é uma situação real.

Proponho um último exercício: a leitura de mais um soneto de Bocage.

O céu, de opacas sombras abafado,
Tornando mais medonha a noite feia;
Mugindo sobre as rochas, que salteia,
O mar, em crespos montes levantado:

Desfeito em furacões o vento irado,
Pelos ares zunindo a solta areia,
O pássaro nocturno, que vozeia
No agoureiro cipreste além pousado;

Formam quadro terrível, mas aceito,
Mas grato aos olhos meus, grato à fereza
Do ciúme, e saudade, a que ando, afeito:

Quer no horror igualar-me a Natureza.
Porém cansa-se em vão, que no meu peito
Há mais escuridade, há mais tristeza. (Bocage 1998, 80)

A leitura do soneto dará conta da estrutura formal e da sua organização lógica,
dividida entre descrição da natureza e o sentimento do poeta. Mas a divisão é só

esta. Com efeito, o céu não é claro, nem a noite é de luar, as ondas não desmaiam sobre a areia, o vento não é brando e as aves não cantam harmoniosamente. Os pormenores da natureza estão lá, mas os versos e os adjetivos constroem imagens de sombra e violência. Longe da antítese que era possível encontrar no *locus amoenus*, neste caso, trata-se de uma natureza que está de acordo com o interior conflituoso do poeta, como um espelho em que se revê e encontra: é um "quadro terrível" aceite, grato e afeito à intensidade dos sentimentos do poeta, concebidos pelo ciúme e pela saudade. A conclusão, por outro lado, vai ainda mais longe: apesar da natureza metamorfoseada em "horror", este sentimento é redobrado, pois no poeta ainda "Há mais escuridade, há mais tristeza".

Não será difícil para o aluno perceber uma mudança de paradigma. O bucolismo e a sua codificação como *locus amoenus* da literatura clássica, recuperadas sistematicamente até ao Arcadismo, disputaram lugar com um cenário bem diferente, que contribui para situar Bocage como poeta do pré-Romantismo literário em Portugal. A natureza harmoniosa dá lugar à solidão, às selvas e às ruínas, como se encontram também no poema "Solidão", de Almeida Garrett, agora com uma forma mais liberta de constrangimentos formais.

6. Conclusão

O percurso empreendido por três séculos de literatura, através do soneto, pretendeu assegurar a possibilidade de, através de uma forma fixa, extremamente codificada, tornada mais acessível pela constante observação e repetição, tomar consciência de alguns dos procedimentos mais característicos da literatura, tal como foi sendo explicado ao longo do texto.

A escolha de um género literário e de um tema de extremo impacto na literatura na periodologia considerada permitiu, espero, numa perspetiva comparativa, que o aluno tivesse uma leitura eficaz e recompensadora, na posse de conhecimentos e de vocabulário suficientes para expressar os seus pontos de vista de forma lógica e fundamentada. Para além dos aspetos relacionados com o género literário e com a poética específica de cada período literário, e ainda com o impacto do tema em cada um destes, foi importante realçar o facto de que toda a literatura dialoga entre si, numa escala sincrónica e diacrónica (Bakhtine 1978), que todo o texto é a absorção de outro texto (Kristeva 1969), sobretudo em épocas em que a originalidade não é o ponto de vista privilegiado, mas sim o cumprimento correto dos códigos e dos modelos, dentro de formas e temas aceites como literariamente certos e adequados. Desta forma, o aluno percebe que a leitura de um texto lhe permite ler outros textos da mesma época e encontrar diálogos com textos de épocas diferentes.

No que à intertextualidade diz respeito, torna-se decisivo entender a presença determinante da lírica camoniana na literatura portuguesa. Dou apenas mais um exemplo, neste caso do soneto camoniano "Amor é um Fogo que Arde sem se Ver" com o poema do livro *Folhas Caídas*, de Almeida Garrett, "Este Inferno de Amar" (1971, 368). O diálogo entre os dois textos tornou-se óbvio na primeira estrofe do poema de Garrett ("Esta chama que alenta e consome, / Que é a vida – e que a vida destrói –"), como também se tornou evidente o diferente paradigma trazido pelo Romantismo: uma forma mais livre dos condicionamentos formais do soneto (em termos de estrofe, de métrica e de rima) e um desenvolvimento distinto do tema, no sentido de apontar o inefável destino ("Que fez ela? eu que fiz? – Não no sei;") como origem do amor, desse "inferno de amar", que foi a forma como Garrett resumiu o aspeto contraditório do amor camoniano.

O estudo da literatura em PLE deverá ter em conta a complexidade do texto literário e, por isso, implica uma escolha criteriosa dos objetos de leitura, que seja capaz de gerar um equilíbrio entre cânone literário, memória, tradição, dificuldade, eficácia e recompensa. Em segundo lugar, implica um "saber fazer" que seja robusto e versátil ao mesmo tempo. É necessário que o aluno leia e releia, que se habitue a "ver" o texto, a observar tanto o vocabulário como as estruturas gramaticais com impacto na organização textual e no seu significado. Essa leitura torna-se mais rica quando é capaz de esquematizar o poema, de desconstruí-lo, desmontá-lo nas suas partes essenciais, para que o possa voltar a construir já na posse de um sentido que lhe pareça válido e fundamentado. Para essa leitura é também importante todo o tipo possível de associações com leituras prévias, antevendo leituras futuras, que despertem a curiosidade e ampliem a sua experiência.

Parece-me sobretudo essencial que o aluno seja capaz de concluir que a produção literária acontece sempre num espaço e num tempo, mas que depende, acima de tudo, para renascer fulgurante a cada leitura, de um leitor informado e capacitado. E que a leitura de textos literários lhes permitirá partilhar não só a língua, mas também a memória que a língua carrega consigo através da literatura.

O primeiro capítulo de *A Arte da Guerra*, de Sun Tzu, datado do século IV a.C., é dedicado à importância da estratégia, afirmando que, antes de começar, o comandante deve planear a sua ação e que deve avaliar os problemas e antecipá-los (Sunzi e Sun Bin 1999; Sun Tzu 2018). A palavra estratégia tem esta conotação guerreira, mas a leitura de textos clássicos implica uma "ação pensada", que permita colocar aquilo que se tentou tornar de mais simples apreensão no contexto complexo a que pertence. A leitura é esse processo complexo, em que intervêm aspetos que com certeza podemos dominar, com alguma segurança, mas haverá outros fora do nosso controlo.

A utilização do soneto pode ser uma forma adequada de conduzir a leitura no âmbito do terreno subjetivo da lírica. Aproveitando o jogo intertextual, o tratamento tópico do bucolismo, as imagens construídas e repetidas ao longo dos textos, a unidade da forma do soneto, entre outros aspetos considerados, será mais previsível a vitória sobre as dificuldades.

Como já foi referido, Sun Tzu termina o primeiro capítulo de *A Arte da Guerra* prezando aquele que previamente avalia a situação: "Aquele que avalia a situação de forma insuficiente é provável que não vença. Sendo assim, como vencerá alguém que não faça previamente qualquer avaliação do contexto?" (Sunzi e Sun Bin 1999, 9). Fica a questão pertinente.

REFERÊNCIAS

Augusto, Sara. 2010. *A Alegoria na Ficção Romanesca do Maneirismo e do Barroco.* Lisboa: Fundação Calouste Gulbenkian / FCT / MCTE.

———. 2018. "Corpo de Barco e de Rio: A Memória dos Textos Literários em PLE." Em *Actas do 4º Fórum Internacional do Ensino da Língua Portuguesa na China,* coordenado por Carlos A. André et al., 255-68. Macau: Instituto Politécnico de Macau.

———. 2021. "Engenho e Arte: Experiências de Literatura em PLE." Em *Actas do 5º Fórum Internacional do Ensino da Língua Portuguesa na China,* coordenado por Zhang Yunfeng et al. Macau: Instituto Politécnico de Macau, 59-68. https://cpclp.ipm.edu.mo/actas-5-forum-internacional/

Bakhtine, Michail. 1978. *Esthétique et Théorie du Roman.* Paris: Gallimard.

Baldick, Chris. 2008. *Oxford Dictionary of Literary Terms.* Oxford: Oxford University Press.

Bernardes, J. Augusto Cardoso. 1995. "Bucolismo." Em *Biblos – Enciclopédia Verbo das Literaturas de Língua Portuguesa,* direção de J. Augusto Cardoso Bernardes et al., 799-804. Lisboa: Verbo.

Bocage. 1998. *Antologia Poética.* Lisboa: Ulisseia.

Camões, Luís de. 1962. *Obras Completas. Volume I. Redondilhas e Sonetos.* Lisboa: Livraria Sá da Costa.

Castro, Ivo, Enrique R. Moura e Anabela Leal de Barros, eds. 2017. *A Fénix Renascida ou Obras Poéticas dos Melhores Engenhos Portugueses.* Lisboa: Fundação Calouste Gulbenkian.

Coelho, Jacinto do Prado. 1976. *Ao Contrário de Penélope.* Lisboa: Bertrand.

Ferreira, Carla. 2012. *Ensino das Literaturas de Língua Portuguesa: Percursos de Leitura da Narrativa.* Lisboa: Clepul / Faculdade de letras da Universidade de Lisboa.

Ferreira, Francisco Leitão. 1718. *Nova Arte de Conceitos. Primeira Parte*. Lisboa: António Pedrozo Galrão.

Fiqueiredo, Fidelino de. 1948. *Historia Literaria de Portugal (Era Clasica: 1502-1825)*. Madrid: Espasa-Calpe.

Frye, Northrop. 1973. *Anatomy of Criticism. Four Essays*. Princeton: University of Princeton Press.

Garrett, Almeida. 1971. *Lírica Completa*. Lisboa: Editora Arcádia.

Greenwood, Pilar Fernandez-Cañadas de. s.d. *Pastoral Poetics: The Uses of Convention in Renaissance Pastoral Romances – Arcadia, La Diana, La Galatea, L'Astrée*. Madrid: Ediciones José Porrúa Turanzas.

Kristeva, Julia. 1969. *Sèméiôtikè. Recherches pour une Sémanalyse*. Paris: Seuil.

Lopez Estrada, Francisco. 1974. *Los Libros de Pastores en la Literatura Española. La Órbita Prévia*. Madrid: Gredos.

Loughrey, Bryan, ed. 1984. *The Pastoral Mode*. London: Macmillan.

Machado, Álvaro Manuel e Daniel-Henri Pageaux. 1988. *Da Literatura Comparada à Teoria da Literatura*. Lisboa: Edições 70.

Mello, Cristina. 1998. *O Ensino da Literatura e a Problemática dos Géneros Literários*. Coimbra: Almedina.

Miranda, Sá de. 2011. *Poesias*. Edição de Marcia Arruda Franco. Coimbra: Angelus Novus / Centro de Literatura Portuguesa.

Mourão-Ferreira, David. 1985. "Bucolismo." Em *Dicionário de Literatura*, direção de Jacinto do Prado Coelho, 128-30. Porto: Figueirinhas.

Pires, Maria Lucília Gonçalves. 2003. *Poetas do Período Barroco*. Lisboa: Edições Duarte Reis.

Reis, Carlos. 2008. *O Conhecimento da Literatura. Introdução aos Estudos Literários*. Coimbra: Almedina.

Silva, António Dinis da Cruz e. 1807. *Poesias de António Dinis da Cruz e Silva*. Tomo I. Lisboa: Tipografia Lacerdina.

Silva, Vítor Manuel de Aguiar e. 1971. *Maneirismo e Barroco na Poesia Lírica Portuguesa*. Coimbra: Centro de Estudos Românicos.

———. 1988. *Teoria da Literatura*. Coimbra: Almedina.

Sun Tzu. 2018. *A Arte da Guerra. Os Treze Capítulos Originais*. Tradução de André da Silva Bueno. São Paulo: Jardim dos Livros.

Sunzi e Sun Bin. 1999. *Sunzi: The Art of War. Sun Bin: The Art of War*. Tradução de Wu Rusong, Wu Xianlin e Lin Wusun. Hunan: Foreign Languages Press / Hunan People's Publishing House.

Weinberg, Bernard. 1963. *A History of Literary Criticism in the Italian Renaissance*. Chicago: University of Chicago Press.

SARA AUGUSTO é Professora no Instituto Português do Oriente. Foi professora adjunta convidada na Universidade Politécnica de Macau entre 2016 e 2022. Doutorada em Literatura Portuguesa pela Universidade Católica Portuguesa, trabalhou como professora auxiliar na mesma universidade (1991-2009) e na Universidade de Coimbra (2009-2014), onde cumpriu também funções de Investigação, afeta ao Centro de Literatura Portuguesa. Tem abundante produção científica publicada nas suas áreas de investigação: Literatura Portuguesa, Literaturas em Língua Portuguesa, Língua Portuguesa e Literatura Portuguesa em PLE. Última obra publicada: *Alegoria, Ensaios*, 2021.

The Ten Rights of Literature: A Didactic Approach for Fourth Grade in Portuguese Primary Schools

ABSTRACT: In this article, I describe the principles and implications of literary education at the primary school level in Portugal. If teachers are committed to fostering affective and aesthetic relationships with literary texts and not merely using them as a means to develop competencies related to reading and grammar skills, their respect for the rights of literature is crucial. Here, I provide concrete, practical examples of how this goal might be achieved in the classroom, based on Portuguese literary texts that are commonly read in the fourth grade / year 4 classroom (4.º ano de escolaridade).

KEYWORDS: interpretation, literature, Portuguese literature, primary school, reading, text

RESUMO: Neste artigo, descrevo os princípios e as implicações da educação literária no 1.º Ciclo do Ensino Básico em Portugal. Se os professores estiverem comprometidos com a finalidade de fomentar relações afetivas e estéticas dos alunos com os textos literários e não apenas com a utilização destes para desenvolver competências relacionadas com a leitura e a gramática, o seu respeito pelos direitos da literatura é crucial. Apresento, aqui, exemplos práticos e concretos de como este objetivo pode ser atingido na sala de aula, com base em textos literários que costumam ser lidos no 4.º ano do Ensino Básico.

PALAVRAS-CHAVE: interpretação, literatura, literatura portuguesa, ensino básico, leitura, texto

Introduction

Reading full literary works is a practice that may become increasingly rare in Portuguese primary schools, given that the national curriculum was revoked in July 2021 by order of the state secretary for education (Despacho no. 6605-A/2021) and is unlikely to be replaced by another that will allow "literary education" to survive. Fortunately, however—at least for the moment—teachers are still expected to provide students with aesthetic reading experiences that favor their affective involvement with literature. A brief look at the most relevant official documents will allow us to understand why.

In 2009, the national syllabus of Portuguese for Basic Education[1] stated that "o convívio frequente com textos literários adequados à faixa etária dos alunos assume uma importância fundamental neste ciclo, tal como a descoberta de diversas modalidades de textos, escritos e multimodais" (Reis 2009, 22). The "curricular goals" (metas curriculares) published in 2012 went one step further by institutionalizing specific aims for literary education, which were for the first time separated from the goals set for the domain of reading (Paixão 2021, 28).

However, it was the 2015 syllabus that established literary education as a "kind of new competency" (Meirim 2021, 13), introducing it as one of the "content domains" (along with orality, reading/writing, and grammar) and justifying its inclusion as follows: "vem dar mais consistência e sentido ao ensino da língua, fortalecendo a associação curricular da formação de leitores com a matriz cultural e de cidadania" (Buescu et al. 2015, 8).

The same document listed the following objectives related to literary education:

14. Interpretar textos orais e escritos, de expressão literária e não literária, de modalidades gradualmente mais complexas.
15. Interpretar textos literários de diferentes géneros e graus de complexidade, com vista à construção de um conhecimento sobre a literatura e a cultura portuguesas, valorizando-as enquanto património de uma comunidade.
16. Apreciar criticamente a dimensão estética dos textos literários, portugueses e estrangeiros, e o modo como manifestam experiências e valores. (Buescu et al. 2015, 5)

As objectives 14 and 15 make clear, *interpretation* of written texts—literary and nonliterary—was key. But there was also a need to help children build their own knowledge of Portuguese literature and culture while valuing them as part of the cultural "heritage of a community." Furthermore, according to objective 16, students were meant to "critically appreciate the aesthetic dimension of literary texts."

As to how teachers might develop these competencies in six- to nine-year-old children, the document gave little guidance, stating that the mere fact of reading or listening to literary texts was conducive to students' understanding and appreciating them. However, the way in which it defined contents, objectives, and competencies gave ample reason for teachers to use literary texts mostly as a means to (a) train and check students' reading skills and (b) teach and consolidate grammar topics. And textbooks, which are predominantly used as a primary classroom resource, helped them engage in these practices.

However, in a set of documents published in 2018 entitled *Aprendizagens essenciais*, the Portuguese government stated that, concerning the fourth grade of primary education (4.º ano de escolaridade), "a aula de Português estará orientada para o desenvolvimento da . . . educação literária com a criação de uma relação afetiva e estética com a literatura e com textos literários orais e escritos, através da leitura de poemas, de textos de teatro, de narrativas e da construção de um percurso de leitor a realizar com o acompanhamento do professor usando a metodologia de projeto" (República Portuguesa Educação 2018, 4). Teachers were thus instructed to use project-based methodologies in encouraging each student to build up their own literary repertoire, which would involve recreational rather than instrumental reading. As to how a "Portuguese class" might foster an "affective and aesthetic relationship with literature," the following guidelines ("ações estratégicas de ensino") were provided:

Promover estratégias que envolvam:

—aquisição de saberes (noções elementares de géneros como contos de fadas, lengalengas, poemas) proporcionados por
  • escuta ativa;
  • leitura;
—compreensão de narrativas literárias com base num percurso de leitura que implique
  • imaginar desenvolvimentos narrativos a partir de elementos do paratexto e da mobilização de experiências e vivências;
  • antecipar ações narrativas a partir de sequências de descrição e de narração;
  • mobilizar conhecimentos sobre a língua e sobre o mundo para interpretar expressões e segmentos de texto;
  • justificar as interpretações;
  • questionar aspetos da narrativa.
—criação de experiências de leitura (por exemplo na biblioteca escolar) que impliquem
  • ler e ouvir ler;
  • dramatizar, recitar, recontar, recriar, ilustrar;
  • exprimir reações subjetivas de leitor;
  • avaliar situações, comportamentos, modos de dizer, ilustrações, entre outras dimensões;

• persuadir colegas para a leitura de livros escolhidos. – realização de
percursos pedagógico-didáticos interdisciplinares, com Matemática,
Estudo do Meio e Expressões, tendo por base obras literárias e textos
de tradição popular. (República Portuguesa Educação 2018, 9–10)

Despite being called "strategic actions," what these guidelines provide is a set
of instructions for what students should be capable of doing, or what teachers
should ask them to do, concerning their literary experiences.

Still, it is commendable that these directions granted teachers enough freedom to come up with their own ideas and solutions in regard to the activities
and strategies that they should implement—and how. And it is important to
note that besides listening/reading and interpreting/understanding texts, the
guidelines cited also mention other activities that require an emotional involvement with literature, such as thinking about texts, anticipating their content,
questioning certain narrative elements, establishing connections between the
texts and their experiences, imagining possible developments, illustrating and
re-creating texts, sharing personal and subjective reactions to them, and arguing
in favor of selected books.

Side by side with the so-called strategic actions, this official document also
lists the actual "knowledge competencies, skills, and attitudes" that students
should be capable of displaying:

• Ouvir ler textos literários e expressar reações de leitura de modo criativo.
• Ler integralmente narrativas, poemas e textos dramáticos.
• Antecipar o(s) tema(s) com base em noções elementares de género (contos
de fada, lengalengas, poemas, etc.) em elementos do paratexto e nos textos
visuais (ilustrações).
• Compreender a organização interna e externa de textos poéticos, narrativos
e dramáticos.
• Compreender recursos que enfatizam o sentido do texto (onomatopeias,
trocadilhos, interjeições, comparações).
• Dramatizar textos e dizer em público, com expressividade e segurança, poemas memorizados.
• Participar, de forma responsável e cooperante, em representações de textos
dramáticos literários.
• Manifestar ideias, sentimentos e pontos de vista suscitados por histórias ou
poemas ouvidos ou lidos.

• Desenvolver um projeto de leitura em que se integre compreensão da obra, questionamento e motivação de escrita do autor. (República Portuguesa Educação 2018, 9–10)

Again, these competencies and attitudes are consistent with the goal of fostering in students an affective and aesthetic relationship with literature, in that they include expressing reactions to texts in creative ways; reading whole texts (rather than excerpts); appreciating the literary, poetic quality of language (e.g., the use of figures of speech); interpreting texts dramatically (e.g., impersonating characters and "living" the texts); and sharing ideas and feelings provoked by texts.

Let us recall that, of the abovementioned official documents, only this last one is still in effect, since the 2015 syllabus was revoked. It appears that as of 2021–22, teachers will no longer be provided with an official syllabus that defines content and teaching objectives. Rather, they will receive only student-oriented guidelines focused on the students' competencies and "profile," the *Perfil dos Alunos à Saída da Escolaridade Obrigatória* (Martins 2017).

I. Fostering an Affective and Aesthetic Relationship with Literature

Fortunately, the documents entitled *Aprendizagens essenciais* continue to be valid, so primary school teachers of Portuguese are still expected to foster students' *affective and aesthetic relationships with literature through reading*.[2] This is a valid goal indeed, as it stems from love and respect for literary texts of the kind that should, precisely, be read *aesthetically* rather than *efferently*, as Louise Rosenblatt never tired of stressing (Rosenblatt 1994). Her famous statement that "no one can read a poem for you" (86) summarizes the idea that literary reading experiences are personal and irreducible to drill activities that imply that the meaning of a text is predetermined and that all readers have to conform to it.

On the contrary, students' relationships with literature should be personal, genuine, and emotional, in order to be *affective*, and based on artistic sensitivity, in order to be *aesthetic*. Furthermore, in order to promote these relationships, teachers must act as intermediaries of individual, meaningful reading experiences of literary texts—a challenging task, if we consider that literature acts with the same "indiscriminate impact of life" (Candido 2002, 84), which means that such relationships cannot be wholly predicted or controlled, lest their authenticity be jeopardized.

Fostering affective and aesthetic relationships with literature implies giving students enough time—within or outside the classroom—to *savor* the texts they are reading; to be confused and uncertain about their meaning; to listen to the teacher while he/she reads favorite, familiar texts but also while they interpret new, unfamiliar texts, in order to witness effective ways of dealing with comprehension difficulties; to express immediate reactions to the texts; to develop their interpretations as they exchange and discuss ideas with other readers; and to actively build collective interpretations as each reader contributes their own views, based on their unique experiences, knowledge, and sensitivity. Needless to say, if teachers want to guarantee that their students have the opportunity to become emotionally attached to literature, they should not merely follow the instructions set out in guidelines and textbooks. They must remember what they are dealing with: *literature*, which is to say, a *form of art* that is mainly composed of words and happens to require a competency that is learned at school but is, still, a *form of art*. And any form of art demands two interrelated attitudes from those who want to give it their full, genuine attention: *freedom* and *play*.

In that respect, it should be noted that the Portuguese National Arts Plan (Plano Nacional das Artes) and the National Program for Aesthetic and Artistic Education (Programa de Educação Estética e Artística) both mention *literature* as one of the artistic manifestations that children should encounter in formal educational contexts. Both also make an explicit reference to the importance of *play* and *freedom* in the appreciation of art, stating that "as artes podem ensinar-nos a inestimável lição da gratuitidade. A do tempo liberto, sem porquê nem para quê, a do prazer desinteressado diante da beleza" (Comissão Executiva do Plano Nacional das Artes 2019, 17). This document goes so far as to defend the following: "As práticas artísticas podem renovar os processos pedagógicos—evitando uma lógica instrumental do uso das artes e a sua domesticação. Desse modo, articulando a educação e a cultura (no plural), poderemos potenciar a experiência de um 'espaço franco,' onde se valorize a contemplação, o lúdico, a descoberta, a gratuidade e a liberdade. Uma forma de afirmar a força plástica da vida—sem o peso do medo de errar. Como indica o ensinamento atribuído a Aristófanes, 'educar não é encher um copo, mas acender uma chama'" (Comissão Executiva do Plano Nacional das Artes 2019, 17).

This position is in total agreement with Daniel Pennac's ideal of reading (literature): "Le verbe lire ne supporte pas l'impératif" (Pennac 1992, 13). It is also in harmony with any concept of literature that does not subdue it to any other purpose except its enjoyment. Obviously, if one is instructed or forced to "enjoy" it, the authenticity, the meaningfulness, and the depth of the relationship between reader and work will be compromised, just as one cannot be forced to play a game if one is to enjoy it. This does not mean that "playing" literature (and *with* literature) is a lawless activity: it entails the choice to conform to certain rules, such as adhering to a set of reading protocols that include pretending to believe the "lies" told in the text, accepting that the narrator is not the same person as the author, interpreting certain phrases as metaphorical and certain aspects as symbolic, and so forth. The rules of the game are determined by a tacit agreement between author and reader, and the atual enjoyment of the process depends on them.

II. The Ten Rights of Literature

Following Daniel Pennac's original list of ten "inalienable rights of the reader" (Pennac 1992), intended to safeguard the necessary freedom underlying recreational reading—the only kind of reading he considers, when it comes to literature—I felt the need to define the (also inalienable) rights of literature itself. This need arose from an urge to protect literary texts from the undermining and subversive tendency to reduce them to learning tools, to means used in the primary classroom to reach certain didactic ends. These are too often not related to fostering affective, aesthetic relationships with literature, because they intend to serve purposes concerned with developing and verifying skills within specific domains of learning: reading and grammar.

By repeatedly asking students to rephrase and explain the meaning of certain sentences or verses, by instructing them to look for explicit and implicit information in the text and copy it onto the lines provided in the textbook or in their notebooks, by requiring them to provide objective, uniform answers (such as ordering the different parts of a broken summary of the text), and by resorting to so many other mechanical exercises where *all answers are the same, no matter how many different students provide them*, teachers will hardly contribute to making students feel affectively connected to literature. Instead, they will contribute to making students regard literature as a learning tool—for which reason they will be less and less likely to turn to it, throughout their school years, as a recreational activity.[3]

1. The Right to Be Read and Interpreted in the "Here and Now"

Teachers come into the classroom equipped with knowledge about the particular works of literature with which they put students in contact. When they simulate the act of interpreting texts during and after reading them, they are really only pretending, as they have already researched whatever information was necessary to be able to talk about what the text means and how its meaning is conveyed, how certain literary devices are used, what symbols the text presents, and what underlying messages it cleverly hides. Students might call this "cheating" if they were aware of the fact that in order to truly read literature, you must do this work yourself, not have others do it for you and then just present *their* findings as if they were your own. Literature is written to be read directly, not vicariously.

2. The Right to Be Savored with Enough **Time**

Time (or lack of it) seems to be one of the biggest enemies of the enjoyment of literature—and it is also the most common excuse to set aside the somewhat idealistic goal of fostering students' affective and aesthetic relationships with literary texts. The limited number of minutes for each lesson, the limited number of lessons, the limited number of hours of study allocated to each topic of the syllabus, and the profusion of topics to be covered, not to mention the need to evaluate students on knowledge and competencies according to various and specific official goals: all contribute to literary texts' being read, analyzed, and "worked on" on the clock. However, literature demands time. It should be read under peaceful circumstances, at a pace that allows readers to stop and wonder, to reconsider, to reread parts they failed to understand, to exchange ideas with other readers about what they make of the text, and so forth. If they are unable to grant the necessary time for readers to develop affective relationships with texts, teachers cannot expect to achieve this goal, and we might as well recognize that it is merely wishful thinking.

3. The Right to Be Accompanied by Its Whole **Paratext**

The textbook is the book's greatest enemy. When textbooks are used to read literary texts—most of which will be thus reduced to decontextualized excerpts—this means that students do not have direct contact with the printed works, which is to say that they have no access to the paratext that accompanies each literary text. As readers may have noticed, the guidelines cited in the introduction mention that the paratext should be used to elicit students' ideas about "narrative developments" (República Portuguesa Educação 2018, 9–10). But much more important than that, the paratext plays a crucial part in establishing the contours and the character of the literary text as an object (of attention and interest), thus fostering the kind of affective relationship that teachers should aim to promote.[4]

4. The Right to Be Read **in Full**

Too often, longer texts are presented to students in excerpts, especially in text-books. This means that they only have access to a portion of the whole, which does not allow them to grasp and enjoy the work at length. A literary text is a whole, a unit whose identity and meaning depend on its completeness, so it should be respected and appreciated as such. Of course, some extracts of literary texts presented to students can serve the purpose of developing and verifying their reading and interpretation skills, and these texts' words, sentences, and paragraphs can be very appropriate for certain grammar exercises. But teachers must be aware that when they use curtailed texts rather than unabridged works, students are less likely to feel affectively connected to literature, or at least to feel as emotionally interested in it as they might be if they had access to whole texts, preferably accompanied by their paratexts.

5. The Right to Be **Read Aloud**

Literature is not necessarily conceived to be read aloud, but this does not mean that the text and the reader do not gain from the activity of making the words resonate within and without. In kindergarten, it is by listening to others read literary texts that children are introduced to the pleasure of getting to know stories and poems and allowing the texts to stir their emotions, stimulate their thinking and imagining, and add to their life experiences. As Pennac has demonstrated, adolescents can also benefit from this, if teachers have the initiative to read aloud to them. Clearly, primary school children can (and should) also be exposed to literature orally. This is a valuable opportunity for them to enjoy contact with texts that might otherwise be too dense, too difficult, or too long for an affective relationship to arise.

6. The Right to Be **Contextualized**

Unlike what happens at the secondary level, primary level literary education is not focused on the historical, political, cultural, and literary contexts that influenced a writer and can be identified in the style and themes of that writer's work. Fortunately (and one cannot repeat this enough), it is focused on *establishing affective and aesthetic relationships with literature*. This may imply that reading the actual texts matters more than learning facts about when, how, and why they were written. It may also mean that, in some cases, learning those facts might stimulate interest in the text itself: it might make readers look at it with more attention or feel emotions that draw them closer to it. One only has to think of Anne Frank's *Diary of a Young Girl* to acknowledge that this right of literature is of great importance for the work to be duly respected, understood, and admired.

7. The Right to Be **Connected** with Other Texts and Works of Art

One of the pleasures readers derive from their relationships with literature stems from establishing connections between texts. Each work of literature resonates with a number of others, and readers are in tune with their previous readings, so intertextual connections can be established in two directions. Furthermore, some texts, like fables and folktales, circulate in several versions that can be compared and contrasted. And it is also possible to establish connections between literary texts and other works of art (musical pieces, paintings, sculptures, photographs, and the like). The limit is only defined by the reader's imagination and willingness to make those connections . . . or should be. In reality, at school, the limit is determined by what teachers decide to do with texts—and how they do it.

8. The Right to Be **Puzzling**

Literature might be defined as the kind of text that oscillates between wanting to communicate something important and not wanting to be clear about the message. To be literary (rather than literal), a text must be vague, suggestive, and ambiguous. So it can only be expected—and accepted—that it will provoke some degree of puzzlement and confusion in readers. Of course, we readers do appreciate it when we come across beautifully transparent lines that cast a revealing light upon a significant truth. However, we can also acknowledge that ambiguity of meaning(s) and a certain degree of opacity in language make literature intriguing and stimulating; indeed, they make the "game" worth playing. Therefore, teachers who love literature and want students to feel the same way about it are not reluctant to point out and appreciate passages or even whole texts that baffle readers rather than enlighten them, thus reminding us that no one can (or should) have the last word about what a text "really means."

9. The Right to **Shock, Aggravate,** and **Displease**

It might have been noted that the official guidelines quoted in the introduction leave very little space for teachers to promote *other* ways of reading and discussing literature. Why, for example, should students be asked to "persuade colleagues to read chosen books" (República Portuguesa Educação 2018, 9–10) without inviting them to make a book "unrecommendation," explaining why they did not enjoy a particular literary encounter? Does the fact that they should "question aspects of the narrative" imply that they are not supposed to question aspects of a poem or theatrical play? And could they not question their own interpretations—or those of their colleagues or their teacher?

If it is assumed that all students will enjoy all the literary experiences promoted by the school, there is a risk that some students may feel uncomfortable and perhaps resentful if they are unable to discover or share that pleasure. Given that most of the texts they will read are compulsory, they should be allowed to express feelings and thoughts of anger, shock, distaste, disgust, and other, more or less frustrating reactions to texts that are best allowed out in the open if we mean to direct students toward a fulfilling relationship with literature. As we know, many authors wish to provoke readers, to make them uncomfortable, to shake their worlds—and, if they are good writers, they succeed in this goal. By conducting literary analyses that only allow readers to agree on their interpretations and praise the aesthetic qualities of a text, we are depriving them of the chance to express a whole host of emotions that might not fit in the scheme but are still valid and interesting ways of appreciating literature. In my opinion, it is important to allow students—from the moment they start interpreting literary texts until the end of their school trajectory—to understand that appreciating, and valuing, literature is compatible with feeling disgusted, aggravated, or offended by it.

10. The Right to Be Discussed, Analyzed, Reread, and Reinterpreted

This right is linked with the first one, in that it presupposes that literature is read in the "here and now," not vicariously. The classroom should not be a place where teachers and students discuss what others have already stated about works of literature, but a place where the meaning of texts is constructed, negotiated, and considered, according to the judgment of the actual group of people who are reading together. Teachers must thus be prepared to let go of all their preconceived ideas and former readings of the same text and start all over again, as if they were reading it for the first time. In a sense, they are. The context is unique, and the time is the present, so their reading of a text—even if it is a text they have read before—is bound to be different from any previous or subsequent readings. Furthermore, they are accompanied by a group of other readers who will provide their singular insights into the collective interpretation. And litera-ture itself can only benefit from this plurality of continuous and ever-renovated readings. Let us not forget Italo Calvino's definition of a classic (which is valid for any work of literature): "a book that has never exhausted all it has to say to its readers" (Calvino 2000, 5).

III. A Didactic Approach for Fourth Grade in Portuguese Primary Schools

This section provides concrete, practical examples of how the purpose of *fostering affective and aesthetic relationships with literature* might be achieved in the classroom, using Portuguese literary texts that were recommended for the fourth grade in the recently revoked syllabus.

Since classroom activities based on reading a literary text should take the ten rights of literature into account, especially if teachers want to promote affective, aesthetic relationships between students and literary texts, these suggestions focus on *aesthetic* rather than *efferent* reading (Rosenblatt 1994), which means that they are conceived in such a way as to:

- focus on a genuine, "here and now" reaction and analysis of the text;
- favor students' personal, subjective, and emotional involvement with the text;
- allow for different readers to provide different answers to the same questions (which implies a flexible attitude and a preference for questions for which there is no wrong answer); and
- accept that students' reactions and ideas about the text will not necessarily conform to a preconceived or consensual interpretation of that text.

To show the difference between efferent and aesthetic reading activities, I pres-ent these suggestions side by side with more typical textbook/worksheet exercises about the same texts. The tables below show examples of questions and instruc-tions that require an efferent stance on the left (in grey)—which are not to be taken as my suggestions—and examples of more valuable activities that lead toward establishing affective, aesthetic relationships with literature (on the right).

Efferent activities elicit the same answer from all students, so they provide no opportunity for readers to develop or present a personal point of view about the text. Moreover, if students do not know the answer to a question, they are more likely to feel anxious or frustrated about the activity, because they expect each question to have only one correct answer. When used repeatedly, the efferent stance invites students to merely skim through the text to find the information needed to complete the exercises. Some students might even be tempted to copy their answers from a colleague, since what is asked from them does not require a personal interpretation or involvement with the text.

To be sure, textbooks also offer some suggestions for aesthetic reading activities, but far fewer than the kinds of questions that require objective, uniform answers. Most textbook activities are designed to check that students understood what they read (which is considered a priority, especially at primary level) rather than to promote their affective involvement with the text. Activities that allow for such involvement, granting students the necessary freedom to react to the text in personal, creative ways, are usually consigned to the final part of the time dedicated to reading comprehension—and they will only be done if, and when, there is enough time (and if teachers are willing).

When implementing aesthetic reading activities in the classroom, it is important not only to give students enough time to read and reread the text (as well as to listen to the teacher or to another professional reading it) but also to allow students to respond orally, rather than in writing, at least some of the time. Some fourth graders will still be struggling to perfect their penmanship, and their effort to succeed in that mechanically challenging task is likely to require much of their attention, thus possibly compromising their interest in, and focus on, playing along with the literary game. Thus, it is important that teachers find ways in which students can enjoy their encounters with literature by truly "diving" into the texts and "being" the characters (Wilhelm and Novak 2011).

"Mistérios": A Poem by Matilde Rosa Araújo

This poem, by the acclaimed Portuguese writer of children's literature Matilde Rosa Araújo, was published in 1988 in a book entitled Mistérios, which was one of the seven titles chosen for year 4 listed in the national syllabus of Portuguese for Basic Education.

The suggestions for reading activities below are based on the poem with the same title as the book: "Mysteries." It is about a fisherman who comes back from the sea with his net full of the fish that he had caught overnight, while the stars above are asleep in the morning light. Having offered readers this suggestive image, the poet makes a final remark about how people "who eat a fish / don't dream these mysteries."

Efferent reading activities	Aesthetic reading activities
Familiarize students with the structure and conventions of poetic texts. E.g.:	Invite students to recite the poem expressively. E.g.:
As you may have noticed, this text is a poem. Indicate the number of: *stanzas* _____ *lines or verses* _____	*Once you have discussed the meaning of this poem with your peers and teacher, watch* <u>*these videos*</u> *by Rodolfo Castro and prepare to read the poem expressively. Then take turns and recite it for the class. It is important that you say the words in the poem as if you had written them yourself, with all your heart. This means you will each read it in your own way.*
Ask students to search for explicit information in the text. E.g.:	Invite students to explore the paratext and establish relationships between its elements. E.g.:
What two elements of nature are said to be "stuck" in the poem?	*This book has an interesting inscription at the beginning. How would you establish a connection between its content and the poem "Mysteries"?*
Ask students to infer implicit information from the text. E.g.:	Give students the opportunity to express insecurity, dislike, etc. about the text. E.g.:
Why are the stars said to be "asleep in the morning light"?	*Many people dislike poetry and say that it is difficult to understand. Do you relate to this perspective? Explain why, using this poem (or another poem from the same book) to illustrate your point of view.*

93

Efferent reading activities	Aesthetic reading activities
Use the text to teach students about rhetorical devices. E.g.: *«E as* <u>*estrelas*</u> *no céu / presas* <u>*dormiam*</u>*».* *In this passage, the poet uses a rhetorical device called* <u>*personification*</u>*.* *Try to explain what it consists of, taking its name into account.*	Allow students to appreciate the aesthetic quality of the text by stimulating their artistic sensitivity. E.g.: *Imagine that this poem's words are the lyrics for a song. Find or compose a musical background to it (you can ask your music teacher for help) and sing it, if you like. Alternatively, you can create a shadow puppet play based on the poem. (Do this activity in pairs or groups, or as a whole class.)*
Familiarize students with the author of the text. E.g.: *Read a biography of Matilde Rosa Araújo and make notes about: year of birth, job, books published, relevant activities, prizes won, date of death.*	Invite students to interpret the text in a personal way. E.g.: *Imagine that you are the author of this poem. What would you say to people who asked you why you made that observation about people who eat fish not dreaming of such mysteries?*

"Vem aí o Zé das Moscas": A Play by António Torrado

A screenwriter and author of countless stories for children, António Torrado wrote the book *Teatro às três pancadas* (Torrado 1995) to respond to a request that was often made to him to write plays that might be performed by children at school. This title was also on the list of books recommended for fourth grade, and teachers were asked to select three plays. The suggestions here are based on the second play in the book, which is about a man who is permanently harassed by flies that keep buzzing around his head and seeks help to solve his problem. He sees a doctor, then a lawyer, a veterinarian, and a judge. It is the judge who finally "cures" the man by giving him permission to kill the flies, which he does immediately, by smacking one that had landed on the judge's bald head.

Efferent reading activities	Aesthetic reading activities
Familiarize students with the structure and conventions of drama. E.g.:	Invite students to interpret the text dramatically. E.g.:
Fill in the blanks with the missing words: This text is a t_____ p_____, destined to be enacted on the s_____. It is composed of two types of text: the main text, composed of the d_____ between the characters, and the secondary text, composed of the stage directions.	Read the play in silence first and then aloud with your peers and Portuguese teacher. Ask your drama teacher to help you perform it and prepare a show for other classes or the whole school to watch.
Ask students to search for explicit information in the text. E.g.:	Invite students to talk about the emotions they felt while reading the text. E.g.:
List the characters that appear in this play.	What made you laugh and what made you feel sad when you read this play? Share your response with the class and discuss how the words used in the text provoked those emotions.
Ask students to infer implicit information from the text. E.g.:	Sensitize students to acknowledge how certain details in the text allow readers to "watch" the play in their minds as they read it. E.g.:
Quote passages from the text that serve to show that the main character is humble and not very clever.	Listen to this recording, in which fourth-grade students read the text aloud. Try to identify what is "lost" in this audio version of the text by rereading it carefully as you listen. https://www.youtube.com/watch?v=5vn8Cl81A7k

Efferent reading activities	Aesthetic reading activities
Verify students' understanding of the text as an organized whole composed of several parts. E.g.: *Order the sentences according to the sequence of events in the play.* *____ Zé das Moscas goes to see the judge.* *____ The police officer suggests he should see a lawyer.* *____ The doctor does not help Zé das Moscas.* *____ Zé das Moscas hits the judge in the head.* *____ The lawyer suggests he should see a vet.*	Invite students to construe the text in a meaningful way. E.g.: *In many stories, the characters learn a valuable lesson, and so does the reader.* *Do you agree with this statement, considering the play you have just read? What valuable lessons did the characters learn? What about you?*
Familiarize students with the author of the text. E.g.: *Do a search about the author and fill in his biography with the missing information. António Torrado was born in _____ and he worked as a t_____, a s_____ and a w_____. He published over _____ books and was awarded the G_____ prize for children's literature in 1979. He died in _____.*	Invite students to read other texts by the same author. E.g.: *Read the other four plays in the book and decide which one is your favorite. Explain why to the class.*

"A flauta mágica": A Folk Tale

The final set of suggestions is based on a text that is not accompanied by its paratext, to account for situations when it is not possible for all the students in the classroom to have access to the book. We aim to show that even when pupils read literature from a textbook, it is possible to engage them in activities that allow for personal, genuine reactions to be shared and for other important rights of literature to be safeguarded.

The suggestions presented here are based on the adapted version of the tale published in the textbook *Giroflé: Língua portuguesa 4.º ano de escolaridade* (Marques, Santos, and Gonçalves 2006, 30). This folk tale was first collected by Teófilo Braga, who was a prominent Portuguese politician, writer, and researcher. It was published in 1883 under the title "A gaita maravilhosa," along with other stories, in a collection entitled *Contos tradicionais do povo português* (Braga 2013). The version in the textbook is somewhat different, but the main event is the same: a man with a donkey carrying a load of crockery to be sold at the market walks past a boy who starts playing his harmonica. The moment they hear the music, both man and donkey dance until all the crockery is on the ground, broken into pieces. The man is furious and takes the boy to the local judge, demanding justice. The judge asks to hear the music, and when the boy starts playing the harmonica, everyone begins to dance as if they were in a ballroom, including the judge's elderly mother, who had been lying in bed in a room next door. The judge is overwhelmed with joy, for his mother had been unable to move for years. He allows the boy to go free, even though he had caused great harm, because he had also caused great good.

Efferent reading activities	Aesthetic reading activities
Ask students to search for explicit information in the text. E.g.:	Invite students to react emotionally to the text. E.g.:
When and where is this story set?	How did you like this story? ___ Not at all. ___ It was fine. ___ I loved it. _____ Give at least one reason for your answer.

Efferent reading activities	Aesthetic reading activities
Ask students to infer implicit information from the text. E.g.: *Why does the text state that the judge's office turned into "a lively ballroom"?*	Invite students to identify with, and possibly relate to, the characters. E.g.: *If you were the donkey's owner, how would you react to the judge's decision? Explain your point of view.*
Use parts of the text to teach grammar topics (spelling, morphology, lexicon, syntax, punctuation, etc.). E.g.: *Fill in the table with the words that appear in green in the text, depending on the sound of the letter X.*	Allow students to express themselves creatively, using the text as a source of inspiration. E.g.: *Imagine that you are a writer and feel like adding another part to the story or changing it. Write some lines or paragraphs that might be added to the beginning, the middle, or the end of the text (or that might replace a part you do not like so much).*
Use the text to develop metacognitive and literacy skills. E.g.: *Check a dictionary to find out the meaning of the words that appear in bold in the text.*	Invite students to reflect upon puzzling aspects of the text or to deal with ambiguity. E.g.: *Why do you think the harmonica player only stopped playing when all the crockery was in pieces? Share your answer with the class.*
Use the text to improve students' general knowledge. E.g.: *Do a search on the Internet and find out the name of the writer who collected and published this folk tale, along with many others, in 1883: T_____ B_____.*	Invite students to read other versions of the same story, or texts with interesting similarities and contrasts. E.g.: *Read this version of the folk tale* and discuss the differences and similarities between the two narratives of the same story with your peers and teacher.*

*See Eugénia Edviges, "A gaita milagrosa," *Na rua do pinheiro* (blog), http://naruadopinheiro. blogspot.com/2013/10/a-gaita-milagrosa-historia-tradicional.html.

Final Note

These suggestions for aesthetic reading activities aim to provide examples of the many ways in which primary school teachers might keep the path open for affective, aesthetic relationships to be established between students and literary texts.

Some of the activities presented here require more time than others, and some allow for more freedom and play than others, but they all respect the rights of literature defined in section II.[5] They invite students to interpret the texts in a personal way, independently from a teacher's expectations and prior interpretation of those texts. In the affective activities, there is never a single right answer, and students are often invited to share their ideas and opinions with the class so that they have the opportunity to confirm that other readers of the same text— their colleagues as well as the teacher—are not always certain of their interpretations and can also be perplexed by, or even displeased with, certain aspects of the texts while still appreciating the "specialness" of each reading and the uniqueness of each text.

Young readers are invited to put themselves in the characters' shoes, or in the author's position, as this will encourage them to get in touch with the emotions provoked by reading. It will also empower them to voice thoughts and opinions about a text with the necessary confidence. If our aim is to make students love reading literature and sharing ideas about it, the classroom should be a "safe space" rather than a place where competencies are constantly put to the test.

NOTES

1. "Basic education" in Portugal comprises the first three study cycles, for students aged six through fifteen. The first cycle, for students aged six through nine (which we refer to as "primary school"), is the only relevant one for this study.

2. The principles, strategies, and skills listed above were taken from the document concerning fourth grade (4.º ano de escolaridade), but the guidelines for first, second, and third grades (1.º, 2.º e 3.º anos de escolaridade) also mention the need to focus on literary education by promoting a "relação afetiva e estética com a literatura."

3. Kindergarten seems to be the only level of schooling that truly fosters affective and aesthetic relationships with literature, as it grants children the liberty to react to texts as they please as well as the space and time to just listen to literature without the demand of any reactions.

4. One primary school teacher managed to make most of her students feel immensely engaged with literature by reading to them every morning from a book whose cover, title, and author she refused to reveal until she had finished reading the whole book to them. The fact that she kept the paratext secret made most students tremendously curious about the text, and they would regularly go to the school library to try to find out which book she was reading. It is interesting to note how the paratext was felt to be a crucial part of the text because it was intentionally hidden (rather than dismissed or omitted).

5. The suggestions for "A flauta mágica" intentionally disregard right no. 3.

WORKS CITED

Araújo, Matilde Rosa. 1988. *Mistérios*. N.p.: Livros Horizonte.

Barros Baptista, Abel, Gustavo Rubim, Joana Meirim, and Sara Almeida Leite, eds. 2021. *Contra a literatura: Programas (e metas) na escola*. Lisboa: IELT / NOVA FCSH.

Braga, Teófilo. 2013. *Contos tradicionais do povo português*. Vol. 1. N.p.: Agrupamento de Escolas de Rio de Mouro.

Buescu, Helena, José Morais, Maria Regina Rocha, and Violante Magalhães. 2015. *Programa e metas curriculares de Português do Ensino Básico*. [Lisboa]: Ministério da Educação e Ciência.

Calvino, Italo. 2000. *Why Read the Classics?* New York: Vintage.

Candido, Antonio. 2002. "A literatura e a formação do homem." In *Textos de intervenção*, 81–90. São Paulo: Duas Cidades.

Comissão Executiva do Plano Nacional das Artes. 2019. *Estratégia do Plano Nacional Das Artes 2019–2024*. Lisboa: Plano Nacional das Artes. https://www.dge.mec.pt/sites/default/files/Projetos/PNA/Documentos/estrategia_do_plano_nacional_das_artes_2019-2024.pdf. Accessed September 12, 2022.

"Despacho n.º 6605-A/2021." 2021. *Diário da República*, 2nd ser., parte C, no. 129, July 6, 2021. https://files.dre.pt/2s/2021/07/129000001/0000200003.pdf. Accessed September 12, 2022.

Marques, Maria José, Maria Ascensão Santos, and Armando Gonçalves. 2006. *Giroflé: Língua portuguesa 4.º ano de escolaridade*. Carnaxide: Santillana Constância.

Martins, Guilherme de Oliveira, ed. 2017. *Perfil dos Alunos à Saída da Escolaridade Obrigatória*. N.p.: Ministério da Educação / Direção Geral da Educação (DGE).

Meirim, Joana. 2021. "Educação literária programada?" In Barros Baptista et al., *Contra a literatura*, 13–19.

Paixão, Sofia. 2021. "Entre papéis: Literacia literária, documentos curriculares e função do professor." In Barros Baptista et al., *Contra a literatura*, 27–35.

Pennac, Daniel. 1992. *Comme un roman*. Paris: Gallimard.

Reis, Carlos, ed. 2009. *Programa de Português do Ensino Básico*. Lisboa: Ministério da Educação / Direção Geral de Inovação e Desenvolvimento Curricular.

República Portuguesa Educação. 2018. *Aprendizagens essenciais: Articulação com o Perfil dos Alunos—4.º ano / 1.º ciclo do ensino básico português*. https://www.dge.mec.pt/sites/default/files/Curriculo/Aprendizagens_Essenciais/1_ciclo/portugues_1c_4a_ff.pdf. Accessed September 12, 2022.

Rosenblatt, Louise. 1994. *The Reader, the Text, the Poem: The Transactional Theory of the Literary Work*. Carbondale: Southern Illinois University Press.

Torrado, António. 1995. *Teatro às três pancadas*. Porto: Civilização.

Wilhelm, Jeffrey, and Bruce Novak. 2011. *Teaching Literacy for Love and Wisdom: Being the Book and Being the Change*. New York: Teachers College.

SARA DE ALMEIDA LEITE has a PhD in Portuguese studies and teaches Portuguese and English language and literature at ISEC Lisboa. She has published several articles about best practices in teaching literature and books about the Portuguese language. She is chair of the postgraduate degree in storytelling at ISEC Lisboa, where she also organizes Asas para Ler, the annual meeting about children's literature. She is part of the research team of IELT (NOVA University of Lisbon) and author of the fiction series *O Mundo da Inês* and *Os Mega B.A.Y.T.E.S.*, published by Porto Editora. She has also worked as a translator and illustrator.

A Dama do Pé-de-Cabra desde a Idade Média até ao Século XXI – uma Proposta Intermedial e Interdisciplinar para Decolonizar o Ensino de Literatura e Cultura Portuguesas[1]

RESUMO. Este estudo propõe esboçar as linhas gerais de uma extensa unidade didáctica para o ensino de literatura portuguesa, que visa desconstruir os estereótipos presentes na versão romântica da Dama do Pé-de-Cabra de Alexandre Herculano. Estabelece-se uma matéria literária composta pela lenda medieval no *Livro de Linhagens*, a versão de Herculano no século XIX e, no século XXI, do conto "Fascinação," de Hélia Correia, incluindo também os ciclos de pinturas de Paula Rego e Adriana Molder. Um dos principais objectivos é mostrar como a representação da mulher, na história de recepção desta matéria literária, atravessou um processo que começou com uma caracterização positiva que se tornou negativa por influência da religião e do patriarcalismo, e como a sua protagonista foi reabilitada e novamente empoderada no século XXI através das artes plásticas. Argumenta-se que esta matéria se revela idónea para a desconstrução e actualização do cânone literário no ensino através de um *feminist stand point*.

PALAVRAS-CHAVE: Dama do Pé-de-Cabra, Livro de Linhagens, Alexandre Herculano, Hélia Correia, Paula Rego, Adriana Molder.

ABSTRACT. This study proposes to outline an extensive didactic unit for the teaching of Portuguese literature, which aims to deconstruct the stereotypes of the romantic version of the Dame with de Goat's Foot by Alexandre Herculano. The literary matter is composed by the medieval legend established in the *Book of Lineages*, the 19th century version of Herculano, and the 21st century short story "Fascinação," by Hélia Correia, and the cycles of paintings by Paula Rego and Adriana Molder. One of the main objectives is to show how the representation of women in the history of reception of this literary matter went through a process that began with a positive characterization that turned negative, due to the influence of religion and patriarchy, and how its protagonist was rehabilitated and empowered again in the 21st century through the visual arts. It is argued that this subject is suitable for the deconstruction and updating of the literary canon in teaching through a feminist standpoint.

KEYWORDS: Dame with the Goat's Foot, Book of Lineages, Alexandre Herculano, Hélia Correia, Paula Rego, Adriana Molder

---

1. Introdução

O modelo de história da literatura portuguesa que continua a dominar o seu ensino ainda está orientado, em grande parte, pelos critérios de um 'cânone' androcêntrico. Predominam ainda os pressupostos baseados em características étnico-religiosas, forjados no contexto do Romantismo do século XIX, em detrimento de critérios mais actualizados como as perspectivas transnacional, espacial, comparatista, discursiva ou mundial (Cunha 2011). Falta, sobretudo, uma maior presença de perspectivas de género, que têm uma relevância crucial na nossa actualidade. Há somente uma década, segundo um inquérito de 2013, uma maioria de docentes de literatura portuguesa em licenciaturas em Portugal, no Brasil e nas grandes universidades europeias ainda considerava que a literatura escrita por mulheres tinha "pouca relevância," especialmente quando se tratava de escritoras anteriores ao século XX (Silva 2013, 153).[2] Neste sentido, a importância do ensino universitário, no que diz respeito à forma como futuras professoras e professores irão entender e transmitir a literatura, é evidente (Silva 2014, 21). Sem podermos entrar nos pormenores deste debate, gostaria de lembrar brevemente algumas das principais ideias que o caracterizam.

Hoje em dia, ninguém deveria ainda questionar que na escrita e transmissão, tanto da história universal como da história da literatura, prevaleceram tradicionalmente as noções da suposta universalidade do masculino ou da sua qualidade e interesse superiores, enquanto a noção do feminino ainda não se conseguiu livrar completamente de uma tradição secular que a apresentava como algo particular e de menor alcance. Porém, é igualmente sabido que ter a palavra, fazer e transmitir uma história é uma das formas de poder fundamentais, e que a ausência de uma história das mulheres desvaloriza as suas experiências e dificulta o seu empoderamento. Apesar dos grandes esforços realizados desde a segunda metade do século XX, ainda não contamos com um sistema literário livre do condicionamento histórico-misógino que instituiu os estereótipos. Estes afectaram não apenas o reconhecimento da voz literária da mulher, mas também acabaram, em certos momentos, por ser internalizados por algumas autoras para se poderem ver legitimadas pelas estruturas patriarcais em vigor.

Em contrapartida, as escritoras e críticas da literatura actuais não reivindicam uma "contra-história feminista matrilinear" (Owen e Alonso 2011, 206), mas uma abertura construtiva e sempre crítica da história literária a partir das actuais perspectivas de política de género (Owen e Alonso 2011, 209). Neste sentido, a filósofa Djamila Ribeiro alertou-nos para a importância de termos sempre em consideração o lugar de onde falamos e para a questão de quem realmente pode falar. Embora talvez não exista uma epistemologia única para analisarmos e localizarmos um "lugar de fala" de forma precisa, Ribeiro considera desejável que qualquer aproximação deveria surgir a partir de um *feminist stand point* e da respectiva tradição discursiva "sobre diversidade, teoria racial crítica e pensamento decolonial" (Ribeiro 2017, 58).

Penso que este enquadramento é de grande relevância para uma necessária reavaliação da noção do 'canónico,' que condiciona a historiografia da literatura. Mas também condiciona o seu ensino, em relação às seguintes questões que o deviam orientar: quem escreveu os textos e as histórias literárias, a partir de que posição histórico-social e ideológica, com que intenções, quais foram as recepções e consequências, e como convém, hoje, ensinarmos a literatura e a sua história? Exceptuando tempos recentes, na sua imensa maioria, os autores (criadores, críticos e historiógrafos) foram homens a escreverem a partir de uma posição privilegiada. Por isso, e não só de acordo com uma perspectiva antropológica, convém lembrarmos a pertinente pergunta de Lila Abu-Lughod, formulada já em 1991:

> What would our reaction be if male scholars stated their desire to 'let women speak' in their texts while they continued to dominate all knowledge about them by controlling writing and other academic practices, supported in their positions by a particular organization of economic, social, and political life? (143)

Chatarina Edfeldt, num estudo de referência para o caso português, demonstrou a necessidade de reescrevermos a história e o cânone da literatura para incluir a importante contribuição das autoras, praticamente invisível até aos nossos dias. Por sua vez, as mais recentes histórias da literatura portuguesa tendem a reproduzir as perspectivas antiquadas das anteriores, acabando por determinar, depois, os currículos dos ensinos básico, secundário e universitário. Este debate revela-se fundamental para um ensino de literatura actualizado e é caracterizado por posições por vezes desencontradas. Anna Klobucka, por exemplo, considera que

> [a] tradição multissecular de a autoria literária ser largamente sinónima com a autoria masculina é, portanto, um dado inelidível no contexto cultural português, tornando fundamentalmente inviável a construção de macro-narrativas evolutivas da tradição da escrita feminina antes do século vinte (sem inviabilizar, contudo, como quero deixar bem claro, outras formas de investigação histórica do protagonismo cultural e literário feminino). (2008, 19)

Embora admita casos específicos de *herstories* literárias, como por exemplo em Adília Lopes (24), a sua posição contrasta com os estudos de Vanda Anastácio, a partir dos quais se poderia deduzir que a falta de uma narrativa genealógica da escrita e voz literárias femininas se deve principalmente à sua invisibilidade antes do surgimento dos primeiros movimentos sufragistas. Acresce também o facto de o catálogo online *Escritoras - Portuguese Women Writers* já contemplar 294 autoras com anterioridade ao ano de 1900, e que, na sua imensa maioria, ainda não foram estudadas adequadamente.[3]

2. A Matéria da Dama do Pé-de-Cabra

A partir destas coordenadas, mas sem a pretensão de querer dominar ou controlar um determinado conhecimento sobre a voz e representação literárias das mulheres, pretendo reflectir aqui sobre a Dama do Pé-de-Cabra (DPC) como uma matéria da literatura portuguesa ainda pouco estudada, que transmite na sua versão medieval uma voz feminina relevante (ainda que esteja mediada), e que nos permite rever de forma construtiva a sua história e o seu ensino segundo uma perspectiva de crítica feminista.[4] Este estudo não pode nem ambiciona sintetizar e aplicar os numerosos e complexos pontos de vista que os estudos de género têm vindo a consolidar nos últimos 50 anos e que poderiam ser utilizados no caso da lenda da DPC. Embora queira propor, também, uma nova aproximação hermenêutica, o meu objectivo primordial é oferecer um enquadramento geral que possa servir como base para a construção de uma extensa unidade didáctica. Visaria desconstruir os estereótipos, clichés, preconceitos, hierarquias e o androcentrismo da versão romântica deste texto emblemático da literatura portuguesa, e que exerceu uma influência cultural notável ao longo dos tempos.[5] Estando a DPC já estabelecida como uma matéria literária (também em termos intermediais), cujas recepções e recriações se estendem ao longo de sete séculos (desde a Idade Média até aos nossos dias), considero que representa um ponto de partida idóneo para ensinarmos a evolução histórica da representação da mulher, dos estereótipos a ela associados, para além do racismo e etnocentrismo na literatura portuguesa.

A fixação da lenda da DPC começa no século XIII com os Livros de Linhagens (LL), transcritos por Alexandre Herculano e publicados na *Portvgaliae Monvmenta Histórica*, em 1856. A lenda, incluída na genealogia da família dos Haro, é um documento excepcional do seu tempo, e que José Mattoso relacionou "com o mundo ou a mentalidade céltica, pela forma com que fazem intervir o sobrenatural na vida humana e pelas concepções mágicas que pressupõem" (1980, 65). Numa das mais pertinentes aproximações hermenêuticas a este texto medieval, Maria Lúcia Wiltshire de Oliveira fala de um "texto de fronteira" (2008, 168), uma vez que encena ainda "a tradição matriarcal [que] agoniza na dona pé-de-cabra ao mesmo tempo em que a vitória do patriarcado é encenada na gesta de Afonso Henriques" (2008, 169). Ou seja, trata-se de um texto literário que permite observar o momento da passagem do direito materno para o paterno, mas também o começo da cristianização do imaginário pagão. Além disso, não dispomos, no contexto medieval, de outro documento escrito que represente uma figura e voz feminina tão autodeterminada e empoderada, representativa de um imaginário e de uma cultura matrilineares (exceptuando as cantigas d'amigo).

Antes da sua transcrição e edição do texto medieval, Alexandre Herculano já publicara, em 1843 em *O Panorama* e, depois, no segundo volume das *Lendas e Narrativas* (com segunda edição já em 1858), uma versão literária bastante mais ampla, diferente da medieval e entretecida com outras lendas e imaginações próprias. Esta versão da lenda, seguindo os padrões cristãos do Romantismo e acompanhada de uma ideologia liberal, mas também patriarcal, ficou tão amplamente conhecida que hoje pode ser considerada parte da memória colectiva portuguesa. Embora também critique, indirectamente, a aristocracia/realeza e a corrupção da Igreja Católica, Herculano aproximou a imagem da dama à de uma temível e diabólica bruxa. Esta viragem na apreciação da dama medieval também se pode observar no extenso poema, escrito em língua inglesa, "The Cloven-Foot," da autoria do seu colaborador, o Visconde de Figanière. Esta segunda versão novecentista, seguindo os gostos do Romantismo negro, foi adaptada em 1989 ao cinema por António de Macedo, numa co-produção RTP/RTVE, com o título *A Maldição de Marialva*, talvez o único filme português de fantasia ambientado na Idade Média. Existe ainda outra lenda popular, menos sinistra, da "Maria Alva Pés-de-Cabra," associada ao Castelo de Marialva, na Beira Alta, a cuja aldeia deu o nome e que conta também, provavelmente, com uma história secular. Porém, trata-se de uma versão menos conhecida na qual os pés-de-cabra são tratados apenas como um defeito genético, sem reminiscências sobrenaturais.

Mas a versão que realmente conseguiu sobreviver na memória cultural portuguesa é a reescrita da lenda realizada por Herculano, cuja linha hermenêutica também serviu de inspiração ao Visconde de Figanière. Reparemos, porém, que ambas as versões, tal como a posterior adaptação cinematográfica de António de Macedo, silenciam a mensagem principal da lenda medieval, que nos apresentava uma dama diferente, que não era diabólica, mas sim pagã e moralmente independente do homem. Esta dama empoderada só ressurgirá um século mais tarde no conto "Fascinação" de Hélia Correia, que cria uma história para a filha de D. Diego Lopez e da Dama, Dona Sol, cujo nome faltava na versão medieval do LL e que apareceu só com a versão de Herculano. A seguinte fase de recepção já se caracteriza pela intermedialidade quando, em 2012, a Casa das Histórias Paula Rego realiza a exposição "Paula Rego e Adriana Molder: A Dama Pé-de-Cabra." Embora o ponto de partida das duas artistas tenha sido o romance de Herculano e a sua demonização da DPC, ambas reabilitam a figura da mulher apresentando-a como misteriosa, mas simultaneamente poderosa e autodeterminada e, no caso de Paula Rego, até mais forte e vigorosa do que o homem.

Esta evolução da matéria, da qual só enumero aqui as adaptações mais importantes, possibilita agora uma perspectiva duplamente transversal para um ensino que se propõe revisitar criticamente elementos canónicos da literatura e cultura portuguesas. Por um lado, em termos cronológicos, permite mostrar como o acompanhamento crítico da evolução e recepção de uma matéria literária ao longo dos séculos pode contribuir para uma compreensão actualizada do desenvolvimento da história da literatura, das artes e das ideias em Portugal. Por outro lado, exemplifica a importância de uma metodologia interdisciplinar que, neste caso, se pode apoiar nos estudos medievais, estudos literários, estudos de género, na écfrase de obras de arte e também em perspectivas decolonizadoras e intermediais, entre outros. Poderia mostrar, também, como a representação da mulher na literatura ao longo dos tempos atravessa um processo que começa com uma caracterização inicialmente positiva nas cantigas d'amigo, que rapidamente se torna negativa por influência da religião e do patriarcalismo, e que só tornará a ver a mulher como empoderada no século XXI, principalmente através das artes plásticas.

3. A Matéria e o Cânone

Porque é que se deve considerar a DPC um exemplo paradigmático para revisitar de uma forma construtiva e pró-activa aquilo que consideramos ser o 'cânone'? Em primeiro lugar, convém esclarecer que a ideia de um cânone é uma espécie de essencialismo que, em si, não é nem positivo nem negativo, mas que, além de ser uma ferramenta de fixação historiográfica com fins didácticos, também representa um instrumento de poder (em relação não só ao ensino, mas também ao sistema cultural em geral). Um cânone literário é sempre uma espécie de facilitismo, uma simplificação excessiva que tenta fornecer uma visão de conjunto de um determinado sistema literário e cultural. Isto acarreta o perigo de que tudo aquilo que o cânone não torne visível acabe por ser considerado de importância menor. O cânone produz e reproduz valores supostamente universais, impondo critérios para distinguir o que se pretende legitimar daquilo que se considera marginal, heterodoxo, herético ou até proibido.

A DPC de Herculano é hoje um texto do cânone (ainda que o seja só no contexto da literatura dita tradicional, embora a ultrapasse), enquanto a versão medieval (que claramente provém da literatura oral, ver Buescu 1990, 94), não o é, nem as suas recepções intermediais do século XXI. Com a presença de valores como o arrependimento cristão, a 'heróica' luta contra os infiéis, a denigração do inimigo cultural e religioso, etc., Herculano introduz e reforça elementos nos quais o povo português do Romantismo presumivelmente se reconheceu e que pretendiam legitimar uma identidade formada nos séculos anteriores. A sua versão contribuiu para a codificação de comportamentos estéticos e morais – entre outras, as hipocrisias religiosa, moral e social (criticadas por ele e por uma elite liberal, mas que o liberalismo não conseguiu desactivar). Este aspecto poderia ser aprofundado, num dado contexto didáctico, a partir de uma pormenorizada comparação entre as seguintes passagens das versões medieval e romântica:

. . . e ell lhe disse que pois era molher d'alto linhagem que casaria com ella se ella quisesse, ca elle era senhor naquella terra toda: e ella lhe disse que o faria se lhe prometesse que numca sse santificasse, e elle lho outorgou, e ella foisse logo com elle. E esta dona era muy fermosa e muy bem feita em todo seu corpo saluamdo que auia huum pee forcado como pee de cabra.

(Herculano 1856, 259)

Pois sabe que para eu ser tua é preciso esqueceres-te de uma cousa que a boa rica-dona te ensinava em pequenino e que, estando para morrer, ainda te recordava. "De quê, de quê, donzela? acudiu o cavaleiro com os olhos chamejantes. – De nunca dar tréguas à mourisma, nem perdoar aos cães de Mafamede? Sou bom christão. Guai de ti e de mim, se és dessa raça damnada!"

"Não é isso, dom cavaleiro – interrompeu a donzella a rir. – O de que eu quero que te esqueças é o sinal da cruz: o que eu quero que me promettas é que nunca mais has-de persignar-te."

"Isso agora é outra cousa" – replicou D. Diogo, que nos folgares e devassidões perdêra o caminho do ceu. E poz-se um pouco a scismar.

E, scismando, dizia comsigo: – De que servem benzeduras? Matarei mais duzentos mouros e darei uma herdade a Sanctiago. Ella por ella. Um presente ao apostolo e duzentas cabeças de agarenos valem bem um grosso pecado.

E, erguendo os olhos para a dama, que sorria com ternura, exclamou: – "Seja assim: está dicto. Vá, com seiscentos diabos."

E, levando a bela dama nos braços, cavalgou na mula em que viera montado. Só quando, à noite, no seu castello, pôde considerar miudamente as fórmas nuas da airosa dama, notou que tinha os pés forcados como os de cabra.

(Herculano 1858, 10-11)

Ao contrário da lenda medieval, o texto de Herculano explicita que o cavaleiro tem de praticar uma transgressão dupla para conseguir os favores da Dama, já que tem de desobedecer aos códigos familiar e religioso. D. Diogo acede a esta condição projectando para o futuro uma igualmente dupla, mas muito pragmática, possibilidade de absolvição do "grosso pecado," que consiste na compra do perdão através de uma oferenda ao Apóstolo Santiago "Mata-Mouros" e do assassínio em massa de infiéis, ou seja, da colaboração no que se pode considerar um genocídio. Ainda há outros códigos ideologicamente carregados no texto de Herculano que poderiam ser analisados no contexto da sua evolução histórica e da formação de identidade e estereótipos, como os códigos feudal (que também regula a descendência), da caça, da hospitalidade, do luto, do amor cortês, da guerra (Oliveira 2008, 171), ou das tradições pagãs – no sentido filosófico-religioso, no caso da lenda medieval, ou de feitiçaria, no contexto da versão romântica.

Uma comparação dos textos medieval e romântico permitiria numerosas microanálises, como no caso do código matrimonial, por exemplo (ver Oliveira 2008), mas o que interessa destacar para o contexto do ensino é a possibilidade de transmitir uma ideia mais actualizada de história literária a partir da análise de uma matéria ou obra concreta. O ensino nunca deve perder de vista que a literatura abre uma janela para a forma como o mundo foi e é experienciado. A experiência do mundo – na sua forma sempre sincrónica de compreender a realidade, o tempo e a história, os sistemas de poder, a sociedade, as perspectivas de género, etc. – fica conservada na literatura. A questão central é a de criarmos uma leitura hermenêutica e uma narrativa diacrónica que, por um lado, façam justiça ao contexto histórico do qual provém o texto literário, sem desatender, por outro, as exigências éticas e político-culturais do momento sincrónico em que esta hermenêutica é praticada e que, logicamente, nunca deixarão de influenciar o processo. Se isto for feito de uma forma equilibrada, o ensino da literatura não funcionará apenas como um dos melhores acessos a uma consciência histórica crítica, mas também como um acervo de recordações de vivências, afectos, disposições de ânimo, ou seja, de um amplo contínuo de traduções sensoriais do mundo que atravessa os tempos.

Assim, a matéria da DPC revela-se ideal em vários sentidos. Por um lado, devido à forma como foi conservada dentro de um LL, um compêndio produzido de acordo com a perspectiva do poder, para servir o poder, para exercê-lo e perpetuá-lo. Embora a lenda tenha sido escolhida para servir o poder, certamente não foi produzida com a intenção de o servir. A localização na Biscaia cantábrica, as menções de Toledo e Vusturia e as semelhanças com as narrativas melusinas sugerem que a lenda já estava presente na memória cultural colectiva de um vasto âmbito geográfico-social quando foi fixada e que, de outra forma, não teria havido interesse em incluí-la no LL. Não dispomos de informações directas sobre a sua origem para além das condições históricas sobre a produção e função do LL, cujo contexto é reconstituível. Mas a origem da lenda, em si, só pode ser reconstituída de forma indirecta a partir das narrativas orais da literatura tradicional medieval, presente em vastos territórios e espaços culturais, nos quais circulavam sem respeitar fronteiras políticas, e para os quais a medievística feminista assume a presença de um sujeito feminino autodeterminado (ver Lemaire 1983, 1986 e 1988).[6] A fixação no LL e a posterior recriação por Alexandre Herculano introduziram esta lenda no cânone literário português, num contexto histórico determinado, romântico e de modernidade.

4. A Versão Medieval

As esferas das cosmovisões cristã e pagã ainda estão entretecidas na altura em que a DPC servia como fundadora mítica de uma linhagem, o que também explica a sua inclusão no LL. Porém, a lenda também documenta o processo da sua separação, da crescente oposição entre o mundo da natureza e o do paganismo, e regista a cultura pré-urbana, associada a uma ideia de civilização cristã que se tornou cada vez mais dominante e expansiva. A constituição espiritual, vivencial, sensorial daquilo que denominamos cultura do paganismo e de proximidade da natureza na Idade Média é muito mais difícil de reconstituir. Mas podemos constatar como a sua vigência se prolongou até aos nossos dias, se observarmos certas práticas religiosas populares presentes no norte de Portugal e na Galiza (por exemplo, as romarias a fontes onde se colocam cruzes votivas). Esta comunhão com a natureza também já ficara documentada nas cantigas d'amigo e a sua importância social fora suficientemente grande para que a família dos Haro a incorporasse na sua história nobiliária.

O próprio corpo da DPC representa uma comunhão do humano e do animal, uma união que é interdita pela Bíblia. No texto medieval, não representa apenas o dualismo cultura popular/pagã vs. cultura pré-urbana/cristã, mas também um processo dialéctico, uma vez que a DPC nos fala de um caminho entre as ideias do humano e do animal, entre a cultura pagã próxima da natureza e a cultura da nova civilização. A dama medieval é um ser simbiótico, fruto de uma simbiogénese tanto biológica (entre o animal, a natureza e o humano) como também cultural (uma vez que também contém uma ideia civilizacional concorrente). Esta dama simbiótica entra em contacto com um ser exclusivamente humano que já não vive em simbiose com a natureza, mas contra ela. O cavaleiro é um caçador que não caça para sobreviver, mas para desporto e para demonstrar a sua superioridade e o seu poder, o privilégio do senhor feudal. Cumpre o mandato bíblico de ser superior em relação à natureza e de dominá-la, o que é extensível à relação feudal com outros seres humanos.

E se em relação à natureza já não há simbiose, também não a há no que diz respeito ao resto do corpo social, uma vez que o exercício do poder marca uma distância. O feudalismo estabeleceu-se como um sistema classista que é, já desde a Idade Média, guiado por uma preocupação com a conservação do poder patriarcal. O LL é um valioso breviário para estudar a implantação do patriarcalismo na sociedade medieval, intrinsecamente unido a elementos classistas, colonialistas e misóginos. Quando se compõe o LL estamos ainda no início do novo reino de Portugal, que só contava com pouco mais de um século de existência, e cuja imposição do direito paterno, documentada pelos textos que Mattoso associou à perdida *Gesta de Afonso Henriques*, "representa o estabelecimento do patriarcado e a soberania do masculino – o pai e o filho – sobre a mãe, na gênese do Estado português" (Oliveira 2008, 179). Em contrapartida, com a presença de lendas do fundo mítico da literatura tradicional oral no LL, transparece um mundo sociocultural anterior, que ainda deve ter existido em paralelo.

No caso da lenda da Dona Marinha, o processo de construção do sistema sociopolítico patriarcal revela-se ainda mais óbvio. Associada no LL à família dos Marinhos, esta lenda descreve outro ser simbiogenético, proveniente neste caso do mar, raptado por um cavaleiro. Como Dona Marinha não fala a linguagem dos humanos, o seu raptor finge querer enviar os filhos dela para a fogueira e, com um grito de desespero, ela cospe um pedaço de carne que simboliza, na perspectiva bíblico-cristã, o pecado (nomeadamente, o feminino). Na DPC medieval, o patriarcalismo também está presente, mas não exerce violência no momento da união, durante a qual o cavaleiro até se sujeita à vontade da dama para poder conseguir o seu consentimento. A violência patriarcal só surge quando, após a quebra da promessa, o homem impede que a mulher leve o filho consigo. O cavaleiro na lenda da Dona Marinha não pede consentimento, rapta a mulher que deseja, separa-a do seu espaço natural, força-a a abandonar a sua identidade de ser simbiótico com o mar, viola-a, e depois finge querer matar os seus filhos, ou seja, abusa dela de várias formas. A comparação entre a Dona

Marinha e a DPC permite ilustrar as vias distintas, embora complementares, do processo de imposição do direito paterno e do patriarcalismo.

Porém, no contexto do ensino desta obra, é preciso sublinhar que a exigência da DPC medieval de o cavaleiro não se persignar não a associa ao diabólico no sentido bíblico. Esta interpretação só surge com a versão de Alexandre Herculano, mantendo-se ainda na variação de Hélia Correia, mas desaparecendo novamente nas recepções pictóricas de Paula Rego e Adriana Molder. No texto medieval, uma tal associação nem sequer faria sentido, porque ainda nos encontramos num momento histórico em que, para além de o cristianismo na Península Ibérica não estar definitivamente estabelecido, a presença do diabo em textos literários ainda era um fenómeno muito pouco comum, e que só se começa a documentar posteriormente. A condição exigida pela DPC medieval expressa, antes, uma vontade de manter a separação de dois espaços culturais e espirituais. A dama insiste em preservar a sua condição simbiótica com a natureza e o domínio que tem sobre as forças naturais, apesar de ter acedido a entrar neste tempo novo que o cavaleiro representa. Aí já impera uma lógica civilizacional diferente, pré-urbana, patrilineal e patriarcal, feudal e cristã, e também uma ortodoxia eclesiástica que começa a penetrar no quotidiano da Idade Média tardia. Neste novo quotidiano, o gesto ritual da persignação será imposto com um significado muito concreto. Representa a aceitação de um dogma, de um deus que é simultaneamente uno e triplo, e a pessoa que realiza o gesto entrega-se simbolicamente a este deus, mostra a sua pertença, em corpo e alma, a Jesus Cristo, aceita ser crucificado como ele, e declara que qualquer outra lealdade fica excluída. A DPC medieval, autónoma em relação ao contexto semiótico bíblico-religioso, não aceita subordinação e entrega a um dogma religioso e ao sistema sociopolítico e cultural que lhe está associado. A condição que impõe para o contrato matrimonial, e a sua reacção quando este se quebra de forma unilateral, é um exercício de poder de quem pode subtrair-se à heteronomia patriarcal.

Quanto aos motivos para o casamento, segundo o cavaleiro, teríamos o amor (apaixona-se pela DPC por causa da sua beleza e do contexto mágico em que a encontrou e que a envolve) e a conveniência (porque ela é de alta linhagem e tem poderes sobrenaturais). Convém notar que o estereótipo do amor incondicional funciona aqui de forma unidireccional e, apesar de o pedido de casamento ter sido realizado segundo a tradição, ou seja, pelo homem como suposto ser activo, historicamente caracterizado pela força e a virtude, o poder nesta relação é exercido, desde o primeiro momento, também pela mulher. Mas, para a dama,

113

esta relação representa, em última instância, não um matrimónio por amor, mas provavelmente só de conveniência. Em nenhum momento da lenda medieval se diz que ela deseja o cavaleiro, e a sua exigência é de repercussões tão graves para um cavaleiro cristão que acaba por ser, sobretudo, uma demonstração de poder. Sobre as conveniências que ela possa ter encontrado nesta *liaison* só podemos especular. Mas as condições socio-históricas medievais certamente exigiam que uma mulher, ainda que dispusesse de certos 'poderes,' se adaptasse ao novo tempo e aos novos valores em ascensão. Não devemos esquecer que o próprio carácter nobiliário do LL procura, desde o princípio, que sigamos a perspectiva de um poder feudal-patriarcal que se estava a impor naquele novo tempo. A este facto acresce que nos encontramos nos inícios de um novo reino, cada vez mais poderoso, mas que ainda tem algumas fragilidades, constantemente ameaçado por Castela e pela dependência internacional do Vaticano externamente e, desde dentro, pelos privilégios da igreja e pelos interesses dos nobres. Como narrativa de fundo mítico tradicional e oral, a lenda não provém deste sistema sociopolítico, mas sim de um contexto extra-sistémico, ainda que se possa estabelecer uma relação temporária entre ambos. A pena, sobre a qual a DPC aparece tanto ao futuro marido como depois ao filho, representa este espaço extra-sistémico e sublinha a sua condição simbiótica com o espaço natural, ao qual os dois homens chegam como suplicantes em posição de inferioridade. Neste sentido, a DPC também funciona como um protesto contra a imposição de uma hierarquia entre os géneros e contra a perda de poder e reconhecimento social da mulher. O resgate do marido também pode ser visto como reivindicação da importância de uma intervenção da mulher na sociedade e na política (Oliveira 2008, 176). Embora os discursos cristão e pagão não se sobreponham um ao outro, a versão medieval representa também a alegoria da ruína do direito materno e do mundo pagão (Oliveira 2008, 168 e 177).

5. A Matéria no Século XIX

A própria forma como Herculano apresenta a sua versão oferece outro aspecto da construção de um cânone e de uma história da literatura. A sua relação com o material foi múltipla, uma vez que era um historiador, filólogo e editor, o que fez com que, pela primeira vez, as lendas contidas no LL chegassem a ser acessíveis a um público leitor mais vasto. Mas também era um agente de política cultural, tradutor cultural, escritor e criador, ou melhor, transcriador de lendas populares. A sua transcriação da lenda para um discurso literário novo e mais complexo consistiu na adaptação da matéria à estética e aos gostos romântico e liberal, com a intenção adicional de recuperar o que se supunha serem elementos fundadores de uma identidade nacional. Herculano recria o formato da narração oral, e as suas vozes narrativas estão sempre numa situação de diálogo. Esta construção dialógica é fundamental na sua versão, que se apresenta com uma intenção poético-política, visando traduzir um produto literário da tradição para um conto popular moderno. Uma narração base, com origem desconhecida e variantes antes e depois do LL, é, sete séculos depois, transcriada por um agente erudito da elite burguesa do Romantismo, alterada e devolvida primeiro à classe burguesa (com acesso ao livro impresso) e, paulatinamente, com a ajuda do ensino, ao âmbito popular. Trata-se, assim, de um exemplo idóneo para ilustrar as dinâmicas da passagem de um texto literário oral para o manuscrito (da classe popular à aristocrática), depois, para o livro impresso (classe burguesa) e, finalmente, para o ensino (regresso às classes populares alfabetizadas), com toda a transcendência que este processo teve para a consolidação de uma cultura nacional. É também um exemplo paradigmático do crescente poder do texto escrito e impresso, no contexto da alfabetização e do ensino primário e secundário. A nova versão romântica torna-se popular e chega, ao longo do século XX, à imensa maioria da sociedade portuguesa e de uma forma praticamente inalterada.

A versão extensa da lenda medieval que Herculano apresenta ao público português no século XIX é uma fusão de lendas, já que se acrescenta a história de Argimiro e do ónagro. A história da desobediência ao código de caça serve para explicar a origem da DPC como adúltera e alma em pena. Com o sensacionalismo dos conjuros e da magia negra praticada pela DPC, Herculano coloca os seus poderes no contexto do diabólico-bíblico, apesar de conservar alguns dos rasgos do original, como a disponibilidade para ajudar o filho e o ex-marido. Também o corpo da DPC muda, uma vez que agora, em vez de um, já tem dois pés-de-cabra. O filho aceita a ajuda da mãe, com as reticências e a má consciência do bom cristão, mas Herculano constrói uma solução para o dilema moral de Inigo através da penitência que irão praticar tanto o pai como o filho depois de terem regressado de Toledo. Esta penitência confere a todo o contexto um carácter claramente moralizante e faz com que a DPC apareça como uma espécie de acidente indispensável para conservar o poder de dois senhores cristãos, ambos hipócritas, mas que no fundo procuram fazer o bem, ou seja, matar infiéis e velar pela continuação da linhagem. No entanto, permanece a dúvida sobre a justificação do uso da magia negra para conservar e perpetuar o poder deste sistema feudal e da sua civilização pré-urbana e cristã. Pode-se tratar de uma ironia de Herculano para criticar o feudalismo, embora não esteja isenta de ambiguidade e de possíveis mal-entendidos, uma vez que os valores da reconquista e do etnocentrismo anti-islâmico dominam ao longo da narrativa e contribuem para a construção de um discurso de identidade nacional.

Outro argumento para relativizar a ironia de Herculano é o que Silvia Federici constata em relação à política que combatia tudo o que se aproximava do mágico na era moderna: "A erradicação destas práticas era uma condição necessária para a racionalização capitalista do trabalho, dado que a magia aparecia como uma forma ilícita de poder e como um instrumento para obter o desejado sem trabalhar – quer dizer, aparecia como a prática de uma forma de rechaço ao trabalho" (2017, 258). No LL, o espaço associado ao mágico ainda não está marcado de forma negativa, e o que se acentua agora na versão romântico-liberal de forma muito clara são os valores cristãos e da penitência (hipócrita), mas também os valores da sociedade de trabalho capitalista, a que se acresce a tentativa de uma justificação etno-histórica da cruzada contra o *infiel* e do preconceito anti-islâmico, xenófobo.[7]

O que na versão de Herculano justifica o emprego dos meios ilícitos da magia negra é a necessidade da cruzada colonialista. Foi imposta por uma ideologia de poder aristocrática que o liberalismo rejeita porque é religiosamente disfarçada pela Igreja Católica. Mas também era necessária para a construção da identidade nacional, que é o projecto político-cultural liberal do século XIX. É preciso salvar o pai da prisão dos mouros, para restituí-lo ao seu estatuto de cavaleiro e senhor feudal, e que este faça penitência, continuando o filho a sua própria penitência na luta contra os mouros, embora seja com a ajuda moralmente reprovável do mágico cavalo Pardalo. Ainda que Herculano já não acreditasse nestas superstições, estava consciente do poder que continuavam a ter, e a sua representação de uma DPC meio alma penada e cheia de amor maternal também se insere no fenómeno europeu da perseguição das bruxas que, além do aspecto religioso, tinha um motivo político-económico:

> A incompatibilidade da magia com a disciplina do trabalho capitalista e com a exigência de controle social é uma das razões pelas quais o Estado lançou uma campanha de terror contra a magia – um terror aplaudido sem reservas por muitos dos que hoje em dia são considerados fundadores do racionalismo

científico: Jean Bodin, Mersenne, o filósofo mecanicista e membro da Royal Society Richard Boyle, e o mestre de Newton, Isaac Barrow. (Federici 2017, 134)

A concepção de um cosmos que atribui "poderes especiais ao indivíduo" era "incompatível com a disciplina do trabalho capitalista" (Federici 2017, 259).

Outro discurso que o texto de Herculano veicula é o da ideologia político-religiosa, mas com uma ligeira contradição moral. O suposto mal está por detrás da glória do bem, porque existe outro mal ainda mais perigoso e profundo, que é a existência de uma cultura e civilização concorrente, considerada infiel e ilegítima, segundo a ideologia cristã do Romantismo liberal. Há uma intenção didáctica de construção de literatura nacional, partindo de uma base identitária e cultural que estava em evolução desde a Idade Média.

O aspecto simbiótico da DPC medieval, o seu lado simbiogenético em relação à natureza e a um contexto pagão, é quase eliminado em Herculano. Os aspectos positivos que a sua DPC conserva reduzem-se ao amor pelo filho e à benevolência revelada em relação ao ex-marido. De resto, a sua figura acaba por ser convertida numa bruxa, num sentido pejorativo já moderno, numa herética conivente com as forças diabólicas. Este discurso bíblico-maniqueísta é omnipresente, mas também deve ser contextualizado na ideologia de um estado liberal, ansiado por Herculano, e segundo a qual "a perseguição das bruxas foi o ponto culminante da intervenção estatal contra o corpo proletário na Era Moderna" (Federici 2017, 262).

6. A Matéria no Século XXI

Demorou mais de um século até que aparecesse uma variação do texto de Herculano, com o conto "Fascinação" de Hélia Correia, que se debruça sobre a figura da filha da DPC, que na versão medieval nem sequer tinha nome. Embora Hélia Correia se apoie na versão romântica e não na medieval, e na associação da DPC à bruxaria, o seu conto levanta as questões da invisibilidade das mulheres na história da literatura e da sua representação estereotipada como figuras secundárias, subordinadas. Dona Sol é filha de uma mulher cuja própria existência questiona diferentes tabus e, por isso, é quase natural que em "Fascinação" ela também o queira fazer, neste caso desejando o irmão. A mãe não proíbe o amor incestuoso, mas mostra-se incapaz de ajudar a filha a reencontrar-se com Inigo contra a vontade de um Deus que sempre intervém. O tabu aqui não é só o do incesto, mas também o da liberdade da mulher perante a autoridade patriarcal que se impõe. A união entre Dona Flor e Inigo, para além da questão do incesto, teria abalado o direito patrilineal com uma possível matrilinealidade. Levar-nos-ia demasiado longe discutir as diferentes explicações antropológicas do tabu do incesto. Contudo, convém lembrar a interpretação de Claude Lévi-Strauss, que afastou a explicação histórica do tabu do incesto de um impulso natural, aproximando-a de uma convenção para assegurar precisamente a patri-linearidade (ver Lobato 1999).

Além disso, também a origem simbiogenética da DPC, a sua condição de ser simbiótico com a natureza, representa um tabu para uma civilização cristã que adoptou o imperativo da separação hierárquica entre humanos e animais. Em "Fascinação," Deus não tem poder sobre a DPC, mas sim sobre a sua filha, engendrada por um homem. O facto de Hélia Correia ter mantido o carácter bíblico-diabólico da DPC pode ser interpretado, neste sentido, como um pro-cedimento irónico para poder reincidir no tema do choque de culturas, entre a civilização pré-urbana ou patriarcal-cristã e o espaço simbiogenético de uma comunhão de humanos, animais e natureza. Coloca-se também a questão dos discursos moralizante vs. a ausência de preocupações morais, e do religioso-ci-vilizacional vs. o animismo. Porém, o resultado apresentado pelo conto é um amor infeliz que acaba por levar a Dona Sol ao desespero, transformando-a na "efígie de uma heroína trágica" (Pereira 2008, 54). Quando a DPC de Hélia Cor-reia segreda à filha que só se transformando em Dama Pé-de-Cabra poderá estar com o irmão, conclui que "o que nós, as danadas, praticamos, não é nada da conta daquele Outro" (Correia 2004, 21-22). Ainda que a autora se esforce por manter o seu conto estilística e hermeneuticamente ambíguo, poder-se-ia ler esta passagem como uma reivindicação da liberdade e autonomia da mulher face ao interdito patriarcal-cristão.

A liberdade e o desejo em Dona Sol também são indicativos da questão do autocontrole que, como domínio de si e do desenvolvimento próprio, foram o que o capitalismo transformou em fundamento das relações sociais, uma vez que a disciplina já não podia depender exclusivamente da coerção externa para assegurar o funcionamento do sistema (Federici 2017, 272). Dona Sol nunca chega a ser proprietária de si mesma neste sentido, talvez porque o seu desejo não seja só pelo irmão, mas também pela condição do homem como um ser privilegiado do sistema, que tem e pode fazer o que a ela não era permitido. Há em "Fascinação" uma reflexão e uma crítica histórico-civilizacional para além da questão concreta do tabu. Dona Sol é também vítima da supremacia de uma razão ideológica (patriarcal) como juiz e inquisidor que exige interiorizar os mecanismos de poder (ver Federici 2017, 271). Também está aqui presente a imposição do dualismo cartesiano da separação entre mente e corpo que coloca a Dona Sol perante um dilema. Só desnaturalizando, mecanizando o seu corpo humano, já muito diferente do da mãe, poder-se-ia cumprir o seu desejo, mas isso suporia "empenhos que nem sonhas" (Correia 2004, 22), como a adverte a DPC. Além disso, ao interdito moral-religioso da magia une-se agora também a conveniência do sistema económico capitalista que já norteara o texto de Herculano, seguindo a hipótese de Brian Easlea: "o principal benefício que o dualismo cartesiano ofereceu à classe capitalista foi a defesa cristã da imortalidade da alma e a possibilidade de derrotar o ateísmo implícito na magia natural, que estava carregada de implicações subversivas" (Federici 2017, 272).

Quando chegam as traduções intersemióticas da matéria através das artes plásticas, com os ciclos de pinturas realizados por Paula Rego e Adriana Molder, fecha-se de certa forma um ciclo na sua história de recepção, porque agora se recupera o espírito da lenda medieval. Tal como em Hélia Correia, também Adriana Molder e Paula Rego partem da versão romântica da DPC, mas os seus trabalhos evidenciam de forma inequívoca "que a Dama Pé-de-Cabra se revolta contra a concepção patriarcal da mulher" (Kuspit 2012, 15).

Não é nenhuma novidade que a obra de Paula Rego questiona o patriarcalismo da história da literatura de uma forma muito directa, e isso também o evidencia a sua série sobre a DPC que nos mostra um cavaleiro velho, débil, que, embora consiga aparentar estar ainda no exercício do seu poder, acaba por ser uma figura quase secundária em todos os quadros. Ocupa às vezes o centro da tela, mas é sempre retratado como um velho sem força, quase decrépito. Na pintura "A Morte do Cão do Caçador"[8], até o filho herdeiro é reduzido a um boneco e D. Diogo ao nível do canino-animal, sendo representado a roer um osso, totalmente absorto. Em vez de cão e cadela, lutam um lobo e uma gata, e não pelo osso, mas como se fosse pelo poder em si mesmo, reforçando-se ainda mais os contrastes, a transgressão dos códigos e a inversão dos estereótipos. O ar sério da dama, que já nada tem de diabólico, é sublinhado pela brancura inocente do vestido, e a gaivota voando no fundo, afastando-se da cena, é já premonitória da libertação da promessa dada no casamento. Só o vestido vermelho de Dona Sol, em sintonia com todo o chão, lembra a força telúrica e perigosa do sangue em todas as suas dimensões metafóricas possíveis. A questão de género aparece também na forma como a artista destaca o vínculo matrilineal e como a

119

patrilinearidade é decomposta na separação no espaço entre um pai alheado e um filho reificado.

Em geral, as figurações da DPC que aparecem nos ciclos de Paula Rego e Adriana Molder representam uma dama forte, livre e empoderada, nunca marcada de forma negativa. Neste sentido, estão muito mais próximas da lenda medieval do que de Alexandre Herculano e demonstram com isso uma surpreendente capacidade para recuperar na sua interpretação e tradução hermenêuticas aqueles elementos que o escritor e intelectual romântico decidiu obviar ou tornar invisível. Paula Rego chega a realizar um exercício absolutamente exemplar de desconstrução do texto de Herculano, revelando as suas contradições internas e contrastando-as de forma crítica com o original medieval, embora não saibamos se o consultou. Mas como o seu estilo na representação visual do literário procede habitualmente desta forma, é provável que tenha intuído uma tal necessidade de regresso ao original. Neste caso, estaríamos perante a recuperação daquilo que a teoria da tradução de Walter Benjamin designa como "pura língua," ou seja, aquela essência (no fundo irrecuperável) do original que a boa tradução só pode ambicionar a recriar, sabendo sempre que só poderá realizar uma aproximação. Mas é precisamente isso o que Paula Rego logra em relação à misteriosa condição empoderada da DPC medieval, e vai ainda mais longe. Para além da desconstrução das incongruências internas e das hierarquias da versão de Herculano, vira a sua fantasia masculina contra ele, transformando-a numa espécie de "sonho do seu herói" e na exploração das "consequências da submissão do homem" (Kuspit 2012, 16). No caso das "pinturas ferozmente expressionistas" (Kuspit 2012, 22) de Adriana Molder, é de notar sobretudo o aspecto simbiótico da DPC. A presença do animal não se restringe só à cabra, mas também se alude ao lobo (junto com a ideia do lobisomem), abrindo o cenário para o mistério e evocando o desejo de uma condição transespecista, como se aprecia por exemplo no quadro "O Canto da Dama"[9]. Os traços de cor vermelha nos seus quadros predominantemente sobre preto/branco representam o sangue, no seu amplíssimo simbolismo feminino (desde a menstruação, passando pelo desejo sexual e até à fantasia de uma dominatrix poderosa), com uma mensagem ameaçadora para a "sociedade masculina falocêntrica do protagonista da história" (Kuspit 2012, 16). Na DPC de Molder há um desejo feminino que se afasta dos estereótipos porque inclui, para além do instinto animal, uma "agressividade sexualizada" (Kuspit 2012, 21). Mas há também reminiscências do auto-retrato (até Paula Rego inclui algumas referências autobiográficas nos seus quadros sobre a DPC), o que transforma o assunto tratado em pessoal e político.

7. Conclusão

Pode-se constatar que a desconstrução e a actualização mais completa desta matéria literária na história da sua recepção tem sido levado a cabo não pela literatura, mas por outra arte. Com isto também se demonstra como as relações intermediais têm vindo a ser cada vez mais importantes para uma actualização dos cânones, sobretudo a partir do século XX, e que esta função da tradução intersemiótica precisa de ser apresentada também no ensino da literatura. A vasta extensão no tempo das suas recepções torna fácil desenvolvermos uma perspectiva crítica sobre a história literária e, muito especialmente, de acordo com um ponto de vista feminista, mas também convida a incluir perspectivas transnacionais e mais comparatistas, que procuram evitar a linearidade da narrativa teleológica ou a centralidade nacional, favorecendo a responsabilidade do público leitor no que diz respeito à sua interpretação (ver Valdés 2004). Este enquadramento permite também mostrar, de forma inovadora, como as matérias e os motivos literários, as suas evoluções, formatos e adaptações se manifestam na actualidade. Ou como as recepções começam por introduzir reflexões críticas em relação à matéria e aos seus motivos, ao seu conteúdo e mensagens concretas (por exemplo, em termos de preconceitos étnicos, religiosos, androcêntricos, patriarcais, etc.). E é igualmente pertinente, finalmente, para ilustrar a forma como se relaciona uma matéria com um contexto sócio-histórico concreto (especialmente, mas não só, em termos de género).

Questionar os motivos por que a versão de Alexandre Herculano continua a ter a importância que tem, quando acarreta motivos e discursos hoje ilícitos (como o racismo étnico-religioso, a demonização da mulher ou a misoginia), permite realizar uma desconstrução geral e saudável do cânone literário no ensino. Mostra-nos que é preciso questionarmos periodicamente a forma e os processos que constroem a história (da literatura), tal como o século XIX construiu as identidades nacionais com base em valores essencialistas e excludentes. Evidencia, também, a necessidade de reavaliar toda a história da literatura portuguesa desde uma perspectiva não-androcêntrica, o que talvez seja uma das potencialidades mais importantes desta matéria. Porque, de forma geral, a DPC medieval e as figurações femininas nas cantigas d'amigo representam as poucas figurações de mulheres autodeterminadas documentadas no contexto

121

galego-português da Idade Média. Tendo em conta que já existe uma hipótese bem argumentada relativa à autoria feminina das cantigas d'amigo (Lemaire 1988), também caberia a hipótese de a lenda da DPC medieval ter sido recolhida a partir de uma tradição de narradoras. Seja como for, a sua voz pode e deve ser incluída nesta genealogia.

NOTAS

1. O autor deseja manter a antiga ortografia, pré-Acordo Ortográfico de 1990. Este artigo foi escrito no âmbito do projecto de investigação "Poesía Actual y Política (II): Conflictos sociales y Dialogismos Poéticos" (PID2019-105709RB-I00, financiado pelo Ministerio de Economía y Competitividad do Governo de Espanha), e do Instituto de Literatura Comparada, Unidade I&D financiada por fundos nacionais através da FCT – Fundação para a Ciência e para a Tecnologia (UIDB/00500/2020).

2. A representatividade e actualidade deste inquérito são certamente reduzidas. Seria preciso realizar estudos mais amplos e actualizados, e estou a falar, naturalmente, de âmbitos com características muito diferentes entre si. Um caso específico é o ensino da literatura em língua portuguesa em Portugal, outros seriam os do Brasil, os dos diferentes países africanos, europeus ou do mundo anglófono. Este estudo centra a sua perspectiva no caso de Portugal, que talvez seja o mais conservador neste sentido, e no caso galego, talvez menos conservador e mais aberto a perspectivas comparatistas.

3. O projecto "Escritoras de Língua Portuguesa no Tempo da Ditadura Militar e do Estado Novo em Portugal, África, Ásia e Países de Emigração," coordenado por Teresa Sousa de Almeida, pode ser considerado como uma continuação desta arqueologia de uma possível genealogia feminina na literatura portuguesa (cf. https://mulheresescritoras.pt).

4. A literatura passiva tanto sobre a versão medieval como sobre a romântica já é relativamente extensa, embora só vá destacar alguns destes estudos. Sobre a origem das lendas de mulheres sobrenaturais no LL, confrontar Krus, Nunes e Souza; Dal Farra destacou a DPC e a Dona Marinha como "referências fundantes dos valores concernentes ao feminino" na história da cultura portuguesa (2007, 9); sobre a relação da DPC com a linhagem dos Haros, confrontar a tese de doutoramento de Souza. Siqueira/Dezidério analisam a influência do romantismo negro em Herculano; Alves, a partir de Buescu 2005, a relação entre domesticidade e perigo externo; sobre a questão do maravilhoso, confrontar Machado; e sobre a do fantástico Alavarce/Pimentel.

5. Note-se que este estudo não pretende oferecer a programação e sistematização de uma tal unidade didáctica. Reúne tão-somente algumas coordenadas temáticas e hermenêuticas que considero serem fundamentais. Cada contexto geográfico-cultural, sistema de ensino e grupo-alvo de estudantes poderá requerer uma adaptação específica.

6. O quadro poe ser visualizado nesta galeria, onde é a peça nº 10, https://www.dono-poulos.gr/about-me-3-2/ (acesso 07/02/2023).

7. Acontece de forma recorrente, como no caso do cão de Inigo que se chama Tarik, nome comum nas línguas árabes, sendo a equiparação entre um ser humano e um cão historicamente um dos maiores insultos no mundo islâmico, entre inúmeros outros exemplos.

8. O quadro pode ser visualizado no site da Casa das Histórias – Paula Rego, https://casadashistoriaspaularego.com/en/exhibitions/past-/2012/a-dama-p%C3%A9-de-cabra.aspx (acesso 07/02/2023).

9. O quadro poe ser visualizado nesta galeria, onde é a peça nº 10, https://www.dono poulos.gr/about-me-3-2/ (acesso 07/02/2023).

REFERÊNCIAS

Abu-Lughod, Lila. 1991. "Writing against Culture." Em *Recapturing Anthropology*, edição de R. Fox, 137-62. Santa Fe, NM: School of American Research.

Alavarce, Camila da Silva Campos e Gisele Pimentel Martins. 2014. "As Ambiguidades da Dama do Pé-de-Cabra: Aproximações entre o Romantismo e o Fantástico." *Redisco* 6, no. 2: 56-66.

Alves, Carla Carvalho. 2014. "'A Dama Pé-de-Cabra': Entre o Histórico e o Fantástico." *Revista Desassossego* 11: 48-59.

Anastácio, Vanda. 2005. "Mulheres Varonis e Interesses Domésticos: Reflexões acerca do Discurso Produzido pela História Literária acerca das Mulheres Escritoras da Viragem do Séc. XVIII para o Século XIX." *Cartographies. Mélanges Offerts à Maria Alzira Seixo*: 537-56.

Anastácio, Vanda. 2018. "'Feminism in Portugal before 1800." Em *A New History of Iberian Feminisms*, edição de S. Bermúdez e R. Johnson, 67-81. Toronto: University of Toronto Press.

Bermúdez, Silvia e Roberta Johnson, eds. 2018. *A New History of Iberian Feminisms*. Toronto: University of Toronto Press.

Buescu, Helena Carvalhão. 1990. *Literatura Portuguesa Medieval*. Lisboa: Universidade Aberta.

Buescu, Helena Carvalhão. 2005. "A Obra Literária de Alexandre Herculano." Em *Alexandre Herculano: Um Pensamento 'Poliédrico.' Colóquio Comemorativo dos 120 Anos de sua Morte (1877 – 1997)*, edição de G. Afonso e Á. Costa Matos, 151-62. Lisboa: Bibliotecas Municipais de Lisboa.

Correia, Hélia. 2004. *Fascinação – Seguido de A Dama Pé-de-Cabra de Alexandre Herculano*. Lisboa: Relógio d'Água.

Cunha, Carlos Manuel F. da. 2011. "A História da Literatura Portuguesa: Paradigmas, Impasses e Retornos." Em *Tágides*, 1-10.

Dal Farra, Maria Lúcia. 2007. *A Dama, a Dona e uma outra Sóror*. Santa Maria: UFSM.

Edfeldt, Chatarina. 2006. *Uma História da História. Representações da Autoria Feminina na História da Literatura Portuguesa do Século XX*. Montijo: Câmara Municipal Montijo.

Federici, Silvia. 2017. *Calibã e a Bruxa. Mulheres, Corpo e Acumulação Primitiva*, tradução de Coletivo Sycorax. São Paulo: Editora Elefante.

Figanière e Morão, Frederico Francisco Stuart de. 1878. "The Cloven-Foot." Em *Elva: A Story of the Dark Ages*, 111-41. London: Thübner & Co./Ludgate Hill. https://purl.pt/34204

Herculano, Alexandre. 1856. *Portvgaliae Monvmenta Historica: A Saeculo Octavo post Christum usque ad Quintumdecimum... / Iussu Academiae Scientiarum Olisiponensis Edita*. Olispone: Typis Academicis. https://purl.pt/12270

Herculano, Alexandre. 1858. *Lendas e Narrativas*, vol. 1-2. Lisboa: Casa da Viúva Bertrand. http://purl.pt/264

Klobucka, Anna. 2008. "Sobre a Hipótese de uma *Herstory* da Literatura Portuguesa." *Veredas*, 10: 13-25.

Krus, Luis. 1985. "A Morte das Fadas: a Lenda Genealógica da Dama do Pé de Cabra." *Ler História* 6: 3-34.

Kuspit, Donald. 2012. "As Damas Pé-de-Cabra de Paula Rego e Adriana Molder." Em *A Dama Pé-de-Cabra de Paula Rego e Adriana Molder*, 13-23. Cascais: Casa das Histórias Paula Rego.

Lemaire, Ria. 1983. "Relectura de una Cantiga de Amigo." *Nueva Revista de Filología Hispánica* 32: 289-98.

Lemaire, Ria. 1986. "Explaining Away the Female Subject: The Case of Medieval Lyric." *Poetics Today* 7: 729-43.

Lemaire, Ria. 1988. *Passions et Positions: Contributions à une Sémiotique du Sujet dans la Poésie Lyrique Médiévale*. Amsterdam: Rodopi.

Lobato, Josefina Pimenta. 1999. "A Proibição de Incesto em Lévi-Strauss." *Revista Oficina: Família, seus Conflitos e Perspectivas Sociais* 9: 14-20.

Machado, Ana Maria. 2010. "O Maravilhoso e a Poética da Incerteza em A Dama do Pé de Cabra (da Idade Média ao século XXI)," tradução de Maria Cristina Batalha. *O Marrare* 14: 1-17.

Mattoso, José. 1980. *Livro de Linhagens do Conde D. Pedro. Portugaliae Monumenta Historica*, edição crítica. Lisboa: Publicações do II Centenário da Academia das Ciências.

Mattoso, José. 1983. *Narrativas dos Livros de Linhagens*. Lisboa: Imprensa Nacional / Casa da Moeda.

Nunes, Irene Freire. 2010. "Mulheres Sobrenaturais no Nobiliário Português – a Dama Pé de Cabra e a Dona Marinha." *Medievalista* 8: 1-21.

Oliveira, Maria Lúcia Wiltshire de. 2008. "A Dona Pé-De-Cabra, Agonia e Triunfo do Feminino." *Cadernos de Letras da UFF* 34: 167-80.

Owen, Hillary e Cláudia Pazos Alonso. 2011. *Antigone's Daughters? Gender Genealogy, and The Politics of Authorship in 20th-Century Portuguese Women's Writing*. Lewisburg: Bucknell University Press.

Pereira, Paulo Alexandre. 2008. "Medieval, Romântica, Pós-Moderna: Transcontextualização e Metamorfose na Lenda da Dama Pé -de-Cabra." *Revista de Poética Medieval* 21: 13-56.

Rego, Paula e Adriana Molder. 2012. *A Dama Pé-de-Cabra*. Cascais: Casa das Histórias Paula Rego.

Ribeiro, Djamila. 2017. *O que É: Lugar de Fala?* Belo Horizonte: Letramento Justificando.

Silva, Fabio Mario da. 2013. *Cânone Literário e Estereótipos Femininos: Casos Problemáticos de Escritoras Portuguesas*. Évora: Universidade de Évora.

Silva, Fabio Mario da. 2014. "Notas de Reflexão em torno da Escrita das Mulheres, antes do Século XX, na Literatura Portuguesa." *Odisseia* 13: 18-29.

Siqueira, Ana Márcia Alves e Felipe Hélio da Silva Dezidério. 2012. "A Face Negra de Alexandre Herculano: Visões Históricas do Mal na Construção do Sobrenatural em 'A Dama Pé de Cabra'." *Abril – Revista do Núcleo de Estudos de Literatura Portuguesa e Africana da UFF* 4, no. 8: 67-84.

Soares, Ana Maria. 2011. "A Lenda da Dama do Pé de Cabra: Do LL do Conde D. Pedro de Barcelos a Alexandre Herculano." *Limite* 5: 7-30.

Souza, Neila Matias de. 2018. *O LL do Conde D. Pedro: Uma Caracterização Narrativa da Nobreza Ibérica (Portugal – Século XIV)*. Rio de Janeiro: Universidade Federal Fluminense.

Valdés, Mario e Djelal Kadir, eds. 2004. *Literary Cultures of Latin America: A Comparative History*. New York: Oxford University Press.

BURGHARD BALTRUSCH, I Cátedra Internacional José Saramago, Universidade de Vigo, ensina Estudos Lusófonos e coordena a pesquisa do grupo BiFeGa. É também membro do grupo de investigação Intermedialidades, no Instituto de Literatura Comparada da Universidade do Porto, e do Centro de Investigación Interuniversitario das Paisaxes Atlánticas Culturais (CISPAC). A sua investigação centra-se em Fernando Pessoa, José Saramago, poesia contemporânea e teoria da tradução. É o investigapor principal do projeto de pesquisa "Contemporary Poetry and Politics – Social Conflicts and Poetic Dialogisms" (POEPOLIT II). Entre as suas publicações, encontram-se *Bewußtsein und Erzählungen der Moderne im Werk Fernando Pessoas* (1997), *Kritisches Lexikon der Romanischen Gegenwartsliteraturen* (5 vols., com W.-D. Lange et al., 1999), *Non-Lyric Discourses in Contemporary Poetry* (com I. Lourido, 2012), *Lupe Gómez: libre e estranxeira – Estudos e traducións* (2013), *"O que Transformou o Mundo É a Necessidade e não a Utopia" – Estudos sobre Utopia e Ficção em José Saramago* (2014) e *Poesia e Política na Actualidade – Aproximações Teóricas e Práticas* (2021). Para mais publicações, visitar https://uvigo.academia.edu/BurghardBaltrusch.

ANA MARIA MACHADO

A Literatura no Ensino de Português Língua não Materna (EPLNM): Adaptações e Originais

RESUMO: Da discussão do lugar que a literatura tem ocupado no ensino de língua não materna (ELNM) e da experiência docente sai reforçada a convicção de que o texto literário, adaptado ou original, alarga os horizontes linguísticos e culturais do aluno. Partindo da importância da leitura extensiva, já amplamente fundamentada, num primeiro momento, apresentam-se os critérios utilizados na introdução de *graded readers* no EPLNM nos níveis A1/A2 e os resultados do projeto desenvolvido no âmbito de uma parceria entre dois centros de investigação e, numa segunda parte, sugere-se uma hipótese de abordagem do texto literário no nível C2, de forma a expor o aprendente à língua literária, enquanto manifestação da plenitude funcional da linguagem. Quer se trate de uma história adaptada bem contada, quer de um texto original que o aluno lê autonomamente, todo o diálogo que se estabelece em torno desse *input* é fonte de aprendizagem e de enriquecimento linguístico. Finalmente, tudo se resume à indissociabilidade do ensino da língua e da literatura, e nem mesmo as ditas aulas de literatura *qua* literatura, em estádios mais avançados da aprendizagem, poderão prescindir do poder criativo da língua.

PALAVRAS-CHAVE: Literatura, ensino do português língua não materna, ensino da língua e da literatura, *graded readers*.

ABSTRACT: From the discussion of the place that literature has occupied in Teaching Non-Maternal Language (TNML) and from teaching experience, the conviction that the literary text, adapted or original, broadens the linguistic and cultural horizons of the student is reinforced. Starting from the importance of extensive reading, already widely studied, we first present the criteria used in the introduction of graded readers in TNML at levels A1/A2 and the results of the project developed within the scope of a partnership between two research centers. Next, one hypotheses is suggested for approaching the literary text at level C2, in order to expose the learner to the literary language as a manifestation of the functional language in its fullness. Whether it is a well-told adapted story or an original text that the student reads independently, the entire dialogue established around this input is a source of learning and linguistic enrichment. Finally, it all boils down to what the inseparability of language and literature teaching and not even the so-called literature qua literature classes, in more advanced stages of learning, are able to do without the creative power of language.

KEYWORDS: Literature, teaching Portuguese non-native language, teaching language and literature, graded readers.

1.

O lugar privilegiado da literatura na progressiva emergência das línguas modernas no ensino (entre os séculos XVIII e XIX) decalcou o modelo seguido na aprendizagem das línguas clássicas, assente no domínio da escrita e da gramática, em exercícios de tradução e de retroversão e na dimensão cultural e literária explorada a partir de excertos e de acordo com uma agenda canónica e moral da literatura (Holmes e Platten 2005; Hall 2005; Babo 2014). Com as pressões comerciais e políticas internacionais que se foram acentuando ao longo do século XIX e, sobretudo, com a política global do pós-1945, os processos indiretos de acesso à língua estrangeira (LE) tenderam a ser substituídos pelo primado da conversação e da comunicação, num percurso que o Conselho da Europa normativizou no *Quadro Europeu Comum de Referência para as Línguas* (QECRL), de 2001.

Entre o século XX e o início da nova centúria, a inclusão da literatura no ensino de língua não materna (ELNM) ilustra o trânsito de uma abordagem elitista para um período de travessia no deserto, a que se seguiu a sua readmissão na aula de língua não materna (LNM) e o reconhecimento da sua relevância como fonte autêntica (Kramsch e Kramsch 2000; Holmes e Platten 2005; Paran 2008).

No atual paradigma, em que a comunicação é o objetivo nuclear de todos os métodos, assiste-se, tanto na teoria como na prática, à oscilação entre uma dimensão mais instrumental e centrada na proficiência linguística, e uma outra, mais humanista, que se abre à literatura, com o inerente estímulo à discussão de temáticas universais excluídas de programas excessivamente focados em matérias do quotidiano.

Na origem de um regresso da literatura ao ensino da LNM (ELNM), ainda que mitigado e não isento de escolhos, Hall (2005) identifica uma certa convergência entre o paradigma comunicativo e teorias literárias como a resposta do leitor ou as ideias pós-estruturalistas sobre a natureza da língua literária. Nesta inclusão da literatura, considera igualmente a atenção que os estudos teóricos têm conferido ao caráter determinante do género, etnia, nacionalidade e ao contexto de leitura na receção do texto, bem como à consequente abordagem sociocultural do ensino e aprendizagem da língua.

Assim, no contexto de um multilinguismo resistente e fiel à tese de Coseriu (1991, 203), para quem "el linguaje poético representa la plena funcionalidad del lenguaje y... por tanto, la poesía (la 'literatura' como arte) es el lugar del despliegue, de la plenitud funcional del lenguaje," este artigo reflete sobre as condições de inclusão da literatura portuguesa no ensino de português como língua não materna (EPLNM), a partir da experiência de lecionação do seminário Literaturas de Língua Portuguesa, do mestrado em Português como Língua Estrangeira e Língua Segunda (PLELS) da Faculdade de Letras da Universidade de Coimbra, e do trabalho desenvolvido no projeto LEPLE (Literatura no Ensino de Português Língua Estrangeira), uma parceria entre o Centro de Literatura Portuguesa e o CELGA-ILTEC e parcialmente desenvolvido no âmbito daquela disciplina.

2.

Parte dos argumentos em defesa da inclusão da literatura no ELNM são comuns ao ensino da língua materna (LM) e defluem de conceções de educação de base humanista que advogam o seu papel formativo. O confronto com a alteridade dos mundos possíveis que a literatura representa envolve expansões da experiência que alargam a imaginação moral do indivíduo, ao mesmo tempo que o interpelam (Nussbaum 2010). O estranhamento estético (Chklovski 1978) da obra literária ou a sua provocação não comunicativa (Sequeira 2013) mobilizam a imaginação narrativa (Heilbronn 2019) e o espírito crítico, numa interação permanente entre o leitor e o texto. É justamente neste apelo à resposta do leitor que reside uma das virtualidades pedagógicas da literatura no ELNM, na medida em que o aprendente é levado a discutir temas, personagens, expressões e, por esta via, a exercitar a sua competência comunicativa.

Aos argumentos de ordem subjetiva, afetiva e motivacional (Soares 2012; Babae 2014; Heilbronn 2019) estão inerentes razões de natureza metodológica, uma vez que, dependendo sempre da proficiência do aluno, a abordagem interativa e subjetiva da obra literária não exclui uma leitura mais centrada no texto e nas suas particularidades. Não se pretende determinar e preencher monologicamente os vazios textuais, mas conviver com ambiguidades e indeterminações sem obliterar a voz do autor textual. Dito de outro modo, trata-se de encontrar

129

um ponto de equilíbrio entre a leitura estética e as hipóteses de leitura inferencial, entre as comunidades interpretativas e os direitos do texto ou o modo como ele confirma os processos percetivos.

Em contexto formal de ensino, o texto literário ativa mecanismos cognitivos dos principais tipos de leitura. Day e Bamford (1998) defendem que a leitura intensiva produz leitores *capazes*, mas não capazes *leitores*, ou seja, leitores treinados no pormenor de sentido, no conhecimento lexical e gramatical, mas não tanto na competência de ler, compreender e fruir em extensão. Trata-se, portanto, de uma competência leitora que se pode educar, sobretudo a partir do nível intermédio de aprendizagem da LNM. Pelo contrário, a leitura extensiva pode ser estimulada desde os níveis elementares. A possibilidade de ler, sem uma instrução explícita e por prazer, um número considerável de textos e de compreender o seu sentido geral de modo independente fornece ao leitor um *input* reconhecidamente relevante e promove a aquisição de vocabulário e de estruturas gramaticais, bem como a fluência de leitura. Embora não se conheça a quantidade de leitura suscetível de majorar a aprendizagem, certo é que quanto mais se lê, maiores serão os seus benefícios (Hill 2001; Day e Bamford 1988; Krashen 2004; Richards e Schmidt 2002; Martins 2009; Renandya e George 2016; Nation e Waring 2019).

O contributo da leitura extensiva para o enriquecimento intelectual e emocional do aprendente (Hall 2005) articula-se com a exposição à realidade cultural que subjaz ao texto literário, enquanto produto situado num determinado tempo e espaço (Coffey 2016; Collie e Slater 1987; Hall 2005; Holmes e Platten 2005; Paran 2008; Soares 2012; Sequeira 2013; Reyes 2012; Diamantidaki 2019; Jackson 2020). A sensibilização para a alteridade de valores e de comportamentos favorece o desenvolvimento do espírito crítico do aprendente que contacta de forma mais contextualizada com a cultura da LNM. Por seu lado, o foco na competência intercultural substitui a busca essencialista do Outro por um entendimento dinâmico da tensão entre universalidade e singularidade culturais e entre múltiplas identidades, de forma a ultrapassar radicalismos dicotómicos. Uma tal consciência intercultural não implica nem neutralizações nem valorizações, estigmas ou tabus, mas sim uma consciência crítica de semelhanças e diferenças e a consequente reflexão sobre o contexto cultural do próprio aprendente e sobre a sua relatividade (Byram e Morgan 1994; Hall 2005; Mart 2016; Jackson 2020). De facto, tal como M. Byram a entende, esta competência intercultural consiste na "ability to ensure a shared understanding by people of different social identities, and their ability to interact with people as complex human beings with multiple identities and their own individuality" (Byram 2002, 11). Também neste ponto o recurso à literatura no ELNM alarga o diálogo entre a cultura do Outro e a autoconsciência que o aprendente adquire sobre a sua própria cultura e sobre o modo como o Outro o observa e a imagem que de si constrói, uma sensibilidade endógena à leitura literária que, tal como lembram Holmes e Platten (2005, 207), demanda um "critical and analytical thought, sensitivity to language, engagement with the past rather than the reduction of all otherness to the familiar same."

Last but not least, o capital pedagógico-didático da literatura estende-se ao desenvolvimento da proficiência linguística e às vantagens do *input* compreensível (Krashen 1985) para o falante competente: vasta gama de vocabulário e de estruturas gramaticais, exposição a documentos autênticos, na medida em que foram escritos para falantes nativos, oferta de contexto para o uso da língua em diferentes situações e com funções distintas, sensibilização para a consciência linguística e para a complexidade da língua, incremento da fluência e do uso criativo da língua (Carter 1982; Holmes e Platten 2005; Sequeira 2013; Babae 2014; Diamantidaki 2016). No dizer de Hanauer (1997), este *input* adicional combina a densidade do sentido com a atenção à forma e estimula o reconhecimento da dimensão estética da língua, numa indispensável coordenação entre a língua e a literatura (Silva 2010; Coffey 2016). É, pois, evidente que a inclusão do texto literário no ELNM reforça os domínios da leitura, da escrita, da oralidade, da escuta e da gramática da língua.

3.

O contacto do aprendente de língua não materna (LNM) com a expressão máxima da língua literária coloca todavia a questão no nível de proficiência necessário para que possa tirar partido destas vantagens. Falar de simplicidade verbal do texto literário é quase um oximoro, tal é a sua complexidade congénita, se não ao nível da forma, pelo menos no plano das ressonâncias semânticas, pelo que a introdução da literatura no ELNM é, compreensivelmente, adiada para os níveis intermédio e avançado onde os benefícios são inegáveis.

Todavia, no caso do EPLNM, esta evidência não parece ter reflexos na prática docente. Nos últimos anos, as limitações da proficiência dos alunos estrangeiros dos mestrados de literatura portuguesa têm sido crescente, mesmo quando os estudantes se apresentam com um nível C1 do QECRL. Porque se acredita que a presença da literatura é um fator de grande relevância na aprendizagem de uma

LNM, estou a desenvolver um questionário exploratório sobre a exposição dos estudantes de PLNM ao texto literário em instituições de ensino superior.[1] Trata-se de perceber a quantidade, qualidade e tipologias (géneros, original, adaptação, tradução) das obras literárias, a metodologia adotada na sua abordagem durante a graduação e a percepção sobre os resultados em termos de domínio da língua.

Do contacto com outras instituições europeias, americanas e asiáticas, percebe-se uma tendência crescente para o recurso a traduções, adiando-se progressivamente a leitura dos originais. Ainda que esta avaliação possa ser impressiva, no caso português, afigura-se possível apontar dois fatores determinantes, ambos relacionados com o que parece ser um desinvestimento no ELNM ao nível da educação formal: por um lado, a redução das licenciaturas em Línguas Modernas de quatro para três anos na sequência da reforma de Bolonha (1999) parece ter afetado grandemente o domínio das LE,[2] e, por outro, o privilégio do paradigma comunicativo no QECRL, onde só no nível C1 o aprendente lê "textos longos e exigentes reconhecendo os seus significados implícitos" (Conselho da Europa 2001, 49). Ainda que este referencial não seja aplicado em todos os contextos de ensino formal de português, os demais *standards* não diferem na substância (Machado et al. 2023). Como é natural, as orientações do Conselho Europeu tiveram impacto imediato nos cursos de PLNM. Cito, a título de exemplo, o caso do Curso Anual de Língua e de Cultura Portuguesas (CALCP) da Faculdade de Letras da Universidade de Coimbra, cujo plano de estudos aprovado em 2012 (Rio-Torto 2014) deixou de oferecer os dois semestres obrigatórios de Literatura Portuguesa, que estavam em vigor desde 2006.[3] No atual currículo, os dois semestres de Literatura Portuguesa passaram a ser opcionais, com um estatuto igual ao das unidades curriculares das áreas de arte, geografia, história, linguística e cultura, oferecidas nos dois semestres do nível C1 e C1+ respetivamente.[4]

Não se trata de demonizar a relativa defenestração da literatura, mas de reconhecer um paradigma educativo que não distingue a matéria-prima da literatura e o seu particular contributo para o domínio competente da língua. De resto, esta perda da centralidade da literatura parece acompanhar o que Holmes e Platten (2005) consideram ser a tendência no início do século XXI, e que, de certa forma, corresponde a uma reconfiguração das humanidades.

É inegável que hoje um maior número de aprendentes domina a língua do quotidiano. Se este nível de comunicação muito básico e assente em situações correntes responde aos atuais objetivos dos níveis A1/A2, há que reconhecer que a leitura extensiva de textos literários simplificados tem potencial para favorecer a transferência para a compreensão de textos de maior complexidade ou mesmo para interações culturais mais elaboradas. Embora as limitações do ELNM em estágios iniciais decorram também da massificação do ensino e de uma conceção utilitarista e economicista da educação, é igualmente inegável que o desinvestimento na leitura extensiva do texto literário assenta frequentemente na sua dificuldade, na alegada irrelevância imediata, e, por conseguinte, na demanda de um esforço para o qual o ensino não prepara o estudante (Holmes e Platten 2005).

Não obstante estas circunstâncias, importa reconhecer que, no âmbito de disciplinas de língua, o ensino da literatura de LNM partilha alguns dos princípios didáticos do ensino de LM. *Mutatis mutandis* e dependendo da proficiência do aprendente, a leitura e estudo do texto literário pode seguir o itinerário sintetizado por Silva (2010):

> O texto literário, nas suas estruturas formais, retóricas, estilísticas, semânticas e pragmáticas, deve ser o fulcro do processo de ensino-aprendizagem e será a partir da descrição, da análise, da interpretação, da valorização dessas estruturas que se efectuarão as aconselháveis ou indispensáveis correlações e articulações com a história da língua e da literatura, com os períodos literários e com os contextos histórico-sociais. (211)

A fortiori, no ensino da literatura de LNM, as coordenadas temporais da comunicação estética necessitam de ser abordadas de forma equilibrada e na estrita relação com a produção de sentido, de modo a beneficiar a compreensão (Bernardes 2010), pois, enquanto objeto estético sobredeterminado, a literatura, na sua dimensão verbal, conjuga-se com a especifidade de princípios, procedimentos, regras ou códigos culturais, artísticos e literários (Gusmão 2006) que expandem criativamente o potencial da língua e da refiguração do real. É justamente esta riqueza que singulariza a literatura também dos pontos de vista linguístico e cultural. De facto, ao propiciar um conhecimento diferencial e um exercício amplo de cultura, com o deslocamento de perspetiva que lhe é endógeno (Franchetti 2021), a literatura demarca-se de outros domínios complexos de escrita, como são, por exemplo, os discursos jurídico ou filosófico.

4.

Uma vez que este percurso de aprendizagem da literatura não é acessível a todos os alunos de PLNM e não pode ser implementado em quaisquer circunstâncias de lecionação, a apropriação do texto pelo leitor necessita de ser articulada com os objetivos que o professor estabelece, também em função do contexto disciplinar: uma aula de língua ou de literatura. Em qualquer dos casos, a parcimónia relativa à metalinguagem literária ou ao contexto histórico-literário é um princípio a preservar sob pena de comprometer a centralidade textual e a relação que o estudante com ela estabelece.

Se se pretende que o aprendente entre em diálogo com o texto e discuta a visão do mundo ali esteticizada exercitando a sua proficiência, é necessário ponderar os critérios de seleção textual a privilegiar em função dos diferentes contextos de aprendizagem. Cumpre, pois, distinguir duas questões. A primeira prende-se com o *corpus* a privilegiar – textos originais ou adaptados – e, a segunda, com o contexto disciplinar e de aprendizagem. Considerando os diferentes níveis do QECRL, é duvidoso que haja vantagens na introdução de textos literários originais, e na sua integralidade, nos níveis elementares.[5] Por simples que a textualidade possa ser, o aprendente não conseguirá exceder a mera literalidade de sentidos, amputando o texto literário da sua irradiação semântica e pragmática. Um poema de extrema singeleza como a "Serenata Sintética" de Cassiano Ricardo (1957),[6] por exemplo, esbarra com a luta que o estudante, por carência lexical e de estruturas da língua, trava para verbalizar a sugestividade poética.

Nestas circunstâncias, afigura-se preferível optar por textos adaptados e, por este meio, iniciar o aluno no universo literário de autores de referência que, pelas temáticas abordadas, o poderão motivar a iniciar-se na literatura. Deste modo, a leitura extensiva servirá de estímulo para que, numa fase mais avançada da aprendizagem da LNM, o estudante se possa lançar na leitura dos originais. Observe-se que, para efeitos de EPLNM, a adaptação não se circunscreve a uma reescrita determinada por um critério geral de acessibilidade, pelo que a tentação de recorrer à literatura para a infância (Paran 2008) não resolve a questão, na medida em que descura que o capital de conhecimento linguístico das crianças é superior e diverso do domínio linguístico de um aprendente de LE (Nation e Waring 2019).

Na sequência desta divisão do *corpus* literário a ler no ELNM consoante a proficiência dos alunos, procede-se a um breve conspecto sobre a adaptação de textos literários, seguido da sua concretização em aulas de língua portuguesa e, num segundo momento, de uma sugestão de trabalho a desenvolver com textos literários autênticos.

4.1.

Quando a leitura extensiva privilegia o texto literário, é necessário ponderar a sua adequação ao nível do aluno de forma a respeitar à sua proficiência, ainda que, seguindo Krashen (1985), a exposição à leitura extensiva deva estar ligeiramente acima do nível do aprendente, de acordo com a fórmula "i+ 1," representando o "i" a competência já adquirida e "i+1" o novo conhecimento e competência, um pouco acima da proficiência atual do estudante. Embora esta diferença entre saberes prévio e novo se mantenha em falantes de nível elementar ou mesmo intermédio, nestes estádios, a obra de leitura extensiva terá de ser adaptada, ou seja, no dizer de McDonough et al. (2012, 64), sujeita a um "process subsequent to, and dependent on, adoption" adequado ao universo de aprendentes em causa.

No ELNM, a adaptação de um texto literário não consiste numa mera simplificação do enredo ou do discurso, como ocorre com a adaptação de clássicos para a infância. No ELNM, o texto adaptado acrescenta a esse escopo a adequação verbal ao nível da proficiência do aprendente. Neste contexto, atua-se no plano da modificação, um termo genérico e com aplicação em diferentes escalas (McDonough et al. 2012). Com base no conceito de simplificação, entendida como uma "kind of intralingual translation whereby a piece of discourse is reduced to a version written in the supposed interlanguage of the learner" (Widdowson 1979, 185), distinguem-se duas modalidades, consoante as operações realizadas se situam ao nível do que, em língua inglesa, se expressa na diferença entre os termos *usage* (relativo ao modo como o sistema da língua se manifesta) e *use* (relativo à realização da língua numa comunicação efetiva). O primeiro assenta "on replacing words and structures with approximate semantic equivalents in the learner's interlanguage omitting whichever items prove intractable, thereby bringing the language of the original within the scope of the learner's transitional linguistic competence" e, o segundo, "on making explicit in different terms the propositional content of the original and the ways in which it is presented in order to bring what is communicated in the original within the scope of the learner's transitional communicative competence" (Widdowson 1979, 185).

Num artigo de 2011, Hong Le adiciona uma diferenciação nas circunstâncias em que o *input* modificado se processa, consoante se trata de um *input* modificado interacionalmente, ou seja, negociado no decurso da conversação, ou de um *input* pré-modificado para criar uma versão textual acessível. Para efeitos de leitura extensiva, é este último que interessa. Na sequência de conceções similares discutidas por autores como Parker e Chaudron (1987) e Yano et al. (1994), Le introduz modulações nos dois processos de modificação referidos e acrescenta uma terceira modalidade, conceptualizando a tríade simplificação, elaboração e destaque, e admitindo a sua combinação de modo a garantir um *input* compreensível (Krashen 1985). Nas suas palavras, a simplificação "refers to changes to the input so that there is less syntactical and lexical complexity," a elaboração "refers to changes in which unfamiliar linguistic items are paraphrased with redundancy and explicitness" e o destaque "refers to typographical enhancement (written input) and intonational enhancement (oral input)" (Le 2011, 27). O texto e o contexto de aprendizagem ditam a escolha ou a coordenação das modalidades, atuando, no primeiro caso, na superfície sintática e lexical, mediante repetição de palavras, uso de léxico familiar, eliminação de orações subordinadas para reduzir a extensão e a complexidade da frase, e, no segundo, na paráfrase de léxico pouco familiar mediante processos de redundância e de explicitação.

Os resultados destas modalidades tendem a mostrar que a simplificação é mais adequada à compreensão no nível elementar e que a elaboração está mais indicada para o nível intermédio, confirmando que o tipo de modificação a introduzir está condicionado pelo nível de compreensão pretendido (Yano et al. 1994). Importa, portanto, definir a quantidade de *input* compreensível necessário para desenvolver a proficiência linguística do aprendente de forma a torná-lo um leitor competente. É justamente a esta questão que os chamados *graded readers* (GR) pretendem responder.[7] Bamford (1984) e Nation e Waring (2019), entre outros, defendem que estas modificações são ideais para a leitura extensiva na medida em que fornecem grande quantidade de material de leitura adequado aos diferentes níveis de proficiência.

Os primeiros GR remontam à década de 1950, no Reino Unido, e basearam-se em *A General Service List of English Words* elaborada por Michael West (1953).[8] Desde então várias foram as editoras inglesas que consolidaram as suas posições no mercado com um vasto número de séries e de títulos, contando-se hoje cerca de 20 editoras que concorrem entre si: Longman, McMillan Heinemann, Cambridge, Penguin e Oxford, entre outras (Hill 2011; Nation e Waring 2019).

Nation e Waring (2019) definem os GD como livros reescritos para aprendentes de uma LNM, com controlo de vocabulário e com particular atenção a fatores que influenciam a compreensão, tais como dificuldades gramaticais, uso de ilustrações e simplicidade de enredo. Simensen (1987) considera-os uma ponte entre os manuais usados normalmente nos cursos de LNM e as obras originais, com notáveis repercussões na autonomia e no progresso dos estudantes.

Inicialmente, os *graded readers* adaptavam apenas ficções, muitas delas de clássicos da literatura inglesa, como Shakespeare ou Dickens, ou do cânone ocidental, como o *Dom Quixote de la Mancha*, de Cervantes. Mais recentemente, as editoras alargaram o *corpus* de partida: casas como a Pearson Readers incluem livros adaptados ao cinema e a Footprint Reading Library simplifica obras produzidas pela National Geographic Learning. No domínio do ensino da língua inglesa, trata-se, sem dúvida, de um mercado em expansão, embora a prática dos GR continue a não ser isenta de controvérsia, sendo certo que tanto a investigação quanto as editoras, sobretudo no Reino Unido, continuam a investir nestes materiais (Nation e Warning 2019). Como lembra Hill (2011, 302), "if graded readers did nothing for learners, they would have disappeared long ago." Não é essa a realidade atual, como se pode verificar pelos 373 títulos apresentados, por exemplo, pela série *Dominoes*, da Oxford University Press.[9] Em relação às demais línguas, a publicação de GR não é tão expressiva e aposta sobretudo em séries de obras originais elaboradas em função do nível do aprendente e não de obras literárias adaptadas, como é o caso da Easy Readers (DaF [Deutsch als Fremdsprache]),[10] da Ernst Klett Verlag, ou da Letture, da Alma Edizioni italiano per stranieri.[11]

A discussão sobre os benefícios dos GR no ensino de LNM remonta sobremaneira ao século passado. Do ponto de vista do texto de chegada, os inconvenientes apontados incidiam na perda de conteúdo cultural e social, na artificialidade do discurso, no controlo do vocabulário e na redução da qualidade do resultado (Honeyfield 1977; Yano et al. 1994; Sharples 1999). Na perspetiva do aprendente, censurava-se a privação do acesso ao que precisa de aprender, à competência para descobrir o sentido pelo contexto ou com o recurso ao dicionário, além da alegação recorrente de que os GR não são documentos autênticos, por isso confundindo o estudante sobre o que é a língua real. Em resposta a estas objeções, Nation e Waring (2019) contrapõem que a leitura de livros difíceis do ponto de vista linguístico também não proporciona verdadeiras experiências de leitura.

Para estes autores, os GR são essenciais para os aprendentes de LNM de nível elementar e intermédio, na medida em que favorecem uma leitura fluente, sem preocupação com a decodificação de palavras ou frases; e o que se perde em autenticidade ganha-se em compreensão. Além disso, o sucesso dos GR tem sido confirmado tanto pela investigação (Simensen 1990; Ross et al. 1991; Hill

2011; Mart 2016; Barcroft e Wong 2013; Crossley et al. 2014; Crossley et al. 2016) como pela recetividade dos aprendentes. Outros autores sinalizam ainda vantagens muito próximas das convocadas em favor da presença da literatura em geral no ensino da LNM: aquisição de competência e fluência na leitura, consolidação e aprendizagem de vocabulário e de gramática (Tweissi 1998; Nation e Ming-Tzu 1999; Hill 2001). Em específico, do recurso aos GR espera-se que, após uma experiência de leitura independente, prazerosa, adequada ao ritmo de aprendizagem individual e sem ver no texto um objeto para estudo de língua, este discurso secundário estimule a curiosidade para ler os respetivos originais. O facto de se adaptar o cânone não compromete em nada a natureza do clássico que, enquanto tal, resiste a todas as simplificações.

Os GR podem constituir uma leitura suplementar, integrada ou não num programa de leitura extensiva, ou ser admitidos na sala de aula (Hill 2011). Algumas coleções incluem exercícios de pós-leitura e outras acrescentam atividades de pré-leitura, leitura e gramática, podendo ainda ser acompanhadas de notas explicativas, de informações de ordem cultural ou de um glossário. E se os bons leitores dispensam estes materiais, para os alunos que ainda não adquiriram hábitos de leitura, estes exercícios são de grande utilidade, tanto em aula como fora do contexto escolar, permitindo que o aluno automonitorize o seu progresso (Yu 1993).

Com base nas *guidelines* das editoras (nem sempre disponíveis), na intuição, no senso comum e na experiência dos autores, os GR de textos literários combinam processos de simplificação, como os procedimentos identificados por Widdowson (1979) ou Hong Le (2011), com o "usage", conforme definido pelo primeiro autor, de modo a garantir a legibilidade e o sentido original. Em função dos critérios que académicos como Simensen (1987), Barcroft e Wong (2013), Nation e Waring (2019) recomendam para os GR, destacam-se o controlo de vocabulário efetuado com base em listas de palavras relativamente flexíveis, construídas a partir do que os aprendentes já sabem, bem como das suas necessidades – diferentes portanto das listas de frequência da LM. A este instrumento somam-se outras orientações, como sejam o número de vezes em que uma palavra desconhecida deve ser repetida, as condições de reutilização, a compreensão conquistada através de uma ilustração, de uma glosa ou do contexto, a exclusão de palavras desnecessárias, a substituição, sempre que tal se justifique, por palavras cognatas, sinónimos, hiperónimos, perífrases. Do ponto de vista da estrutura frásica, a extensão da frase é reduzida e a frase complexa é reescrita numa sequência de frases simples substituindo os pronomes relativos por nomes; nas estruturas gramaticais, a voz passiva converte-se em ativa, o discurso indireto em direto e privilegiam-se os tempos simples, tudo concorrendo para um discurso que seja familiar ao aluno. No plano narrativo, aplica-se o mesmo princípio da *abbreviatio*, embora condicionada à extensão do GR, determinada pelo nível de aprendizagem. Em suma, expurga-se o texto de tudo o que é marginal: ações e personagens secundárias, descrições, digressões. As referências culturais específicas, a manter-se, terão de ser esclarecidas, eventualmente com notas explicativas, o mesmo acontecendo com o conhecimento prévio que o aprendente não possui. No mesmo sentido e de um modo geral, convém evitar alusões, ironias, ambiguidades desnecessárias, expressões idiomáticas e conceitos demasiado abstratos que possam perturbar a clareza textual e cuja explicitação seja difícil de incluir nos GR.

Ao contrário do que se observa, sobretudo no Reino Unido, mas também noutros países europeus, exceptuando as retextualizações e os contos com nível de Ana Sousa Martins,[12] a longa experiência dos GR não parece seduzir o EPLNM.

4.1.1

O exemplo dos GR, os seus bons resultados e a exiguidade destes materiais no ensino de PLNM estiveram, em 2015, na origem do projeto LEPLE,[13] com o objetivo de introduzir a leitura extensiva de contos retextualizados da literatura portuguesa dos séculos XIX-XXI no nível de iniciação. Para evitar o uso da expressão inglesa GR, após uma primeira fase em que o texto de chegada se limitava a um resumo simplificado, recorreu-se ao hiperónimo "retextualização" para designar um

> ... processo de simplificação que se mantém fiel ao sentido do texto original, ao mesmo tempo que, do ponto de vista linguístico, respeita a proficiência dos alunos. O controlo das limitações gramaticais e lexicais, bem como o seu balanço com o novo vocabulário é um trabalho *in fieri*, em que os números/percentagens de palavras novas, sugeridos pelos diferentes autores de língua inglesa são ... importantes referências a ter em conta. (Machado e Fernandes 2019, 97)

Beneficiando de uma pedagogia motivadora, os aprendentes passariam a dispor de um recurso adequado à sua proficiência, que lhes permitisse ler com interesse e sem sobressalto, ficando a conhecer obras de autores importantes da história literária portuguesa, ao mesmo tempo que acediam à cultura do país, ao seu universo de referências e ao uso contextualizado da língua.

A seleção de obras a retextualizar obedeceu ao critério da canonicidade dos seus autores e da singularidade e poder de atração das suas histórias (Machado et al. 2018) e a primeira obra modificada foi a novela *O Senhor Ventura*, de Miguel Torga (2007).[14] Ao filtro autoral, privilegiando um autor transmontano que passou toda a sua vida adulta em Coimbra, acrescentou-se a adequação intercultural ao contexto que então se vivia na Faculdade de Letras com o *boom* de alunos chineses que estudavam PLNM. O périplo do herói picaresco, entre Portugal, Macau (território português no tempo da história), China e Mongólia, prometia ser particularmente atrativo para os estudantes chineses.

Todo o trabalho desenvolvido (Machado et al. 2018; Machado e Fernandes 2018 e 2019) permitiu ajustar a metodologia de trabalho a seguir nas demais retextualizações. Na ausência de práticas nacionais de retextualização para o nível A1, optou-se por adaptar os critérios dos GR britânicos, articulando os princípios gerais colhidos na bibliografia antes citada com a adaptação do QECRL aos programas de A1. Note-se que, no início do projeto, apenas estava disponível o *Português Fundamental* (Nascimento et al. 1984-1987), um instrumento construído em função das necessidades da LM, diversas das que possui o aprendente de PLNM. Pelo contrário, o *Referencial Camões* (Instituto Camões 2017), entretanto publicado, já permite conhecer o que, em termos pragmáticos, nocionais e linguísticos, se pode esperar dos aprendentes em função dos seus diferentes estádios de aprendizagem.

Em síntese, no processo de simplificação e de *usage* (Widdowson 1979; Le 2011) utilizado, o plano narrativo valoriza sobremaneira o que Northrop Frye (2000) designa por aspeto ficcional (o enredo), em detrimento das descrições, do foco temático-ideológico e do ponto de vista do autor textual. Não obstante, é aconselhável que o texto modificado siga uma ordem cronológica linear e que privilegie

> . . . a concentração na ação e personagem principais, a supressão de ações e personagens secundárias, de descrições, de informações históricas e, por consequência, de outros contextos complexos. Conforme as indicações de Grivel (1973), importa manter o interesse romanesco, seguindo igualmente a estrutura da pirâmide de Freytag (2015).[15] (Machado e Fernandes 2019, 4)

Já no plano linguístico, para que o aluno possa ler uma história ao cabo de um semestre de aulas (cerca de 60 horas), operam-se substituições lexicais determinadas pela produtividade e pela frequência do novo lema e pela existência de cognatos, repetem-se as *headwords* novas, privilegia-se o sentido literal das palavras, a adjetivação objetiva e posposta, evitam-se as metáforas lexicalizadas, atenta-se nas dificuldades que as diferentes colocações podem causar, verbalizam-se as inferências e explicitam-se os sujeitos animados. No plano linguístico, desaconselham-se ainda a pronominalização e as formas verbais do condicional e do modo conjuntivo.

Quanto à percentagem de *headwords* e de palavras novas em cada obra, após os primeiros ensaios, tomaram-se como referência as indicações da série Dominoes, que recomenda 250 *headwords* para o nível A1 ("Starter"/Quick Starter Beginner) e 400 para A1/A2 (Level 1/Elementary), e um número de glosas e total de palavras proporcional, respetivamente 42 a 66 glosas para um total de 1235 a 3375 palavras e 66 glosas para um total de 4374 palavras (Bowler 2018).[16] A propósito da percentagem de palavras conhecidas necessárias para a leitura extensiva de um texto original, portanto não simplificado, Liu e Nation (1985), Laufer (1989) e Nation e Hirsh (1992) apresentam uma outra contabilidade. Embora as orientações não sejam coincidentes, os números situam-se entre um mínimo de 90% e um máximo de 98% de vocabulário conhecido, podendo o valor mínimo ser problemático.

De acordo com a metodologia de trabalho adotada no LEPLE, concluída a primeira modificação, a versão é discutida e afinada em equipa, após o que se iniciam os testes e as sucessivas revisões. Os alunos leem o texto de chegada e sublinham as palavras desconhecidas que são posteriormente lançadas numa tabela *Excel* de modo a identificarem-se as principais dificuldades e a resolverem-se por substituição, glosa ou ilustração, fixando o número de palavras novas num máximo de 10%, contando já com o potencial esclarecedor das imagens.

Os textos de chegada estão divididos em capítulos (três a seis, conforme a trama do original e a extensão da retextualização) e são acompanhados de questionários (sobre associação lexical, correspondência entre léxico e imagens, formação de palavras, ordenação das ações) de diferentes tipologias, destinados a favorecer a aquisição de vocabulário e de estruturas gramaticais e assim promover a compreensão textual. A bateria de exercícios está distribuída pelos momentos de pré-leitura, leitura e pós-leitura – usados na LM por autores como Isabel Solé (2000) e migrados para o ELNM por autores como Judi Moreillon (2007) e Brian Tomlinson (2011) – e, como na série *Dominoes*, é seguida de uma secção destinada à consolidação gramatical.

Em relação à modalidade de *input* pré-modificado que Le (2011) designa destaque, os vocábulos/expressões a glosar são marcados a negrito e explicados em

Figura 1: Ilustrações da novela *O Senhor Ventura*, de Miguel Torga (2022), por Ana Teresa.

rodapé e a novela gráfica oferece o necessário contexto adicional, esclarecendo dificuldades do texto de chegada ou complementando a narrativa com informações da obra original (Kress 2006; Jones 2019).

Tanto a aferição dos resultados da testagem como o desenho inicial das atividades têm sido discutidos no seminário de Literaturas de Língua Portuguesa, onde, no âmbito de um módulo dedicado aos GR, os alunos são envolvidos no projeto.[17]

No caso de *O senhor Ventura* (Torga 2022), a parte gráfica da novela teve a assinatura da ilustradora Ana Teresa (ver imagem 1).[18] Esta derradeira etapa obrigou a uma necessária pesquisa de época, pois, não obstante algum minimalismo do traço, havia aspetos visuais que precisavam de ser cuidados, como as representações do navio, do comboio, do restaurante ou as roupagens do Senhor Ventura. A definição das vinhetas e das pranchas também exigiu algumas reformulações, sobretudo na articulação texto–ilustração – em termos quantitativos, a versão final contém 12 páginas com 43 vinhetas.

A reduzida extensão da primeira retextualização (688 palavras, 190 *headwords*, 13 glosas) justificou-se pelo caráter pioneiro da iniciativa. A necessária testagem de um produto novo, fora dos programas e das práticas para que o QECRL apontava, não podia arriscar entropias na gestão dos tempos letivos. Ainda assim, a relação entre número de palavras, *headwords* e glosas segue as proporções antes indicadas e, mesmo antes de concluída a ilustração, os alunos consideraram a leitura muito motivadora.

O benefício colhido da primeira experiência verificou-se sobretudo ao nível da parametrização dos textos de chegada, quer no que diz respeito ao número de *headwords* e glosas a utilizar em função da proficiência do aprendente, quer no que concerne a extensão das obras, o número de páginas, palavras, capítulos, a composição da página, o número de vinhetas por capítulo, a tipologia e sequenciação de atividades.

Com a retextualização de *O Senhor Ventura* e com os dois estudos (Machado e Fernandes 2018 e 2019) em que se foram discutindo os resultados da sua leitura extensiva, confirmou-se a impressão inicial de que as dificuldades de leitura dependem tanto da LM do aprendente, como do número de línguas adicionais do aprendente e do grau de exposição à LNM. Para responder a esta diversidade de condicionantes, os GR que a equipa tem elaborado destinam-se a um leitor idealizado, quaisquer que sejam as suas LM, sem negligenciar, no contexto linguístico global, as facilidades propiciadas por proximidades linguísticas com o inglês como língua de mediação.

Numa resposta distinta da que fora projetada (Machado e Fernandes 2019), os resultados do projeto, i.e., os textos de chegada e respetivas atividades vão ser integrados no curso *online* A1, criado na plataforma Moodle, do Laboratório de Ensino e Aprendizagem de Português Língua Não Materna (PLNM Lab).[19]

No acesso a estes recursos, o aprendente pode escolher o ficheiro áudio, acompanhado ou não da novela gráfica, a leitura integral da obra ou dividida em capítulos, com ou sem as atividades complementares. Tanto a leitura extensiva quanto as atividades que a acompanham foram pensadas, na sua grande maioria, para realização independente, embora também possam ser postas em prática em sala de aula. Deste modo, as distintas valências destes recursos habilitam professor e aprendente a utilizá-los também como exercício orientado de aprendizagem.

Neste momento, quatro dos textos retextualizados, agora num formato mais extenso – "A Aia" (1893), de Eça de Queirós, "A Estrela" (1972), de Vergílio Ferreira, "A Instrumentalina" (1992), de Lídia Jorge, e "O Conde Jano" (1991), de Mário de Carvalho – foram já testados e utilizados em instituições de ensino nacionais e internacionais (Alemanha, Reino Unido, Rússia – em tradução –,

Suíça) e estão prontos a ser ilustrados. Em fase de testagem, e, por conseguinte, ainda sem atividades complementares, estão os contos "Refluxo" (2015), de José Saramago, "Avó e Neto contra Vento e Areia" (2007), de Teolinda Gersão, "A Libélula" (2008), de Ondjaki, "Sangue da Avó, Manchando a Alcatifa" (1993), de Mia Couto, e o romance *O Retorno* (2007), de Dulce Maria Cardoso. Tanto estes textos como as três novelas entretanto modificadas destinam-se ao nível A1/A2, consoante a proximidade da LM dos alunos – geralmente, os estudantes hispânicos que frequentam o nível A1 têm capacidade para ler textos destinados ao nível A2, enquanto os aprendentes asiáticos precisam de ler textos preparados para a iniciação. As novelas e romances são *Mandarim* (1880), de Eça de Queirós, *Maria Moisés* (1876), de Camilo Castelo Branco, e *O Alienista* (1882), de Machado de Assis, *Princípio de Karenina* (2018), de Afonso Cruz.

A seleção de obras já retextualizadas obedece, como se disse, ao critério da canonicidade e do interesse das histórias narradas em contos, novelas e romances de língua portuguesa.[20] Na bibliografia sobre o ensino da literatura a estudar, é frequentemente reiterada a necessidade de ir ao encontro dos interesses dos alunos (McDonough 2012; Al-Tamini 2012; Nation e Waring 2019), o que é perfeitamente exequível num trabalho em aula e com turmas conhecidas. Porém, o projeto LEPLE tem em mente um público de diferentes nacionalidades, continentes e idades, pelo que a seleção de contos e novelas recaiu sobre narrativas cuja singularidade expõe o leitor a mundos possíveis instigantes, permitindo que o estudante estrangeiro aceda a universos ficcionais suscetíveis de o aproximar da experiência literária. A este critério necessita adicionar-se um outro de ordem prática: se as obras que já pertencem ao domínio público podem ser usadas livremente, as dos herdeiros de escritores mais recentes ou de autores vivos carecem de autorização dos próprios ou das suas editoras. Na grande maioria das situações, tem sido possível pagar direitos de autor para adaptar a obra, mas em dois casos as respostas foram sintomáticas de algum desconhecimento sobre o que este trabalho significa, até em termos da promoção internacional dos escritores. Com outros autores, a experiência foi muito estimulante, pois, apesar de algum arrepio face à transformação a que as suas obras foram sujeitas, compreenderam que se tratava de uma iniciação importante na formação leitora, na aprendizagem da língua e no conhecimento do património literário português.

Do cruzamento entre os projetos LEPLE e "*Inanimate Alice*: Tradução em Contexto Educativo,"[21] também sediado no Centro de Literatura Portuguesa, criou-se um outro grupo de trabalho que adaptou o mesmo modelo de atividades à leitura e estudo do primeiro episódio da novela digital *Alice Inanimada: China* (Pullinger et al. 2005), [22] destinado a alunos do nível B1 (Machado et al. 2023), e discutiu as vantagens da literatura digital, nomeadamente do *input* visual e sonoro na compreensão da língua. A colaboração com a Lesley University foi entretanto alargada à Escola de Portuguesa Cambridge e Somerville, Inc. (Cambridge, MA) e, no âmbito desta parceria, surgiu a necessidade de se criarem materiais digitais para as crianças de nível A1, que ali aprendem português língua de herança (LH). Em resposta a este pedido, no ano letivo 2021-2022, no âmbito do seminário de Literaturas de Língua Portuguesa antes referido,[23] elaborou-se uma primeira versão simplificada e elaborada do conto "O País das Pessoas de Pernas para o Ar," de Manuel António Pina (1973). Depois de revisto e testado, o texto de chegada será remediado digitalmente por Jaqueline Conte, uma doutoranda do programa de Materialidades da Literatura da Faculdade de Letras da Universidade de Coimbra, que desenvolve um projeto de remediação digital na poesia portuguesa e brasileira para crianças. Também na modalidade de novela gráfica, o doutorando Jordan Eason, do mesmo curso, prepara uma retextualização de *Os Cus de Judas*, de António Lobo Antunes, para o nível B2, motivado pela necessidade de tornar acessível a literatura pós-colonial portuguesa aos alunos das Forças Armadas americanas, no âmbito do investimento no ensino de PLNM dos futuros oficiais.

Embora pontuais, estas experiências atestam a pertinência dos GR também em língua portuguesa. O tempo dirá se este investimento permanecerá circunscrito a uma escola com um interesse particular no ensino da literatura desde os níveis elementares ou se terá outro impacto no futuro. Todavia, por muitas reservas que a modificação do texto literário possa provocar, a sua simplificação terá sempre um potencial motivador da aprendizagem das LNM e do conhecimento das suas referências patrimoniais e culturais.

4.2

No início deste trabalho, discutiram-se as vantagens da introdução do texto literário no ELNM. Considerando o QECRL, só no nível B2 o aprendente é um utilizador independente com capacidade para "compreender as ideias principais em textos complexos" (Conselho da Europa 2021, 49). O aluno consegue perceber e discutir temas genéricos, mas tem escassa capacidade para apreender o alcance da língua literária. De facto, como se disse antes, só no nível C1 lhe é possível ler textos extensos e identificar sentidos, em função de uma pragmática discursiva e de um contexto histórico-literário concreto. Porém, mesmo tratando-se do uso da literatura para praticar a língua, ou seja, como recurso, neste nível, a informação sobre a sua historicidade confere à obra em causa um outro entendimento, ao mesmo tempo que expande o horizonte humano e cultural do aprendente. Do mesmo modo, também no ensino da literatura de LNM, negligenciar o estudo dos traços linguísticos do texto equivale a privar o estudante de perceber o trabalho feito com a matéria-prima verbal e de aprender como se constroem materialmente os sentidos dos textos.

Assim, no último ponto deste trabalho, apresenta-se um exemplo do que se afigura ser uma abordagem produtiva do texto literário em que se conjuga língua, literatura e cultura, numa interação constante com os alunos. Quer se trate de uma aula de língua quer seja uma aula de literatura, a centralidade do trabalho incide na especificidade da língua literária, nas suas modulações expressivas e na diferença do uso quotidiano da língua, não descurando o contexto estético e cultural sem o qual se perdem parte das motivações do autor e das referencialidades textuais.

Numa aula de nível C2,[24] o mais proficiente na escala do Quadro, em que o aprendente é capaz de compreender com facilidade quase tudo o que lê, pode ensaiar-se um diálogo intertextual suscetível de enquadrar um episódio específico num comportamento universal. Tome-se como exemplo a magnífica abertura do cronovelema de Mário de Carvalho (2003),[25] *Fantasia para um Coronel e Duas Piscinas*, usada como estímulo para a leitura integral.[26]

Como pré-leitura, e tendo em conta a construção do texto, bastaria a indicação do título e data da obra, a identificação do género, citando eventualmente o modo como o próprio narrador o define, a visualização do *website* do escritor,[27] chamando a atenção para o pendor crítico e humorístico da sua escrita, para o talento de retratista de personagens e situações do quotidiano, e para o uso exímio da língua, explorando o português tanto na sincronia como na diacronia e nas variações diastráticas. Antecipar o alvo da crítica inibiria o aluno de estabelecer conexões entre as duas partes do excerto – o retrato do país e a cena do apicultor – e de perceber como discretamente se insinua a temática da imigração.

O texto é reconhecidamente difícil mesmo para um aluno de LM, mas, com uma leitura intensiva introdutória, um aprendente de LNM tem a oportunidade de o explorar com prazer e de aprender as *nuances* semânticas da longa enumeração de substantivos e de verbos (alguns deles de sentido inferível pelo contexto) que satirizam a "pulsão coloquial" (Carvalho 2003, 11) que *assolou* os portugueses, hiponimizados numa miríade de profissões e estatutos. O aprendente é assim exposto a duas longas inventariações lexicais que caricaturam humoristicamente o uso do telemóvel no início do século XXI – Portugal foi um dos países onde a taxa de telemóvel por pessoa era das mais elevadas.[28] A abertura da obra cria uma imagem homogénea de Portugal e demonstra-a com o episódio insólito de um apicultor, gostosamente chamado Eleutério – também na onomástica Mário de Carvalho recupera nomes em desuso – cujo toque de telemóvel reproduz a melodia do poema sinfónico "O Rio Moldávia," do compositor oitocentista checo Smetana. Seria importante que os alunos se interrogassem sobre a razão desta bizarria que, como se verá mais à frente no romance, funciona como uma metonímia da namorada do personagem, a imigrante Irina. Do ponto de vista da língua, o texto permite explorar a formação de palavras com valor conotativo, palavras onomatopaicas, expressões idiomáticas, coloquialismos, o domínio dos ritmos ternários da frase.

No trânsito do geral para o particular, caberia contextualizar literariamente a queda do apicultor Eleutério e com ela o desmoronar dos seus sonhos, numa clara alusão intertextual ao episódio da pastora Mofina Mendes, do auto homónimo de Gil Vicente (1534), que, como o narrador explicita, tem outras concretizações literárias na "leiteira chamada Pérrette" e "brâmane, chamado Svabhvakripana, proprietário dum boião de farinha, constante do livro v, conto IX, do Panchatantra" (Carvalho 2003, 12). As diferentes línguas em que o mesmo quadro narrativo se exprime expõem o aluno à movência das referências literárias e à subsequente transversalidade do comportamento da personagem. Caso o nível dos alunos o aconselhasse, a convocação do excerto vicentino permitiria um confronto entre dois estados de língua e entre duas versões de um mesmo modelo narrativo, com particular atenção para a atualização dos produtos comercializáveis tendo em conta a economia contemporânea: azeite, ovos de pata, pato, tostão, no século XVI; e mel, frascos, etiquetas, tampas, sementes de quivi, no século XXI. Ou, numa opção talvez mais acessível, tanto do ponto de vista literário, como cultural e artístico, poder-se-ia visionar a encenação do episódio,[29] criando condições para uma receção consciente do intertexto encenado no cronovelema de Mário de Carvalho. Qualquer das hipóteses potenciaria a identificação e a fruição dos mecanismos da paródia literária.

Ao nível da interculturalidade, a pós-leitura poderia partir do olhar crítico sobre os portugueses para explorar os estereótipos que os diferentes países produzem sobre eles e sobre outros estrangeiros e assim discutir o valor cognitivo ou pejorativo destas representações. Para evitar melindres na abordagem de um tópico que poderá gerar suscetibilidades, o professor poderá recorrer a um exemplo tão sintomático como a expressão idiomática italiana "fare il porto-ghese," que se refere ao hábito de usufruir de um serviço sem o pagar. Enquanto fenómeno de longa duração, o estereótipo mantém-se desde o século XVIII. O sítio da Embaixada de Portugal em Roma explica que esta fama negativa teve origem numa das faustosas embaixadas ao papa.[30] Como a comunidade portuguesa de Roma tinha entrada livre, os romanos que queriam participar sem pagar fingiam ser portugueses. Em princípio, o efeito pedagógico desta partilha confirma a falsidade dos estereótipos e cria disponibilidade para o reconhecimento de outras imagens, favoráveis ou depreciativas, podendo o professor solicitar uma investigação sobre as origens daqueles preconceitos e, deste modo, encetar um percurso didático que cruza o estudo da língua com a literatura e a cultura e proporciona ao aprendente momentos de fruição estética e de reflexão sobre a sua identidade na relação com o Outro.

5.

Ao longo deste trabalho, procurou-se verificar o lugar que a literatura tem ocupado no ELNM e pensar como pode ela beneficiar o aprendente. Do que fica dito, sai reforçada a convicção de que o texto literário, adaptado ou original, alarga os horizontes linguísticos e culturais do aluno, mas também que a discussão travada sobre a relevância da literatura no ELNM tem desfocado o verdadeiro problema que, na verdade, não parece residir na literatura, mas na forma como ela se ensina. Com efeito, se ninguém nega que a imersão linguística potencia a aprendizagem, como não reconhecer que a imersão no universo literário, onde o aprendente é exposto a todas as possibilidades da língua, só pode tornar o seu uso mais dúctil e oferecer ao aluno mais instrumentos para dizer o real? Além disso, o debate sobre os matizes da língua e sobre o modo como as palavras geram sentidos constitui em si um conhecimento transferível para todas as dimensões do humano e, por conseguinte, um capital emancipatório que nenhum ensino de línguas deveria negligenciar.

No contexto da aprendizagem da LNM, a própria questão do ensino da literatura *qua* literatura soa a anacrónica por remeter para um magistério ultrapassado, mesmo na aprendizagem da LM, com o texto literário a submergir sob um ensino abrangente da história literária ou sob a sobrecarga de metalinguagens. Neste ponto, a abordagem da literatura na LM ou na LNM coincide no caminho textocêntrico a percorrer, onde a convocação de enquadramentos estéticos é determinada pelo texto e pelo nível do aluno e sujeita a um doseamento tanto mais essencial quando o objetivo primeiro da presença da literatura em sala de aula consiste em provocar uma animada conversa sobre o mundo do texto e sobre o seu cruzamento com o universo do leitor, e, por essa via, incutir no estudante o gosto pela leitura e o prazer pela descoberta dos mundos que as palavras constroem.[31] Quer se trate de uma história adaptada bem contada, quer de um texto original que o aluno lê autonomamente, todo o diálogo que se estabelece em torno desse *input* é fonte de aprendizagem e de enriquecimento linguístico. Finalmente, tudo se resume à indissociabilidade do ensino da língua e da literatura e nem mesmo as ditas aulas de literatura *qua* literatura, em estádios mais avançados da aprendizagem, poderão prescindir da sensibilização para o poder criativo da língua.

NOTAS

1. Durante o ano letivo de 2022-23, o questionário será respondido pelos alunos do Curso Anual de Língua e Cultura Portuguesas, da Faculdade de Letras da Universidade de Coimbra, e também pelos estudantes que estudam português como língua não materna em universidades europeias (com as quais temos contactos no âmbito de protocolos Erasmus: Alemanha, Bulgária, Espanha, França, Itália, Reino Unido) e chinesas (através das universidades cujos alunos mais nos procuram).

2. Para referir apenas o caso das universidades portuguesas, com a exceção do inglês, os alunos podem ingressar no ensino superior sem ter qualquer conhecimento de espanhol, francês ou alemão – refiro-me apenas às línguas estrangeiras aprendidas nos ensinos básico e secundário cuja docência é reconhecida pelo Estado através de decreto-lei em vigor (n.º 79/2014, de 14 de maio). Note-se que, nos critérios de admissão aos mestrados bidisciplinares em ensino de línguas estrangeiras, se exige a obtenção de 60 a 80 ECTS nas línguas alemã, espanhola e francesa e 80 a 100 ECTS na língua inglesa.

3. Ver edital n.º 306/2006, publicado em *Diário da República* (2.ª série), no. 139, 20 de julho de 2006, 11 991, art.º 8.

4. A saber, Arte Portuguesa, Geografia de Portugal, Linguística Portuguesa, Portugal Contemporâneo e Sociedade Portuguesa. A disciplina de Literatura Portuguesa designa-se Literaturas de Língua Portuguesa.

5. A experiência feita por Vera Costa (2015) mostrou a necessidade de fazer cortes nas poesias ou outros trechos a apresentar aos alunos de A1, comprometendo assim a sua integralidade.

6. Confrontar "Rua torta./ Lua morta./ Tua porta." (Ricardo 1957).

7. No português europeu a expressão inglesa é dominante, enquanto no português do Brasil já se utiliza "leitura graduada" (Soares 2012).

8. Ver https://www.rong-chang.com/gsl2000.htm

9. Ver https://elt.oup.com/catalogue/items/global/graded_readers/dominoes/ e as revisões de GR (Hill 1997 e 2011).

10. Ver https://stabi-hb.de/sites/default/files/2017-10/DaF-Easy-Reader-Reihen_2017 Okt.pdf.

11. Ver https://www.almaedizioni.it/it/catalogo/schede/ADULTI/LET/.

12. Ver Martins 2013 e 2019.

13. Ver https://www.uc.pt/fluc/clp/inv/proj/patlit/leple. Da equipa, coordenada por Ana Maria Machado, fazem parte Maria Helena Santana, Maria João Simões, Márcia Marques e Rui Mateus. Os consultores do projeto são Ana Martins, Cristina Martins e José Bernardes.

14. Seguiu-se a edição refundida de 1985. A novela foi originalmente publicada em 1943.

15. Em síntese, exposição, complicação, clímax, resolução, desenlace.

16. Para os dois níveis, as percentagens de glosas em relação ao total de palavras vai diminuindo, oscilando entre 34 e 19,6% no primeiro e 15% no segundo. A percentagem de *headwords* em relação ao total de palavras é de 20 a 7,4% no nível inicial e de 9,1% no nível elementar.

17. *O Senhor Ventura* contou com a colaboração dos mestrandos da edição de 2018-2019: Eduardo Figueiredo, Isabel Diniz, Lidivine da Silva, Márcia Marques, Marta Pereira e Tiago Loureiro.

18. Ver www.anateresa.co.

19. O Laboratório de Ensino e Aprendizagem de Português Língua Não Materna (PLNM Lab) integra o CELGA-ILTEC e foi criado no âmbito do projeto europeu E-LENGUA (Martins et al. 2017). No PLNM Lab interagem colaborativamente estudantes do 2.º ciclo em PLELS e aprendentes de PLNM do nível A1, estudantes de mobilidade da unidade curricular de Língua Portuguesa I (Erasmus).

20. A poesia está excluída deste projeto de retextualização, podendo, no entanto, ser objeto de elaboração para efeitos de leitura intensiva.

21. Ver https://www.uc.pt/fluc/clp/inv/proj/meddig/iatld.

22. Constituído por Ana Maria Machado (Universidade de Coimbra), Valerie Shinas (Lesley University, Cambridge, MA) e Márcia Marques (Escola Superior de Educação de Coimbra).

23. Participaram as mestrandas Leonor Lima, Li Zihui, Sandra Teixeira e Telma Duarte.

24. A lecionação do nível C2 tende a rarear. O Curso Anual de Língua e de Cultura Portuguesas não o oferece, ao contrário, por exemplo, do que ocorre no King's College de Londres.

25. Assim o classifica o autor no próprio romance, explicando, numa das suas entrevistas: "Embora eu tenha querido inventar um género novo, ou antes, um subgénero do romance, a que chamei 'cronovelema,' com um sublinhado provocatório, e que participa também da crónica, convém insistir em que este livro não se justapõe ao mundo real" (Martins 2004, 40).

26. No contexto do PLELS, a obra foi estudada por Paula Figueiredo (2011).

27. Ver https://mariodecarvalho.com/.

28. Ver https://ourworldindata.org/.

29. Ver a encenação do auto filmada no âmbito da unidade curricular "Interpretação e Projeto IV" da licenciatura em Teatro na Escola Superior de Música e Artes do Espetáculo, no Porto, em https://youtu.be/YeHLuXxvM1k, de 18:43 a 20:08 minutos. Agradeço a Nuno Meireles a indicação deste registo.

30. Ver https://www.roma.embaixadaportugal.mne.pt/it/l-ambasciata notizie/ 948-come-nasce-l-espressione-fare-il-portoghese.

31. No estudo de referências, *Literature and Language Teaching a Guide for Teachers and Trainers*, Lazar (1993) elenca um conjunto infindável de sugestões que respondem a uma ampla gama de idiossincrasias dos aprendentes.

REFERÊNCIAS

Al-Tamini, Huda. 2012. "Teaching Literature to Foreign Language Learners: A Medium to Bridge the Gap between Cultures." *Education* 2, no. 7: 296-305. https://doi.org/10.5923/j.edu.20120207.12.

Babaee, Ruzbeh, e Wan Roselezam Bt Wan Yahya. 2014. "Significance of Literature in Foreign Language Teaching." *International Education Studies* 7, no. 4: 80-85. https://doi.org/10.5539/ies.v7n4p80.

Babo, Maria Ausenda. 2014. "O Ensino das Línguas Estrangeiras em Portugal, do Século XVIII ao Início do Século XX, através da Análise de Anúncios Publicitários em Jornais da Época." Em *Dos Autores de Manuais aos Métodos de Ensino das Línguas e Literaturas Estrangeiras*, edição de Sónia Duarte, Fátima Outeirinho, e Rogelio Ponce de Léon Romeo, 21-38. Porto: Faculdade de Letras da Universidade do Porto.

Barcroft, Joe, e Wynne Wong. 2013. "Input, Input Processing and Focus on Form." Em *The Cambridge Handbook of Second Language Acquisition*, edição de Julia Herschensohn e Martha Young-Scholten, 627-47. Cambridge: Cambridge University Press.

Bernardes, José Augusto Cardoso. 2010. Em "Cultura Literária e Formação de Professores." *Colóquio de Didática, Língua e Literatura*, 29-62. Coimbra: Faculdade de Letras.

Bourdieu, Pierre, e Jean-Claude Passeron. 1964. *Les Héritiers. Les Étudiants et la Culture*. Paris: Minuit.

Bowler, Bill. 2018. Workshop "The Story of a Graded Reader Series." Coimbra: Centro de Literatura Portuguesa – CELGA/ILTEC, 19 de novembro.

Branco, Camilo Castelo. 2013. *Amor de Perdição*, adaptação de Ana Sousa Martins. Lisboa: Lidel.

Brumfit, Christopher. 1981. "Reading Skills and the Study of Literature in a Foreign Language." *System* 9, no.1: 243-48.

Byram, Michael, e Carol Morgan. 1994. *Teaching-and-Learning-Language-and-Culture.* Clevedon: Multilingual Matters.

Carter, Ronald, ed. 1982. *Language and Literature.* Londres: George Allen and Unwin.

Carvalho, Mário. 2003. *Fantasia para Dois Coronéis e uma Piscina.* Lisboa: Caminho.

Chklovski, V. 1978. "A Arte como Processo." Em *Teoria da Literatura I. Textos dos Formalistas Russos,* edição de Tzvetan Todorov, 93-118. Lisboa: Edições 70.

Coffey, Simon. 2016. "Teaching Literature to Promote Creativity in Language Learning." Em *Success Stories from Secondary Foreign Languages Classrooms: Models from London School Partnerships with Universities,* edição de Colin M. Christie e Caroline Conlon, 78-99. Londres: Trentham.

Collie, Joanne, e Stephen Slater. 1987. *Literature in the Language Classroom. A Resource Book of Ideas and Activities.* Cambridge: Cambridge University Press.

Conselho da Europa. 2001. *Quadro Europeu Comum de Referência para as Línguas: Aprendizagem, Ensino, Avaliação.* Porto: Asa. http://www.dgidc.minedu.pt/ensinobasico/index.php?s=directorio&pid=88.

Coseriu, Eugenio. 1991. *El Hombre y su Lenguaje. Estudios de Teoria y Metodologia Linguística,* 2.ª ed. revista. Madrid: Editorial Gredos.

Costa, Vera L. A. 2015. *O Uso do Texto Literário no Ensino de Português como Língua Estrangeira no Nível A1.* Dissertação de Mestrado, Universidade de Coimbra. https://estudogeral.sib.uc.pt/bitstream/10316/29101/1/Vera%20Costa_disserta%C3%A7%C3%A3o%20de%20mestrado.pdf.

Crossley, A. Scott, e Hae Sung Yang. 2014. "What's so Simple about Simplified Texts? A Computational and Psycholinguistic Investigation of Text Comprehension and Text Processing." *Reading in a Foreign Language* 26, no. 1: 92-113.

———., Kyle, e Salsbury, T. K. 2016. "A Usage-Based Investigation of L2 Lexical Acquisition: The Role of Input and Output." *The Modern Language Journal* 100, no. 3: 702-15.

Day, Richard R., e Julian Bamford. 1998. *Extensive Reading in the Second Language Classroom.* Cambridge: Cambridge University Press.

Diamantidaki, Fotini. 2016. "Using Literature in the Key Stage 3 Modern Foreign Languages Classroom." Em *Success Stories from Secondary Foreign Languages Classrooms: Models from London School Partnerships with Universities,* edição de Colin M. Christie e Caroline Conlon, 56-77. Londres: Trentham.

Diamantidaki, Fotini, ed. 2019. *Teaching Literature in Modern Foreign Languages.* Londres/Nova Iorque: Bloomsbury.

Direção Geral de Educação. 2018. *Aprendizagens Essenciais do Português. Ensino Secundário.* Lisboa: Ministério da Educação. https://www.dge.mec.pt/aprendizagens-essenciais-ensino-secundario.

Duarte, Sónia, Maria de Fátima Outeirinho, e Rogelio Ponce de León, eds. 2014. *Dos Autores de Manuais aos Métodos de Ensino das Línguas e Literaturas Estrangeiras em Portugal (1800-1910)*. Porto: Centro de Linguística da Universidade do Porto.

Edital n.º 306/2006, publicado em *Diário da República*, 2.a série, no. 139, 20 de julho de 2006, 11 991, art.º 8.

Ellis, Rod, e Natsuko Shintani. 2014. *Exploring Language Pedagogy through the Second Language Acquisition Research*. Nova Iorque/Londres: Routledge.

Figueiredo, Paula. 2011. *Relato de Discurso e Fantasias do Portugal Contemporâneo na Aula de Português Língua Estrangeira*. Dissertação de Mestrado em Letras, Universidade de Coimbra. http://dx.doi.org/10.14195/978-989-26-0707-8.

Franchetti, Paulo. 2022. *Sobre o Ensino de Literatura*. São Paulo: Editora UNESP.

Freytag, Gustav. 2015. *Freytag's Technique of the Drama: An Exposition of Dramatic Composition and Art*, 2.ª ed., tradução de Elias J. MacEwan. Londres: Forgotten Books.

Frye, Northrop. 2020. *Anatomy of Criticism. Four Essays*, 15.ª ed. Princeton/Oxford: Princeton University Press.

Grivel, Charles. 1973. *Production de l'Intérêt Romanesque. Un État du Texte (1870–1880). Un Essai de Constitution de la Théorie*. La Haye/Paris: Mouton.

Gusmão, Manuel. 2006. "Desde que Somos um Diálogo." Em *Ensino do Português para o Século XXI*, edição de Inês Duarte e Paula Morão, 11-26. Lisboa: Colibri.

Hadley, Alice O. 2001. "Teaching for Cultural Understanding." Em *Teaching Language in Context*, 345-89. Boston, MA: Heinle & Heinle Publishers.

Hall, Geoff. 2005. *Literature in Language Education*. Nova Iorque: Palgrave MacMillan.

Hanauer, David I. 1997. "Poetry Reading in the Second Language Classroom." *Language Awareness* 6: 1-15.

Heilbronn, Ruth. 2019. "Literature, Culture and Democratic Citizenship." Em *Teaching Literature in Modern Foreign Languages*, edição de Fotini Diamantidaki, 9-22. Londres/Nova Iorque: Bloomsbury.

Hill, David R. 2001. "Graded Readers." *ELT Journal* 55, no. 3: 300-324.

Hirvela, Alan. 1988. "Integrating Simplified and Original Texts." *JALT Journal* 9, no. 2: 131-51.

Holmes, Diana, e David Platten. 2005. "Literary Studies." Em *Effective Learning & Teaching in Modern Languages*, edição de James A. Coleman e John Klapper, 207-14. Oxford: Routledge.

Honeyfield, J. 1977. "Simplification." *TESOL Quarterly* 11, no. 4: 431-40.

Instituto Camões. 2017. *Referencial Camões PLE*. http://www.instituto-camoes.pt/activity/centro-virtual/referencial-camoes-ple.

Jackson, Jane. 2020. *Interculturality in International Education*. Londres/Nova Iorque: Routledge.

Jones, Rodney H., ed. 2019. *Routledge Handbook of Language and Creativity*. Londres/Nova Iorque: Routledge.

Kramsch, Claire, e Olivier Kramsch. 2000. "The Avatars of Literature in Language Study." *Modern Language Journal* 84: 553–73.

Krashen, Stephen D. 1985. "The Input Hypothesis." Em *The Input Hypothesis. Issues and Implications*, 1-32. Londres: Longman.

———. 2004. *The Power of Reading: Insights from the Research*, 2.ª ed. Portsmouth, NH: Libraries Unlimited – Heinemann.

Kress, Gunther. 2006. *Reading Images: The Grammar of Visual Design*. Nova Iorque: Routledge.

Lazar, Gillian. 2009. *Literature and Language Teaching: A Guide for Teachers and Trainers*, 19.ª ed. Cambridge: Cambridge University Press.

Le, Hong Thi Xuan. 2011. "Pre-Modified Input in Second Language Learning." *Hawaii Pacific University TESOL Working Paper Series* 9, no.1-2: 27-31.

Machado, Ana Maria, e Anabela Fernandes. 2019. "PLE: Fatores de Legibilidade na Retextualização Literária." *BELT - Brazilian English Language Teaching Journal* 10, no. 1: 1-23. https://doi.org/10.15448/2178-3640.2019.1.33283.

———. 2018. "As Retextualizações Literárias no Ensino de Português Língua Estrangeira: Resultados de uma Experiência." *Diacrítica* 32, no. 29: 93-114. http://dx.doi.org/10.21814/diacritica.433.

———., Anabela Fernandes, e Vera Costa. 2018. "A Literatura no Ensino de Português Língua Estrangeira. Discussão de um projeto." *Tejuelo. Didáctica de la Lengua y la Literatura* 27: 5-20. http://hdl.handle.net/10662/6927.

———., Valerie Shinas, e Márcia Rodrigues. 2023. "A Literatura Digital no Ensino de Português Língua não Materna e de Português Língua de Herança: Uma Proposta de Abordagem." Em *Português língua pluricêntrica: das políticas às práticas*, edição de Tanara Zingano Kuhn, Juliana Roquele Schoffen, Cristina Becker Lopes Perna, Aline Jéssica Antunes, Michele Saraiva Carilo, 312-345. São Paulo: Pontes Editores.

Mart, Çağrı Tuğrul. 2016. "The Use of Literature in Language Teaching." *Iraq Journal of Educational and Instructional Studies in the World* 6, no. 2: 77-83.

Martins, Ana Cristina Sousa. 2019. *Contos com Nível: QECR Nível B1*. Lisboa: Lidel – Edições Técnicas.

Martins, Cristina, Conceição Carapinha, e Celeste Vieira. 2017. "Lessons to Be Learned from the Portuguese as a Foreign Language Online Teaching and Learning Lab." *Caracteres* 6 no. 2: 421-445. https://dialnet.unirioja.es/servlet/articulo?codigo=6339144.

Martins, J. Cândido Oliveira. 2004. "Entrevista a Mário de Carvalho." *Os meus Livros* 19: 38-42.

McDonough, Jo, Christopher Shaw, e Hitomi Masuhara. 2012. "Adapting Materials." Em *Materials and Methods in ELT: A Teacher's Guide*, 63-78. Oxford: Wiley-Blackwell.

Moreillon, Jude. 2007. *Collaborative Strategies for Teaching: Reading Comprehension*. Chicago: American Library Association.

Ming-Tzu, Karen. 1999. "Graded Readers and Vocabulary." *Reading in a Foreign Language* 12, no. 2: 355-80.

Nascimento, Maria Fernanda Bacelar do Nascimento, Maria Lúcia Garcia Marques, e Maria Luísa Segura da Cruz. 1984-1987. *Português Fundamental*, 2 vols. Lisboa: Instituto Nacional de Investigação Científica – Centro de Linguística da Universidade de Lisboa.

Nation, I. S. Paul, e K. Ming-Tzu. 1999. "Graded Readers and Vocabulary." *Reading in a Foreign Language* 12, no. 2: 355-380.

Nation, I. S. Paul, e Rob Waring. 2019. *Teaching Extensive Reading in Another Language*. Oxon/Nova Iorque: Routledge.

Nussbaum, Martha. 2010. *Not for Profit: Why Democracy Needs the Humanities*. Princeton: Princeton University Press.

Paran, Amos. 2008. "The Role of Literature in Instructed Foreign Language Learning and Teaching: An Evidence-Based Survey." *Language Teaching* 41, no. 4: 46596. https://doi.org/10.1017/S026144480800520X.

Parker, K., e C. Chaudron. 1987. "The Effects of Linguistic Simplification and Elaborative Modifications on L2 Comprehension." *University of Hawaii Working Papers in ESL* 6, 107-33.

Renandya, Willy A., e George M. Jacobs. 2016. "Extensive Reading and Listening in the L2 Classroom." Em *English Language Teaching Today*, edição de W. A. Renandya e P. Handoyo, 97-110. Nova Iorque: Routledge.

Reyes Torres, Agustín. 2012. "Literature in the Foreign Language Syllabus: Engaging the Student through Active Learning." *Tejuelo* 15: 9-16.

Ricardo, Cassiano. 1957. *Poesias completas*. Rio de Janeiro: J. Olympio.

Richards, Jack C., e Richard Schmidt. 2002. *Longman Dictionary of Language Teaching and Applied Linguistics*, 3.ª ed. Londres: Pearson Education.

Rio-Torto, Graça. 2014. "Passado e Presente dos Cursos de Férias. Da edição de 1924-1925 à de 2014." Em *90 Anos de Ensino de Língua e Cultura Portuguesas para Estrangeiros na Faculdade de Letras da Universidade de Coimbra*, edição de Graça Rio-Torto, 13-38. Coimbra: Imprensa da Universidade de Coimbra.

Ross, Steven, Michael H. Long, e Yasukata Yano. 1991. "Simplification or Elaboration? The Effects of Two Types of Text Modifications on Foreign Language Reading Comprehension." *University of Hawai'i Working Papers in ESL* 10, no. 2: 1-32.

Sequeira, Rosa Maria. 2013. "A Literatura na Aula de Língua Estrangeira e a Competência Intercultural." *Revista de Estudos Literários* 3: 211-29.

Sharples, Mike. 1999. *How We Write: Writing as Creative Design*. Londres: Routledge.

Silva, Vítor Manuel de Aguiar e. 2010. "Teses sobre o Ensino do Texto Literário na Aula de Português." Em *As Humanidades, os Estudos Culturais, o Ensino da Literatura e a Política da Língua Portuguesa*, 207-16. Coimbra: Almedina.

Simensen, Aud Marit. 1987. "Adapted Readers: How Are They Adapted." *Reading in a Foreign Language* 4: 41-57.

———. 1990. "Adapted Texts: A Discussion of Some Aspects of Reference." *Reading in a Foreign Language* 6, no. 2: 399-411.

Soares, Neyla Denize de Sousa. 2012. *Uso de Textos Literários Autênticos e de Adaptações de Textos Literários no Ensino de E/LE: Análise do Desempenho em Compreensão Leitora de Alunos do 2.º Ano do Ensino Médio de uma Escola Pública de Fortaleza*. Dissertação Mestrado, Universidade Estadual do Ceará.

Solé, Isabel. 2000. *Estrategias de Lectura*. Barcelona: Editorial Graó.

Tomlinson, Briam. 2011. *Materials Development in Language Teaching*, 2.ª ed. Cambridge: Cambridge University Press.

Tweissi, A. I. 1998. "The Effects of the Amount and Type of Simplification on Foreign Language Reading Comprehension." *Reading in a Foreign Language* 11, no. 2: 191-204.

Torga, M. 2007. *O Senhor Ventura*. 5.ª ed., Lisboa: Dom Quixote.

———. *O Senhor Ventura*. Texto adaptado por Ana Maria Machado e Anabela Fernandes. Ilustração de Ana Teresa, 2022. https://www.uc.pt/fluc/clp/inv/proj/patlit/leple.

West, Michael. 1953. *A General Service List of English Words*. Londres: Longman.

Widdowson, H. G. 1979. *Explorations in Applied Linguistics*. Oxford: Oxford University Press.

Yano, Yasukata, Michael H. Long, e Steven Ross. 1994. "The Effects of Simplified and Elaborated Texts on Foreign Language Reading Comprehension." *Language Learning* 44, no. 2: 189-219.

Yu, Vivienne. 1993. "Extensive Reading Programs: How can They Best Benefit the Teaching and Learning of English?" *TESL Reporter* 26, no. 1: 1-9.

ANA MARIA MACHADO é doutorada em Literatura Portuguesa pela Universidade de Coimbra onde é professora associada e é membro do Centro de Literatura Portuguesa da mesma Universidade. A sua investigação e publicações repartem-se entre a literatura medieval (hagiografia e literatura moral e religiosa), literatura comparada (imagologia), ensino da literatura e da literatura digital (leitura e criação). Atualmente é diretora dos mestrados em ensino de Português e coordena o projeto "Murais e Literatura. Criação Digital em Contexto Educativo," no âmbito da linha de investigação "ReCodex: Formas e Transformações do Livro." Nos últimos anos tem-se dedicado ao estudo do medievalismo na literatura portuguesa.

Literatura Portuguesa, essa Estrangeira, Continua entre Nós

RESUMO: Neste artigo apresentamos um panorama do ensino de literatura portuguesa no Brasil, traçando um breve histórico, além de descrever a legislação atual e a realidade do ensino literário no país. Em relação ao ensino da literatura brasileira em Portugal, observamos brevemente alguns fatos e procedimentos, indicando-se diferenças visíveis. Referimos ainda projetos e atividades para divulgação de escritores portugueses entre os leitores brasileiros. Destacamos a atuação dos professores brasileiros de literatura portuguesa visando contribuir para um pensamento multicultural em língua portuguesa.

PALAVRAS-CHAVE: ensino de literatura portuguesa no Brasil; ensino de literatura brasileira em Portugal; formação de leitores; multiculturalidade; língua portuguesa.

ABSTRACT: In this article, we present an overview of the teaching of Portuguese literature in Brazil, outlining a brief history and describing the current legislation and reality of literature teaching in the country. Regarding the teaching of Brazilian literature in Portugal, we briefly observe some facts and procedures, indicating visible differences. We also report projects and activities for the dissemination of Portuguese writers among Brazilian readers. We highlight the performance of Brazilian teachers of Portuguese literature aiming at contributing to a multicultural thinking in Portuguese.

KEYWORDS: Portuguese literature teaching in Brazil; Brazilian literature teaching in Portugal; formation of readers; multiculturality; Portuguese language.

"Cum saber só de experiências feito" (Lusíadas, IV, 94)

1. A Realidade Brasileira

Em 2017, ratificou-se, no Brasil, um conjunto de mudanças na Lei de Diretrizes e Bases da Educação Nacional em relação à Base Nacional Comum Curricular (BNCC), a qual estava sendo elaborada desde 2015 para aplicação no ensino básico e médio do país.[1] No período de consulta pública sobre a proposta do Ministério de Educação e Cultura (MEC), muitas discussões foram travadas, inclusive sobre a área nomeada "Linguagens e suas Tecnologias," e especialmente sobre o lugar destinado aos estudos literários. Naquele momento de consulta, um dos pontos observados, para além da diluição do estudo literário na disciplina de língua portuguesa, foi a ausência da literatura portuguesa na versão então apresentada, em prol da ênfase nas literaturas brasileira, indígena e afro-brasileira. A participação pública foi muito forte, com sugestões e questionamentos sobre todas as áreas de ensino, com mais de 12 milhões de contribuições para sua revisão.

A versão final homologada da Base Nacional Comum Curricular (BNCC) com a inclusão da etapa do Ensino Médio está vigente há cinco anos,[2] figurando-se como "um documento completo e contemporâneo, que corresponde às demandas do estudante desta época, preparando-o para o futuro" (2017-2018, 5). Da leitura que agora podemos fazer, constatamos que a área de Linguagens valoriza o texto em suas múltiplas práticas, mas a Literatura, como uma manifestação artística, é considerada na sua generalidade – "texto literário" –, um exemplo de textualidade presente na sala de aula de língua portuguesa. Para o ensino médio, indica-se o ensino de literatura brasileira e, de forma apenas lateral, há referência à literatura portuguesa (citada somente duas vezes). Seja uma ou outra, há pouquíssimas ocorrências num documento de 600 páginas. Fala-se "da consideração da diversidade cultural, de maneira a abranger produções e formas de expressão diversas, a literatura infantil e juvenil, o cânone, o culto, o popular, a cultura de massa, a cultura das mídias, as culturas juvenis etc., de forma a garantir ampliação de repertório, além de interação e trato com o diferente" (2017-2018, 75).

O modo demasiado econômico como a literatura portuguesa é referida nesse documento reflete, do ponto de vista daqueles que determinam as diretrizes curriculares, seu lugar lateral nos estudos literários para a formação de jovens leitores brasileiros. Quando citada, é apenas considerada como "literatura da tradição" ou "cânone." Na progressão de competências e habilidades, o documento indica "a inclusão de obras da tradição literária brasileira e de suas referências ocidentais – em especial da literatura portuguesa –, assim como obras mais complexas da literatura contemporânea e das literaturas indígena, africana e latino-americana" (2017-2018, 500).

Esse breve exame da BNCC expõe duas questões importantes no ensino brasileiro, em geral: 1. indica-se o ensino generalizante da literatura, o que, na prática quotidiana, com tantas dificuldades reais na escola pública, acaba significando sua ausência em sala de aula; 2. no caso da literatura portuguesa, a ausência é ainda maior, limitando-se a ser apenas uma referência estrangeira para estudar a formação da literatura brasileira. Isso se comprova com o testemunho de professores de ensino básico e médio que atuam em diferentes estados do Brasil e que foram consultados de forma informal no momento de redação desta reflexão (2022), como mostraremos adiante.

O fato é que o ensino de literatura na escola pública brasileira, desde os anos 80 do século XX, tem sofrido, por várias razões,[3] reduções e deslocamentos na grade curricular. As escolas privadas apresentam, por vezes, uma outra realidade, mas o enfraquecimento geral do estudo literário atravessa o ensino público e particular. Em relação à presença de autores portugueses, essa situação é ainda mais frágil e dependente de escolhas pessoais de professores, sem haver um projeto nacional consistente sobre o valor de fomentar uma cultura literária de língua portuguesa, discutindo sua diversidade, trocas, semelhanças e diferenças.

A propósito da cultura africana, houve a aprovação em 2003 da lei n.º 10.639/03 sobre ensino de história e cultura afro-brasileira e africana, que visa recuperar um erro histórico de menosprezo à africanidade no Brasil. Nesse sentido, atualmente, há mais atenção a esse campo de estudo, sobretudo na universidade, considerando diversas questões culturais brasileiras e sua ligação histórica com diferentes povos africanos, já que a população do país, em sua grande maioria, tem relações de sangue com um passado de escravidão. Mesmo assim, como veremos, muito pouco se lê a respeito nos ensinos fundamental e médio. Por isso, não espanta que o conhecimento sobre a literatura portuguesa (pouco presente) seja ainda menor, e apenas citada no contexto de formação e autonomia da literatura brasileira.

Contudo, claro está que o analista, ao observar qualquer aspecto da realidade brasileira,[4] precisa ter o cuidado de não ignorar a sua diversidade interna. Se o sistema educacional segue normas e programas de nível federal, o que acarreta princípios e legislação geral aplicados a todo o país, a execução se modifica de acordo com cada contexto geográfico, cultural e econômico, com base em planos, projetos e procedimentos estaduais e municipais de educação. Em cada estado e mesmo em cada cidade, o cumprimento de currículos e programas educacionais será diferente de acordo com a capacidade financeira da administração local e o interesse político de investimento na educação pública. A situação específica dos estudos literários no ensino brasileiro, portanto, é uma questão entre inúmeras outras de feição mais preocupante, como sabemos. Mas é essa situação que provoca esta reflexão.

No caso da leitura de autores portugueses pelos alunos brasileiros, na faixa de 11 a 18 anos, podemos dizer, sem muito erro, que só ocorre no ensino médio, ou seja, quando há a disciplina de literatura brasileira (três últimos anos) e, mesmo assim, de forma apenas propedêutica para compreender a constituição da literatura brasileira em seu período colonial, do século XVI ao XVIII. Destaca-se a Carta de Pero Vaz de Caminha, o Classicismo (Camões) e o Arcadismo (a diferença dos árcades brasileiros em relação à literatura neoclássica da metrópole). O lirismo trovadoresco é apresentado aos alunos para contextualizar um pouco uma época portuguesa (séculos XIII e XIV) antes do achamento do Brasil, em 22 de abril de 1500. O mundo medieval sempre chama alguma atenção dos jovens, ainda mais quando relacionado a séries fílmicas que vêm explorando esse filão e que os alunos acompanham com interesse.

Em alguns estados brasileiros, essa iniciação literária faz parte do currículo obrigatório; em outros, não há essa obrigatoriedade. Aliás, dependendo do estado ou da cidade (e seus sistemas curriculares), a literatura pode ser disciplina existente ou não. Em escolas públicas, há maiores problemas de ensino de acordo com a situação social do alunado; em determinadas escolas privadas renomadas, há outra valorização de certas disciplinas e conteúdos. Claro que há leis específicas, cargas horárias obrigatórias, currículo mínimo, mas a literatura acaba sendo, cada vez mais, um apêndice da disciplina de língua portuguesa.

No Rio de Janeiro, cidade-vitrine do Brasil, a situação, infelizmente, não é nada otimista em relação ao ensino literário. A disciplina é conteúdo optativo, sem relevância no currículo básico e médio. Existe nominalmente, mas, muitas vezes, está relegada a um lugar mais do que secundário no plano curricular de cada escola. Assim, nesse quadro, a situação da literatura portuguesa, essa *literatura estrangeira*, é de quase ausência. Ainda que alguns autores possam ser citados (Fernando Pessoa é quase brasileiro), não há a motivação de se trabalhar com diferentes literaturas de língua portuguesa num equilibrado diálogo de culturas e percepções diferentes de mundo. Exceções naturalmente surgem em decorrência da formação do próprio professor e de seu interesse por esses autores ou não, por ter qualificação de pós-graduação (especialização ou mestrado ou doutorado) em estudos de literaturas de língua portuguesa. Mas são projetos particulares, não uma proposta sistematizada e coordenada pelas Secretarias de Educação.

Para testar tal panorama aqui descrito de forma geral, consultamos informalmente, com perguntas e respostas *online*, diversos professores e professoras de ensino fundamental, médio e universitário, que atuam em diferentes estados brasileiros. Para isso, contamos com a colaboração de colegas de diferentes universidades e de seus alunos de pós-graduação em letras, professores do ensino básico e médio. A eles, enviamos perguntas simples: 1. No seu estado, no ensino fundamental e médio, estuda-se literatura? 2. É trabalhado algum conteúdo de literatura portuguesa e de literaturas africanas de língua portuguesa? 3. Na universidade, a literatura portuguesa é disciplina optativa ou obrigatória? 4. Na grade universitária dos cursos de letras, quantas disciplinas de literatura portuguesa são obrigatórias? Tal consulta informal recebeu muitas respostas que se assemelhavam em alguns pontos.[5]

Podemos assim convergir para as seguintes respostas:
a. a literatura consta no currículo do ensino médio como uma possibilidade de abordagem no âmbito do ensino de língua portuguesa, mas cada vez mais em posição lateral;
b. quando se trata de autores portugueses, fala-se um pouco do trovadorismo, de Camões e de Pessoa;
c. as literaturas africanas de língua portuguesa são, na verdade, muito pouco referidas. No máximo, apenas em efemérides sobre o fim da escravatura no Brasil com a celebração da Lei Áurea assinada pela Princesa Isabel, filha de Dom Pedro II, o último Imperador do Brasil, em 13 de maio de 1889, e o Dia de Zumbi[6] e da Consciência Negra (20 de novembro), quando atividades pedagógicas específicas são organizadas;
d. na universidade, nos cursos de letras, especialmente na licenciatura de português e suas literaturas, a literatura portuguesa é disciplina oferecida, geralmente como obrigatória, mas com cargas horárias variáveis de somente duas disciplinas a cerca de seis na grade curricular total.

Como exemplo das respostas enviadas sem identificação nominal, destacamos:

P1. O estudo de literatura no estado do Rio de Janeiro fica a cargo das propostas curriculares municipais que direcionam o ensino fundamental 2 e do currículo mínimo estadual que direciona o ensino médio. No entanto, no ensino fundamental, a carga horária maior é de Língua Portuguesa e é proposta a leitura e a interpretação de textos literários em aula que dialoguem com os estudos de língua e a ampliem. Dessa forma, a aula acaba se concentrando mais em conteúdos gramaticais e interpretação textual. O estudo da literatura portuguesa não é exigido e o das literaturas africanas é lembrado, na maioria das vezes, somente perto do dia da Consciência Negra com objetivo de expor trabalhos dos alunos. Já no ensino médio, embora a aula de língua portuguesa e literatura seja integrada, existe uma abertura maior para o ensino de literatura e fruição do texto literário. O estudo sobre escolas literárias, autores e análises de obras é ressaltado no currículo, mas fica a cargo de cada professor como ministrar conteúdos de Língua e Literatura, o que por vezes gera problemas, já que alguns professores focam apenas no ensino da língua portuguesa. No que se refere às aulas de literatura portuguesa e literaturas africanas, elas figuram no conteúdo programático, assim como as de literaturas indígenas (garantidas pela lei 11.645 de 2008, artigo 26A, parágrafos 1 e 2). Contudo, muitos alunos e professores resistem a estudar tal conteúdo afirmando "não ter tanta importância" ou "não serem tão prazerosos." Nos dois segmentos, o espaço para a experiência literária é pequeno, já que são obrigatórias provas, trabalhos, atividades, feiras literárias e exames diagnósticos feitos pelas secretarias de educação. Cabe muitas vezes ao professor reverter sistemas e discursos instaurados para oportunizar ao aluno o tempo e espaço para a experiência literária.

P2. Literatura portuguesa já teve uma abordagem mais detalhada e era obrigatória no ensino médio (iniciando com a literatura medieval, passando pelo Classicismo português, chegando aos estudos paralelos das demais escolas literárias comuns aos dois países a partir do Barroco). Hoje já não há obrigatoriedade, estando, inclusive, ausente em livros didáticos mais recentes. Temos apenas menções aos grandes escritores e estudo de textos (fragmentados), como Camões, Fernando Pessoa, Eça de Queiroz...

P3. Literatura portuguesa não é obrigatória no currículo, alguns livros nem trazem o conteúdo. Porém, o professor pode inserir em seu planejamento se quiser. A coleção da editora Moderna, adotada pela minha escola este ano, traz um capítulo chamado "A Herança Portuguesa" antes do Quinhentismo no Brasil, com o Trovadorismo, Humanismo e Classicismo, apresentando obras fragmentadas de Camões, Gil Vicente e cantigas medievais.

P4. As literaturas africanas são obrigatórias, mas os livros didáticos não trazem nada substancial, apenas fragmentos de um ou dois autores. As bibliotecas das escolas onde trabalhei e na qual estou hoje também não têm quase nenhuma obra de literatura africana. O livro didático que estamos trabalhando apresenta dois contos, um do autor Ondjaki; outro, do Agualusa; e um poema do Craveirinha. Sendo este um livro didático em volume único para os três anos do Ensino Médio.

P5. No ensino básico, nas escolas em que trabalhei, já vi lendas e contos africanos de maneira geral (fazemos a leitura e a interpretação, e exercícios com questões gramaticais); literatura portuguesa só os escritores mais conhecidos (Camões e Pessoa). Às vezes, Eça de Queiroz.

P6. No Ensino Básico, a Literatura vem incluída no livro didático de língua portuguesa por meio de alguns poemas de Camões, Fernando Pessoa.

P7. Aqui no Instituto Federal do Maranhão, seguimos a ementa de cada campus. A maioria inclui literatura portuguesa, porém os livros novos não a trazem na forma sistemática de História da Literatura, trazem somente textos soltos de acordo com o gênero textual ou o tema do capítulo.

P8. Na escola em que trabalhei, no ensino médio, o material vinha como "Literatura." O grosso do conteúdo era sobre literatura brasileira, com alguns capítulos reservados a autores portugueses (Eça e Fernando Pessoa, por exemplo) e a poucos africanos.

Como podemos ratificar por algumas respostas dadas, a disciplina de Literatura Portuguesa, nos cursos de letras, está presente na grade curricular geral, mas cada instituição tem a liberdade de compor seu currículo, de acordo com cargas horárias estipuladas por normas e portarias federais, distribuindo-as como for melhor para a composição curricular ou tornando essa disciplina apenas optativa. A situação em relação a isso é muito variada pelos diversos espaços brasileiros. Entretanto, no caso específico de literatura portuguesa, é certo que continuamos a formar professores para atuação no ensino superior, considerando a formação em letras, especialmente nos cursos de licenciatura em literaturas de língua portuguesa. No ensino médio, alguns textos portugueses são estudados, visando preparação para as provas de ingresso no ensino superior.

Devemos assinalar que existe, entre nós, a Associação Brasileira de Professores de Literatura Portuguesa (ABRAPLIP),[7] criada em 1966, a qual organiza sistematicamente congressos internacionais e encontros regionais, com publicações sobre essa literatura, em diálogo comparativo com a brasileira e as literaturas africanas em português. Na maior parte dos cursos de letras, na pós-graduação, há cursos de literatura portuguesa, com o desenvolvimento de dissertações de mestrado ou teses de doutorado. A pesquisa, portanto, nessa área continua muito viva, com a publicação recorrente de dissertações de mestrado, teses de doutorado, livros ensaísticos, capítulos e artigos em periódicos acadêmicos, porém o mercado de trabalho, no Brasil, para o pesquisador/professor de literatura portuguesa é cada vez mais restrito e, em certos locais, inexistente, o que, naturalmente, desestimula os jovens universitários.

A criação de mais universidades no Brasil pelos governos do Partido dos Trabalhadores (PT), no período de 2003 a 2016, possibilitou mais vagas para essa área. Porém, com o governo vigente de 2018 a 2022, a situação mudou bastante, com poucos concursos específicos e a progressiva diminuição de verbas orçamentárias, o que prejudica sobremaneira os apoios necessários aos alunos (muitos com sérias dificuldades econômicas) e à ampliação da pesquisa e de sua divulgação. É já recorrente a captação de cérebros brasileiros para outros países que oferecem condições eficientes de trabalho científico. Em 2022, as estatísticas do Ministério da Educação (MEC) demonstram o aumento do abandono dos cursos universitários, provocado sobretudo por essa falta de apoios. Nos cursos de letras, esse quadro é bastante grave, porque a profissão de professor é, na realidade sócio-econômica brasileira, muito desprestigiada, com baixos salários (principalmente no ensino fundamental e médio) e condições difíceis de trabalho por falta de infraestrutura adequada ou problemas de violência ou carências sociais incontornáveis para o desenvolvimento dos alunos.

Ora, voltando à publicação final da Base Nacional Comum Curricular (2017-2018), ficaram evidenciadas, no campo dos estudos literários, algumas ideias desalentadoras. Na compreensão ministerial (e professores/técnicos educacionais que montaram a Base), a literatura portuguesa não tem importância para a formação cultural brasileira e, com o passar do tempo, não sendo mais uma proposta oficial o dialogismo literário em língua portuguesa, o pouco que era ensinado poderá ser ainda mais reduzido, já que é uma literatura estrangeira, apenas uma tradição afastada no tempo para a literatura brasileira.

Atualmente, autores portugueses inegavelmente canônicos, como Camões, Eça de Queirós, Fernando Pessoa, José Saramago (afinal, único Prêmio Nobel em português) não estão presentes na grande maioria das nossas escolas, sobretudo quando falamos de escolas públicas. Como a BNCC trabalha com uma concepção muito generalista da literatura, referindo sem maior profundidade a literatura brasileira, a cultura indígena e a africana (estas duas, sem dúvida, núcleos importantes para compreensão da própria cultura nacional), certamente a literatura portuguesa perde cada vez mais espaço para ser conhecida. Se não há referência direta à sua presença e valoração para compor as literaturas de língua portuguesa, os agentes de ensino podem, sem hesitação, descartá-la de seus interesses imediatos de estudo.

Os jovens brasileiros, se não têm uma história familiar mais culta e atenta à leitura, não encontrarão na escola oportunidade de conhecer escritores portugueses em diálogo com os brasileiros e os africanos. Se nem mesmo há bibliotecas organizadas e de bom porte em grande parte das escolas públicas espalhadas pelo Brasil, se há tantos problemas sociais e econômicos na realidade quotidiana, percebe-se como é difícil a formação de leitores atentos a diversas manifestações literárias em língua portuguesa. Frente a isso, até parece inútil essa preocupação com o conhecimento da literatura feita em Portugal, afinal, um país hoje sem laços próximos, já que o brasileiro médio pertence a uma geração bem afastada de possíveis ascendentes portugueses.[8]

Claro que se pode dizer que, para aqueles que têm acesso a boas escolas e a livros ou cultura em geral, alguns escritores portugueses modernos são lidos e conhecidos. O exemplo mais evidente é Fernando Pessoa, pois, como já referimos, é quase considerado um poeta do Brasil. Está na boca da cantora Maria Bethânia, que o declama em seus shows, está em citações nas redes sociais, em livrarias, em novas edições. Porém, é justo considerar (e por isso repetimos a ideia) que não é apenas a literatura portuguesa que está ausente na escola e na cultura geral do brasileiro com alguma formação; os jovens, em sua grande maioria, desconhecem os escritores mais referenciais e não encontram incentivos familiares, escolares e sociais para o desenvolvimento do hábito de leitura, seu debate e reflexão.

O problema maior a enfrentar, então, é como a literatura participa hoje da formação do jovem leitor; como o professor é agente ou não do gosto da leitura literária. O fato é que os jovens estudantes, quando se direcionam aos cursos universitários de letras, chegam com poucas referências literárias, diminuta experiência de leitura estética e menos maturidade de reflexão crítica em termos de linguagem. Não leram nem as obras mais citadas, para que pudéssemos dizer que, pelo menos, há um cânone literário brasileiro estudado no ensino médio.

No caso da literatura escrita por portugueses, já não é a primeira vez que há o propósito de silenciar seus estudos em prol de um pretenso fortalecimento do conhecimento literário brasileiro. No passado (anos 80 do século XX), o eminente professor Afrânio Coutinho (1911-2000) defendeu uma proposta nesse sentido – excluir a disciplina de literatura portuguesa do currículo mínimo e obrigatório dos cursos de graduação em letras – o que causou então bastante discussão.[9] Parecia que, para a valorização da literatura brasileira, era necessário negar a outra literatura, a estrangeira, como se essa fosse um anacronismo colonial. Mas, na época, também houve imediata manifestação contrária a essa perspectiva e o projeto não prosperou.

Hoje, a argumentação é outra.[10] Deseja-se fortalecer a presença da cultura indígena e da cultura africana, resgatar uma dívida do brasileiro com essas raízes de formação, com sua "identidade" ou suas relações sociais marcadas, principalmente, pela negritude. Nesse sentido, a literatura portuguesa parece não ser necessária, parece ser realmente "estrangeira." Por isso, cientes dessas demandas, os professores dessa literatura nas universidades brasileiras estão atentos e continuam a trabalhar em prol da multiculturalidade. Não se trata de defender a literatura portuguesa em detrimento de outras, mas de defender a pluralidade literária, a compreensão de como é enriquecedor estudar as culturas de língua portuguesa, seja nas suas realidades sociais, seja nas suas práticas linguísticas e literárias.

É inegável que temos um patrimônio em comum: a língua portuguesa. Cada literatura feita nessa língua é também um rico acervo partilhado por diferentes povos. A rasura total da literatura portuguesa (uma impossibilidade, na verdade) seria a perda de uma das faces da cultura de língua portuguesa, tornando-nos mais pobres, mais lacunares, menos diversos. E, quer se queira, quer não, será impossível estudar a cultura brasileira de 1500 ao presente, sem aqui e ali esbarrar em autores portugueses e questões literárias que circulavam da Europa à América. O Modernismo brasileiro (1922 e prolongamentos) apontou um corte e apresentou outro modo de pensar a cultura própria, mas, mesmo assim, os diálogos existiram, já que os escritores e poetas de um país são também, antes de tudo, leitores de outros escritores e poetas estrangeiros, convergindo ou divergindo no constante confronto com a tradição.

Por outro lado, a questão deve ser examinada em relação a certa inabilidade dos órgãos de cultura portugueses no Brasil. O país latino-americano é um grande mercado consumidor de tudo. Se existissem há muito políticas mais fortes e sistemáticas sobre a presença da literatura/cultura portuguesa no Brasil, com leitorados especiais, acordo de isenção de impostos de livros importados, maior circulação de escritores e obras, ações mais amplas e frequentes de um Instituto Camões em nossas universidades e ensino médio e centros de cultura, por exemplo, talvez hoje tivéssemos um quadro sedimentado da presença dos escritores portugueses e determinadas divergências culturais nem teriam razão de ser.

Porém, o que se vê no século XX e agora no XXI, a impressão que se tem, é que os planos de divulgação cultural portuguesa foram destinados bem mais à Europa, à América do Norte, à Ásia e a alguns países africanos, apartando o Brasil como se fosse já um fato garantido, uma realidade obrigatória, o reconhecimento da cultura/literatura portuguesa entre nós.[11] Pensamos que essa "indiferença" foi um equívoco ou uma desatenção cultural grave que aprofundou fossos entre os dois países, ainda que se fale de "países irmãos" e outros chavões de amizade mútua. Foi pena Portugal, por seus muitos motivos, ter virado, de certa forma, as costas culturais ao nosso país; ao mesmo tempo, o Brasil das classes mais abastadas, muito ensimesmado em si, mais direcionado à cultura *pop* americana, não se importou nada com isso. Desse posicionamento de ambos os lados, só poderia decorrer o silenciamento, o apagamento e a distância.[12]

Uma ação política positiva brasileira, ao tempo dos mandatos dos Presidentes Lula da Silva e Dilma Rousseff, foi instituir programas de formação acadêmica no exterior como o de dupla licenciatura, ou *Ciência sem Fronteiras*,[13] levando jovens estudantes brasileiros para as universidades portuguesas, para além de outros países nos diferentes continentes. Em relação a Portugal, isso fez muito mais para o estreitamento de relações do que os discursos protocolares, pois os estudantes passaram a conviver com outra realidade, percebendo seus pontos positivos e negativos. Ao mesmo tempo, essa presença brasileira nas universidades portuguesas tornou mais visíveis nossas universidades, nossas pesquisas e demonstrou a importância do diálogo e das redes de conhecimento para o crescimento mútuo no campo das culturas de língua portuguesa. Mas tudo isso depende de verbas constantes, de projetos articulados de governos e de continuidade, condições que, atualmente, não temos, com profunda crise de gestão e significativo desinteresse pela educação em todos os níveis.[14]

2. Da Presença da Literatura Portuguesa no Brasil e da Literatura Brasileira em Portugal

Há alguns anos, um jornalista do jornal Público, Luís Miguel Queirós, ao indagar sobre a situação da literatura portuguesa no Brasil, comentou conosco, por e-mail, o seguinte:[15]

Sem grandes dados objectivos, e de modo mais ou menos intuitivo, pare-ce-me que a literatura contemporânea portuguesa é hoje pouco conhecida no Brasil, e que isto provavelmente ainda é mais verdadeiro em sentido con-trário. Num e noutro caso, exceptuam-se alguns autores, e algumas vezes, parece-me, por critérios mais comerciais do que estéticos. Na geração dos meus pais, qualquer família da pequena e média burguesia com hábitos de leitura teria nas suas estantes Bandeira e Drummond, Graciliano Ramos e Jorge Amado, e ainda alguns outros, como João Cabral de Melo Neto ou Érico Veríssimo. Hoje, em termos de popularidade em Portugal, não parece haver sucessores para estes nomes. Acha que este relativo desconhecimento mútuo pode ser eficazmente combatido ou atenuado por via escolar?

A essa pergunta respondemos que o que dizia era muito pertinente. Con-tudo, nas universidades e em seus cursos de letras, quando há grupos fortes de literatura portuguesa, esse conhecimento contemporâneo existe. Basta ver a produção contínua de dissertações e teses brasileiras sobre a literatura por-tuguesa. Muitos autores relativamente recentes são estudados no mestrado e no doutorado, alguns pesquisadores brasileiros são reconhecidos como leito-res especiais de autores portugueses. Aliás, a literatura moderna e contempo-rânea portuguesa, seja na ficção, seja na poesia, é bastante estudada no Brasil e encontram-se aí alguns dos seus melhores leitores, para além da continuidade dos estudos dos clássicos (sobretudo Camões) e dos oitocentistas (Garrett, Her-culano, António Nobre, Antero de Quental e Cesário Verde). A produção pós anos 80 do século XX desperta grande interesse e o ensino universitário tem se voltado muito para a discussão do decolonial, da escrita por mão de mulher, do homoerotismo e outras questões teóricas como a intertextualidade, o hibri-dismo de gêneros, o diálogo entre artes e as subjetividades contemporâneas. Em relação à poesia, sempre com menos estudos e pesquisadores, há poetas muito abordados, para além de Pessoa e Mário de Sá-Carneiro, como Sophia de Mello Breyner Andresen, Jorge de Sena, Eugénio de Andrade, Herberto Helder, Maria Teresa Horta, Al Berto, Adília Lopes, mas há igualmente, em especial no Rio de Janeiro e São Paulo, o acompanhamento de outros nomes que se firma-ram a partir dos anos 90, provocando estudos diversificados.

Porém, fora da universidade e com a exceção de pessoas com interesses literários, o desconhecimento é, de fato, enorme.[16] Nas Feiras de Livro, encon-tros midiáticos, alguns holofotes destacam escritores convidados, por vezes, portugueses. Passam pela famosa Feira Literária de Parati (Rio de Janeiro) ou por outras cidades, causam algum movimento, mas depois se calam na memória coletiva. O desconhecimento só pode ser combatido com ações inclusivas, com atividades contínuas, com apoios constantes e políticas concretas sobre a circulação de obras.

A literatura contemporânea portuguesa é parcialmente ignorada no Brasil, assim como a literatura contemporânea brasileira é francamente desconhecida em Portugal. Ferreira Gullar (1930-2016), por exemplo, um artista múltiplo, tão importante na cultura brasileira moderna e contemporânea, Prêmio Camões em 2010, havia recebido uma primeira edição portuguesa (editora Quasi) de sua obra poética em 2005. Se considerarmos que sua obra se iniciou nos anos 50 do século XX, há um longo intervalo até chegar aos leitores portugueses e, mesmo assim, somente a poesia, não seus ensaios sobre crítica de arte. Outros escritores brasileiros contemporâneos igualmente demoraram a ser editados em Portugal. E, se nos anos 30 a 60, houve muita presença da literatura brasileira em Portugal, lembremos Cecília Meireles, Jorge Amado, Graciliano Ramos, José Lins do Rego, além de Manuel Bandeira, Carlos Drummond de Andrade e João Cabral de Melo Neto, dos anos 70 em diante essa presença foi sendo diluída. Atualmente, com a comunicação eletrônica, encurtando distâncias, e parcerias editoriais, há mais movimento de circulação de escritores brasileiros em Portugal, mas sem ser determinante em termos de leitores conquistados. As revistas literárias portuguesas, especialmente de poesia, também publicam alguns poetas brasileiros contemporâneos, mas a poesia sempre conta com menos leitores.

Em relação ao ensino da literatura brasileira nos cursos de letras portugueses, não temos dados suficientes para um panorama exato, mas, de forma geral, há diferenças apreciáveis em relação ao que é feito no Brasil para a literatura portuguesa. Nos cursos de letras, em Portugal, há outra dinâmica curricular e não há a obrigatoriedade do estudo da literatura brasileira. Sem dúvida, alguns professores portugueses se destacam nesse campo, como os nomes de Arnaldo Saraiva e Francisco Topa (Universidade do Porto), Abel Barros Baptista e Clara Rowland (Universidade Nova de Lisboa), Carlos Mendes de Sousa (Universidade do Minho), Joana Matos Frias (Universidade de Lisboa), e Osvaldo Silvestre (Universidade de Coimbra). Há alguns anos, Osvaldo Silvestre passou a dirigir o Instituto de Estudos Brasileiros (IEB) da Faculdade de Letras da Universidade de Coimbra e vem realizando um trabalho muito ativo, inclusive com convênios com universidades brasileiras, para estudos e compreensão da cultura brasileira.

Antes dele, estava na direção do IEB a professora Maria Aparecida Ribeiro,[17] brasileira radicada em Portugal desde os anos 80, a qual, embora aposentada, continua com estudos sobre escritores brasileiros oitocentistas e modernos e sua recepção em Portugal. Também não podemos deixar de citar Vânia Chaves (Universidade de Lisboa) e Cristina Santos (Universidade de Évora). É de assinalar também que, em 2015, foi criada a "Rede de Professores de Literatura Brasileira em Portugal,"[18] com objetivos interessantes, mas ainda com pouca visibilidade.

Em relação aos autores abordados, pelas comunicações, publicações e listagem de leituras, observamos que os autores brasileiros mais recentes são pouco enfrentados, dominando, como era de prever, autores consagrados como Machado de Assis, Jorge Amado, Guimarães Rosa, Clarice Lispector, João Ubaldo Ribeiro, Rubem Fonseca, Luís Fernando Veríssimo, Chico Buarque, Raduam Nassar, Milton Hatoum. Na poesia, Bandeira, Drummond, João Cabral de Melo Neto, Vinícius de Moraes, sempre referidos. Poetas como Ana Cristina César, Hilda Hilst e Paulo Leminski também são abordados. Dos mais recentes, dependerá das relações de amizade, de edições portuguesas (autorais ou antologias), das parcerias acadêmicas. Eucanaã Ferraz é um poeta com certo reconhecimento em Portugal, assim como Marília Garcia, Ricardo Domeneck, Carlito Azevedo, Marcos Siscar e Heitor Ferraz Mello são conhecidos por aqueles que acompanham os lançamentos e as revistas de poesia que se vão publicando em Portugal e no Brasil.[19] Para isso, contribui muito a internet, encurtando distâncias. Enfim, ainda é uma circulação muito rarefeita e dependente de determinadas condições de edição e de divulgação.

No ensino liceal português, sabemos que há a indicação de alguns escritores brasileiros no âmbito do Plano Nacional de Leitura (PNL) para cada semestre ou ano letivo. Podemos exemplificar, por exemplo, com autores modernos consagrados como Carlos Drummond de Andrade e Clarice Lispector, mas ainda é um quadro pouco diversificado. Também o jornalismo cultural exerce um papel importante na divulgação de literaturas e seus escritores, tanto em Portugal, quanto no Brasil, mas o jornalismo literário brasileiro de grande impacto, como no passado, com suplementos literários importantes do *Jornal Estado de Minas*, do *Jornal do Brasil*, acabou. Hoje dominam os jornais e revistas literárias eletrônicos que vão possibilitando um conhecimento mais diversificado, ainda que mais superficial.

O conhecimento sobre escritores do Brasil contemporâneo, no espaço português atual, também tem aumentado um pouco por causa do trabalho de editoras e pela visibilidade que as redes eletrônicas permitem. Aliás, um saldo positivo do tempo pandêmico foi o aumento de atividades acadêmicas *online*, possibilitando maior visibilidade do que se faz de um lado e do outro, além de maior troca de estudos e diálogos mais ativos e recorrentes entre docentes e pesquisadores. Além disso, há que se considerar a existência de blogs, páginas, programas diversos com foco em poesia, ficção e teatro, além de prêmios importantes como *Oceanos*, *Camões* e as feiras literárias consagradas de um lado e de outro, o que vem dessa forma abrindo um campo mais alargado de interesse literário. Ou seja, há muitos fatores a influenciar os diálogos luso-brasileiros, e são tão variáveis quanto diversificados são os modos de contato, os interesses mútuos, as relações pessoais. A realidade editorial é uma; a realidade de ensino é outra. Há que se ter cautela nos panoramas generalistas, reconhecendo sua parcialidade ou recortes inevitáveis.[20]

Portanto, a possível cegueira existente dos dois lados começa a ser um mal de poucos. A cura reside exatamente em estabelecer operações fortes de abertura de canais de comunicação e de circulação de obras e autores. Além disso, o trabalho dos cursos de Letras em prol dessas literaturas (em cada país) tem que ser apoiado, incentivado e fortalecido. Ao se formar um profissional de letras conhecedor das literaturas de língua portuguesa, ele se torna um agente de culturas multifacetadas, abrindo aos leitores outros horizontes de pensamento e de afetos.

3. Das Ideias à Prática: Formação de Leitores Brasileiros de Escritores Portugueses

O contexto brasileiro para o ensino de literatura portuguesa, como procuramos demonstrar, é ao mesmo tempo restrito, se pensarmos na circulação de obras entre os leitores comuns, e resistentemente receptivo, se considerarmos o trabalho de investigação realizado nas muitas faculdades ou institutos de letras existentes em todo o país, com a execução de diversas atividades em prol da divulgação dos estudos literários portugueses. Só na pós-graduação brasileira existem atualmente 157 Programas e a maior parte deles (123) apresentam linhas de pesquisa em estudos literários.[21] Entre estes, sempre há alguma linha de pesquisa que acolhe estudos de obras de escritores portugueses, mas é no Rio de Janeiro, São Paulo e Minas Gerais que se concentra a maior produção desses estudos, com jovens pesquisadores (mestres e doutores) sendo formados ano após ano. Isso garante que a literatura portuguesa esteja presente nos cursos de letras, que atividades de divulgação sejam feitas, como colóquios, seminários, cursos, encontros, etc., além da publicação de livros ensaísticos, capítulos, artigos em periódicos acadêmicos e em revistas literárias diversas. Uma tendência forte dos estudos literários contemporâneos, no Brasil, é o comparatismo e ainda há muito o que fazer em relação aos estudos comparados entre as literaturas de língua portuguesa. De maneira similar, é necessário que, em Portugal, a literatura brasileira ganhe maior presença nos diferentes níveis de ensino e que se crie efetiva reciprocidade.[22]

Se, nas universidades brasileiras, os estudos portugueses vão se renovando com jovens estudantes de pós-graduação, é necessário ainda enfatizar a importância de outras instituições que se dedicam com afinco à cultura portuguesa, abrindo seus espaços e acervos para todos os que se interessam por Portugal, não apenas universitários de letras. Entre elas, é de justiça destacar o trabalho realizado no âmbito do Real Gabinete Português de Leitura (RGPL), uma biblioteca internacionalmente reconhecida, sediada no Rio de Janeiro, com uma história que remonta ao século XIX[23] e que mantém um Centro de Estudos[24] em biblioteca, certamente o mais antigo e ativo no Brasil.

Atualmente, o RGPL é dirigido por Gilda Santos, professora aposentada da Universidade Federal do Rio de Janeiro, responsável pela criação nesse Centro do Polo de Pesquisas Luso-Brasileiras (PPLB). Constituído em 2001, a princípio com o título de Polo de Pesquisa das Relações Luso-Brasileiras,[25] seu foco é tornar mais visíveis a cultura e a literatura portuguesa em diálogo permanente com o Brasil, em diversos aspectos. Para isso, o PPLB, ao agregar professores de diversas Universidades brasileiras, com as quais mantém parcerias acadêmicas, atua na oferta de cursos de extensão, seminários, colóquios, encontros, ciclo de palestras e outras atividades de pesquisa e de divulgação cultural. No período pandêmico, não parou suas atividades, inaugurando o canal oficial do Real Gabinete Português de Leitura no YouTube,[26] o que ampliou seu raio de ação.

Muitos já foram e são os projetos acadêmicos desenvolvidos pelo PPLB, como, por exemplo, a digitalização de 30 mil páginas de periódicos luso-brasileiros existentes no acervo do RGPL,[27] o que passou a representar um material precioso e de acesso livre para os investigadores de diferentes áreas. Desde 2018, executa, sob nossa coordenação específica, *Páginas Paisagens Luso-Brasileiras em Movimento*,[28] o qual pretende aproximar as literaturas de língua portuguesa entre si e dos seus leitores no mundo. O título do projeto refere o movimento das páginas de um livro por um leitor que busca saber, de forma inicial, o conteúdo da obra que manuseia. Foi criado, como pode ser visto *online*, um *site* que recebe o que denominamos de "páginas paisagens em movimento," ou seja, obras diversas portuguesas e brasileiras são apresentadas ao leitor virtual por meio de abordagens de aspectos paisagísticos do texto, suas implicações e questões, a partir de um ponto de vista inicialmente geocrítico, mas cada colaborador elabora sua página com a abordagem teórico-metodológica que considerar pertinente à obra tratada. A condição é que a obra seja literária e que os lugares aí citados sejam referenciados.

Há nesse projeto explicitamente uma intenção extensiva: extrapolar o espaço teórico universitário para estabelecer um espaço virtual de contato com um público leitor mais extenso e diversificado, principalmente o brasileiro. Esse público, por meio de textos atrativos pelo conteúdo e pela imagem, poderá ativar sua atenção livremente para obras diversas das literaturas de língua portuguesa que dialogam no espaço do site. Deseja-se atrair o leitor pela percepção mais geográfica do literário, o que pode permitir a consideração de aspectos de reconhecimento, estranhamento, alteridade e semelhança entre essas literaturas. Há ainda outro objetivo muito importante: essas "páginas" podem contribuir diretamente para os estudos literários portugueses e brasileiros no espaço escolar em diferentes níveis, com incentivo a práticas diversas de leitura. A base tem caráter interdisciplinar, com *hiperlinks* que levam os leitores a deslocar-se do texto para outros saberes (históricos, sociais, políticos, filosóficos, etc.), permitindo que os professores articulem atividades dialogantes com as demandas dos alunos. Além disso, essa relação paisagística permite o deslocamento de pontos de vista que movem diferentes textualidades literárias. Valorizam-se os pares palavra e imagem, ficção e experiência dos espaços, processos paisagísticos de escrita e de leitura. O projeto é divulgado em escolas do ensino básico e médio, para além do espaço universitário, pois se trata de fortalecer a experiência mais plural do literário. Os diversos pontos de vista no tratamento de cada obra abordam temas que estão na pauta de todas as discussões atuais como conservação de patrimônio cultural, preservação ambiental, urbanismo equilibrado e requalificado, turismo cultural e memória e identidade cultural dos lugares.

O trabalho realizado no *site* é complementado por publicações ensaísticas (série de livros)[29] em que pesquisadores de diferentes instituições apresentam seus estudos de abordagem teórica livre sobre paisagem ou geografia literária ou geopoética ou geocrítica, voltados para obras literárias brasileiras e portuguesas de diferentes épocas. O material publicado no *site* e nos livros estabelece um campo de leitura comparatista a partir desse fio teórico da paisagem. O importante, portanto, é a pluralidade de olhares sobre o mundo que as obras literárias podem permitir a partir da ideia de que a literatura é, a seu modo, uma outra geografia, um pensamento-paisagem que nos faz compreender melhor o mundo que vemos, pisamos e habitamos.

Consideramos igualmente relevante para contribuir com o ensino de literatura portuguesa no Brasil mais um projeto *online* do PPLB. Trata-se de programas veiculados no canal *YouTube* oficial do Real Gabinete Português de Leitura, uma vez por semana, sob o título de *Prosa e Verso no Real*.[30] Leitores especializados brasileiros ou estrangeiros são convidados a uma conversa informal, de cerca de duas horas, com participação ao vivo de ouvintes que podem perguntar e fazer comentários no *chat*, para que cada um fale de sua relação de leitura com um autor ou autora português/a. O convidado é absolutamente livre para escolher o escritor ou a escritora e sua obra, sem preocupação de cronologia ou gênero. O foco do programa é o jovem estudante, dar a possibilidade de conhecer escritores portugueses que ele não verá em aulas ou de ficar a saber mais sobre outros mais referidos ou lidos no Brasil. Todos os programas ficam gravados no canal do RGPL e podem ser vistos em qualquer momento.

Note-se que esses projetos só podem ser desenvolvidos em parcerias com as universidades, já que todo o trabalho é gracioso em prol da divulgação da cultura e da literatura portuguesa no contexto brasileiro. A recepção tem sido muito positiva e o PPLB continua a projetar novas atividades ao longo de cada ano, como cursos de extensão, seminários temáticos, exposições e o encontro anual intitulado Diálogos de Poesia em Língua Portuguesa, que já vai para sua 17ª edição. Sem dúvida, nas duas últimas décadas, o RGPL transformou seu perfil de biblioteca e vem contribuindo muito ativamente para o conhecimento maior e mais diversificado da literatura portuguesa no Brasil.

Ao falar de parcerias com universidades, devemos registrar aqui as atividades organizadas pelo Núcleo de Estudos de Literatura Portuguesa e Africana (NEPA UFF), que há mais de vinte anos vem desenvolvendo, no Instituto de Letras da Universidade Federal Fluminense, inúmeras ações sobre essas literaturas, responsável ainda pela publicação da revista *Abril NEPA UFF*, dedicada à literatura portuguesa e a literaturas africanas em português, cujos números começaram a ser publicados em 2008 e estão acessíveis para leitura livre.[31] Na UFRJ, existe a Cátedra Jorge de Sena, reunindo as literaturas de língua portuguesa, também com muitas atividades e uma revista, *Metamorfoses*, com acesso *on line*.[32] Além disso, a professora Gilda Santos criou o site *Ler Jorge de Sena*,[33] reunindo imenso material sobre esse incontornável escritor português, repartido por três espaços:

Portugal, Brasil e Estados Unidos. Igualmente criamos, em 2021, em homenagem ao centenário do escritor Carlos de Oliveira, português, mas nascido no Brasil, em Belém do Pará, o site *Carlos de Oliveira Escritor*, com acesso livre.[34] Em outras universidades brasileiras, algumas outras cátedras foram criadas (com algum apoio do Instituto Camões ou da Fundação Calouste Gulbenkian) e são responsáveis pela organização de diferentes atividades de ensino e extensão, além de fomentarem publicações literárias e acadêmicas.

Para além das universidades públicas sediadas no estado do Rio de Janeiro, com forte atuação em estudos portugueses, como a UFRJ, a UFF e a UERJ, encontramos em outras universidades brasileiras, em seus cursos de letras, setores de literatura portuguesa que organizam eventos e publicações de muito boa circulação. Destacamos a USP e a UFMG. Sem dúvida, o desenvolvimento das redes eletrônicas contribuiu muito para facilitar acesso a materiais distantes, para conhecer escritores e seus textos, permitindo trocas de conhecimento e a divulgação de obras, autores e atividades entre públicos diversos, unindo também centenas de professores de literatura portuguesa que tanto trabalham em prol dessa cultura no Brasil.

4. Conclusão

Todo esse trabalho de formação de leitores e de novos pesquisadores é feito por muitas mãos. Seu foco é levar a cultura e a literatura portuguesa a diferentes ouvintes, leitores, estabelecendo diálogos constantes, movimentando a compreensão das culturas de língua portuguesa. Seria de grande impacto que houvesse, na esfera governamental, um projeto cultural e de educação estética bastante estruturado, de longa duração, para promover, por exemplo, a circulação – livre de impostos de importação – das obras literárias de língua portuguesa entre os países que compõem a Comunidade de Países de Língua Portuguesa (CPLP), o que, sem dúvida, facilitaria esse convívio cultural e ampliaria o diálogo literário.

Enquanto isso não se efetiva, e a espera já é longa, nós, professores e pesquisadores brasileiros de literatura portuguesa, vamos atuando de todos os modos possíveis, inclusive com a utilização dos meios eletrônicos tão determinantes em nossa contemporaneidade, para romper limites e superar dificuldades. Por isso, compromissados especialmente com o permanente conhecimento e ativa divulgação da literatura portuguesa no Brasil, essa "estrangeira" continuará entre nós, atraindo a atenção, sendo estimada e reconhecida como parte de todos que pensamos e sentimos o mundo em português.

NOTAS

1. Isso corresponde ao ensino obrigatório em três etapas: educação infantil, ensino fundamental e ensino médio. O ensino fundamental com nove anos de formação, seguidos de três anos de ensino médio, preparando o jovem para entrar no mercado de trabalho. Já o ensino universitário varia de quatro a seis anos a depender do curso escolhido, com os graus de bacharelado e licenciatura. Na pós-graduação, contamos com cursos de especialização (*lato sensu*, em geral de um ano) e de *stricto sensu*, mestrado (dois anos) e doutorado (quatro anos). O ensino pode ser público e privado. As universidades públicas são federais ou estaduais. Registre-se que, em abril de 2017, o MEC entregou a versão final da BNCC ao Conselho Nacional de Educação (CNE). Este a implementou a partir de 22 de dezembro de 2017, quando a versão final foi publicada via a Resolução CNE/CP nº 2. A primeira versão do BNCC foi apresentada em 16 de setembro de 2015.

2. O documento legal pode ser lido integralmente em http://basenacionalcomum.mec. gov.br/images/BNCC_EI_EF_110518_versaofinal_site.pdf.

3. Em 2002, a professora Regina Zilberman, um nome mais do que referencial dos estudos literários no Brasil, publicou um artigo intitulado "Literatura Portuguesa no Brasil – Uma Estrangeira entre Nós?," no qual historiciza o tratamento dado à literatura portuguesa nos estudos literários brasileiros, discutindo razões e perspectivas. Acesso em: https://periodicos.ufn.edu.br/index.php/VIDYA/article/view/464. Passados exatos 20 anos, este artigo dialoga com sua perspectiva, mostrando a continuidade de certos problemas, mas também a vitalidade dos estudos portugueses no país, mantendo essa estrangeira entre nós. Ressaltamos, porém, que este ensaio não resulta de uma pesquisa detalhada e finalizada, sendo somente uma reflexão oriunda da experiência de praticamente 40 anos de magistério de literaturas de língua portuguesa, inicialmente no ensino médio e, a partir de 1993, no ensino superior brasileiro, na área de literatura portuguesa.

4. Aos leitores não familiarizados com a geografia política brasileira, lembramos que o país é uma república federativa formada por 26 estados e o Distrito Federal (Brasília), com uma população de mais de 215 milhões de habitantes, numa extensão continental de 8.516.000 km, o maior país lusófono. Dados populacionais e outras informações podem ser consultadas no site do IBGE – Instituto Brasileiro de Geografia e Estatística. Ver: https://www.ibge.gov.br/.

5. As perguntas e respostas ocorreram em maio de 2022, por sistema eletrônico. Agradecemos a todos que participaram, de diferentes estados do Brasil, mas especialmente à professora doutora Madalena Vaz Pinto, professora adjunta de Literatura Portuguesa na Universidade do Estado Rio de Janeiro – UERJ e do Mestrado Profissional em Letras – PROFLETRAS, que mediou a pesquisa junto a seus alunos de mestrado. Conservamos alguns traços oralizantes de respostas enviadas em tom informal. Utilizamos P1, P2, etc., para separar as respostas recebidas, considerando P = Professor.

6. Zumbi ou Zumbi dos Palmares (1655 – 20/11/1695) foi um líder quilombola brasileiro, o último dos líderes do maior dos quilombos do Brasil colonial, o Quilombo dos Palmares.

7. Visitar o site da ABRAPLIP em https://www.abraplip.org.br/apresentacao/.

8. Nos anos 50, 60 e 70 do século XX, a presença de portugueses era muito maior no quotidiano. Havia os emigrantes que fugiram da pobreza portuguesa dos anos pós-Segunda Guerra ou das condições políticas salazaristas então vigentes. Com a Revolução dos Cravos (1974) e a integração de Portugal ao Mercado Comum Europeu, Portugal preocupou-se muito mais com sua integração europeia e menos com as relações luso-brasileiras. Também o Brasil dos anos 70 e 80 do século XX passou por outras preocupações (fim da ditadura, eleições diretas, constituinte) e integração maior com a América do Norte e América Latina.

9. Regina Zilberman, em seu texto, faz também nota a respeito. Ver nota 1 da página 26.

10. Coincidentemente, enquanto escrevíamos este texto, Jacinto Rêgo de Almeida publicou, no *Jornal de Letras, Artes e Ideias* (Lisboa), uma crônica intitulada "A Suave Lentidão da História," considerando os 200 anos da independência do Brasil. Na crônica, após enfatizar a importância dos estudos brasileiros sobre escritores como Camões, Fernando Pessoa e José Saramago e louvar a figura da professora emérita Cleonice Berardinelli (com 106 anos comemorados em agosto de 2022) – "uma das principais personalidades desta âncora literária, tendo formado ou influenciado numerosos professores de literatura portuguesa de universidades brasileiras" (2022, 24) –, também aponta "vozes discordantes," como a do professor Flávio Kothe, em cujos livros *O Cânone Colonial* e *O Cânone Imperial* a crítica à literatura portuguesa é bastante dura.

11. Compare-se com a preocupação portuguesa de promover seus vinhos no Brasil, realizando exposições, encontros, que já se firmaram no calendário gastronômico do Rio de Janeiro. Em 2022, Portugal é o país convidado para a Bienal do Livro em São Paulo, mas a participação em Bienal do Livro ou Feiras Literárias não acarreta mudanças assináveis na situação de leitura de autores portugueses no Brasil. A demanda de edições brasileiras de autores de Portugal depende também de se conhecer mais e melhor essa outra literatura. O livro português importado custa muito caro, pela desvalorização do Real frente ao Euro. Outro ponto que causa muita polêmica ainda hoje é o Acordo Ortográfico para os países de língua portuguesa. Grande parte da intelectualidade portuguesa manifesta muita resistência a isso, fazendo questão de indicar, na assinatura de seus textos, que não adota o referido Acordo.

12. Sobre essas questões, Eduardo Lourenço (2001), em *A Nau de Ícaro*, refletiu profundamente. A essa obra, com edição brasileira publicada, remetemos o leitor interessado.

13. O referido programa foi criado em 26 de julho de 2011 pelo governo Dilma Rousseff.

14. Vencedor da eleição presidencial ocorrida em outubro de 2022, Luís Inácio Lula da Silva voltou à presidência brasileira a partir de 01 de janeiro de 2023. Com certeza, ocorrerá uma mudança positiva nessa área.

15. O jornalista preparava um artigo que veio a publicar em 06 de março de 2016, no jornal *Público* (suplemento Ípsilon), intitulado "Cânone Literário Lusófono: Uma Ideia que Provoca Resistências." O artigo pode ser acessado em https://www.publico.pt/2016/03/06/culturaipsilon/noticia/canone-literario-lusofono-uma-ideia-que-provoca-resistencias-1725343.

16. No Ensino Médio brasileiro, não há listagens pré-fixadas de autores a serem lidos. O ensino preocupa-se com os movimentos literários e acaba destacando "representantes" para cada época de acordo com o manual escolar utilizado. O professor tem liberdade de fazer suas escolhas de acordo com seu planejamento de aulas e a realidade dos alunos. No universitário, a liberdade de escolha é ampla e os autores estudados vão desde nomes consagrados a novos autores, em relação às linhas de pesquisa a que pertencem os docentes.

17. Foi professora de literatura portuguesa na Universidade do Estado do Rio de Janeiro – UERJ.

18. Verificar site em https://ebpor.wordpress.com/a-rede/

19. Não temos nenhuma pretensão de mapeamento extensivo. São apenas alguns nomes mais referidos.

20. A respeito desse assunto, ler a reportagem no jornal *Público*, publicada em 3 de abril de 2015, sob autoria de Isabel Lucas, com o título "Portugal e Brasil: Orgulho e Preconceito entre as Duas Literaturas": https://www.publico.pt/2015/04/03/culturaipsilon/noticia/portugal-e-brasil-orgulho-e-preconceito-entre-duas-literaturas-1690391.

21. São dados colhidos na plataforma da CAPES no primeiro semestre de 2022.

22. Há interesse, por exemplo, de criar uma Associação Portuguesa de Professores de Literatura Brasileira, que congregue, com ações ativas, docentes e jovens pesquisadores? Não sabemos. Em notícia do jornal *Público*, afirma-se que "a Câmara de Lisboa foi unânime na aprovação de uma proposta do Livre sobre a criação de um Gabinete Brasileiro de Leitura em Lisboa, à semelhança dos que existem, por exemplo, no Rio de Janeiro, Salvador ou Recife, dedicados à língua portuguesa e fundados por emigrantes portugueses" (Moreira, *Público*, 18 de julho de 2022). Esperemos que se realize.

23. "Em 14 de Maio de 1837, um grupo de 43 emigrantes portugueses do Rio de Janeiro – deve-se sublinhar que isto ocorre somente 15 anos depois da Independência do país – reuniu-se na casa do Dr. António José Coelho Lousada, na antiga rua Direita (hoje rua Primeiro de Março), n.º 20, e resolveu criar uma biblioteca para ampliar os conhecimentos de seus sócios e dar oportunidade aos portugueses residentes na então capital do Império de ilustrar o seu espírito." Ler o texto integral da história do RGPL em https://www.realgabinete.com.br/O-Real-Gabinete/Historia.

24. "Criado em 1969, na presidência de António Saldanha de Vasconcellos, mas tornado realidade por António Pedro Martins Rodrigues, o seu primeiro Diretor foi Antonio

Gomes da Costa e seu principal dinamizador Francisco da Gama Lima. Contou sempre, em seus quadros de colaboradores, com um conjunto de professores universitários, nas áreas de Literatura, História, Antropologia, Sociologia, Artes, etc." https://www.realgabinete.com.br/Centro-de-Estudos/Apresentacao_e_Historico.

25. Ver em https://www.realgabinete.com.br/Centro-de-Estudos/Polo-de-Pesquisas-PPLB/Apresentacao.

26. Ver em https://www.youtube.com/channel/UCkeG1pXoKYeNE4p51b3hVFg.

27. Tal projeto, apoiado pela Petrobras, intitulado *O Real em Revista*, foi levado a cabo por um conjunto de professores de diferentes universidades sediadas no estado do Rio de Janeiro, como UFRJ, UFF, UERJ, membros colaboradores do Polo de Pesquisas Luso-Brasileiras.

28. Ver o projeto em http://www.paginasmovimento.com.br/.

29. Foram publicados, em 2020 e 2021, três volumes da série *Páginas Paisagens em Movimento: Rio de Janeiro e Lisboa, Cidades Literárias*, pela editora Contratempo, Rio de Janeiro. Ver nas referências ao final.

30. Ver *playlist* em https://www.youtube.com/playlist?list=PLLtMnIkeE_N1NXVEHHoSFzXQog8Rdxv58.

31. O acesso é via https://periodicos.uff.br/revistaabril/index.

32. Ver em https://catedrajorgedesena.letras.ufrj.br/.

33. Ver em http://www.lerjorgedesena.letras.ufrj.br/.

34. Ver em https://escritorcarlosdeoliveira.com.br/parceiros/, até o momento (29 de julho de 2022) com 4.386 acessos.

REFERÊNCIAS

Almeida, Jacinto Rêgo de Almeida. 2022. "A Suave Lentidão da História." *Jornal de Letras, Artes e Ideias* 1355, no. 24 (07 a 20 de setembro de 2022): 24.

Alves, Ida, e Eduardo da Cruz. 2020. *Paisagens em Movimento: Rio de Janeiro & Lisboa, Cidades Literárias*, v.1. Rio de Janeiro: Contra Capa. Faperj.

Alves, Ida, e Andreia A. M. Castro. 2021. *Paisagens em Movimento: Rio de Janeiro & Lisboa, Cidades Literárias*, v.2. Rio de Janeiro: Contra Capa. Faperj.

Alves, Ida, e Eduardo da Cruz. 2021. *Paisagens em Movimento: Rio de Janeiro & Lisboa, Cidades Literárias*, v.3. Rio de Janeiro: Contra Capa. Faperj.

Base Nacional Comum Curricular. Ministério da Educação, Brasil. 2017-2018. http://basenacionalcomum.mec.gov.br/images/BNCC_EI_EF_110518_versaofinal_site.pdf.

Lourenço, Eduardo. 2001. *A Nau De Ícaro e Imagem e Miragem da Lusofonia*. São Paulo: Companhia das Letras.

Moreira, Cristina Faria. 2002. "Um Gabinete Brasileiro de Leitura em Lisboa para 'Estreitar Laços' com a Maior Comunidade Imigrante do País." Em *Público*, 18 de julho de 2002. https://www.publico.pt/2022/07/18/local/noticia/gabinete-brasileiro-leitura-lisboa-estreitar-lacos-maior-comunidade-imigrante-pais-2014080.

Zilberman, Regina. 2002. "Literatura Portuguesa no Brasil – Uma Estrangeira Entre Nós?" *Vidya* 21, no. 37: 25-41.

IDA ALVES é Professora Titular de Literatura Portuguesa do Instituto de Letras da Universidade Federal Fluminense, Niterói, Brasil. Docente do quadro permanente do Programa de Pós-Graduação em Estudos de Literatura na mesma instituição. Pesquisadora do CNPq. Vice-Coordenadora do Polo de Pesquisas Luso-Brasileiras – PPLB, sediado no Real Gabinete Português de Leitura, Rio de Janeiro. Autora e organizadora de diversas obras sobre poesia portuguesa moderna e contemporânea, assim como relações luso-brasileiras e estudos de paisagem nas literaturas de língua portuguesa. Coordenou o projeto *Páginas Paisagens Luso-Brasileiras em Movimento*, com apoio FAPERJ, anos 2018-2022, Bolsista Cientista do Nosso Estado. Email: idafalves@gmail.com. Orcid: 0000-0002-6892-7289.

A Disciplinarização da Literatura Angolana após a Descolonização

RESUMO. O presente artigo tematiza a problemática da disciplinarização da literatura angolana, tendo em conta três eixos: 1. a instauração de novas narrativas legitimadoras; 2. o funcionamento do campo literário e do sistema educativo; 3. a legitimação e canonicidade da literatura angolana. A consagração disciplinar é abordada numa perspetiva histórica cujo pressuposto assenta na necessidade de interpretar as consequências políticas do processo de descolonização de Angola. A partir daí é possível compreender que os fundamentos da institucionalização do novo sistema educativo e o reconhecimento tardio da literatura angolana como disciplina escolar e académica, à luz das conexões que estabelece com o campo político, enquanto conjunto de obras literárias representativas de uma comunidade histórica multicultural.

PALAVRAS-CHAVE: Descolonização; literatura angolana; disciplinarização; canonicidade

ABSTRACT. This article discusses the issue of Angolan literature disciplinarization, taking three axes into account: 1. the establishment of new legitimating narratives; 2. the functioning of the literary field and the educational system; 3. the legitimation and canonicity of Angolan literature. Disciplinary consecration is approached from a historical perspective whose assumption is based on the need to interpret the political consequences of Angola's decolonization process. From there, it is possible to understand the foundations of the institutionalization of the new educational system and the late recognition of Angolan literature as a school and academic subject, in light of the connections it establishes with the political field, as a set of literary works representative of a multicultural historical community.

KEYWORDS: Decolonization; Angolan literature; disciplinarization; canonicity

1. Introdução

Em 2001, foi desencadeada em Angola a mais profunda reforma curricular e esperava-se que pudesse responder às exigências de um novo sistema educativo cuja implementação decorreria até 2015, de acordo com a *Estratégia Integrada para a Melhoria do Sistema de Educação*. Nesse contexto, foram elaborados os planos curriculares do primeiro e segundo ciclos do ensino secundário. A literatura é definida como disciplina obrigatória cuja denominação curricular afastava qualquer confusão com a literatura angolana. Era apenas um "Programa de Literatura." No entanto, revelava-se necessário introduzir a disciplina de literatura angolana no referido currículo do subsistema do ensino secundário. Apesar de não ser, paradoxalmente, uma disciplina escolar do ponto de vista da sua denominação, na grelha curricular actual, a literatura angolana constitui parte substantiva dos conteúdos programáticos dos dois ciclos do ensino secundário. Esta discrepância entre a denominação da disciplina e os conteúdos curriculares configurava a existência de um problema de ordem semântica que importava equacionar a nível do subsistema do ensino superior.

Com o presente artigo pretendo explorar as dimensões da descolonização política de Angola e os efeitos produzidos no sistema literário. A reflexão será desenvolvida tendo em conta três eixos: a instauração de novas narrativas legitimadoras; o funcionamento do campo literário e do sistema educativo; a disciplinarização da literatura angolana e sua canonicidade.

2. Sistema Colonial e Contra-Literatura

Ao definir o sistema literário no contexto colonial em que se desenvolve a formação da literatura brasileira, António Cândido referia-se a três denominadores comuns que tornam a literatura um aspecto orgânico da civilização, a saber: a. "existência de um conjunto de produtores literários, mais ou menos conscientes do seu papel"; b. "um conjunto de receptores, formando os diferentes tipos de público, sem os quais a obra não vive"; c. um mecanismo transmissor (de modo geral, uma linguagem, traduzida em estilos), que liga uns e outros" (Cândido 2000, 23). No dizer de António Cândido, destaca-se aí um outro elemento fundamental: "a formação da continuidade literária" (24). Com as devidas adaptações, esta definição pode ser útil, por duas razões. Em primeiro lugar, o Brasil foi colónia de Portugal. Em segundo lugar, quando, no século XIX, se iniciou o processo de consolidação do sistema literário angolano, a literatura brasileira era a expressão de um país já independente de que se tomavam de empréstimo alguns modelos.

Em todo o caso, apesar das convenções ocidentais veiculadas pelos dispositivos institucionais da administração colonial portuguesa, existia em Angola uma contra-literatura, um sistema constituído pelas literaturas orais das diferentes comunidades culturais e linguísticas Bantu e Khoi-san que formam a população angolana autóctone. Pode dizer-se que essas literaturas orais eram suportadas por comunidades interpretativas anteriores à constituição do novo segmento do sistema literário integrado por autores, textos, leitores e a língua portuguesa. Estamos perante um cânone potencial. É neste sentido que Mário António admitia que, antes de falar de poesia angolana de língua portuguesa, se tornava necessário elaborar uma ideia do que se entende por "poesia tradicional dos povos de Angola." No dizer de Mário António, trata-se de uma realidade riquíssima e viva, "uma poesia socialmente enquadrada e servindo fins sociais, ela está presente em quase todas as manifestações da sabedoria popular, quer associada ao canto, quer subjacente às diferentes formas de literatura oral: conto, provérbio, adivinha" (António 1994, 29-42).

Portanto, a continuidade literária e as estratégias interpretativas das gerações literárias dos séculos XIX e XX, que escrevem em língua portuguesa, são uma emanação da partilha de convenções, quer da oralidade, quer da escrita, tendo em vista a identificação de propriedades e intenções dos textos. A literatura angolana é, por essa razão, uma das fontes de legitimação da luta dos angolanos pela libertação nacional contra o colonialismo português. Assim se compreende a importância historiográfica da investigação, dos estudos sobre as línguas Bantu e as literaturas orais de autores como o angolano Joaquim Dias Cordeiro da Matta e o suíço Héli Chatelain, no século XIX; bem como a crítica literária e divulgação da literatura angolana a que se dedicaram vários autores, no século XX, entre os quais Mário Pinto de Andrade, Carlos Ervedosa, Costa Andrade, Mário António Fernandes de Oliveira e o crítico e o investigador português Alfredo Margarido. O trabalho de todos eles confirmava a existência de comunidades interpretativas que reconheciam a existência do seu objeto de estudo. Todavia, nesse contexto, deteta-se a ausência de determinados elementos de um completo sistema literário, designadamente as instâncias que conformam o aparelho institucional do Estado moderno de tipo ocidental, respetivos sistemas educativos e de difusão, onde caberia o ensino da literatura angolana, se não lhe fosse atribuído um estatuto marginal de contra-literatura.

Na sua *História da Literatura Portuguesa*, publicada em 1955, António José Saraiva e Óscar Lopes classificavam a literatura angolana como parte da "literatura continental africana de língua portuguesa" (Lopes e Saraiva 1955, 1129). Trata-se de um eufemismo para referir a literatura colonial ou literatura ultramarina, entendidas como instrumentos de homogeneização, "quer a aclimatação do europeu, quer as relações entre as populações indígenas e alienígenas" (Lopes e Saraiva 1955, 1129). Em edições posteriores do livro, aqueles dois autores abandonaram a perspetiva colonial relativamente às literaturas das colónias de Portugal.

A elaboração de antologias literárias e a publicação de opúsculos de história literária angolana, durante o período colonial, constituíam um fenómeno de canonização vaticinante que revelava o processo de auto-reconhecimento e de comparação, realizado pelas gerações literárias que frequentaram os estabelecimentos de ensino secundário na primeira metade do século XX. Estou a referir-me às gerações literárias de 40 e 50. Na sequência da actividade jornalística e associativa desenvolvida em finais do século XIX, a criação de estabelecimentos de ensino, tais como os liceus, nas cidades de Luanda (1919) e Lubango (1929), bem como a existência dos seminários católicos, constituíam fatores impulsionadores de iniciativas desenvolvidas por várias gerações literárias, que se consolidaram após a formação de uma comunidade expressiva de estudantes, em finais da década de 40 do século XX.

Num artigo de opinião, publicado em 1946 no jornal O Farolim, Agostinho Neto era um dos membros inconformados dessa geração literária que saía dos liceus. Reivindicando o conhecimento da sua cultura, denunciava o ensino colonial:

> Os nativos são educados como se tivessem nascido e residissem na Europa.... Não compreendem esta gente que aqui habita, os seus costumes e idiossincrasia. Não têm tradições. Não têm orgulho da sua terra porque nela nada encontram de que se orgulhar; porque não a conhecem. Não têm literatura, têm a alheia. Não têm arte sua. Não têm espírito.
> Não adoptam uma cultura; adaptam-se a uma cultura . . . . (Neto 1946, 3)

É esse estado de coisas que, como veremos mais adiante, sofreria mudanças estruturais com a descolonização.

3. Materiais de Apoio e Ensino

O estatuto de subalternidade atribuído à literatura angolana determinava o seu lugar periférico no contexto do sistema colonial. Por isso, as ruturas registadas durante o período de descolonização permitem identificar duas fases iniciais no processo de produção de materiais pedagógicos. A primeira fase ocorre ainda em

1974, logo após a Revolução do 25 de Abril, em Portugal. Intensificou-se a partir de Janeiro de 1975, por força dos Acordos do Alvor, celebrados por Portugal e pelos três movimentos de libertação nacional (FNLA, MPLA e UNITA).

A segunda fase verifica-se após a formação do Governo de Transição, integrado pelos três movimentos de libertação nacional. Fora do contexto das euforias descoloniais da primeira fase, a inserção de conteúdos programáticos e textos literários angolanos para o ensino da língua portuguesa tem o seu momento seminal em 1975 com a criação do Ministério da Educação e Cultura, que integrava a estrutura do Governo de Transição. O pioneirismo na produção desses materiais de apoio ao ensino coube a Irene Guerra Marques, uma das poucas angolanas com formação superior em Filologia, que teve a iniciativa de organizar os manuais escolares para o curso geral dos liceus e das escolas comerciais e industriais.

A primeira antologia de literatura angolana, após a independência de Angola, foi publicada em 1976. Trata-se de uma antologia histórica, por razões que têm a ver com os fundamentos metodológicos do ensino da literatura angolana. Irene Guerra Marques e sua equipa organizaram esses materiais didáticos para o ensino da língua portuguesa. Nessa altura, o autor destas linhas era estudante liceal, na cidade de Benguela. Com orgulho ainda conservo exemplares desses materiais. Um pouco antes, tinha sido posta a circular a *Antologia da Poesia Angolana*, livro organizado por dois autores portugueses, Filipe Neiva e Salvato Trigo, que chegou a ser usado por alguns professores e que fazia parte da minha nascente biblioteca.

A maioria dos estudantes do ensino secundário faziam a sua iniciação à leitura de textos literários angolanos, em virtude de o Ministério da Educação e Cultura ter tornado obrigatório o uso dos textos selecionados e publicados em fascículos oficiais. A exposição a esses textos viria a revelar-se decisiva, na medida em que, com a proclamação da independência, em novembro de 1975, e a constituição da União dos Escritores Angolanos, em dezembro do mesmo ano, a literatura angolana registaria o seu primeiro *boom* editorial. Além disso, no primeiro governo da República Popular de Angola do Presidente Agostinho Neto, a pasta da Educação e Cultura tinha como responsável um outro poeta, António Jacinto. Tal facto não era casual.

Em 1976, eclodia uma nova guerra cujos campos de batalha já não eram as grandes cidades. Ao nível do governo, autonomizava-se o pelouro da Cultura, no segundo governo de Agostinho Neto. Chegavam às livrarias do país as primeiras edições da União dos Escritores Angolanos e de outras editoras portuguesas, tais como a Sá da Costa e Edições 70. Nessa data, foi publicada a primeira edição impressa da antologia *Poesia de Angola* de Irene Guerra Marques. Do ponto de vista gráfico, era modesta, mas apresentava uma capa e secções ilustradas por desenhos do pintor e escultor José Rodrigues. Usei essa antologia para aprofundar o meu conhecimento da literatura angolana, recorrendo complementarmente à leitura do *Roteiro da Literatura Angolana* de Carlos Ervedosa, publicado pela União dos Escritores Angolanos, e ao livro de Júlio Castro Lopo, *Jornalismo de Angola. Subsídios para a sua História*.

Portanto, a antologia de Irene Guerra Marques é a primeira que se publicava com vocação didática e pedagógica para apoiar o ensino da literatura angolana. Pode dizer-se que, sob os auspícios do Ministério da Educação e Cultura, definia-se a partir daí o primeiro cânone pedagógico oficial. Seguiram-se mudanças parciais com a introdução de novos conteúdos programáticos, logo depois da primeira reforma educativa do período pós-independência, em 1977. Apesar disso, a consagração institucional da literatura angolana, enquanto disciplina escolar, não se traduziu em ensino de qualidade para as exigências do momento. Era no âmbito da disciplina de língua portuguesa que se ministravam os conteúdos programáticos de literatura angolana. Quando se passa em revista os materiais do segundo e terceiro níveis do ensino de base do subsistema do ensino secundário, nomeadamente 6.ª, 7.ª e 8.ª classes, verifica-se que os programas da disciplina de língua portuguesa anulavam a relevância do texto literário. O mesmo ocorria, talvez em menor escala, no ensino médio. Neste último nível, a disciplina era lecionada apenas em duas classes, a 9.ª e 10.ª.

4. Reformas Educativas

Imediatamente após a independência política de Angola, em 11 de novembro de 1975, foi publicada a lei n.º 4/75, de 9 de dezembro, com a qual se procedia à nacionalização do ensino. Iniciava-se, assim, a reforma curricular. O autor destas linhas é testemunha ocular das mudanças que se registaram no ensino secundário. Até aí, fizera estudos da disciplina de língua portuguesa com base em antologias escolares contendo textos de autores portugueses, exclusivamente. Nunca tinha ouvido falar de um tão diverso conjunto de escritores angolanos como aconteceu após o 25 de Abril, embora existisse em Benguela uma tertúlia literária, o círculo *Convivium*, de que faziam parte alguns dos meus professores, grande parte dos quais portugueses, que professavam ideais de esquerda e que publicavam textos de poetas angolanos. Para os adolescentes da época, legitimava-se então a existência daquilo a que hoje podemos chamar campo literário angolano. Os estudantes dos liceus e das escolas comerciais e industriais começaram a ter acesso à leitura das primeiras edições de livros publicados pela União dos Escritores Angolanos, em 1976.

Entretanto, a institucionalização formal de um novo sistema educativo ocorreu a partir de 1978, com a publicação dos *Princípios de Base para a Reformulação do Sistema de Educação e Ensino da República Popular de Angola*. É nesse período que se procede à introdução de novos planos de estudo, manuais e guias de professores no ensino secundário.

O ensino universitário herdado do período colonial e institucionalizado a partir de 1962, com os Estudos Gerais Universitários, tinha dado lugar à Universidade de Luanda, seis anos depois. A oferta formativa passara a contar com uma licenciatura em Filologia Românica, que funcionava no pólo universitário situado na cidade do Lubango, antiga Sá da Bandeira. Em 1976, foi criada a Universidade de Angola. Mas viria a ser afetada igualmente pelas crises da transição política. A superveniente extinção da Faculdade de Letras e Ciências Pedagógicas, em 1980, por força do decreto n.º 95/80 de 30 de agosto, deu lugar ao Instituto Superior de Ciências da Educação, como sinal da reforma que estava a ser conduzida pela Comissão de Reformulação do Ensino Superior. Esta nova instituição contava com uma estrutura científico-pedagógica de cinco departamentos, entre os quais o Departamento de Letras Modernas, cuja oferta formativa compreendia três opções: português, francês e inglês. A literatura angolana era, pela primeira vez, ministrada como disciplina académica. Em 1984, a Universidade de Angola passou a denominar-se Universidade Agostinho Neto. Até ao surgimento das novas unidades orgânicas, em 2002, não possuía outra estrutura vocacionada para o ensino de Ciências Sociais e Humanas, excluindo a Faculdade de Direito.

Com efeito, em 1981, tinha sido recomendada a realização de um diagnóstico ao setor da educação. Uma década depois, foi publicada a lei n.º 13/01, *Lei de Bases do Novo Sistema de Educação*, cuja implementação desencadeou uma nova reforma. Esperava-se que esta viesse responder às exigências de um novo sistema educativo cuja conclusão ocorreria em 2015, de acordo com a *Estratégia Integrada para a Melhoria do Sistema de Educação*. Nesse contexto, foram elaborados os planos curriculares do primeiro e segundo ciclos do ensino secundário. Definia-se aí a literatura como disciplina escolar obrigatória cuja denominação curricular afastava qualquer confusão com a literatura angolana. Apesar de não ser, paradoxalmente, uma disciplina escolar do ponto de vista da sua denominação, na grelha curricular actual, a literatura angolana constitui parte substantiva dos conteúdos programáticos dos dois ciclos do ensino secundário. Esta discrepância entre a denominação da disciplina e os conteúdos curriculares configura a existência de um problema de ordem semântica que importava equacionar a nível do subsistema do ensino superior, concentrando-se na vocação disciplinar da literatura angolana, tendo em conta as potencialidades da articulação interdisciplinar, no contexto do ensino das literaturas africanas e das literaturas de língua portuguesa.

Durante as décadas de 80 e 90 do século XX, dediquei-me ao ensino da disciplina de língua portuguesa no ensino secundário e no ensino médio. A minha experiência permitiu chegar a algumas conclusões referentes ao défice do ensino desta disciplina, num diagnóstico em que as causas residiam fundamentalmente na inadequação dos instrumentos metodológicos. Uma leitura dos manuais do segundo e terceiro níveis do ensino de base, nomeadamente 6.ª, 7.ª e 8.ª classes, permite concluir que os programas da disciplina de língua portuguesa anulavam a relevância do texto literário. O mesmo ocorria, talvez em menor escala, no ensino médio, isto é, 9.ª, 10.ª, 11.ª e 12.ª classes.

A tipologia dos recursos didáticos era uniforme para todos os níveis. Observava-se apenas uma variação no tipo de textos selecionados e seus temas. Os textos de leitura obrigatória para a 5.ª e 6.ª classes obedeciam à esquematização temática do programa da disciplina de ciências sociais. Por sua vez, os temas da 7.ª e 8.ª classes eram propostos com base em critérios diferentes. Esta disparidade, a que acrescia o peso conferido à antologia em uso, *Textos Africanos*, fornecia um perfil caótico do ensino de matérias respeitantes à literatura angolana. O recurso à referida antologia inspirava uma atividade pedagógica baseada na leitura de textos fragmentários, aparentemente articulados entre si de modo aleatório. Com efeito, o ensino da literatura angolana realizado nestes moldes mereceu da minha parte as seguintes observações: a. abordava-se a literatura fora da sua historicidade, apagando a perspetiva da história literária, a perscrutação de registos linguísticos, dos sistemas ideológicos no seu contacto com o passado e as tradições culturais; b. verificava-se o predomínio de excertos que deslocavam o quadro de sentidos das obras, resultando daí a reprodução de um imaginário caótico transmitido ao aluno (Kandjimbo 1997, 147). Do meu ponto de vista, assim se explicava o tratamento incaracterístico dos conteúdos programáticos respeitantes à literatura angolana que, lamentavelmente, ainda perdura nas escolas angolanas.

No decurso do ano letivo de 1992-93, realizei um inquérito a alunos do ensino médio de uma comunidade escolar da cidade de Benguela com uma população de cerca de 1600 estudantes dos três estabelecimentos do ensino médio, nomeadamente, o Instituto Politécnico Industrial, o Instituto Normal e o Pré-Universitário. A amostra privilegiava a comunidade de estudantes do Instituto Politécnico Industrial (Kandjimbo 1997, 75-77).

Os resultados apontavam já para a necessidade de uma autonomização das disciplinas de literatura angolana e língua portuguesa. Mas a prática ensinava igualmente que, através dos procedimentos e métodos que tinha adotado para a lecionação da disciplina de língua portuguesa, iniciava os alunos na leitura do texto literário e na análise literária. Não se tratava de uma simples leitura baseada no modelo linguístico. Procurava fornecer instrumentos que permitissem, além da competência linguística, a aquisição da competência literária e outras competências associadas, podendo assim contribuir para a formação de leitores. Esta constatação pode ser subscrita por qualquer professor que tenha vivido a experiência de estar numa sala de aula em África, perante estudantes africanos ávidos de ler e interpretar um texto literário escrito em língua portuguesa, aplicando ferramentas analíticas com as quais se procura compreender os contextos, os valores morais, culturais e estéticos veiculados pelo texto analisado.

Ora, as incidências desses pluralismos contextuais requerem uma imaginação pedagógica suscetível de ser suportada por uma capacidade de discernir as manifestações da textualidade: o texto linguístico, o texto oral, o texto literário e o respetivo sistema de referências. Por isso, o ensino da literatura angolana recomenda o recurso a metodologias e estratégias pedagógicas que se revelem adequadas. Em semelhantes circunstâncias, o ensino da gramática do texto linguístico não se confunde com o da gramática do texto literário narrativo, por exemplo. Ao invés, inspiram metodologias específicas.

Assim, torna-se necessário assegurar o ensino da língua portuguesa, em situação de duplo contexto, na sua coexistência com as línguas Bantu. A aquisição de competências linguísticas e textuais é um dos fins educativos que se prossegue nesse contexto. Por outro lado, a gramática do texto literário angolano em geral, e especialmente a interpretação do texto narrativo e do texto literário oral na sua versão escrita, visa a formação de leitores dotados de um conhecimento sobre os policódigos literários com a consciência da sua importância. Neste caso, a aquisição de competências literárias e comunicativas concorre para a constituição do *ethos* das comunidades que hoje formam a população de Angola, enquanto Estado. Do ponto de vista da ética da literatura, considero que, ao serem adquiridas, tais competências revelam as potencialidades formativas da literatura e o carácter narrativo da moralidade que, em África, estão subjacentes às práticas da comunicação literária, quer oral, quer escrita.

Numa perspetiva epistemológica, justifica-se que, no ensino secundário, a língua portuguesa e a literatura angolana sejam duas disciplinas diferentes, tendo em conta a sua função, no que diz respeito à consciência moral e consolidação do *ethos* comunitário. Quanto a mim, este é um dos objetivos estratégicos a que devia conduzir a última reforma educativa realizada em Angola.

5. Campo Literário e Condicionalismos

A institucionalização tardia da literatura angolana como disciplina académica, tal como pode ser comprovado com a criação da nova Faculdade de Letras, é tendencialmente contrária ao que aconteceu no domínio do ensino e da investigação da linguística bantu. Neste capítulo, Angola contou, a partir de 1977, com o apoio de agências da Organização das Nações Unidas, tais como o PNUD e a UNESCO, com o objetivo de desenvolver o *Projeto de Valorização das Línguas Nacionais*, visando a elaboração de um Atlas Linguístico e de uma bibliografia sobre as línguas nacionais, no âmbito de programas específicos nas áreas da alfabetização, do ensino, da literatura e da informação. Para o efeito, a Secretaria de Estado da Cultura comportava na sua estrutura orgânica um Instituto Nacional de Línguas. Além do apoio das referidas agências da Organização das Nações Unidas, o projeto que se levava a cabo, nos primeiros anos da independência de Angola, tinha uma componente de cooperação com outros países africanos.

Apesar disso, o ensino da literatura angolana não teve circunstancialmente o mesmo tipo de apoios, tais como os desenvolvidos para a valorização das línguas nacionais. Registava-se uma ausência de elos na cadeia do sistema literário angolano como consequência do regime político de orientação socialista instaurado após a descolonização, o que condicionava a definição de prioridades no subsistema do ensino superior, a favor dos cursos de humanidades.

Ao nível continental, os estados africanos membros da UNESCO desenvolviam esforços que pareciam conduzir a um *curriculum push*. Tinham sido realizadas quatro conferências em África, sob os auspícios da UNESCO, nomeadamente a de Addis Ababa em 1961, de Abidjan em 1964, de Nairobi em 1968 e de Lagos em 1976. Uma das recomendações mais importantes da Conferência de Lagos foi a criação da Organização Africana do Currículo (African Curriculum

Organization) para "permitir uma maior cooperação regional no domínio da reforma curricular e renovação dos *curricula* escolares" (Obanya 1994, 6).

No que diz respeito à reflexão sobre a problemática do ensino das literaturas africanas, a descolonização e o surgimento dos estados independentes em África revelaram-se como oportunidades políticas para as primeiras iniciativas que ocorreram na década de 60 do século XX. Foram três conferências realizadas em 1962, duas na África Ocidental, uma na África Oriental: no Senegal, teve lugar na Faculdade de Letras da Universidade de Dakar; na Serra Leoa, no Fourah Bay College de Freetown; e na Universidade Makerere, no Uganda. Em 1968, eclodiu o grande debate na Universidade de Nairobi sobre a extinção do Departamento de Inglês, cujo objetivo era a introdução do ensino das literaturas africanas. E, ainda em 1981, a Universidade Marien Ngouabi acolheu uma outra conferência sobre a pedagogia das literaturas africanas.

Numa perspetiva comparada, a referida situação vivida em Angola traduzia bem o isolamento causado por dois fatores de peso, a ideologia oficial marxista--leninista e a glossobalcanização, isto é, o conjunto de efeitos produzidos pelo uso exclusivo de línguas oficiais europeias, em detrimento da valorização das línguas francas ou línguas comuns sub-regionais no continente africano. Por essa razão, apesar da institucionalização tardia do ensino da literatura angolana, não se registou qualquer impulso no domínio das relações literárias internacionais com outros países africanos, quer de língua francesa, quer de língua inglesa. De resto, o diálogo intercultural africano situou-se sempre a um nível incipiente. A organização da VI Conferência dos Escritores Afro-Asiáticos pela União dos Escritores Angolanos foi excecionalmente uma manifestação dos condicionalismos políticos e suas incidências no campo literário. Neste caso concreto, o campo literário mantinha uma coexistência problemática com o campo político. Era uma consequência da Guerra Fria e das clivagens ideológicas, na medida em que o Estado angolano pertencia à Organização de Solidariedade dos Povos Afro-Asiáticos e, por sua vez, a União dos Escritores Angolanos estava filiada à Associação de Escritores Afro-Asiáticos.

Se a fortuna editorial de obras de autores angolanos, bem como a efémera circulação de traduções em língua portuguesa de outros autores de países africanos, era um indicador da existência de leitores, a escassez de publicações periódicas consagradas às literaturas, revistas especializadas ou académicas evidenciava a vigilância e o controlo ideológico em matéria de acesso à leitura. Apesar disso, os padrões estéticos literários do realismo socialista recomendados aos escritores viriam a ser objetos de denúncia, num apelo lançado por Agostinho Neto, poeta e Presidente da República, quando falava numa cerimónia de empossamento dos corpos gerentes da União dos Escritores Angolanos, em 1979.

Portanto, até ao início do século XXI, o campo literário angolano, em termos negativos, apresentava as seguintes características: 1. inexistência de instituições de ensino superior com oferta específica no domínio das literaturas; 2. ausência de crítica universitária; 3. marginalidade da crítica literária jornalística; 4. prestígio da avaliação crítica estrangeira, nos meios culturais e literários; 5. função legitimadora da atividade editorial assumida pela União dos Escritores Angolanos, enquanto associação cultural.

6. Consagração Disciplinar

Como foi referido, a literatura angolana tornou-se disciplina académica, pela primeira vez, ao ter sido inscrita nos planos de estudos contidos nas *Propostas de Reformulação dos Cursos do Instituto Superior de Ciências da Educação* (ISCED), no ano académico de 1986/1987. Mas a disciplina integrava o plano curricular da Licenciatura em Ensino de Línguas cuja orientação era dominada pela didática das línguas com uma forte componente psicopedagógica, suportada por disciplinas de caráter ideológico, associadas ao marxismo-leninismo. A carga da área das literaturas reduzia-se a quatro disciplinas. Na opção de português, eram ministradas as seguintes disciplinas: Literatura Geral (1.º ano); Literatura Portuguesa (2.º ano); Literaturas Africanas de Língua Portuguesa (3.º ano); Literatura Angolana (4.º ano). Na opção de francês, eram ministradas as mesmas disciplinas, exceto a Literatura Francesa (2.º ano) e Literaturas Africanas de Língua Francesa (3.º ano); e, de igual modo, na opção de inglês, excetuando Literatura Inglesa (2.º ano) e Literaturas Africanas de Língua Inglesa (3.º ano).

Quando a proposta voltou a ser formulada no ano académico de 1986/1987, e retomado o ensino da literatura angolana no Instituto Superior de Ciências da Educação, como oferta de uma formação específica, já tinha decorrido uma década desde a interrupção registada em 1980. A situação alterar-se-ia, por força de um relatório da Fundação Gomes Teixeira da Universidade do Porto, encomendado pelo governo angolano, ao abrigo de um contrato com o Banco Mundial. Após a elaboração de um diagnóstico sobre o estado da Universidade Agostinho Neto, a única instituição de ensino superior na época, o referido relatório apontava a "inexistência de uma unidade orgânica dedicada às Letras, Humanidades e Ciências Sociais e Humanas," considerando-a a "carência mais evidente da Universidade Agostinho Neto (UAN), em termos da sua organização interna em função da cobertura dos diferentes domínios do saber" (Fundação Gomes Teixeira 1996, 433). Por essa razão, os autores do relatório recomendavam a criação de uma escola, com dupla valência, das letras e humanidades, por um lado, e das ciências sociais e humanas, por outro, consideradas como dois dos eixos de reestruturação e relançamento do ensino superior em Angola.

A oferta da Universidade Agostinho Neto preencheria mais tarde a lacuna formativa no domínio das literaturas, com uma solução fundada numa estrutura curricular coerente. O quadro tornou-se diferente em 2003, quando foi criada a nova unidade orgânica, a Faculdade de Letras e Ciências Sociais. A sua posterior cisão deu lugar à autonomização da Faculdade de Letras, em 2009. Estava assim assegurada a formação específica no domínio das literaturas e, consequentemente, a oportunidade de opções para os estudantes que pretendessem obter competências científicas específicas ao nível universitário. A Faculdade de Humanidades, que surge em substituição da Faculdade de Letras, foi criada em 2020 e conta hoje com uma oferta formativa pós-graduada.

7. Canonicidade da Literatura Angolana

A breve abordagem histórica da disciplinarização da literatura angolana permite concluir que lhe é reconhecido um estatuto disciplinar estável. Por outro lado, verifica-se que resulta de um longo processo de legitimação que, tendo iniciado com a necessidade de reivindicar uma literatura autónoma e correspondente contra-cânone ou cânone potencial no século XIX, chegou ao período da descolonização com o estatuto de uma literatura nacional, no âmbito da afirmação e reconhecimento de um Estado soberano. Tal processo de legitimação da literatura assentava no modelo centrado no conceito de nação, tomado de empréstimo à filosofia política ocidental. Deste modo, a sua consagração em Angola deve-se a mimetismos institucionais estaduais e instâncias às quais são atribuídas funções de "controlo institucional da interpretação" (Kermode 1983, 168) e com vocação para formar cânones literários oficiais ou seletivos.

Portanto, a literatura angolana deve ser entendida como um sistema que faz parte de um polissistema cuja complexidade não pode ser ignorada quando um crítico literário, investigador ou professor proceder à avaliação estética, análise ou interpretação dos textos que o constituem. É certo que a história literária angolana não se esgota no desenvolvimento de um dos seus elementos constituintes, o conjunto de textos literários escritos em língua portuguesa, em virtude de a estrutura e a memória do sistema literário angolano englobar textos de transmissão oral. Está aí implícita a ideia segundo a qual as literaturas são sistemas semióticos culturais. Por essa razão, o estudo da disciplinarização da literatura angolana deve ter em conta a memória cultural das diferentes comunidades históricas angolanas e dos sujeitos individuais que as integram, de tal modo que seja possível atribuir sentido ao cânone literário angolano, tendo em conta a sua função estruturante ao nível das políticas educativas e culturais.

A perspetiva diacrónica adotada para compreendermos o modo como se realiza a consagração disciplinar, no período que se segue à descolonização política de Angola, permitiu articular a problemática do reconhecimento de uma comunidade histórica e respetivas obras culturais que, no contexto do sistema colonial, eram marginalizadas. No contexto descolonial, esse sujeito coletivo reconquista a sua dignidade, podendo essas obras ser transmitidas aos angolanos das novas gerações, através dos mecanismos de socialização e dispositivos de reprodução cultural. Por conseguinte, percebe-se que o processo de disciplinarização da literatura angolana estabelece conexões com o campo político, na medida em que está em jogo a imposição da visão legítima a respeito dos princípios de classificação de obras literárias, no contexto institucional escolar e universitário.

REFERÊNCIAS

António, Mário. 1994. "Introdução." Em *Antologias de Poesia da Casa dos Estudantes do Império, 1951-1963. Angola e S. Tomé e Príncipe*, editado por ACEI, 29-42. Lisboa: UCCLA.

Cândido, António. 2000. *Formação da Literatura Brasileira*. Rio de Janeiro: Editora Itatiaia.

Costa, Graça Pitra. 2018. *Evolução Histórico-Jurídica do Direito da Educação em Angola.1975-2007*. Luanda: Texto Editores.

Ervedosa, Carlos. 1979. *Roteiro da Literatura Angolana*. Lisboa: Edições 70.

Fowler, Alastair. 1979. "Genre and the Literary Canon." *New Literary History* 11: 97-11.

Fundação Gomes Teixeira. 1996. *Contributos para a Revitalização da Universidade em Angola*. Porto: Universidade do Porto.

Gyekye, Kwame. 1997. *Tradition and Modernity. Philosophical Reflections on the African Experience*. New York: Oxford University Press.

Instituto Nacional de Línguas. 1980. *Histórico sobre a Criação dos Alfabetos em Línguas Nacionais*. Luanda: INALD.

Instituto Superior de Ciências da Educação (ISCED). 2002. *Reforma Curricular*. Luanda: Edições Kulonga.

Kandjimbo, Luís. 2019. *Alumbu – O Cânone Endógeno no Campo Literário Angolano*. Luanda: Mayamba Editora.

————. 1997. *Apologia de Kalitangi*. Luanda: INALD.

Kermode, Frank. 1983. *The Art of Telling. Essays on Fiction*. Massachusetts: Harvard University Press.

Laranjeira, Pires. 2002. "Literatura, Cânone e Poder Político." *Mar Além – Revista de Cultura e Literatura dos Países Africanos de Língua Portuguesa*, fevereiro: 36-41.

Lopes, Óscar, e António José Saraiva. 1955. *História da Literatura Portuguesa*. Porto: Porto Editora.

Lopo, Júlio Castro. 1964. *Jornalismo de Angola. Subsídios para a sua História*. Luanda: Centro de Informação e Turismo de Angola.

Marques, Irene Guerra. 1985. *Algumas Considerações sobre a Problemática Linguística em Angola*. Luanda: INALD.

Martinho, Ana Maria. 2001. *Cânones Literários e Educação. Os Casos Angolano e Moçambicano*. Lisboa: Fundação Calouste Gulbenkian/Fundação para a Ciência e Tecnologia.

Ministério da Educação. 2005. *Currículo do 1.º Ciclo do Ensino Secundário. Reforma Curricular*. Luanda: Instituto Nacional de Investigação e Desenvolvimento da Educação (INIDE).

————. 2005. *Currículo do 2.º Ciclo do Ensino Secundário. Reforma Curricular*. Luanda: Instituto Nacional de Investigação e Desenvolvimento da Educação (INIDE).

————. s.d. *Textos Africanos de Expressão Portuguesa*. Luanda: CIPIE.

Ministério da Educação e Cultura-Angola. 1975. *Curso Geral. Português – Liceal e Técnico*, (1º Ano). Luanda: Gabinete de Estudos.

————. 1975. *Curso Geral. Português – Liceal e Técnico*, (2.º e 3.º Anos). Luanda: Gabinete de Estudos.

Moore, Gerald. 1965. *African Literature and the Universities*. Ibadan: Ibadan University Press.

Neto, Agostinho. 1946. "Uma Causa Psicológica: A 'Marcha' para O Exterior." *O Farolim*, março: 3.

Obanya, Pai. 1994. *Curriculum Reform for Educational Development in Africa: The Role of UNESCO*. Dakar: Breda.

Soares. Francisco. 1999. *"Luís Kandjimbo: Apologia de Kalitangi." Vida & Cultura*, Suplemento de Artes, Letras e Ideais do Jornal de Angola, janeiro: 1-3.

Thiong'o, Ngugi wa. 1986. *Decolonising the Mind. The Politics of Language in African Literature*. Oxford: James Curry.

Universidade Agostinho Neto (ISCED). 1987. *Propostas de Reformulação dos Cursos no ISCED. Tomo I. Planos de Estudo. Ano Académico 1986/1987*. Lubango: Centro de Documentação e Informação.

LUÍS KANDJIMBO é Professor Associado da Faculdade de Humanidades da Universidade Agostinho Neto. Investigador do Instituto de Estudos Literários e Tradição. Faculdade de Ciências Sociais e Humanas da Universidade Nova de Lisboa.

PETER HAYSOM-RODRIGUEZ

Saramago for Beginners: Reflections on Teaching "Coisas" as an Introduction to Saramaguian Dystopia, Allegory, and Political Critique

ABSTRACT: This essay offers a rationale and methodology for introducing students to the fiction of José Saramago through a lesser-known text: his short story "Coisas," from the collection *Objecto quase* (1978), which was taught to first-year undergraduate students at the University of Nottingham in 2019 and 2020. The article begins by justifying the inclusion of Saramago's work—and, specifically, the short story in question—on an undergraduate Lusophone studies syllabus. It is argued that "Coisas" concisely encapsulates Saramago's key literary themes in approachable and easily digestible prose, while containing both contextually specific and universally relevant allusions within a form and genre likely to appeal to young adults. Second, the essay outlines and critically reflects upon the lesson plans and pedagogical strategies used to teach this narrative in previous years, before and during the COVID-19 pandemic. Finally, the article suggests some further methods for teaching "Coisas" to Lusophone studies undergraduates and contemplates other pedagogical contexts in which Saramago's short story might be deployed successfully in the future.

KEYWORDS: José Saramago; short story; pedagogy; dystopia; allegory

RESUMO: Este ensaio propõe uma justificação e uma metodologia pedagógica relativamente ao ensino introdutório à obra ficcional de José Saramago, através de um texto pouco conhecido: o conto "Coisas," da colectânea *Objecto quase* (1978), que foi analisado com estudantes de primeiro ano na Universidade de Nottingham (2019–20). Em primeiro lugar, o artigo problematiza a inclusão da obra de Saramago no programa de uma disciplina de Estudos Lusófonos, com especial ênfase no conto em questão. Defende-se que "Coisas" resume, de forma relevante, algumas das principais questões da obra de Saramago através de uma prosa accessível, e que esta narrativa distópica e alegórica alude tanto a contextos específicos como a circunstâncias universais, utilizando um género literário capaz de instigar jovens adultos. Em segundo lugar, o artigo propõe uma reflexão crítica sobre as estratégias e planos pedagógicos utilizados para ensinar este conto durante a pandemia de COVID-19, e antes dela. Em último lugar, apresentam-se modelos alternativos para ensinar "Coisas" em aulas do ensino universitário na área de Estudos Lusófonos, assim como noutros contextos pedagógicos nos quais se poderia ensinar esta narrativa saramaguiana no futuro.

PALAVRAS-CHAVE: José Saramago; o conto; pedagogia; distopia; alegoria

---

In many cases, our best teaching ideas only come to us *after* the class in question.[1] Having taught José Saramago's "Coisas" to Lusophone studies undergraduates in 2019 and 2020, and having been inspired by the tale of an English literature professor who declined to turn up twice for his own lecture on Samuel Beckett's *Waiting for Godot*, only when sitting down to write this article did it occur to me how my ideal class would begin. First, I would deliberately snag my hand on the door on the way into the seminar room and complain loudly about the gash that the door had left on my palm. I would then attempt to cover it with an adhesive bandage, which would keep falling off and disappearing. Meanwhile, while setting up the teaching equipment, I would pretend to lose all manner of whiteboard markers, devices, and implements, lament the seemingly faulty technology that appeared to "have a mind of its own," and develop an increasing sense of panic at this unexplained situation, openly contemplating whether to call for help. To those students who had dutifully read Saramago's tale of malfunctioning and rebellious "objectos, utensílios, máquinas e instalações," the artificiality of my performance would eventually become clear (and my attempt at humor would be appreciated), while those who had not yet read the short story would begin to feel the unease and sense of impending crisis that the narrative engenders. If executed convincingly, it would be a way of getting under the skin of this text or, at the very least, securing the hungover students' attention early on a Monday morning—or late on a Friday afternoon.

It is through precisely this kind of pedagogical exercise—of transporting a literary text into students' consciousness and into their reality—that a universally relevant and acclaimed author like José Saramago (1922–2010) can be appreciated and understood. Amid much celebration of the author's centenary, this is a particularly pertinent moment for evaluating how (and why) Saramago's fiction can be an effective pedagogical tool for teaching Lusophone literature, Portuguese history, and broader political, social, or philosophical questions.

Accordingly, this article will draw upon my experience of having taught the short story "Coisas" to first-year undergraduates at the University of Nottingham during the 2018–19 and 2020–21 academic years.[2] First, this article will discuss *why* Saramago's work (and more specifically "Coisas") should be taught to Portuguese and Lusophone studies undergraduates (or, indeed, outside of that discipline), outlining the potential pedagogical advantages and challenges that this text presents. Second, I shall focus on *how* this short story can be taught, emphasizing the key themes that can be explored, the allusions that may come up in class, and the opportunities for close analysis that the narrative offers. Third, I will consider how my template for teaching "Coisas" might be improved and developed in the future—and the ways in which others might wish to adapt this model. Above all, this article shall demonstrate the multiple educational uses and consciousness-raising potential of a lesser-known short story by a globally renowned and appreciated author.

At the outset, it should be recognized that Saramago's literature appears (or has appeared) on the syllabi of numerous educational institutions and organizations, from the Portuguese Plano Nacional de Leitura for secondary school students, to British undergraduate degree programs in such institutions as Queen Mary University of London (QMUL 2020) and the University of Cambridge (University of Cambridge 2017), to sociology courses in Tel Aviv (Ben-Moshe 2006). The prevalence of the author's writings within Portuguese and international courses of study is, of course, not a surprise, given the wide circulation of translations of Saramago's novels,[3] the cinematic adaptation of his works by acclaimed directors,[4] and the global recognition and stature awarded to him following his attainment of the 1998 Nobel Prize for Literature. Nonetheless, in certain cases (the Plano Nacional de Leitura in particular), students might legitimately question whether the inclusion of a given Saramago novel is motivated by a concern with canonicity rather than by a clear pedagogical rationale, particularly when it appears alongside "canonical" Portuguese texts by the likes of Fernando Pessoa, Eça de Queiroz, and others.

In truth, such an insistence on the literary "canon" in cultural studies syllabi gets to the heart of a key debate in Western educational philosophy over multiple decades: the relative importance of teaching *knowledge* as opposed to *skills*. The influence of American pedagogist E. D. Hirsch Jr. looms large in this debate; since the 1980s, Hirsch has repeatedly extolled the virtues of "cultural literacy" (1987, xiii) and emphasized the facts, knowledge, and works that children and young people supposedly "need to know" in order to participate and succeed within a shared culture (7–18).[5] Yet proponents of "skills-based" learning, such as John Passmore, have critiqued the "drilling" of children in "stock responses," decrying such practices as a kind of "indoctrination" (Passmore 1972, 416). Indeed, Hirsch's "cultural literacy" approach can be seen as problematic on several counts: not only does it ignore the power differentials that inform the selection and prioritization of "essential" knowledge and the construction of a cultural canon (see Husbands 2015, 49), but it also risks championing canonicity for canonicity's sake, with scant regard for literature that, even if less well known than the so-called classics, could help a young person develop their critical acumen and close analysis skills in a more significant and systematic manner. In the UK context, tensions between the two approaches above have characterized attitudes toward educational and curriculum development in recent years, with Hirsch's focus on minimizing "knowledge gaps" having captivated right-of-center educational policy since 2010 (see Gibb 2015, 12–20), particularly where secondary education (and syllabus development) is concerned. With regard to higher education, the opposite appears to be the case, on account of moves toward "decolonizing" arts and humanities curricula in favor of more diverse producers of culture and epistemologies.[6]

In light of these concerns, educators responsible for selecting, designing, and delivering undergraduate-level cultural content—for example, in an Introduction to Lusophone Societies and Cultures module—may be faced with several (and possibly conflicting) expectations. While there is potential pressure from government bodies and agencies to offer a "canonical" program comprising key authors, texts, or elements of "cultural literacy," other stakeholders (e.g., socially conscious students, departmental colleagues, institutional Equality, Diversity, and Inclusion officers) may well request a pedagogical justification or rationale for selecting a text by a white, male, heterosexual author from continental Portugal, such as Saramago, or Eça de Queiroz. Furthermore, it might be stipulated that the Module Handbook should explain the text's inclusion to the enrolled students, relative to the module's other content, key themes, and broader sociopolitical factors. On this basis, "Coisas," from Saramago's short fiction collection *Objecto quase* (1978), would be an acceptable and desirable object of study, for reasons that I shall outline presently.

Why Saramago? Why "Coisas"?

In some ways, the plot of "Coisas" is deceptively simple: it depicts a dystopian, futuristic, and spatially nondescript city in which everyday objects, tools, furniture, and even entire buildings (which come to be known collectively as "objectos, utensílios, máquinas e instalações," or "oumis" [Saramago 1991, 566]) are disappearing, malfunctioning, and/or attacking citizens with an increasing intensity, leading to a draconian response on the part of the "governo" that controls this diegetic environment. Through a third-person narrator, the short story follows the trajectory of an unnamed single "funcionário" (civil servant),[7] who is injured by a door at the beginning of the narrative. His open wound slowly enlarges, bleeds, and festers. When the *governo* implements numerous authoritarian policies in order to combat the rebellious *oumis*, the *funcionário* both participates in this political repression (by informing on suspicious-looking fellow citizens) and is himself a victim of it, particularly when the authorities demand that each citizen clearly display the letter tattooed on their hand, a letter designed to denote their "category" in this highly stratified dystopian society. As the *funcionário*'s injury worsens and he is unable to "show his hand," he is forced to hide in the shadows and avoid the police and other residents. He returns to fully supporting the *governo* when the "mostre a mão" (585) requirement is lifted, and the authorities evacuate the city so that it can be bombarded. When the *funcionário* seeks a high vantage point from which he can triumphantly view the bombardment, he spots a naked man and woman hiding in a forest, who strangle him before he can report them as *oumis* (592). The narrative concludes when the city disappears—just before being fired upon—and a succession of naked men and women (now exposed as "coisas") emerge from the forest as a new, bright day dawns. The concluding sentiment is one of hope and rebirth, when the fugitive "things" remark: "Agora é preciso reconstruir tudo. . . . Não voltarão os homens a ser postos no lugar das coisas" (593).

I was first introduced to this text during my MA course at the University of Porto, in the Ficção do século XX module taught by Pedro Eiras in 2016,[8] and was struck by the malleability of the short story and the multiple readings that it offered. While this narrative corresponds to the fantasy, science fiction (H. Costa 1997, 334–35), and dystopian genres (Cuadrado 2007, 47), it is a clear use of dystopia as "social criticism" (for instance, of extant political regimes), as outlined by M. Keith Booker (1994). Given the circumstances of twentieth-century Portugal, particularly under the 1933–74 Estado Novo dictatorship primarily led by António de Oliveira Salazar, several allusions spring to mind when

examining "Coisas": the authority exercised by the "polícia de segurança industrial interna (psii)" (Saramago 1991, 573), which is suspiciously close to the dictatorial regime's Polícia Internacional de Defesa do Estado [PIDE]; the *funcionário's*
gleeful collaboration with the city authorities ("Cumpridor, disso me gabo. É preciso ajudar o governo" [574–75]), which alludes to the role of informers/"bufos"
in combating anti-Salazarist opposition (Gallagher 1979, 387); the use of gov-
ernment-run media and propaganda to ensure social control ("[O funcionário]
[d]eixou-se fixar a olhar, distraidamente, como hipnotizado pela fixidez da imagem" [Saramago 1991, 565]); and the rebellion of *oumis*, which mirrors antidicta-
torial resistance prior to the 1974 Carnation Revolution (Siqueira 2018, 121).

Simultaneously, these references to "living under dictatorship" (Sabine 2013)
are complemented by "the story's use of symbolism and allegory" to denounce
the Estado Novo's 1961–74 Colonial Wars against revolutionary insurgents in
Portugal's African colonies (Sabine 2011, 49). Specifically, there are multiple
references to mobilization, military offensives, and total war, "[a] guerra sem
quartel" (Saramago 1991, 573), while other motifs can be read as a critique of
key aspects of the twentieth-century Portuguese empire. In particular, the hier-
archy of letters tattooed on these fictional citizens' palms (with the possibility
of advancement for "conformers") gestures toward the prevalence of racial cat-
egorization in Portugal's African colonies: one is reminded of the Estatuto do
Indígena governing human rights from 1926 onward, which allowed an African
native "indígena" to attain "assimilado" status if they completed a series of tests
and requirements established by the Portuguese authorities.

These characteristics of "Coisas" should, in themselves, be reason enough
to include the short story as a set text on a first-year undergraduate "survey"
module or on a more in-depth second-year module on Lusophone literary/cul-
tural production. Having been penned by Portugal's only Nobel Prize–winning
author to date, this narrative would satisfy those championing literary "canonicity," while the anticolonial (indeed, antiracist) implications of the short story
allow it to be examined in the light of "decolonizing" pedagogical practices.
At the same time, in studying this narrative, the reader is provided with highly
memorable visual cues for key elements of Portuguese political and colonial history, which in turn constitute an essential part of many Portuguese/Lusophone
studies undergraduate degree curricula.

Moreover, Saramago's narrative would also appeal to advocates of "skills-
based" literature teaching, given the rich and complex layers of analysis that can

be deployed, thereby allowing readers to construct their own individual meanings and interpretations within a seminar setting. In fact, to some degree "Coisas" chronicles the development of not only a generic dictatorial system (which, in any case, appears to predate the beginning of the diegesis) but also a "totalitarian bureaucracy, with a more complete understanding of the meaning of absolute power" (Arendt 2017, 320), featuring a protagonist reminiscent of "the inhabitants of a totalitarian country . . . who can only be executioners or victims of its inherent law" (615).[9] Furthermore, the fictional *governo*'s sudden implementation of strict social control measures (despite already appearing to be a somewhat authoritarian regime) can be read in light of what Giorgio Agamben has termed "the state of exception": "a threshold of indeterminacy between democracy and absolutism" (Agamben 2005, 2–3), which establishes "a legal civil war that allows for the physical elimination not only of political adversaries but of entire categories of citizens" (2). The elements of (mutual) surveillance alluded to in "Coisas" also correspond somewhat to Michel Foucault's comments on a "panopticism" that is "polyvalent in its applications," a "generalized surveillance," and the development of a twentieth-century "disciplinary society" (Foucault 1995, 206–7). These are just some of the philosophical issues that "Coisas" takes up; in-class discussions with engaged students would surely bring more topics to the fore.

As a result, this short narrative resonates with a multitude of political systems and circumstances from the past century and from across the globe. As Ana Márcia Alves Siqueira has noted, for instance, the tattooing of letters onto each citizen's palm (as if they were "things") closely resembles the Jewish lapel star and the treatment of concentration camp victims under Nazi rule, while the imagery of extended arms parading through the city's streets ("as pessoas . . . passavam umas pelas outras, de braço estendido, dobrando a mão pelo pulso, para cima" [Saramago 1991, 577–78]) is a clear evocation of Fascist (or Nazi) iconography (Siqueira 2018, 120). Simultaneously, the fictional authorities' command to citizens to "mostr[a]r a mão" or their "cartão identificativo" (Saramago 1991, 558) holds a particular relevance in the increasingly "papers please"–oriented societies of western Europe. While a multitude of European democracies (including Portugal) instruct residents to carry identification cards when out in public, in the UK, police "stop and search" powers have come under increasing political scrutiny, and bureaucratic documents such as passports or residence permits must now be shown before beginning work, renting a home, or using health services (see Joint Council for the Welfare of Immigrants 2022).

Inevitably, the issue of state control and overreach recalls a recent, unprecedented, and all-encompassing crisis that everyone will remember: the COVID-19 pandemic (2019–present). While the severity of government-mandated lockdowns and quarantines has clearly varied from country to country, images of social control measures, curfews, and personal documents justifying one's presence are both instantly recognizable to all readers and recur throughout Saramago's narrative. Government COVID messaging, particularly in the British case, relates strongly to the fictional *governo*'s statement that "Os cidadãos utentes devem recusar o boato, o empolamento, a manipulação" (Saramago 1991, 566–67)—an appeal against "fake news"—and the authorities' rapidly shifting slogans ("Dadas as circunstâncias, e tendo-se revelado infrutífera a palavra de ordem 'vigilância e mão aberta,' é essa palavra de ordem substituída por esta outra: vigiar e atacar" [588]), are not far removed from the English government's oscillation between instructing residents to "Stay Home, Protect the NHS, Save Lives" and to "Stay Alert, Control the Virus, Save Lives" (Hickman 2020; Degun 2021).

The real-world allusions above are all ways in which "Coisas" might be interpreted and appreciated by young adults, but the question remains: Why should this short story be selected for teaching over any other Saramaguian narrative? Surely more specific details of twentieth-century Portuguese history can be gleaned from *Levantado do chão* (1980), whereas more sustained and systematized metaphors for human fragility and evil are articulated in Saramago's post-1990 novels like *Ensaio sobre a cegueira* (1995)?[10] One justification lies in the potential of this particular narrative to encapsulate both the historical and allegorical "phases" of Saramago's career. If, as Perfecto E. Cuadrado claims, the short stories of *Objecto quase* represent incipient harbingers of the author's later novels and should therefore not be regarded as a minor footnote in Saramago's work (Cuadrado 2007, 43), "Coisas" is perhaps the most effective illustration of his entire body of literature, contained within fewer than forty pages of prose (Saramago 1991, 555–93).[11]

Another compelling reason to adopt "Coisas" as teaching material lies in its form and genre, which are highly likely to appeal to teenagers and young adults. Multiple scholars contend that "[m]ore than longer prose, drama, or poetry, the short story is an eminently *teachable* genre" relative to longer prose, which "can be unwieldy, and discussion can lose the level of scrutiny that truly builds critical acumen" (Hamilton and Kratzke 1999, xii). This dynamic is particularly relevant to Saramago's novels from 1980 onward, in which, as the translator Margaret Jull Costa has openly admitted, "[t]he sheer density of the words on the page can prove exhausting, for both paragraphs and sentences can be immensely long. It is very easy, at first, to lose one's way not just in the long sentences, but also in the page itself" (M. Costa 1999, 211). In "Coisas," however, the prose is clear, concise, and accessible, with conventional Portuguese speech markers and paragraphing, thereby assisting with Portuguese-language learning for beginners or intermediate students (should educators choose to work with the original text).[12] Moreover, it has been suggested that "[the short story's] world flicker[s] with multiple and changing perspectives that are perfect for the classroom"—qualities that "Coisas" certainly offers—while (generally) avoiding "didacticism and self-indulgence" (Hamilton and Kratzke 1999, xii), as Saramago's narrative also avoids.

The positioning of "Coisas" within the dystopian literary genre is also a significant advantage in terms of inciting student interest. As Michael Arthur Soares convincingly outlines, one of the virtues of traditional "dystopian" narratives—such as George Orwell's Nineteen Eighty-Four (1949)—is that they can be "tied to the [contemporary] headlines" and related to real-life "Orwellian Spaces" that adolescents and young adults may have experienced firsthand, meaning that such students are already "primed" for nightmarish scenarios within such literary works (Soares 2020, 75–78).[13] Moreover, even if Nineteen Eighty-Four, Aldous Huxley's Brave New World (1932), and Ray Bradbury's Farenheit 451 (1953) are not necessarily secondary school–level set texts or commonly recognized cultural references for many young adults, dystopian fictional worlds are increasingly consumed by teenage readers (Hill 2012, 99). This trend is evidenced, for instance, by the success of the Hunger Games novel series (2008–20), which, among other narratives designed for a teen audience, has the potential to provoke and influence the political engagement and development of young adults (see Jones and Paris 2018; Connors 2021). One can also point to the success of the Hunger Games (2012–present) film franchise and the highly acclaimed video game The Last of Us (2013-present)—sequels have been released and a new game is in development as proof that popular culture (and, specifically, youth culture) is highly attuned to the "dystopian impulse" (Booker 1994). On this basis, "Coisas" has a high probability of grabbing the attention of undergraduates aged eighteen to twenty-two.

Finally, there are ethical considerations that come to bear on the selection of this specific Saramaguian text. In particular, is it fair and appropriate to expect a student's first (and potentially only) experience of reading this author in an educational environment to be a long, linguistically challenging, and structurally complex novel, often laden with complicated contextual references and intertextuality that a new reader may find somewhat opaque?[14] Such an approach may be acceptable for literature-heavy syllabi or content-oriented curricula, but for first-year "survey modules" or pure language classes, this strategy may alienate students rather than generate passion or enhance close analysis skills. Therefore, working with a shorter and more accessible narrative by this author is likely to improve student confidence as well as their critical acumen, and it works to "prepare the ground" for more complex literary texts by Saramago (or indeed by any other Lusophone writer).

As a result, "Coisas" is an eminently accessible, relevant, and nondiscriminatory object of study. It should be seriously considered for inclusion within Lusophone literature/culture modules, not because it is the work of a "canonical" or "great" author—in fact, it is generally viewed as rather peripheral within Saramago's oeuvre—but because it has innate literary qualities that make it an ideal introduction to the Nobel Prize winner's fiction. Through its very form, genre, plot, setting, and themes, this short story helps the student reader understand pertinent Portuguese and international issues, develop their close reading skills, and debate the narrative's continuing relevance in multiple political and social fields.

How to Teach Saramago through "Coisas"

At this juncture, I shall reflect on how I have taught "Coisas" at Nottingham in previous years, before and during the COVID-19 pandemic (March 2019 and December 2020). Before my 2019 class, my brief was to design and deliver a class for a Lusophone studies "survey module" that would sit comfortably alongside such topics as Portugal's Colonial Wars, post–Civil War Angolan cinema, and post-independence Mozambican literature. Fortunately, the format of this module involved a two-hour class on each topic, allowing for content delivery and seminar discussion within the space of the same class; as indicated earlier, a short story such as "Coisas" would be much more effectively taught in a seminar than in a lecture, given the importance of student reactions and group discussion for joint construction of meaning.

Prior to the class, several pedagogical guides helped me develop this teaching material. A group of Brazilian scholars has proposed an interdisciplinary, "horizontal," and "rhizomatic" approach to teaching Saramago's work, especially in countries where it is less readily recognized (Lacowicz et al. 2009, 1–11).

Accordingly, my lesson plan made explicit links between Saramago's immediate context (dictatorial Portugal) and the political, social, and economic conditions of twenty-first-century Britain. More broadly, Gillian Lazar's remarks in *Literature and Language Teaching* (1993) were extremely helpful, despite the fact that my intention for this first-year class was to use Giovanni Pontiero's English translation rather than the Portuguese original.[15] Lazar's thoughts on text selection (that the text should be "relevant to the students' own society," short enough to be covered in detail, and aligned with other objects of study on the syllabus [1993, 55–62]) assuaged my initial doubts regarding the narrative's appropriateness for this module. Moreover, Lazar's outline of common student issues with short stories—"inadequate reading strategies"; lack of "confidence to make own interpretations"; "don't read much in own language"; and difficulties in "following the plot" and "understanding the characters" (76)—was instrumental in my development of an engaging and eye-opening class on "Coisas."

Accordingly, the session began with a focus on *comprehension*. A five-minute "buzz group" activity involved three different tasks allocated to classroom groups. First, Group A was asked to summarize the short story's plot in bullet points, thereby ensuring a base level of understanding (in line with Lazar's suggestion [85]). Group B was tasked with outlining the relationship between the *funcionário* and the *governo* throughout the narrative and the way in which it evolves. Group C was asked to choose the literary genre of the story and their reasons for that choice. Further comprehension questions followed: What could the "objectos, utensílios, máquinas e instalações" represent? What about their rebellion? What are we to make of the developing injury on the *funcionário*'s hand? Finally, how are we supposed to interpret the ending?

Subsequently, the seminar developed into a general outline of the dystopian genre, including examples of dystopias in literature, film, and video games, their key characteristics, and the appearance of those elements within "Coisas." Then, with specific reference to the "Oceania" regime of *Nineteen Eighty-Four*, I drew parallels between the rabid anger that Saramago's *governo* incites within its citizens ("Sentiu uma grande fúria. Nenhum medo, apenas uma grande e saudável fúria. Ódio. Uma raiva de matar" [Saramago 1991, 589]) and the "two minutes' hate" that appears in Michael Radford's cinematic adaptation of Orwell's novel (Radford 1984)—a particularly jolting experience for students attending a Monday-morning class. I also established a connection between the repeated use of acronyms throughout Saramago's narrative ("serviço médico [sm]"; "nota oficiosa do governo [nog]" [Saramago 1991, 555–64]) and Oceania's invention of the "Newspeak" language, using an explanatory video to make this allusion explicit (Zeng 2017).

Once the productive avenues of this discussion of dystopian texts had been exhausted, I shifted the class's focus toward social criticism, beginning with a citation from Booker's study regarding the use of "defamiliarization" within "spatially or temporally distant settings" (Booker 1994, 19) as a strategy for critiquing extreme-left and far-right dictatorial (or totalitarian) regimes. This in turn led to the question of "allegory," for which I offered the Dictionary.com (2022) definition: "a representation of an abstract or spiritual meaning through concrete or material forms; figurative treatment of one subject under the guise of another." Armed with this information, the students began to explore the allegorical possibilities of "Coisas," and I started the discussion by outlining the links between Saramago's diegetic environment and the Salazarist dictatorship, its Colonial Wars, and resistance to that repressive regime. Students were then invited to contemplate what other dictatorial precedents might come to mind when reading this short story, with a particular focus on imagery pertaining to militaristic and fascistic behavior. Finally, I asked students to consider examples of surveillance, bureaucracy, and creeping authoritarianism in ostensibly democratic contemporary contexts.

In my critical self-reflections after this class had taken place, I concluded that several components—such as the initial comprehension activities—had been rather successful, as had my overview of dystopian cultural production and the exploration of how "Coisas" operated within this paradigm. What I believed to have been less effective, however, was the discussion of authoritarian regimes and their relationship to the short story's diegetic environment: it had perhaps been unreasonable to expect that first-year undergraduates, with a range of different module choices, would come to the class armed with extensive knowledge of the Portuguese dictatorship or other examples of nondemocratic governments. The problem still remained, though, of how to link the short story's content and themes to contemporary experiences and make the narrative "relevant to the students' own society" (Lazar 1993, 62) in order to ensure their engagement with this object of study.

As it happened, the arrival of COVID-19 in the UK in early 2020 meant that future readers of "Coisas" would automatically develop firsthand knowledge of quarantines, curfews, suspended rights, and (temporarily) restricted liberties.

Therefore, my second attempt at teaching Saramago's narrative in December 2020—which, rather aptly, took place online during a national lockdown—incorporated current events into the debate on the text's ongoing relevance. Specifically, while this class retained the basic format and order of its March 2019 iteration, it also dedicated considerable attention to the COVID-19 global public health emergency, likening the text's evocation of crisis, hysteria, policing measures, and government messaging to real-life examples of the pandemic's impact on contemporary societies. Ultimately, this change was a significant improvement on my previous lesson plan: it provided a timely opportunity for students to "read literature cross-culturally" and to "compare their own experiences with the ones in the text" (Lazar 1993, 43–62), thereby increasing their interest and classroom participation.

Overall, the focus of this class was always on the specific text and the meanings that it could generate rather than on the "status" of the author and his place in the national/international canon. An outline of Saramago's literary career and public persona was included (and may have helped some students), but upon reflection, it was perhaps slightly peripheral to the subsequent analysis and discussion, given the avenues for critical analysis and philosophical/ethical reflection that "Coisas" offers *regardless* of who wrote it. The essential message that I sought to impart was that a seemingly ambiguous and nonspecific narrative such as this one could offer a historically and geographically particular reading (Salazarist Portugal), as well as broader and more imaginative interpretations, if the appropriate literary analysis tools (e.g., close reading strategies, attention to allegory) were deployed effectively. This class model can easily be adapted, improved, and fine-tuned in accordance with student, institutional, and/or stakeholder desires and the sociopolitical circumstances of a given time or place. In the section that follows, I offer some tentative suggestions.

"Coisas" in the Future: Conclusions and Suggestions

Throughout this article, I have aimed to convince the reader of the significant benefits attached to introducing students of Lusophone culture to José Saramago through close analysis of a singular, targeted short story, in contrast to the conventional pedagogical approach involving one of his renowned novels. I have defended the inclusion of "Coisas" in university syllabi on the basis of its accessibility, its malleability, and its intense dialogue with the sociopolitical conditions of twentieth-century Portugal (and more broadly). I have proposed a potential template for teaching this short story within a seminar environment, with an emphasis on genre recognition, close critical analysis, and the association of narrative with concrete lived experience (including that of ongoing circumstances).

In what other contexts could this text be taught? As mentioned earlier, "Coisas" certainly lends itself to a first-year "survey" module (in which it would likely be taught in translation) or to a Year 2 / Year 3 literary and cultural studies module (where it could be prescribed in the original Portuguese to assist with language development). Moreover, it could be an extremely valuable object of study within an undergraduate or postgraduate comparative literature module—where, again, the translation could be deployed—or even in a theatrical adaptation, in which the "dramatic performance" of "Coisas" imagined at the beginning of this article could finally come to fruition. It could also appear in educational contexts outside of the university sector: at the risk of angering "cultural literacy" purists in the Portuguese education system, I would advocate for this narrative to be placed on the Plano Nacional de Leitura in place of the current choices of *Memorial do convento* and *O ano da morte de Ricardo Reis*. In this way, Portuguese teenagers would be offered an opportunity to grapple with key Saramaguian themes through a nonthreatening, comprehensible text, thereby leading them to better appreciate Saramago's work in later life. Finally, given the growth of Portuguese "A-level" courses in several UK secondary schools, "Coisas" could act as a language-learning tool and a catalyst for intellectual debate in Portuguese oral classes for students between the ages of sixteen and eighteen. Due to the timeless (and placeless) nature of the issues raised in this short story, a number of pedagogical opportunities present themselves.

How else might the narrative be read in a classroom setting? The answer to that question depends, of course, on what the future holds. The Russia-Ukraine war (2022–present) holds considerable affinity with the bombardments, armed conflict, and resistance described in Saramago's text; the specter of the anti-democratic Right hovers over European nations from Hungary to Portugal; and the current Conservative UK government is determined to prohibit "noisy protests" and ship asylum seekers to Rwanda, all of which means that the warnings of dystopian (and allegorical) fiction are just as essential as they were in 1978. If narratives like "Coisas" continue to be closely analyzed, debated, and discussed, however, there is hope for humanity yet.

NOTES

No data are associated with this article.

1. I would like to thank the peer reviewers of this article for their insightful comments and to extend my gratitude to Mark Sabine, for without his support and the trust he has placed in me, this article would not exist.

2. This class on "Coisas" was designed and delivered by me in March 2019, by Mark Sabine in February 2020, and once again by me in December 2020.

3. For example, Spanish translations by Saramago's widow, Pilar del Río, alongside English renderings by Giovanni Pontiero and Margaret Jull Costa have significantly increased awareness and consumption of his novels across Anglophone nations and in Latin America.

4. See, for instance, Fernando Meirelles's adaptation of *Ensaio sobre a cegueira* (1995) as *Blindness* (2008).

5. See also Hirsch's *Knowledge Deficit: Closing the Shocking Education Gap for American Children* (2006).

6. A paradigmatic example of this tendency is the "Why Is My Curriculum White" campaign, founded by students at University College London in 2014; within the Portuguese/Lusophone studies field, one can consider the "Decolonising Portuguese Studies" roundtable discussion, involving Mark Sabine, Ana Reimão, Emmanuelle Santos, and Stephanie Dennison, which took place at the 2021 Association of British and Irish Lusitanists Conference (University of Newcastle, September 17, 2021).

7. Giovanni Pontiero's translation of this term (Saramago 2012a, 65–114).

8. I took the Mestrado de Estudos Literários, Culturais e Inter-artes course, at the Faculdade de Letras da Universidade do Porto, between 2014 and 2016. The module in question took place in 2016, with the entire *Objecto quase* collection examined in class.

9. Indeed, as Christopher Rollason has highlighted, and as I shall address presently, there is an intrinsic link between Saramago's fiction and George Orwell's totalitarian literary scenario (Rollason 2006, 105–20).

10. Curiously, *Cegueira*'s tale of a plague of blindness has repeatedly been compared to the COVID-19 pandemic, including in the medical journal *The Lancet* (Marchalik and Petrov 2020).

11. While other short stories in this collection offer allegorical potential and critique of extant sociopolitical circumstances (e.g., "Cadeira," "Embargo," and "Refluxo"), they are arguably too brief, limited in scope, or abstract to allow for detailed discussions in a seminar environment.

12. An excellent and accessible translation of *Objecto quase* (by Giovanni Pontiero) also exists, titled *The Lives of Things* (Saramago 2012a).

13. While Soares cites the constant threat of violence (particularly gun-related violence) in US schools (see Soares 2020, 76–77), his analysis is equally applicable to the current

generation of young adults, all of whom have experienced varying degrees of trauma and disruption owing to the COVID-19 pandemic.

14. This is especially true of *Levantado do chão*, which, in Margaret Jull Costa's translation, contains more than fifty footnotes to explain contextual details and literary references (Saramago 2012b).

15. That said, key quotations from the Portuguese original were examined during class alongside the translation.

WORKS CITED

Agamben, Giorgio. 2005. *State of Exception*. Translated by Kevin Attell. Chicago: University of Chicago Press.

Arendt, Hannah. 2017. *The Origins of Totalitarianism*. London: Penguin.

Ben-Moshe, Liat. 2006. "Infusing Disability in the Curriculum: The Case of Saramago's *Blindness*." *Disability Studies Quarterly* 26 (2). https://dsq-sds.org/article/view/688/865. Accessed May 5, 2022.

Booker, M. Keith. 1994. *The Dystopian Impulse in Modern Literature: Fiction as Social Criticism*. Westport, CT: Greenwood Press.

Bradbury, Ray. 2013. *Farenheit 451*. London: Harper Voyager.

Connors, Sean P. 2021. "Engaging High School Students in Interrogating Neoliberalism in Young Adult Dystopian Fiction." *High School Journal* 104 (2): 84–103.

Costa, Horácio. 1997. *José Saramago: O período formativo*. Lisbon: Caminho.

Costa, Margaret Jull. 1999. "On Translation, and on Translating Saramago in Particular." *Portuguese Studies* 15, 207–15.

Cuadrado, Perfecto E. 2007. "*Objecto quase* e o estatuto das obras menores." In *Da possibilidade do impossível: Leituras de Saramago*, edited by Paulo de Medeiros and José N. Ornelas, 41–49. Utrecht: Portuguese Studies Center.

Degun, Gurjit. 2021. "Government Revives 'Stay at Home' Slogan." *Campaign*, January 5, 2021. https://www.campaignlive.co.uk/article/government-revives-stay-home-slogan/1703638. Accessed April 27, 2022.

Dictionary.com. 2022. "Allegory." *Dictionary.com*. https://www.dictionary.com/browse/allegory. Accessed April 27, 2022.

Foucault, Michel. 1995. *Discipline and Punish: The Birth of the Prison*. Translated by Alan Sheridan. New York: Vintage Books.

Gallagher, Tom. 1979. "Controlled Repression in Salazar's Portugal." *Journal of Contemporary History* 14 (3): 385–402.

Gibb, Nick. 2015. "How E. D. Hirsch Came to Shape UK Government Policy." In *Knowledge and the Curriculum: A Collection of Essays to Accompany E. D. Hirsch's Lecture at Policy Exchange*, edited by Jonathan Simons and Natasha Porter, 12–20. London: Policy Exchange.

Hamilton, Carole L., and Peter Kratzke. 1999. "Foreword: What Is a Short Story, and How Do We Teach It?" In *Short Stories in the Classroom*, edited by Carole L. Hamilton and Peter Kratzke, xi–xv. Urbana, IL: National Council of Teachers of English.

Hickman, Arvind. 2020. "PR Pros Lambast New Government 'Stay Alert' Slogan as 'Unclear' and 'Unhelpful.'" *PR Week*, May 12, 2020. *https://www.prweek.com/ article/1682781/pr-pros-lambast-new-government-stay-alert-slogan-unclear-unhelpful*. Accessed May 11, 2022.

Hill, Crag. 2012. "Dystopian Novels: What Imagined Futures Tell Young Readers about the Present and the Future." In *Teaching Young Adult Literature Today: Insights, Considerations, and Perspectives for the Classroom Teacher*, edited by Judith A. Hayn and Jeffrey S. Kaplan, 99–115. Lanham, MD: Rowman & Littlefield.

Hirsch, E. D., Jr. 1987. *Cultural Literacy: What Every American Needs to Know*. Boston: Houghton Mifflin.

———. 2006. *The Knowledge Deficit: Closing the Shocking Education Gap for American Children*. Boston: Houghton Mifflin.

Husbands, Chris. 2015. "Which Knowledge Matters Most?" In *Knowledge and the Curriculum: A Collection of Essays to Accompany E. D. Hirsch's Lecture at Policy Exchange*, edited by Jonathan Simons and Natasha Porter, 43–50. London: Policy Exchange.

Huxley, Aldous. 2008. *Brave New World*. London: Penguin Books.

Joint Council for the Welfare of Immigrants. 2022. "The Hostile Environment Explained." The Joint Council for the Welfare of Immigrants. *https://www.jcwi.org.uk/the-hostile-environment-explained*. Accessed May 12, 2022.

Jones, Calvert W., and Celia Paris. 2018. "It's the End of the World and They Know It: How Dystopian Fiction Shapes Political Attitudes." *Perspectives on Politics* 16 (4): 969–89.

Lacowicz, Stanis David, Pedro Leites Jr., Alexandre da Silva Zanella, and Elizabete Arcalá Sibin. 2009. "Ensino de literatura: José Saramago sob uma perspectiva rizomática." *Travessias* 3 (2): 1–11.

Lazar, Gillian. 1993. *Literature and Language Teaching*. Cambridge: Cambridge University Press.

Marchalik, Daniel, and Dimitri Petrov. 2020. "From Literature to Medicine: Seeing COVID-19 through José Saramago's *Blindness*." *The Lancet* 395, 1899.

Meirelles, Fernando (dir.). 2008. *Blindness*. Twentieth Century Fox.

Naughty Dog. 2013. *The Last of Us*. Sony.

Orwell, George. 1989. *Nineteen Eighty-Four*. London: Penguin.

Passmore, John. 1972. "On Teaching to Be Critical." In *Education and the Development of Reason*, edited by R. F. Dearden, P. H. Hirst, and R. S. Peters, 415–33. London: Routledge.

Queen Mary University of London. 2020. "POR 4036 / COM 5036—Colonial Power and Desire: Narratives of Dissent in Portugal and Brazil." QMPLUS. *https://qmplus.qmul.ac.uk*. Accessed April 30, 2022.

Radford, Michael (dir.). 1984. *Nineteen Eighty-Four.* Twentieth Century Fox.

Rollason, Christopher. 2006. "How Totalitarianism Begins at Home: Saramago and Orwell." In *Dialogue with Saramago: Essays in Comparative Literature,* edited by Adriana Alves de Paula Martins and Mark Sabine, 105–20. Manchester: University of Manchester Press.

Sabine, Mark. 2011. "Refitting the Lexicon of Resistance: Saramago, Symbolism and Dictatorship." In *Legacies of War and Dictatorship in Contemporary Spain and Portugal,* edited by Alison Ribeiro de Menezes and Catherine O'Leary, 37–65. Bern: Peter Lang.

———. 2013. "Review: The Lives of Things by José Saramago." *Ceasefire,* January 7, 2013. https://ceasefiremagazine.co.uk/books-review-the-lives-of-things/. Accessed April 28, 2022.

Saramago, José. 1991. *Obras de José Saramago.* Vol. 2. Porto: Lello & Irmão.

———. 1995. *Ensaio sobre a cegueira.* Lisbon: Caminho.

———. 2012a. *The Lives of Things.* Translated by Giovanni Pontiero. London: Verso.

———. 2012b. *Raised from the Ground.* Translated by Margaret Jull Costa. London: Harvill Secker.

Siqueira, Ana Márcia Alves. 2018. "A linguagem fantástica em 'Coisas'—a rebelião necessária." *Abril: Revista do NEPA/UFF* 10 (20): 109–25.

Soares, Michael Arthur. 2020. "Waking Up to Orwellian Spaces: Conscious Students and Dystopian Texts." *English Journal* 109 (3): 74–80.

University of Cambridge. 2017. "PG1: Introduction to the Language, Literatures and Cultures of Portuguese-Speaking Countries." Faculty of Modern and Medieval Languages and Linguistics. *https://www.mmll.cam.ac.uk/pg1.* Accessed May 2, 2022.

Zeng, Weixi (dir.). 2017. "1984: Principles of Newspeak." Vimeo.com. *https://vimeo.com/208891634.* Accessed April 29, 2022.

PETER HAYSOM-RODRIGUEZ is a Teaching Fellow in Portuguese at the University of Leeds and a Teaching Affiliate in Portuguese and Lusophone studies at the University of Nottingham. He holds a BA in modern and medieval languages (Spanish and Portuguese) from the University of Cambridge, an MA in literary, cultural, and interartistic studies from the University of Porto, and a PhD in Portuguese and Lusophone studies from the University of Nottingham. His articles have been published in *Cadernos de literatura comparada* and the *Journal of Lusophone Studies.*

Ensino de Literaturas Gráficas em Português Língua Estrangeira no Contexto da Descolonização do Currículo

RESUMO. Neste artigo, pretendemos abordar o potencial didático da novela gráfica enquanto narrativa multimodal no ensino de literatura em Português Língua Estrangeira (PLE) no contexto da descolonização do currículo. Para tal, propomos o estudo da obra *Cinzas da Revolta*, da autoria da dupla portuguesa Miguel Peres e Jhion (João Amaral). Publicada em 2012, esta novela gráfica retrata a sublevação de 1961 que marca o início da revolta anticolonial no noroeste angolano levada a cabo pela UPA (União dos Povos de Angola) que viria a culminar, anos mais tarde, na Guerra de Libertação. Enquanto instância de textualidade pós-colonial, esta obra permite refletir sobre o conceito de violência – como a violência foi posta ao serviço da ditadura salazarista, como processos de violência transformaram vítimas em criminosos, como é feita a representação gráfica da violência nesta novela gráfica. Adicionalmente, *Cinzas da Revolta* proporciona um debate sobre o potencial deste género, e a sua dupla valência, na descolonização do currículo. Aos estudantes permite explorar a ação colonial e entendê-la do ponto de vista dos povos submissos, num texto onde a ficção e a História se cruzam; aos docentes, propicia a inovação do currículo através do alargamento do conjunto de textos em estudo às literaturas desenhadas.

PALAVRAS-CHAVE: novela gráfica, didática da literatura, géneros literários, narratologia, multimodalidade, português como língua estrangeira.

ABSTRACT. Our purpose in this article is to discuss the didactic potential of the graphic novel as a multimodal narrative in the teaching of literature in Portuguese as a Foreign Language (PLE) in the context of the decolonization of the curriculum. We propose studying *Cinzas da Revolta* (Ashes of the Revolt), by the Portuguese duo Miguel Peres and Jhion (João Amaral). In this graphic novel, published in 2012, the authors depict the 1961 uprising in northwest Angola that marked the beginning of the anticolonial revolt conducted by the UPA (Union of the Peoples of Angola) that would culminate in the Liberation War a few years later. Using this work as an example of postcolonial textuality, we are able to explore the concept of violence – how violence was a part of the Salazar dictatorship, how processes of violence transformed victims into criminals, and how violence is graphically depicted in this graphic novel. Furthermore, *Cinzas da Revolta* provides a debate regarding the potential of this genre, and its dual valence, in decolonizing the curriculum. Through a text that crosses fiction and history, students can examine colonial action and gain an understanding of it from the perspective of submissive peoples; teachers are able to develop curriculum innovations by incorporating comic book literature into the set of texts under study.

KEYWORDS: graphic novel, didactics of literature, literary genres, narratology, multimodality, Portuguese as a foreign language.

1. Introdução

Neste artigo, pretendemos abordar o potencial didático da novela gráfica enquanto narrativa multimodal no ensino de literatura em Português Língua Estrangeira (PLE) no contexto da descolonização do currículo. Para tal, propomos o estudo da obra *Cinzas da Revolta*, da autoria da dupla portuguesa Miguel Peres e Jhion (João Amaral). Publicada em 2012, esta novela gráfica retrata a sublevação de 1961 que marca o início da revolta anticolonial no noroeste angolano levada a cabo pela UPA (União dos Povos de Angola) que viria a culminar, anos mais tarde, na Guerra de Libertação.

Em *Cinzas da Revolta*, Afonso é um jovem lisboeta, fotógrafo e aspirante a pintor *do real*, que narra a operação de resgate de Ana Maria Paes, a personagem em torno da qual se articula a história e a razão do envio de um contingente de jovens portugueses, militarmente inexperientes e ignorantes da verdadeira razão pela qual foram mobilizados para tal operação, da qual ele faz parte. Ana é ainda uma criança, filha de colonos brancos. Quando a revolta rebenta, a sanzala é destruída e a sua vida precipitada para uma realidade muito diferente da que vivera até ali. Ela é vítima tanto de violência física, como emocional. Os seus pais são mortos à sua frente, a casa é incendiada, no entanto, Ana é mantida viva por um dos revoltosos que se torna seu protetor e mentor. João, antigo criado da fazenda, mantém-na escondida em semi-reclusão, em plena savana, nas cercanias de Luanda. Durante os anos que passam juntos, João explica a Ana a razão da revolta e treina-a para abraçar a causa do povo Angolano e lutar por ela, e, consequentemente, ambos desenvolvem uma relação de grande proximidade.

Ainda que seja um período histórico fértil, e longe de ser um tema esgotado, a guerra colonial não parece ser um dos tópicos favoritos dos autores portugueses de banda desenhada (BD), que encontram maior interesse em outros momentos da história nacional. A memória da descolonização e as suas muitas repercussões continuam a ser parcamente exploradas em romances gráficos. Não obstante o número de álbuns em BD ser exíguo, indicador de que este continua a ser um assunto envolvido em silêncio em Portugal e que revela ainda alguma inconciliação com o passado, a guerra colonial tem, apesar de tudo, uma presença na banda desenhada portuguesa, sendo possível demarcar dois períodos distintos: antes e depois do 25 de Abril (Boléo, Lameiras e Santos 1999; Cleto 2011; Viegas 2020).

As obras afetas ao regime colonial marcam as publicações do Estado Novo que exaltam os feitos heróicos dos militares portugueses num teatro de guerra hostil, refletindo o que Boléo, Lameiras e Santos, em *Uma Revolução Desenhada: O 25 de Abril na BD*, definem como um "posicionamento que balança entre fidelidade ao regime e o que se poderia chamar uma utopia de direita" (Boléo, Lameiras e Santos 1999). As figuras nacionais e os protagonistas da guerra são endeusados (Cleto 2011) e usados ao serviço da propaganda ideológica. A ilustração da política de descolonização portuguesa acontece essencialmente a partir de 1974, após a deposição do regime, sendo a tónica colocada nos horrores de guerra, nos problemas encontrados pelos combatentes no regresso à vida civil e no modo como a lógica de guerra corrompe a solidariedade entre seres humanos (Boléo, Lameiras e Santos, 1999).[1]

Cinzas da Revolta representa uma rutura e uma continuidade relativamente às temáticas das obras que a antecederam. A viagem visual que nos transporta a Angola acontece numa data particularmente significativa para a história do país, relativamente à qual muito permanece por contar – o que é revelador de que o conflito de memórias e a reivindicação da verdade histórica parecem não esmorecer com o passar do tempo. O foco não é o MPLA (Movimento Popular de Libertação de Angola), cujo protagonismo tem dominado os discursos historiográficos e também os ficcionais, mas a insurreição da UPA e a subsequente contraofensiva portuguesa, mostrando como este conflito representa o afastamento definitivo de qualquer possibilidade de transição pacífica para a independência e o fim do *mito da harmonia racial* e da paz social nas colónias. Em certos momentos da narrativa, e predominantemente através do discurso de João, evidencia-se a consciência do discurso imperial articulado pelo fascismo português,

217

que criou um sistema de domínio dos colonizados baseado em condições de trabalho muito próximas da escravatura e na repressão sangrenta de qualquer tentativa de oposição.

No entanto, este é um livro inscrito numa perspetiva portuguesa. A história é construída em torno da experiência de Afonso, um jovem marcado pela guerra, que encarna a perceção, corrente à época, de Portugal como instância ultramarina: "se Angola nos pertencia, se Angola era também Portugal, estávamos a matar portugueses, estávamos a derramar sangue irmão" (Peres e Jhion 2012, 22) – palavras que lembram reminiscências do Ato Colonial de 1930, que apresentava o colonialismo como parte da "essência orgânica da Nação Portuguesa" –, para quem a guerra é incongruente, incompreendida, indesejada, induzida à força pela ação ditatorial, uma disrupção na vida daqueles que a protagonizam e cujas marcas permanecerão indeléveis. Uma novela gráfica cujo olhar é ainda o de um país que tem dificuldade em entender a verdadeira amplitude do colonialismo, que aponta o dedo ao outro, o responsabiliza pelo mal causado e cuja perceção fica envolta num *nevoeiro*, num estado de adormecimento e de negação, que não permite distinguir com clareza o real do "irreal," como claramente o expôs o filósofo português José Gil na obra *Portugal, Hoje: O Medo de Existir*. Uma novela gráfica onde o foco da história se centra na experiência de guerra e da alienação que esta provoca ao sujeito que nela participa, mas um sujeito que entende que a guerra traumatiza apenas unilateralmente.[2] Toda a ampla conjuntura histórica, política, social e económica que enforma a ação dos povos angolanos fica por referir. A política de descolonização que se faz sentir por toda a África, à exceção das colónias portuguesas; o contexto do pós Guerra Fria; a independência do vizinho Congo; a expansão da cultura do café, que colocou Portugal na posição de terceiro maior produtor mundial, o que levou à transferência de milhares de pessoas Ovimbundu do centro de Angola *contratadas* à força, criando um clima de desestabilização social irreversível em toda a região noroeste (Neves 2015); a revolta do Cassange. As operações policiais e militares dos portugueses de desumanização e de permanente violência dos direitos humanos e de crime contra a humanidade são omitidas, assim como outras circunstâncias que contextualizam a intervenção nacionalista da UPA, que nesta novela gráfica é ilustrada como a insurgência de um grupo de homens armados com catanas e escassas armas de fogo que parece agir espontaneamente, sem aparente articulação com valores ideológicos e estruturas de liderança. Fica também omisso o envolvimento de Frantz Fanon, um dos mais importantes intelectuais do pós-colonialismo do século XX, com os líderes da UPA, nomeadamente com Holden Roberto, à data no exílio, que viria a ter uma influência marcante na sua liderança e nas ações que então decorreram.[3]

Assim, por tudo quanto é dito, mas também por quanto não é dito neste texto sobre o 15 de Março, *Cinzas da Revolta* constitui-se como uma instância de textualidade pós-colonial que importa considerar para melhor compreender o início da sublevação nacionalista em Angola e refletir sobre o conceito de violência – como a violência foi posta ao serviço da ditadura salazarista, como processos de violência transformaram vítimas em criminosos, como é feita a representação visual da violência nesta novela gráfica. Adicionalmente, *Cinzas da Revolta* proporciona um debate sobre o potencial deste género, e a sua dupla valência, na descolonização do currículo. Aos estudantes permite explorar a ação colonial e entendê-la do ponto de vista dos povos submissos, num texto onde a ficção e a História se cruzam; aos docentes, propicia a inovação do currículo através do alargamento do conjunto de textos em estudo às literaturas desenhadas, levando-nos a repensar o papel da literatura no ensino de PLE e a renovar a prática pedagógica à luz da questão que abaixo se coloca.

2. O que se Ensina quando se Ensina Literatura?

Esta questão não é de hoje. Integra uma série de interrogações que no seio da academia anunciavam, no distante ano de 1968, em França, a crise das humanidades e a crise da literatura. Nesse emblemático ano, o problema do ensino da literatura começava a ser discutido mais sistematicamente, reclamando-se uma transformação radical da sua prática (Combes 1984). Este era o início de uma reflexão que teve um marco histórico no Colóquio de Cérisy, "L'Enseignement de la Littérature," organizado por Tzvetan Todorov e Serge Doubrovsky, em 1969, e que reuniu nomes importantes dos estudos literários em torno da necessidade de repensar o ensino da literatura e de romper com a tradição curricular instituída, cada vez mais centrada no estudo de conceitos, métodos de análise e teorias críticas em detrimento do sentido do texto e das práticas discursivas.

Esta reflexão volta a encontrar nos nossos dias uma grande atualidade. A questão de um possível fim da literatura, ou pelo menos da instituição literária como a conhecemos, tornou-se hoje particularmente atual e sensível,[4] dada a perda gradual do prestígio que outrora a leitura literária ocupava nos currículos escolares e na formação intelectual do indivíduo. A crescente desestabilização que o estatuto da palavra impressa tem vindo a sofrer em consequência da revolução digital e do processo de reconfiguração do espaço de produção cultural que esta implica tornaram a questão *O que se ensina quando se ensina literatura?* tão pertinente hoje quanto era há cinquenta anos.

A componente de literatura em PLE tem como objetivo central melhorar a proficiência linguística dos estudantes, a sua literacia crítica, e promover o contacto com o potencial estético da linguagem com vista ao desenvolvimento de um repertório linguístico variado. Os professores são convidados a explorar diferentes áreas temáticas referentes aos países e comunidades de língua portuguesa, colocando o foco pedagógico no desenvolvimento da competência de leitura. Através da prática diversificada de leitura de textos de diversos géneros e tipologias são desenvolvidas tarefas onde o aluno é levado a interpretar o significado implícito da obra, reconhecer padrões linguísticos e culturais e a identificar distinções de estilo, época e área geográfica, ao mesmo tempo que se visa promover o pensamento crítico e criativo, a descoberta de si e do mundo.

Num ensino que se estrutura em torno da eficácia comunicativa, que o Quadro Europeu Comum de Referência para as Línguas (2001) do Conselho da Europa pressupõe, e onde a diversificação das tipologias de textos é recomendada, o papel da literatura é essencialmente o de ferramenta para a aprendizagem da língua, com vista à formação de um leitor multicultural. Esta abordagem estrutura-se sobretudo nas condições de receção, e o repertório lexical, a experiência linguística do aluno, o impacto das novas tecnologias na transmissão do conhecimento, a generalizada relutância à leitura e o ensino da obra em tradução acabam por se tornar motores de práticas pedagógicas que resultam num afastamento progressivo entre o leitor e a obra.

Assim, paralelamente ao que tem vindo a acontecer no ensino em geral, tratando-se de disciplinas de língua portuguesa, a tendência é a de se preferir o texto não-literário ao texto literário. Tratando-se de módulos de literatura e texto, a tendência é a de se optar pelo abandono de autores e textos mais complexos ou de mais difícil leitura e descodificação. Com efeito, a aprendizagem e a criação do gosto pela leitura surgem intimamente ligadas à aquisição da língua e à alfabetização, pelo que o papel da instituição de ensino é absolutamente fundamental na formação de leitores.

A leitura de textos literários constitui uma componente relevante na formação do aluno através do prazer estético e da descoberta de si e do mundo, e a situação descrita acima repercute-se igualmente no ensino de PLE, onde a didática da literatura enfrenta igualmente o desafio de ter de se reinventar a si mesma. Por um lado, trata-se de apresentar a literatura a partir da sua essência enquanto arte, a de suprir a ânsia por ficção e por comprazimento estético; por outro, investir numa aprendizagem em que o uso criativo da língua (com ênfase na compreensão da ambiguidade, do uso metafórico, da polivalência e da redundância) e o desenvolvimento de habilidades de inferência e dedução de sentidos (explícitos e implícitos) encontram um nível de dificuldade que seja motivador e desafiante para o aluno de PLE e, ao mesmo tempo, fator de desenvolvimento do seu pensamento crítico.

É ainda importante considerar que se trata de uma geração imersa no mundo digital, que cresceu num ambiente em que a internet e o seu alcance global causaram um impacto profundo no seu modo de pensar, na maneira como o seu cérebro processa a informação e na forma como aprende (Helsper e Eynon 2010). À medida que o ecrã se torna o espaço de comunicação dominante, a leitura – como processo de inferência de um texto – passa a ter de lidar com aspetos que até ali lhe eram alheios, nomeadamente a dimensão gráfica da escrita, cuja imagem é explorada esteticamente, e o design multimédia (Kress 2003). Assim, parece acentuar-se progressivamente o hiato entre o perfil do aluno, cada vez mais predisposto para o digital, e aquilo que o nosso sistema educativo foi concebido para ensinar (Prensky 2001).

As consequências da passagem do domínio da escrita para o domínio da imagem, e do livro para o ecrã, são centrais no trabalho de Gunther Kress, um dos fundadores da multimodalidade, e amplamente examinadas em *Literacy in the New Media Age*, de 2003. Nesta obra, o autor salienta como a mudança dos meios de comunicação escritos tradicionais para as novas tecnologias da informação tiveram efeitos profundos no desenvolvimento humano, nas suas dimensões cognitiva, afetiva, cultural e até física, e produziram enormes mudanças na forma e na função da escrita, com impacto direto na maneira como se escreve, mas também como se lê. O autor salienta que a organização da escrita, que era até aqui governada pela linearidade sequencial dos elementos da frase, coordenados temporalmente – o que, no processo de leitura, obriga a seguir um caminho pré-definido pela ordem de aparecimento das palavras para se inferir o sentido do texto –, passa a ser regida pela lógica de organização da imagem, ou seja, pela simultaneidade dos elementos visuais e pela sua organização espacial, o que, do ponto de vista da leitura, promove diferentes caminhos possíveis, possibilitados pelo hyperlink.

Desta forma, o percurso de leitura é estabelecido de acordo com o princípio de relevância do leitor (Kress 2003), que assim viola o imperativo da leitura linear e transgride sistemas de poder, tratando-se, no fundo, de, metaforicamente, descolonizar o processo de leitura em si. Esta realidade está a conduzir a mais do que uma mera deslocação da escrita de um suporte para o outro, está a produzir uma alteração no processo de produção de sentido. Consequentemente, a compreensão de um fenómeno que era até aqui considerado apenas na sua dimensão linguística deve ser tomado numa perspetiva semiótica, para ser compreendido de forma mais abrangente, pois não se trata apenas de considerar a linguagem verbal, mas também de ter em conta outros códigos, nomeadamente os visuais, relativos ao design gráfico da internet, e à multiplicidade de aspetos que os enformam, sobretudo o tamanho, a cor, o movimento, a tridimensionalidade, a posição na *webpage*, entre outros, e a forma como todos contribuem para a formação de sentido (Kress 2003). Gunther Kress lembra ainda que, curiosamente, nunca foram publicados tantos livros como agora e nunca se escreveu tanto; todavia, muito daquilo que é produzido é criado para satisfazer as diferentes estratégias e expectativas destes leitores, num processo em que a configuração gráfica do livro é cada vez mais influenciada pela lógica do ecrã.

Tendo em conta que os leitores que desenvolveram a sua proficiência de leitura através de dispositivos eletrónicos leem de forma diferente, importa considerar que estamos perante uma mudança de paradigma, visível na transição do que Kress designa como "the world as told: reading as interpretation" para "the world as shown: reading as design" e "reading as establishing and imposing criteria of relevance" (Kress 2003). Assim, sendo que a geração que agora ensinamos está imersa no que este autor chama de "lógica de representação visual" (Kress 2003), vemos na inclusão de literaturas multimodais de língua portuguesa no currículo de PLE uma abertura a contextos de leitura diversos e a sistemas semióticos que não apenas o linguístico, mais consentâneos com o perfil do aluno atual, permitindo que o espaço da literatura abrace o efeito de novidade na sala de aula e que novos conjuntos de textos sejam introduzidos, investindo-se na originalidade e na sensação de estranhamento que a literatura fomenta (Chklovski 1973).

As vantagens pedagógicas da banda desenhada são muitas: o conjunto de signos não assenta apenas na linguagem verbal, mas também na dimensão icónica que as caracteriza, ajuda o aluno de PLE a suprir a dificuldade da polivalência do signo literário, e dos múltiplos códigos em que pode ser organizado, apoiando-se na interpretação da imagem. Através da sua leitura, multiplicam-se as possibilidades de inferência de sentido num ambiente que reforça os processos de argumentação dos estudantes, estimulando o aluno a ser protagonista da sua própria aprendizagem e dando-lhe a oportunidade de expressar o seu ponto de vista, imaginar, criar e propor percursos de leitura alternativos que permitam abordar a literatura de uma forma dinâmica.

3. *Cinzas da Revolta*

O dia amanhece em terror, na idílica fazenda de Eduardo e Joaquina Paes. Não nos são dadas referências espaciais exatas; deduzimos, no entanto, que esta fazenda se localiza na zona cafeeira do noroeste de Angola, palco dos acontecimentos do dia 15 de Março de 1961.[5] Ana brinca no exterior da casa, entretida com a sua boneca, em inocente alheamento à tensão que a rodeia, quando o silêncio é cortado pelo barulho ensurdecedor de homens armados a gritar "UPA," que irrompem casa adentro. Não é clara a sua idade, mas supomos que seja uma menina em fase de transição para a adolescência, precocemente precipitada para a vida adulta, no rescaldo dos acontecimentos que então vive.

O discurso é narrado em *flashback* por Afonso, que, regressado a Portugal como "herói de guerra," conta a história da missão militar que integra – uma vez desfeita em cinzas, mais não é do que a metáfora do fracasso da ação colonial. Como mencionámos anteriormente, o narrador desta história é um português que revela bem o pensamento do seu tempo. Arrastado à força para um conflito que desconhece, afastado abruptamente de uma carreira artística na fotografia, o seu desejo é o partilhado pela generalidade da população portuguesa: o de não envolvimento num conflito distante, um conflito que considera não ser seu e cuja dimensão, e real proporção, desconhece. Um conflito que é ocultado pelo véu da ação da censura salazarista, dominante na época, mas um véu que ele não deseja sequer levantar. As suas palavras

> Lembro-me de nesse dia,[6] a essa hora, estar a namorar à beira-rio, em frente ao Tejo. Ninguém fazia ideia de que mais a "sul" de Portugal, aquele "sul" que começávamos a sentir que não nos pertencia, ocorriam tais barbaridades... Não nos passava pela cabeça trocar o pavimento lisboeta . . . pela terra suja que os nossos antepassados reclamavam como nossa, trocar os beijos ternos das nossas namoradas pelos beijos ansiosos da morte . . . sentir medo na nossa própria terra" (prancha 12)

parecem refletir o sentimento de alheamento e de inércia traduzido pelo conceito de "não inscrição" de José Gil, na obra já citada atrás, que se refere à atitude definida pelo filósofo português de afastamento de uma realidade cuja imagem e discurso são destituídos de significado, permitindo ao sujeito colocar-se a uma distância que o iliba de se comprometer, de ter qualquer participação.[7]

Assim, pelo que almeja de doce entorpecimento à beira-Tejo, e por quanto o conflito que *vem lá do sul* está a uma distância que lhe permite assumir que é algo que não lhe diz respeito, Afonso parece personificar o português "não-inscrito." Visto revelar ser alguém que acredita que pegar em armas é o meio certo para restituir a ordem e corresponder às expectativas da nação, Afonso é também o modelo do militar obediente e bem-intencionado. Um soldado que vive em consonância com um sistema que põe em causa, mas contra o qual não se rebela, apenas ressente pelo trauma. Não é difícil, todavia, para ele entender a posição de João, compreender a luta do povo angolano, ou assumir que aquela é uma guerra errada: "éramos uns monstros, tal como os nativos" (prancha 24).

No entanto, a sua perceção da ação da UPA resulta meramente da propaganda portuguesa e do que então foi disseminado pelos *media*: um ataque abominável a Portugal, um desvario tribalista selvagem, monstruoso, inqualificável e injustificável, desligado de uma conjuntura socioecónomica de grande instabilidade social (consequência da imposição da cultura do algodão na Baixa do Cassange), de espoliação dos direitos fundamentais da população negra, do contexto de violência estrutural e de abusos laborais sistemáticos perpetrados durante séculos. A sua atuação inscreve-se, ainda que de uma forma inconsciente, numa matriz de agência de poder colonial e de superioridade do branco. Ele reconhece a falta de maturidade e preparação dos soldados, reconhece que cada um que ali está é meramente movido por questões de ordem pessoal e que tanto a estratégia militar como a participação ética dos soldados portugueses naquele conflito eram inexistentes: "éramos um bando de miúdos mimados com a oportunidade de descarregar a nossa raiva em quem nos aparecer à frente" (prancha 23); "durante anos, matámos desconhecidos sem nunca pararmos para pensar que são gente como nós." Afonso vive num alheamento dos factos da história que o levam a pensar que os que agora se revoltam contra Portugal "tiveram um passado e talvez até uma vida mais interessante do que a nossa" (prancha 45), ou estará Afonso, perguntamos nós, a referir-se a um passado e a uma vida anterior à ocupação colonial e à escravização dos povos de Angola? A questão fica por responder.

O fato de ele ser fotógrafo não é ao acaso, nem alheio a um dos aspetos que mais ressaltam na sordidez da atuação do governo português neste momento particular da história do colonialismo: a integração de fotógrafos e operadores de câmara nas campanhas militares com o propósito de documentar os horrores das ofensivas e utilizar a fotografia, e aquilo que nela há de mais mórbido e de abjeto na profanação da integridade e dignidade humanas, para mobilização da opinião pública.[8] A obra *O Império da Visão/ Fotografia no Contexto Colonial Português* (1860-1960), com coordenação de Filipa Lowndes Vicente, oferece uma importante perspetiva teórica e crítica sobre a fotografia no contexto colonial português, de onde se destaca o capítulo "Angola 1961, o Horror das Imagens," da autoria de Afonso Ramos, dedicado ao papel da fotografia na guerra colonial, que o autor designa de "visualidade negligenciada" pelo que de falta de atenção e estudo a "fotografia de atrocidade" tem sido alvo. Neste capítulo, o dia 15 de Março recebe especial enfoque pela abundância de fotografias, pela violência que exibem e pelo impacto na memória coletiva que tiveram e têm ainda hoje (Ramos 2014). O autor lembra que o uso de "fotografias de atrocidade" surge associado à ação de movimentos humanitários e pacifistas, movidos pelo princípio de que expor a realidade perversa da guerra é, por inerência, um protesto contra ela.

No entanto, e lamentavelmente, a fotografia tem sido também usada para legitimar a destruição, a morte e a perseguição de forma propagandística, sendo a imagem manipulada e distorcida, e finalmente usada como forma de desacreditação do inimigo. Afonso é a expressão do que Ramos identifica como sendo a "transposição camoniana para a era moderna: *numa das mãos a metralhadora, na outra a máquina fotográfica*" (Ramos 2014), ainda que o nosso narrador, em toda a sua participação no conflito, apenas tenha desferido um único tiro mortal, e de forma acidental, atingindo mortalmente Ana Paes e inviabilizando o sucesso da missão.

Esta novela gráfica é atravessada por imagens de grande violência visual e carga emocional. Nelas se reconhece a reprodução de algumas das mais grotescas fotografias de então e, tal como aconteceu em Portugal na época, onde a distribuição de panfletos e a circulação de livros sobre o massacre exibiam as fotografias a cru, sem alertar para o seu potencial traumático, também esta obra vem desprovida de qualquer advertência relativamente ao seu conteúdo visual.

A violência na banda desenhada tem sido um motivo tão recorrente no decurso da sua história que tende a passar despercebida. É com estas palavras que Ian Hague, Ian Horton e Nina Mickwitz abrem um dos mais recentes estudos dedicados à representação da violência, e aos seus contextos, na cultura das narrativas sequenciais, *Contexts of Violence in Comics*, de 2020. As artes visuais, do cinema à publicidade, conquistaram, nas últimas décadas, um espaço de liberdade de expressão sem precedentes, e, desse livre acesso à exploração estética de todos os temas sem exceção, faz também parte a violência, onde é com frequência reproduzida e objetificada. À representação visual acrescenta-se a linguística, e não raro a linguagem racista, coprofágica, ou outras modalidades verbais do foro da ofensa, são exploradas esteticamente. Com efeito, as representações gráficas de corpos esventrados, cadáveres mutilados, cenários apocalípticos de destruição e sangue (e a lista poderia continuar) são comuns em histórias de super-heróis, fantasia e ação, onde a simplificação estereotipada da representação icónico-visual típica da linguagem da banda desenhada ou a noção de que se trata meramente de "bonecos aos quadradinhos" acabam por sofrer uma ação de desgaste, de banalização, perdendo o valor de brutalidade que comportam e sendo passíveis de aceitação por parte do público leitor. No entanto, a violência é um dos problemas mais persistentes e desafiantes do nosso tempo, sobretudo em África, um continente que tem sido vítima do seu contínuo desencadeamento.

À medida que a representação da violência adquire novas configurações, o seu entendimento e investigação requerem a análise das múltiplas facetas que a revestem, assim como uma consideração mais profunda da sua complexidade e motivação. As primeiras páginas do álbum *Cinzas da Revolta* são chocantes: os gritos tumultuosos da UPA são representados por onomatopeias visuais de grande dimensão, algumas a vermelho ocre da cor do chão argiloso de Angola. São apresentadas graficamente com grande expressividade, de forma a mostrar o clamor incessante que se faz sentir. As vítimas gritam por socorro, as bocas contorcem-se de dor e os olhos, frequentemente em grande plano, exibem o terror sentido. Manchas a vermelho invadem a dupla página e representam o sangue que respinga das cabeças que rolam pelo chão das vítimas decapitadas. Ana é violentamente pontapeada e o efeito de câmara lenta com que o corpo dela é desenhado faz querer não prosseguir com a leitura.

A linguagem acompanha o teor das imagens. A palavra de ordem é "matar" e no desenrolar da história várias expressões racistas são proferidas.[9] Em termos de representação visual, verifica-se um maior número de imagens onde a violência é perpetrada pelo negro contra o branco, sendo a ação do branco uma resposta em autodefesa. Por duas vezes, João é representado visualmente como um leopardo, corporizando literalmente a metáfora da animalização selvagem do inimigo, corrente à época,[10] que age sob os instintos mais básicos.

Por se tratar da representação de um conflito militar em essência associado a um processo de ativação de memória histórica – o que é visualmente patente nas tonalidades que dominam este álbum, em tons ocre e sépia – a representação da violência afasta-se dos estereótipos dos comics para reproduzir num tom realista o palco dos eventos.

As imagens deste dia introduziram "um nível de horror público sem precedentes" (Ramos 2014) e apresentaram uma noção de violência que envolve as formas como a ação colonial se constituiu através do seu exercício e se mostra inseparável dos processos sociais e políticos que a estruturam e lhe estão na origem, como mostraram Marx e Engels logo nas primeiras páginas do *Manifesto Comunista*. As imagens de Angola de 61 serviram ao governo de Salazar para explorar obsessivamente o horror e usá-lo em favor da sua vitimização (Ramos 2014). O ditador português sabia bem o quanto a violência é uma forma de exercício de poder e como usá-la como um instrumento e como *um processo concertado*,[11] colocando-a ao serviço de uma autoridade supostamente legítima, justificando assim perante a comunidade, tanto nacional como internacional, a sua retaliação com o reforço da ação militar. Servira-lhe igualmente para despolitizar o massacre e incitar ao ódio tribalista, anular a legitimidade política dos movimentos de libertação e negar aos seus dirigentes capacidade legítima de governação.

Nesta história, o futuro de Angola é construído com base na ideia de miscigenação, processo capaz de trazer o princípio da harmonia e da paz. Esta união é simbolizada na relação entre João e Ana, e metaforizada na ilustração do rosto dos dois fundidos num só, na prancha 7. João chega mesmo a dizer a Ana que, sendo ambos angolanos, o futuro do país reside na união, no amor, palavra que fica, no entanto, por dizer, e a sua possibilidade, suspensa no ar, por concretizar. Não da parte de João, cujo amor por Ana nos é revelado pelo narrador no final da obra, mas sim da parte de Ana, permanecendo a dúvida se o que ela nutre por João não é senão um sentimento resultante do que é hoje entendido como síndrome de Estocolmo, o que justifica o facto de ela se ter rendido aos soldados portugueses ao invés de ter provado a João que era uma angolana comprometida com a luta do seu povo e capaz de superar a prova que ele lhe tinha imposto. Daí a impossibilidade de concretização deste futuro para Angola, de união harmoniosa de que ficam tão-somente cinzas.

4. Conclusão

A descrição e interpretação do 15 de Março de 1961, que nos chega nesta novela gráfica por via da ficção, é um trabalho historiográfico ainda em progresso. Muito há ainda a estudar e a escrever sobre este dia. Da nossa parte, e quanto à abordagem pedagógica desta obra, várias são as linhas de análise que se podem explorar numa perspetiva pós-colonial e de descolonização do currículo. Entender a ação da UPA traçando a história da sua origem em finais da década de 40 do século XX, data da organização dos primeiros movimentos nacionalistas, parece-nos uma das mais prementes, no entanto, é igualmente incontornável entender como a UPA encontra a sua legitimação num discurso patriótico amplamente influenciado pela teoria da descolonização de Frantz Fanon; ou ainda problematizar o quanto a sua ação assenta numa conceção tribalista ou racista; explorar a importância do Congresso dos Povos Africanos em Acra, em Dezembro de 1958; e analisar o texto *The Facts about Portugal's African Colonies* de Amílcar Cabral que constitui um marco na análise abrangente do colonialismo português do ponto de vista pós-colonial.

Em termos de questões mais específicas e relativamente ao conteúdo ficcional desta novela gráfica, importa interrogar a relação de João e Ana à luz da noção identitária de Fanon em *Pele Negra, Máscaras Brancas*, por exemplo. E, por fim, é incontornável o debate sobre a questão da violência: questionar as motivações que se prendem com as circunstâncias em que se justifica a violência; questionar quais os limites da violência permissível; se alguns contextos radicalmente desumanos, nomeadamente a escravatura, e as suas formas mais disfarçadas, são justificados porque constituem uma arma legítima – e possivelmente decisiva – e se, na luta contra o imperialismo colonial, se justifica este tipo de violência extrema. Todas estas são questões necessariamente complexas, que exigem um quadro de debate que não ficará completo num número limitado de aulas, mas que importa certamente trazer para a sala de aula, explorando os múltiplos recursos audiovisuais de testemunho dos protagonistas da História, em pele e osso, agora em domínio público, disponíveis online, em adição à experiência literária deste romance gráfico.

A proposta de aula convida à leitura prévia desta novela gráfica pelos alunos (nível C2) que, trabalhando em grupo, se concentrarão num dos tópicos acima expostos. O objetivo é que, paralelamente às competências de leitura e de análise dos códigos semióticos da banda desenhada, se desenvolvam o pensamento crítico e o sentido de autonomia e de trabalho colaborativo. O professor constitui um mediador das aprendizagens e um gestor dos grupos. Cada grupo escolhe um tópico diferente, e a cada um será entregue uma curta lista de referências bibliográficas que constituirá a bibliografia secundária e o ponto de partida de leitura crítica da obra. Os alunos devem apresentar os diversos aspetos do tópico escolhido – nomeadamente a ação da UPA, a relação João/Ana, a violência colonial em África, a representação da violência na banda desenhada, ou outro tópico de sua escolha – esclarecer os diferentes momentos da narrativa e os conceitos teóricos neles implicados.

Espera-se desta forma gerar um espaço de debate entre os alunos e identificar e discutir criticamente estereótipos, preconceitos e visões eurocêntricas projetadas sobre a história dos povos africanos, trazendo uma obra que representa pela sua natureza icónico-verbal um passo na descolonização do cânone das obras estudadas na disciplina de Português.

NOTAS

1. Existem, todavia, exceções, como é o caso da obra de Vassalo Miranda, *Mamassuma – Comandos ao Ataque*, publicada em 1977, ainda testemunho de uma ideologia de defesa da guerra colonial.

2. O que podemos depreender das seguintes palavras do narrador: "é assustador pensarmos no que a guerra nos faz. Mas íamos regressar a casa. Aqui não havia mais nada para nós" (prancha 45).

3. Vídeos disponíveis em: https://observador.pt/especiais/angola-1961-como-os-independentistas-prepararam-guerra/.

4. Esta crise foi enunciada no trabalho de três intelectuais franceses: D. Maingueneau prevê "o fim da literatura," enquanto T. Todorov a apresenta como uma instituição "em perigo." A. Compagnon, por seu lado, interroga-se sobre o seu papel: "Para que serve a literatura?"

5. Data que é explicitamente referida por Ana Paes no final da obra para identificar temporalmente o ataque à sua família e que é indicada também na frase de abertura desta história.

6. O narrador refere-se à madrugada do dia 15 de março de 1961 quando a casa de Ana é assaltada.

7. Em Portugal, diz José Gil, há um nevoeiro que nos envolve: "um velho hábito que vem sobretudo da recusa imposta ao indivíduo de se inscrever. Porque inscrever implica ação, afirmação, decisão com as quais o indivíduo conquista autonomia e sentido para a sua existência" (Gil 2005, 16).

8. Tais fotografias viriam também a ser utilizadas para treino militar, se se pode chamar tal à instigação ao ódio dos soldados portugueses mobilizados nessa altura para Angola, a quem eram mostradas fotografias chocantes de vítimas brancas, na maior parte mulheres (sobre este assunto, ver: Ramos 2014).

9. "Não sou preta como tu, não sou um monstro," palavras proferidas por Ana contra João (prancha 16).

10. Os membros da UPA foram desumanizados pelos meios de comunicação social da época, que os designavam de drogados, violadores, animais e canibais.

11. O conceito de violência enquanto poder que algumas pessoas exercem sobre outras com base numa autoridade supostamente legítima foi definido por Max Weber em 1921, que assim procurou determinar a sua essência. Hannah Arendt estendeu este conceito à sua natureza coletiva e acrescentou que a violência não é apenas a ilegitimidade das formas extremas de ação, mas também a manifestação institucionalizada de poder, que "corresponde à capacidade humana não só de agir mas de agir em concertação" (Arendt 1969, 44). Arendt associou noções de poder, força e autoridade a este conceito e definiu a violência tanto como um instrumento, como um processo.

REFERÊNCIAS

Agazzi, Giselle. 2014. "Problemas do Ensino da Literatura: Do Perigo ao Voo Possível." *Remate de Males* 34, no. 2: 443-58. DOI: 10.20396/remate.v34i2.8635858.

Arendt, Hannah. 1970. *On Violence*. New York: ABJ Publishers.

Baroni, Raphaël. 2006. "La Fin de la Littérature? – Entretien avec Dominique Maingueneau Autour de la Sortie de son Ouvrage: Contre Saint Proust ou la Fin de la Littérature." *Vox Poetica*, http://www.vox-poetica.org/entretiens/intMaingueneau.html.

Bernardes, J. A. C. e R. A. Mateus. 2013. *Literatura e Ensino do Português*. Lisboa: Fundação Francisco Manuel dos Santos.

Bloom, Harold. 2013. *O Cânone Ocidental*. Lisboa: Círculo de Leitores.

Branco, António. 2001. "O Programa de Literatura Portuguesa do Ensino Secundário: O Último Reduto?" *Revista Portuguesa de Educação* 14, no. 2. https://www.redalyc.org/articulo.oa?id=37414205.

Chklovsky, Viktor. 1999. "A Arte como Processo." Em *Teoria da Literatura I – Textos dos Formalistas Russos*, 73-95. Lisboa: Edições 70.

Clarke, Kamari M. 2018. "Violence." Em *Critical Terms for African Studies*, edição de Gaurav Desai e V.Y. Mudimbe. Chicago: University of Chicago Press.

Cleto, Pedro. 2011. "Guerra Colonial na Banda Desenhada Portuguesa." *Outras Leituras do Pedro*, https://outrasleiturasdopedro.blogspot.com/2011/06/guerra-colonial.html.

Coelho, Maria da Conceição, coord. 2001. *Programa de Literatura Portuguesa, 10.º e 11.º ou 11.º e 12.º Anos, Curso Científico-Humanístico de Línguas e Literaturas*. Lisboa: Ministério da Educação – Departamento do Ensino Secundário.

Colomer, Teresa. 2010. "La Evolución de la Enseñanza Literaria." Alicante: Biblioteca Virtual Miguel de Cervantes. http://www.cervantesvirtual.com/nd/ark:/59851/bmcth933.

Combes, P. 1984. "La Littérature et le Mouvement de Mai 68: Écriture, Mythes, Critique, Écrivains (1968-1981)." Paris: Éditions Seghers. https://www.cairn.info/la-litterature-et-le-mouvement-de-mai-68--9782221012345.html.

Costa, Paulo. 2015. "Algumas Notas sobre o Discurso Oficial para o Português: As Metas Curriculares e a Educação Literária." *Nuances: Estudos sobre Educação* 26, no. 3: 17-33, https://doi.org/10.14572/nuances.v26i3.3691.

Desai, G. e A.M. Masquelier. 2018. *Critical Terms for the Study of Africa*. Chicago: The University of Chicago Press.

Dias, Alexandra. 2020. *A Novela Gráfica como Género Literário*. Berlim: Peter Lang Verlag.

Doubrovsky, S. e Todorov T., dirs. 1971. *L'Enseignement de la Littérature*. Paris: Centre Culturel de Cerisy-la-Salle.

Fanon, Frantz. 1967. *The Wretched of the Earth*. London: Penguin.

Garayalde, Nicolás. 2021. "Enseñanza y Retórica." *Revista Chilena de Literatura* 103: 481-503. https://www.jstor.org/stable/27027194.

Genette, Gérard. 1991. *Fiction et Diction*. Paris: Seuil.

Gil, José. 2005. *Portugal, Hoje: O Medo de Existir*. Lisboa: Relógio D'Água.

Groensteen, Thierry, e Benoît Peeters. 1994. *Töpffer – L'Invention de la Bande Dessinée*. Paris: Hermann.

Groensteen, Thierry. 1999. *Système de la Bande Dessinée*. Paris: P. U. F.

Groensteen, Thierry. 2011. *Bande Dessinée et Narration – Système de la Bande Dessinée 2*. Paris: P. U. F.

Hague I., Horton I. e Mickwitz N., eds. 2020. *Contexts of Violence in Comics*. New York: Taylor & Francis.

Helsper, E. J. e R. Eynon. 2010. "Digital Natives: Where is the Evidence?" *British Educational Research Journal* 36, no. 3, 503-20. DOI: 10.1080/01411920902989227.

Hewlett, Nick. 2012. "Marx, Engels, and the Ethics of Violence in Revolt." *The European Legacy* 17, no. 7: 882-98. DOI: 10.1080/10848770.2012.728798.

Jakobson, Roman. 1963. "Linguistique et Poétique." In *Essais de Linguistique Générale*. Paris: Ed. de Minuit.

Kincl, Tomáš, e P. Štrach. 2021. "Born Digital: Is there Going to Be a New Culture of Digital Natives?" *Journal of Global Scholars of Marketing Science* 31, no. 1: 30-48, DOI: 10.1080/21639159.2020.1808811.

Kress, Gunther. 2003. *Literacy in the New Media Age*. London: Routledge.

Lameira, J. M., J. P. P. Boléo, e J. R. Santos. 1999. *O 25 de Abril e a BD – Uma revolução Desenhada*. Lisboa: Edições Afrontamento.

Lotman, Iouri. 1973. *La Structure du Texte Artistique*. Paris: Gallimard.

Loza, L. A. M. 2019. *O Estado Português e a União dos Povos de Angola (1960-1965). Discursos Políticos em Tempos de Descolonização*. Coimbra: Faculdade de Letras.

Marcum, John. 1969. *The Angolan Revolution: The Anatomy of an Explosion (1950-1962)*. Cambridge: MIT Press.

Marx, Karl, e Friedrich Engels. 1998. *Manifesto Comunista*. São Paulo: Boitempo Editorial.

Meskin, Aaron. 2009. "Comics as Literature." *The British Journal of Aesthetics* 49, no. 3: 219-39, https://doi.org/10.1093/aesthj/aypo25.

Ministério da Educação. s.d. *Currículo Nacional do Ensino Básico, Competências Essenciais*. www.dgidc.minedu.pt.

Ministério da Educação. s.d. *Currículo Nacional do Ensino Básico, Competências Gerais*. www.dgidc.min-edu.pt.

Ministério da Educação. 2003. *Documento Orientador da Reforma do Ensino Secundário*, versão definitiva de 10 de abril, www.portugal.gov.pt/pt/Documentos/Governo.

Ministério da Educação Nacional. 1934. "Decreto nº 24526." *Diário do Govêrno* 235/1934, Série I de 1934-10-06, 1793-1837. Lisboa: Ministério da Educação Nacional – Direcção Geral do Ensino Liceal.

Ministério da Educação Nacional. 1936. "Decreto nº 27085." *Diário do Govêrno* 241/1936, Série I de 1936-10-14, 1243-82. Lisboa: Ministério da Educação Nacional – Direcção Geral do Ensino Liceal.

Ministério da Educação Nacional. 1941. "Decreto nº 31544." *Diário do Govêrno* 228/1941, Série I de 1941-09-30, 870-71. Lisboa: Ministério da Educação Nacional – Direcção Geral do Ensino Liceal.

Ministério da Educação Nacional. 1947. "Decreto nº 36507." *Diário do Governo* 216/1947, Série I de 1947-09-17, 879-87. Lisboa: Ministério da Educação Nacional – Direcção Geral do Ensino Liceal.

Ministério da Educação Nacional. 1954. "Decreto n.º 39 807." *Diário do Governo* 198/1954, Série I de 1954-09-07, 977-1071. Lisboa: Ministério da Educação Nacional – Direcção Geral do Ensino Liceal.

Ministério da Educação Nacional. 1991. *Reformas do Ensino em Portugal, tomo I, vol. I 1835-1869*. Lisboa: Ministério da Educação/Secretaria Geral.

Neves, Joao-Manuel. 2015. "Frantz Fanon and the Struggle for the Independence of Angola." *Interventions: International Journal of Postcolonial Studies* 17, no. 3: 417-33.

Oliveira, L. E., e G. M. Barboza. 2014. "O Marquês de Pombal e a Instituição do Ensino de Português no Brasil." *Revista Tempos e Espaços em Educação* 6, no. 11: 17-24. https://doi.org/10.20952/revtee.v0i0.2537.

Pennac, Daniel.1992. *Comme um Roman*, Paris: Gallimard.

Peres, M. e Jhion. 2012. *As Cinzas da Revolta.* Lisboa: ASA.

Prensky, Marc. 2001. "Digital Natives Digital Immigrants." *On the Horizon* 9, no. 5: 1-6. https://doi.org/10.1108/10748120110424816.

Ramos, Afonso. 2014. "Angola 1961, o Horror das Imagens." In *O Império da Visão: Fotografia no Contexto Colonial Português (1860-1960)*, organização de Filipa Lowndes Vicente. Lisboa: Edições 70.

Rocheta, M.I. e M.B. Neves, orgs. 1999. *Ensino da Literatura. Reflexões e Propostas a Contracorrente.* Lisboa: Cosmos – Departamento de Literaturas Românicas da Faculdade de Letras da Universidade de Lisboa.

Seixo, Maria Alzira. 1999. "O Romance da Literatura: Comunicação, Prática e Ficções." Em *Ensino da Literatura. Reflexões e Propostas a Contracorrente*, organização de Maria Isabel Rocheta e Margarida Braga Neves. Lisboa: Cosmos/Departamento de Literaturas Românicas da Faculdade de Letras da Universidade de Lisboa.

Sequeira, Rosa Maria. 2013. "A Literatura na Aula de Língua Estrangeira e a Competência Intercultural." *Revista de Estudos Literários*, http://hdl.handle.net/10400.2/8136.

Serrão, Joel. 1992. "Ensino Liceal." Em *Dicionário de História de Portugal, vol.II.* Porto: Livraria Figueirinhas.

Silva, José Vítor. 2018. *Albums de Banda Desenhada Editados em Portugal*, 4.ª edição. https://en.calameo.com/read/000687051efbdd5a85520.

Silva, Vítor Manuel de Aguiar e. 1999a. "As Relações entre a Teoria da Literatura e a Didática da Literatura." *Diacrítica* 13-14: 85-92. Braga: Universidade do Minho.

Silva, Vítor Manuel de Aguiar e 1999b. "Teses sobre o Ensino do Texto Literário na Aula de Português." *Diacrítica* 13-14: 23-31. Braga: Universidade do Minho.

Silva, Vítor Manuel de Aguiar e. 2000. *Teoria da Literatura.* Coimbra: Almedina.

Silva, Vítor Manuel de Aguiar e. 2010. *As Humanidades, os Estudos Culturais, o Ensino da Literatura e a Política da Língua Portuguesa.* Coimbra: Livraria Almedina.

Sohet, Philippe. 2010. *Pour une Pédagogie de la Bande Dessinée: Lectures d'un Récit d'Edmond Baudoin.* Quebec: Presses de l'Université du Quebec.

Todorov, T. 1977. *Poética.* Lisboa: Editorial Teorema.

Todorov, T. 2007. *La Littérature en Péril.* Paris: Flammarion.

Töpffer, Rodolphe. 2004. *Correspondance Complète, vol. II.* Genève: Droz.

Vicente, Filipa Lowndes, org. 2014. *O Império da Visão: Fotografia no Contexto Colonial Português (1860-1960).* Lisboa: Edições 70.

Viegas, Paulo. 2020. *A Banda Desenhada e a Guerra Colonial*, https://en.calameo.com/read/0030233650b1857caa8fa.

Webb, E. 1992. *Literature in Education: Encounter and Experience*. London, New York, Philadelphia: The Falmer Press.

Weigert, Stephen L. 2011. *Angola a Modern Military History, 1961-2002*, London: Palgrave and Macmillan.

ALEXANDRA LOURENÇO DIAS, natural de Portugal, completou o seu doutoramento em 2013 na Universidade do Porto. Atualmente é professora de Estudos Portugueses no King's College London e Diretora do Camões – Centro de Língua e Cultura Portuguesa. Na sua investigação, Alexandra centra-se no estudo de novelas gráficas portuguesas, com particular foco nos processos de tradução intersemiótica do romance literário à banda desenhada. Nos últimos anos, expandiu a sua área de investigação incluindo a ficção pós-colonial de língua portuguesa e novelas gráficas dos países de língua oficial portuguesa. Alexandra interessa-se particularmente em examinar como as questões relacionadas com o colonialismo se manifestam nas interseções entre várias narrativas lusófonas, tanto literárias como multimodais.

LUÍS FERNANDO PRADO TELLES

O Ensino Superior no Brasil, o Surgimento dos Cursos de Letras e a Constituição das Áreas de Literatura Portuguesa e Brasileira no Início da Universidade de São Paulo: Uma Perspectiva Histórico-Documental

RESUMO: Considerando o contexto de estabelecimento do ensino superior no Brasil e, em especial, do surgimento dos cursos na área de letras no país, o presente artigo apresenta um panorama histórico-documental acerca da constituição das áreas de literatura brasileira e portuguesa na Universidade de São Paulo (USP) por meio do tratamento da documentação acadêmica recolhida no Centro de Apoio à Pesquisa em História *Sérgio Buarque de Holanda* (CAPH), pertencente à Faculdade de Filosofia, Letras e Ciências Humanas (FFLCH), e nos arquivos acadêmicos da Secretaria Geral de Graduação situada no prédio da Administração da mesma faculdade, em que constam os programas de disciplinas de graduação e demais documentos da área. Os dados aqui apresentados restringem-se aos momentos iniciais da universidade, em específico às décadas de trinta e quarenta do século XX.

PALAVRAS-CHAVE: ensino superior no Brasil; cursos de letras no Brasil; ensino de literatura portuguesa e brasileira; Universidade de São Paulo.

ABSTRACT: Considering the context of the establishment of higher education in Brazil and, in particular, the emergence of language and literature courses in the country, this article presents a historical-documentary panorama about the constitution of the areas of Brazilian and Portuguese literature at the University of São Paulo (USP) through the treatment of academic documentation collected at the Centro de Apoio à Pesquisa em História *Sérgio Buarque de Holanda* (CAPH), belonging to the Faculdade de Filosofia, Letras e Ciências Humanas (FFLCH), and in the academic archives of the General Undergraduate Department located in the Administration building of the same college, which contains the undergraduate courses in the area. The data presented here are restricted to the university's initial moments, specifically the 1930s and 40s.

KEYWORDS: higher education in Brazil; language and literature courses in Brazil; teaching Portuguese and Brazilian literature; University of São Paulo.

1. O Ensino Superior no Brasil

Conforme indicam Romaneli (2005), Fiorin (2006), Fialho (2008) e Souza (2014), apenas três séculos depois da chegada dos portugueses no Brasil é que houve os primeiros movimentos para a implantação do ensino superior no país, justamente no período de permanência da família real, entre 1808 e 1821.

A carta régia de 5 de novembro de 1808 estabeleceu a criação do curso superior para a formação de médicos no Hospital Militar do Rio de Janeiro, e outra carta régia, de 4 de dezembro de 1808, estabeleceu os cursos de engenharia na Academia Real Militar. Contudo, apenas em 1920, um século depois, é que houve a iniciativa de se organizar o ensino superior em sistema universitário por determinação do Governo Federal. Isso se deu com a criação da Universidade do Rio de Janeiro, pelo decreto no. 14.343, de 7 de setembro de 1920, no governo de Epitácio Pessoa. Essa primeira universidade surgiu da agregação de três escolas superiores: a Faculdade de Direito, de Medicina e a Escola Politécnica.

Antes de 1920, contudo, já se encontravam em funcionamento cursos superiores no Brasil, tal como é o caso da Escola Universitária Livre de Manaus, criada em 1909, e renomeada Universidade de Manaus (1913), tendo funcionado até 1926. Em 1911, criou-se a Universidade de São Paulo, instituição privada de ensino, extinta em 1919 (homônima da USP, mas não se trata da mesma instituição). Em 1912 foi criada a Universidade do Paraná; o governo federal, contudo, pelo decreto no. 11.530, de março de 1915, deixava de reconhecer oficialmente a Universidade do Paraná, visto que tal decreto determinava a abertura de escolas superiores apenas em cidades com mais de 100.000 habitantes. Apenas em 1946 é que a Universidade do Paraná veio a ser oficialmente reconhecida. Como já dito, em 1920 é criada a Universidade do Rio de Janeiro, denominada posteriormente Universidade do Brasil, futuramente Universidade Federal do Rio de Janeiro. Em 1927, surgiu, também, a Universidade de Minas Gerais, que se constituiu a partir da agregação das Escolas de Direito, Engenharia e Medicina, e que futuramente daria origem à Universidade Federal de Minas Gerais.

Apesar de existirem vários cursos superiores no Brasil e até universidades já nas primeiras três décadas do século XX, foi apenas a partir do decreto no. 19.851, de 11 de abril de 1931, conhecido como *Reforma Francisco Campos*, que se instituiu o estatuto das universidades brasileiras, adotando para o ensino superior um único regime universitário. A Universidade de São Paulo, a USP, surge em 1934, já no âmbito deste novo conceito de universidade, dentro do qual se organizarão de modo sistemático os cursos das áreas de humanas em geral e, em específico, o curso de letras. Antes disso, contudo, a formação na área se deu de modo assistemático e irregular, tendo havido tentativas incipientes de implantação de cursos de letras, ainda que fora do âmbito do conceito de universidade.

2. Surgimento e Consolidação dos Cursos de Letras no Brasil

Em seu artigo intitulado "Os Cursos de Letras no Brasil: Passado, Presente e Perspectivas," Roberto Acízelo de Souza define seis grandes períodos para o estabelecimento e consolidação de tais cursos no Brasil. O primeiro período, que iria de 1549 a 1836, seria marcado pelo monopólio das ordens religiosas, predominantemente da Companhia de Jesus. Segundo Souza (2014), foram os jesuítas que fundaram, na cidade de Salvador, Bahia, o primeiro estabelecimento escolar a ter funcionamento no Brasil. Era nos colégios religiosos que se dava o que chamaríamos hoje de ensino básico. Nesse contexto, as letras tinham um lugar destacado no plano de estudos, mas se restringindo sobretudo ao estudo da gramática, da retórica e da poética aplicadas ao estudo das línguas portuguesa e latina. Fora dos colégios religiosos, Souza aponta a existência de cursos isolados, chamados de aulas régias, instituídas a partir da reforma pombalina de 1759, que eram concessões especiais dadas a professores para lecionarem suas disciplinas em domicílio.

De acordo com Souza (2014), o segundo período se estenderia entre os anos de 1837 e 1907, e seria marcado pelo movimento de criação de um sistema próprio de ensino, já desvinculado dos colégios religiosos da fase anterior. O marco central dessa fase seria a criação do Colégio Pedro II, datada de 1837. Como já mencionado anteriormente, desde 1808, o país dispunha de cursos superiores em funcionamento, tais como a Academia da Marinha no Rio de Janeiro e o curso de cirurgia, em Salvador, mas não havia um curso superior de letras. Estas permanecem confinadas, nesse período, ao âmbito do Colégio Pedro II, visto que, segundo demonstra Souza (2014), os alunos que cumprissem um ciclo de estudos de sete anos de formação específica poderiam receber o título de bacharéis em letras. Além dessa formação, Souza indica várias tentativas de se criar oficialmente o ensino superior de letras no âmbito do Colégio Pedro II, pelo menos em três oportunidades.

Chama a atenção o fato de o Colégio Pedro II constituir-se num projeto de cunho nacionalista, refletido, inclusive, no modo de organização de suas matérias de ensino, como é o caso do ensino de literatura, que passa a estabelecer a literatura brasileira como área específica de estudo. Como esta se constituiu num processo de libertação da literatura portuguesa, a história do ensino das literaturas vernáculas no Brasil deve ser buscada, primeiramente, nos documentos que relatam o processo de emancipação de uma em relação a outra. Souza (2007) oferece-nos um importante levantamento neste sentido, em seu trabalho intitulado "Ao Raiar da Literatura Brasileira: Sua Institucionalização no Século XIX," ao reconhecer este processo de institucionalização da literatura brasileira como fenômeno inserido dentro do projeto de busca por uma independência, cuja identificação seria de fundo romântico-nacionalista. Para tanto, toma como objeto de investigação os programas de ensino do Colégio Pedro II, que fora implantado no Rio de Janeiro em 1837, e que tinha como objetivo suprir a necessidade de educação das elites da capital do país recentemente tornado independente. Souza ocupa-se dos programas das disciplinas e das listas de livros adotados entre os anos de 1850 e 1900 e demonstra, em seu texto, como a "literatura brasileira foi conquistando espaço no currículo, num claro movimento de consolidação institucional de sua presença" (Souza 2007, 15).

Não pretendemos, aqui, refazer todos os passos demonstrados por Souza, mas é interessante notar como, pela análise dos documentos e das obras adotadas como materiais didáticos, é possível constatar um processo de independência da literatura brasileira na distribuição curricular do ensino, acompanhando, conforme indica Souza, o processo de caminhada para a independência e de abertura para a consolidação da república. Do ano de 1850 a 1870, o estudo das letras foi marcado fortemente pela instrução da retórica e da eloquência. Apenas a partir dessa década é que o estudo da literatura passa a ganhar espaço, principalmente pela introdução do uso da obra do Cônego Fernandes Pinheiro, intitulada *Curso Elementar de Literatura Nacional*. A conotação de nacional desta obra, contudo, não significava necessariamente um predomínio de obras brasileiras, pois a ideia de nacionalidade, neste caso, estava atrelada à da coroa portuguesa.[1] Além desta obra, Sousa aponta ainda para a importante presença de outras, tais como, por exemplo, *Le Brésil Littéraire*, de Ferdinand Wolf, e o *Curso de Literatura* de Sotero dos Reis. Pela análise dos programas e dos conteúdos das obras adotadas ao longo dos anos, Souza identifica que o processo de independência da literatura brasileira parece ocorrer de modo mais forte entre os anos de 1879 e 1885, em que aponta para um divórcio entre os ensinos das literaturas portuguesa e brasileira.

O dado curioso que parece emanar das constatações de Souza é que o divórcio entre literatura brasileira e portuguesa, e seu processo de independência, acabou representando, na prática, não necessariamente apenas um predomínio da literatura brasileira em relação à portuguesa, mas um retorno do prestígio da literatura portuguesa, agora sob outro status, uma vez que o estudo desta passou a ser encarado como que uma espécie de pressuposto ou pré-requisito para o estudo daquela. Com o processo gradual de institucionalização da literatura brasileira, portanto, não apenas esta teve o seu papel estabelecido, como a própria literatura portuguesa também o teve, inicialmente mantendo o status de fonte primária de onde teria brotado a literatura brasileira. Então, do mesmo modo que a institucionalização da literatura brasileira se dá por meio da conquista de sua independência em relação à portuguesa, por outro lado, esta independência também possibilitou a institucionalização, a reboque, da literatura portuguesa. Pensar, portanto, o ensino das literaturas de língua portuguesa no Brasil requer que o consideremos a partir desse jogo de forças dialético operado dentro de um projeto nacionalista contingenciado pelo processo de independência.

A independência da literatura brasileira seria sedimentada, conforme aponta Souza (2007), na década de noventa do século XIX, sendo sintomático disso o fato de que, a partir desse período, já se adotava a obra de Silvio Romero, que deixava para trás a ambiguidade do nome "nacional" e passava a incorporar o Brasil ao seu nome: *História da Literatura Brasileira*. Aos olhos atuais, a conclusão de Souza neste seu texto não deixa de ser necessária:

> Percebe-se então que a existência da literatura brasileira como matéria de ensino está longe de ser um fato natural. Trata-se antes de uma construção histórica, encetada após a Independência e concluída nas imediações da Proclamação da República. Não sendo emergência da natureza das coisas, seu status é contingente e, portanto, superável; tendo sido arquitetada sob as condições de um certo tempo, deve-se admitir a possibilidade de sua ultrapassagem. (Souza 2007, 27)

A conclusão estratégica de Souza é bastante significativa no sentido de que lança luzes para alguns rumos que têm assumido os estudos literários atualmente, na busca por se desvencilharem do paradigma do "nacional," de fundo romântico, como parâmetro de constituição de área de estudos.

Para além das tentativas de criação de cursos superiores de letras no Colégio Pedro II, Souza (2014) identifica um período de florescimento de criação de cursos isolados,[2] o que corresponderia ao terceiro período na história de tais cursos, que se estenderia de 1908 a 1932. Souza afirma haver poucos dados e estudos disponíveis acerca desse terceiro período.

O estabelecimento definitivo e estruturado dos cursos de letras no Brasil, contudo, só se dará, como dito anteriormente, a partir da década de trinta do século XX. Apesar de existirem vários cursos superiores no Brasil, e até universidades já nas primeiras três décadas do século XX, foi apenas em 1931, com a já mencionada reforma *Francisco Campos*, que se instituiu o estatuto das universidades brasileiras, adotando para o ensino superior um único regime universitário. Souza (2014) situa, portanto, a partir desse marco, a quarta fase do estabelecimento dos cursos de letras no Brasil (que se estende do período de 1933-1962), aquela que se constitui já dentro de um sistema universitário. Conforme Souza (2014), em se considerando o terceiro e quarto períodos delimitados, é que se pode identificar os cursos de letras mais antigos do país,[3] dentre os quais se inclui o da Universidade de São Paulo.

Segundo Souza (2014), foi nessa quarta fase que os cursos de letras no Brasil se transformaram efetivamente em área de estudos universitários. O caso da Universidade de São Paulo é paradigmático, pois foi nela que o primeiro curso de letras nasce no cerne do conceito de universidade. O curso de letras da USP nem surge como incorporação de um curso isolado anterior, nem é criado depois da fundação da universidade, mas, sim, surge já integrado no seu projeto inicial e fundador. Isso tem implicações no próprio conceito de universidade que está por trás da criação da USP.

A partir do contexto aqui apresentado, procuraremos verificar, na sequência, como o fenômeno de independência da literatura brasileira em relação à portuguesa, identificado por Souza (2007) no século XIX, no âmbito do Colégio Pedro II, também pode ser constatado, em certo sentido, no momento do estabelecimento da implantação do sistema universitário brasileiro, na década de 1930, especificamente no âmbito da Universidade de São Paulo (USP).

3. A Constituição das Áreas de Ensino de Literatura Portuguesa e Brasileira no Início da Universidade de São Paulo

Após a Revolução de 1930, no Brasil, criou-se o Ministério da Educação e Saúde Pública, e, já em 1931, o ministro Dr. Francisco Campos promulgou uma nova reforma visando a recuperação da educação de segundo grau. Foi em sua gestão que se cogitou localizar em nível superior a formação sistemática de professores. Cria-se, pelo decreto no. 19.851, de 11 de abril de 1931, o Estatuto Básico das Universidades Brasileiras, que institui a Faculdade de Filosofia no seio da universidade com a função, entre outras, de preparar os quadros docentes da escola de segundo grau, e atribui a essa faculdade um papel central na instância universitária. A Faculdade de Filosofia, Ciências e Letras da USP foi pioneira nesse sentido.

Se considerarmos que a origem dos cursos de letras no Brasil, após o decreto de 1931, se deu no âmbito da criação da USP, e se quisermos recuperar a história da institucionalização das literaturas de língua portuguesa, temos de ir à origem deste curso. Santilli (1994) oferece-nos um breve retrospecto das origens desta área de estudo. Conforme relata, desde a fundação da universidade, em 1934, foi criado o curso de Letras Clássicas e Português e de Línguas Estrangeiras, e dentre as cinco cadeiras que compunham o curso, constava, de início, a de Literatura Luso-Brasileira.

Apresentaremos, a seguir, um levantamento documental das duas primeiras décadas dos cursos de letras da USP, tendo em vista o estabelecimento da cadeira de Literatura Luso-Brasileira e o posterior movimento de separação em cadeiras distintas, recuperando, como dito anteriormente, como se deu o processo de emancipação institucional do estudo da literatura brasileira em relação à portuguesa, algo que ocorrera já similarmente nos estudos literários no âmbito do Colégio Pedro II, conforme demonstrou Souza (2007).

O estudo histórico-documental se restringirá, portanto, às décadas de trinta e quarenta do século XX dos cursos de letras da Universidade de São Paulo. O entendimento desse período se dá a partir de um trabalho de pesquisa[4] referente à documentação acadêmica que foi realizado no Centro de Apoio à Pesquisa em História *Sérgio Buarque de Holanda* (CAPH), pertencente à Faculdade de Filosofia Letras e Ciências Humanas (FFLCH), da USP. Neste centro, foi possível ter acesso a documentos importantes sobre a história desta faculdade, com destaque ao Acervo Especial intitulado *Projeto Memória*, que contém bibliografia sobre a antiga Faculdade de Filosofia Ciências e Letras e a atual FFLCH.

Desse acervo, vale destacar a consulta e digitalização de grande quantidade de material dos *Anuários* da faculdade, que foram publicados desde 1934 até 1952. Tais anuários constituíam-se de publicações que visavam apresentar uma espécie de balanço acadêmico-administrativo do ano corrente imediatamente anterior ao da referida publicação, neles encontrando-se desde documentos administrativos (como atas, despachos e pareceres) até grades curriculares, programas de disciplinas, quantidades de alunos ingressantes, egressos e formandos. Esse trabalho de pesquisa realizado no CAPH foi fundamental quanto ao levantamento da documentação acadêmica, tendo em vista que os *Anuários* traziam bastante informação a respeito das grades curriculares e dos programas das disciplinas de graduação do curso de letras.

Contudo, para completar a pesquisa, procedemos ao trabalho com os arquivos acadêmicos da Secretaria Geral de Graduação, situada no prédio da Administração da Faculdade de Filosofia Letras e Ciências Humanas (FFLCH). Neste arquivo, pudemos consultar os programas de disciplinas de graduação da área de literatura que se estendem dos anos de 1939 a 2006.

De acordo com Santilli (1994), no início dos cursos de letras, na USP, as áreas de conhecimento eram organizadas por cadeiras, ou também chamadas cátedras. Considerando os documentos apresentados nos anuários da faculdade referentes ao período inicial da universidade, é possível verificar a existência de três seções: filosofia, ciências, e a terceira, de letras. Esta terceira seção era organizada em duas subseções. A primeira era a de Letras Clássicas e Português (que abrigava cinco cadeiras: a de Filologia Grega e Latina; Filologia Portuguesa; Literatura Luso-Brasileira; Literatura Grega e Literatura Latina) e a segunda, a de Línguas Estrangeiras (com cinco cadeiras: Língua e Literatura Francesa; Língua e Literatura Italiana; Língua e Literatura Espanhola; Língua e Literatura Inglesa; Língua e Literatura Alemã).

4. A Cadeira de Literatura Luso-Brasileira

Na grande área de letras, portanto, contabilizavam-se ao todo dez áreas específicas denominadas cadeiras. A área de conhecimento aqui considerada, a de literaturas de língua portuguesa, esteve, inicialmente, representada pela cadeira de Literatura Luso-Brasileira, que foi comandada inicialmente pelo professor Otoniel Mota[5] e, a partir de 1938, passou a estar sob a responsabilidade do professor português Fidelino de Figueiredo.

Conforme já indicado em nosso outro estudo (Telles 2014), se considerarmos o que está documentado nos anuários da Faculdade de Filosofia Ciências e Letras da Universidade de São Paulo, é possível ter uma ideia da dimensão dos cursos da época. No ano de 1934, por exemplo, a subseção de Letras Clássicas e Português contava com cinco alunos matriculados e a de Línguas Estrangeiras com nove, totalizando, portanto, 14 matrículas na área. Já no ano de 1935, as mesmas subseções apresentavam, respectivamente, 16 e 26 matrículas, o que resulta num total de 42 matrículas. No ano de 1936, para o curso de Letras Clássicas e Português, consta um total de 14 alunos matriculados e para o curso de Línguas Estrangeiras 22 matrículas, perfazendo 36 no total (Anuário 1937, 309-13). No ano de 1937, foram 28 e 29 matriculados nos dois cursos, um total de 57 matriculados em toda a área de letras; já no ano de 1938, foram 25 matrículas no primeiro curso e 12 no segundo, totalizando 37 matrículas (Anuário 1938, 226-28). Entre os anos de 1939 e 1949, há o registro da existência de três cursos distintos na grande área de letras: o curso de Letras Clássicas, o curso de Letras Neolatinas e o curso de Letras Anglo-Germânicas. Nesses onze anos, contabilizaram-se, respectivamente, um total 554, 696 e 430 matrículas para cada um destes cursos, o que equivale a uma média aproximada de 50 matrículas por ano para o primeiro curso, de 63 para o segundo e de 39 para o terceiro (Anuário 1953, 377).

No Anuário de 1936, é possível verificar a centralidade da importância da cultura portuguesa no âmbito da instituição, uma vez que há uma quantidade significativa de textos cobrindo a temática da literatura portuguesa. Apesar de grande espaço para os textos pertinentes à área de literatura portuguesa numa publicação institucional e não acadêmica, como eram os anuários, curiosamente, no texto intitulado "Considerações e Reflexões acerca do Ensino da Literatura" (Anuário 1936, 78-83), o professor Otoniel Mota chama a atenção para o fato de que uma das principais dificuldades do ensino residia no difícil acesso dos alunos às obras clássicas da literatura portuguesa, e chama a atenção para o fato de que tal acesso deveria ser garantido não pelo interesse privado, mas, antes, pelo próprio estado. Vejamos o comentário crítico do professor:

> É de lamentar que sejam americanos, e não portugueses ou brasileiros, os que estão publicando os documentos inéditos do reinado de D. Manuel, e o mais doloroso é que as nossas bibliotecas, se não erramos, ainda não possuem os três alentados volumes que já saíram na América do Norte, e que somente vi numa biblioteca particular.
> Impõe-se de qualquer maneira uma edição popular, a preços módicos, das poesias líricas de Camões, em geral desconhecidas de nossa juventude, fato estranho e lamentável, inconcebível em povos civilizados de outras línguas, no que respeita aos gênios que os exaltaram. Urge que se reeditem, em edições cuidadas, porém baratas, outras obras clássicas desaparecidas do mercado literário. Mas tudo isso, repetimos, não será feito por empresas particulares, pelas

razões já apontadas. A carência de tais obras continuará clamorosa, se o elemento oficial não tomar a peito solucionar o caso. (*Anuário* 1936, 83)

Esse comentário crítico do professor Otoniel Mota, em que reclama para os portugueses e brasileiros o direito ao acesso às obras em sua língua e aponta para o governo a responsabilidade pela sua possibilidade de divulgação, fecha-se, por fim, com um arrazoado sobre a missão do professor de literatura:

Dada a escassez de tempo e a vastidão do campo, o estudo de uma literatura como a luso-brasileira tem de constituir uma seleção de matéria. O professor mal terá tempo de levar a classe a visitar os cumes de cada época literária, estudando apenas os expoentes máximos do pensamento e despertando o gosto, para que os alunos, depois e por si, façam o mesmo com os demais escritores. A missão do professor – aliás, a de todo verdadeiro mestre – será apenas a de nortear com segurança a marcha futura da classe em que ele não será mais o guia. (*Anuário* 1936, 83)

Apesar de distante de nosso tempo, o fragmento acima do professor Otoniel Mota parece fazer-se ainda coerente, já que faz vir à tona justamente a questão sobre o papel do professor de literatura sempre colocado na berlinda entre a vastidão da matéria, a questão da escolha e o espaço pequeno de que dispõe nos currículos para a apresentação satisfatória da matéria literária. Essa constatação do professor Otoniel Mota parece traduzir-se na própria organização do programa da cadeira de que era o responsável à época, que procurava condensar grande parte da história literária portuguesa e brasileira num único programa de ensino. No mesmo *Anuário*, podemos ver a organização curricular do curso de letras, que contava com três anos de formação básica, mais um, chamado de especialização, destinado às disciplinas da área de educação, para quem fosse exercer o magistério. A seção de letras, em sua 1.ª Subseção de Letras Clássicas e Português, era apresentada de acordo com a seguinte estrutura de curso: 1.º ano: Filologia Portuguesa; Língua e Literatura Grega; Língua e Literatura Latina (1.ª parte); 2.º ano: Língua e Literatura Grega; Língua e Literatura Latina (2.ª parte); Filologia Portuguesa; 3.º ano: Língua e Literatura Grega; Língua e Literatura Latina (3.ª parte); Literatura Luso-Brasileira (*Anuário* 1936, 280).

Pela distribuição curricular, é possível perceber que o estudo da literatura luso-brasileira tinha quase que um caráter complementar, uma vez que o que perdura ao longo do curso todo era o estudo das línguas e literaturas clássicas.

A cadeira de Literatura Luso-Brasileira dividia-se em dois programas, vistos ao longo do terceiro ano do curso. De acordo com o programa da cadeira organizado pelo professor Otoniel Mota, é possível localizar a distribuição de conteúdos dispostos da seguinte maneira, para Literatura Brasileira: 1.º primeiras manifestações literárias no século XVI; 2.º A Escola Baiana no século XVII; 3.º As Academias Literárias no século XVIII. A Escola Mineira. Os Árcades; 4.º O Romantismo; 5.º O Naturalismo. O Parnasianismo; 6.º Os Decadentes. O Simbolismo; 7.º A Fase Moderna. Para Literatura Portuguesa: 1º. Período inicial. Os trovadores. A prosa ensaiante. Século XII-XIV; 2.º A decadência da poesia e o surgir da prosa nos cronistas e moralistas. Século XV; 3.º A Renascença italiana e o esplendor da literatura portuguesa do século XVI. Os quinhentistas; 4.º Século XVII. Decadência. Os seiscentistas. Influência espanhola; 5.º A influência francesa no século XVIII. Academias; 6.º Do Romantismo a nossos dias (Anuário 1936, 289).

No Anuário de 1937-38, o nome do professor Otoniel Mota já aparece como sendo o responsável pela cátedra de Filologia Portuguesa, ao passo que o nome do professor português Fidelino de Figueiredo aparece, pela primeira vez, como o responsável pela cadeira de Literatura Luso-Brasileira. No referido Anuário, encontra-se publicado o que talvez seja a primeira comunicação oficial do professor Fidelino de Figueiredo a respeito de sua missão como professor responsável pela cátedra de Literatura Luso-Brasileira.

A esse discurso de apresentação das atividades da cadeira seguia-se o currículo do professor Fidelino de Figueiredo e o programa da cadeira, com ementa e bibliografia. É interessante observar como o conteúdo a ser ministrado durante o terceiro ano do curso é dividido em três grandes eras, a medieval (1189 a 1502), a clássica (1502 a 1825) – subdividida em três grandes épocas: a primeira, de 1502 a 1580, a segunda, de 1580 a 1756, e a terceira, de 1756 a 1825 – e a romântica, de 1825 até a atualidade. A partir da segunda era, a clássica, os conteúdos abrangem tanto a literatura produzida em Portugal, quanto a produzida no Brasil. Na era romântica, inclui-se a literatura tradicionalmente tida como realista e, também, a literatura do século XIX. A chamada era romântica encontra-se dividida do seguinte modo: Prolegômenos; o Romantismo em Portugal (1825-1865); o Romantismo no Brasil (1836-1875); o Realismo em Portugal (1865-1900); o Realismo no Brasil (1875-1908); a literatura novecentista em Portugal (1900 até a atualidade); a literatura novecentista no Brasil (1900 até a atualidade) (Anuário 1937-38, 358-61).

5. O Desmembramento da Cadeira de Literatura Luso-Brasileira e a Criação das Cadeiras de Literatura Portuguesa e de Literatura Brasileira

A publicação seguinte do Anuário não se deu ano a ano, mas sim dá conta de uma década toda, em que se concentram informações sobre a Faculdade de Filosofia, Ciências e Letras entre os anos de 1939 e 1949. Nesta, podemos encontrar documentação sobre o processo de desmembramento da cadeira de Literatura Luso-Brasileira e de criação das cátedras de Literatura Portuguesa e de Literatura Brasileira, bem como sobre os currículos dos cursos.

No documento sobre a cadeira de Literatura Portuguesa temos informações sobre sua criação e organização, seguidas de dados sobre o corpo docente, orientação didática, sobre as atividades desenvolvidas pela cadeira, bem como sobre as pesquisas efetuadas e trabalhos realizados, em que se incluem os títulos e distinções recebidos pelos professores, suas publicações, participações em congressos e atividades de extensão universitária. O texto sobre a criação e organização da cadeira é o primeiro a contar a história da área de Literatura Portuguesa na Universidade de São Paulo, e é assim apresentado:

> Quando da fundação da Faculdade, em 1934, o ensino de Literatura Portuguesa não chegou a constituir cadeira; foi apenas disciplina da Cátedra de Literatura Luso-Brasileira (Secção de Letras, 3.º Ano), instalada em 1936 e provida inicialmente pelo saudoso Prof. Otoniel Mota, e já em 1948 pelo Prof. Fidelino de Figueiredo.

> Em 1935, o Prof. A. de Almeida Prado, então diretor da Faculdade, propunha ao Conselho Universitário o desdobramento da Cadeira de Literatura Luso-Brasileira (cf. Anuário de 1936, pg. 155); a proposta é aprovada em 12 de janeiro de 1936, mas executada apenas em 1939, quando então se instala, sob a regência do Prof. Fidelino de Figueiredo, a Cadeira de Literatura Portuguesa (3.º Ano do Curso de Letras).

> O Regulamento de 1941, alterando o currículo de todos os cursos, determina que a Cadeira de Literatura Portuguesa se ministre no 1.º Ano de Letras Clássicas e no 3.º de Neolatinas; e em 1946 o ensino da matéria era bastante ampliado, ministrando-se no 1.º e 2.º Anos dos cursos de Letras Clássicas e de Neolatinas e ainda no 4.º Ano e no Curso de Especialização. (Anuário 1939-49, 507.)

No documento acima citado, cabe uma correção quanto a uma data informada. Diz-se, no primeiro parágrafo, que a cadeira de Literatura Portuguesa foi instalada em 1936 e provida inicialmente pelo professor Otoniel Mota e que, já em 1948, teria sido ocupada pelo professor Fidelino de Figueiredo. Contudo, é importante frisar que a data correta do início do professor português como responsável pela cadeira é 1938, informação que é reiterada em diversas outras passagens do mesmo documento.

Como se pode constatar pelo documento acima reproduzido, o desmembramento da cátedra de Literatura Luso-Brasileira não se deu de modo instantâneo, mas, antes, constituiu-se num processo político institucional que durou anos. Primeiramente foi proposto em 1935, depois aprovado em 1936, colocado em prática apenas em 1939 e incorporado, institucionalmente, como lembra Santilli (1994), na reforma de 1942. A título de registro documental, seguem, abaixo, os dois textos citados na apresentação da cátedra de Literatura Portuguesa, primeiramente o pedido de desmembramento da cátedra de Literatura Luso-Brasileira e a aceitação. Ambos os textos encontram-se publicados no *Anuário* de 1936, na seção intitulada "Plano de Modificações Propostas ao Regulamento da Faculdade de Filosofia e Submetidos à Aprovação do Conselho Universitário." A proposta referente à alteração na cadeira aparece identificada como sendo o item "c," à página 154; já na página 155 aparece o despacho de regulamentação:

c) Desdobramento da cátedra de Literatura Luso-Brasileira
9. Finalmente, a cátedra de Literatura Luso-Brasileira, pela dificuldade de seu preenchimento, impondo, como o faz atualmente, conhecimento profundo das literaturas de dois povos, afins pela origem, pela tradição histórica e pela língua comum, mas afastados pela peculiaridade de seu desenvolvimento mental e literário, precisa ser desdobrada em cadeiras de Literatura Portuguesa e de Literatura Brasileira.
Parágrafo único – O agrupamento entre a cadeira fundamental e as que lhes devam ser consideradas subsidiárias será discriminado no Regimento, bem como as cadeiras que devam ser consideradas independentes, para a aplicabilidade do artigo 112 do Regulamento.
Art – O candidato que defender tese, tendo feito o curso de uma só disciplina, receberá o grau de doutor, restringindo-se a enunciação do seu título à matéria cursada.

Art – A cadeira de Literatura Luso-Brasileira fica desdobrada em Literatura Brasileira e Literatura Portuguesa
São Paulo, 12 de dezembro de 1935.
A. de Almeida Prado (*Anuário* 1936, 154-55)

A criação da cátedra de Literatura Brasileira tem a sua apresentação feita do mesmo modo como o fora a de Literatura Portuguesa. O curioso é que, por ser uma cadeira nova, contava com apenas um professor catedrático, o professor Mário Pereira de Souza Lima, e um assistente, o professor José Aderaldo Castelo. Vejamos, na sequência, parte do texto de apresentação da então nova cadeira:

CADEIRA DE LITERATURA BRASILEIRA
HISTÓRICO E ORIENTAÇÃO DA CADEIRA
Com a fundação da Faculdade de Filosofia, Ciências e Letras da Universidade de São Paulo foi criada a Cadeira de Literatura Luso-Brasileira, que passou a ser regida pelo Prof. Fidelino de Figueiredo, até que, em 1939, houve o desdobramento em Cadeira de Literatura Brasileira e Cadeira de Literatura Portuguesa. Para reger a primeira, interinamente, foi convidado o Prof. Mário Pereira de Souza Lima, nomeado por decreto de 11 de julho de 1939. Em 1945, posta a Cadeira em concurso, o Prof. Souza Lima foi nomeado Catedrático (decreto de 14 de agosto de 1945).
De janeiro a dezembro de 1944, o licenciado Manuel Cerqueira Leite exerceu as funções de 1º. Assistente da Cadeira; de outubro de 1945 em diante, estas funções passaram a ser exercidas pelo licenciado José Aderaldo Castello. (Anuário 1939-49, 507-10, maiúsculas no original)

É interessante observar que, conforme está indicado no documento acima apresentado, a ocupação da referida cadeira foi antecedida por concurso público, após o desmembramento da anterior, Luso-Brasileira. Tal concurso fora realizado em 1945, sendo que, curiosamente, os concorrentes de Souza Lima foram, dentre outros, o professor António Cândido (que viria a se fixar como professor do departamento de Teoria Literária que seria criado futuramente) e o poeta modernista Oswald de Andrade.[6]
A partir do Decreto Federal n.º 1.190, de 4 de abril de 1939, todas as faculdades de filosofia tiveram de se adequar ao padrão oficial da então denominada Faculdade Nacional de Filosofia, criada no Rio de Janeiro, ao que se seguiu uma série de alterações na estrutura da Faculdade de Filosofia Ciências e Letras da Universidade de São Paulo. No *Anuário* que cobre os anos entre 1939-1949, se documenta a estrutura

da Faculdade de Filosofia, Ciências e Letras da Universidade de São Paulo, bem como se discorre sobre o seu histórico e a composição curricular dos cursos de graduação. Em Letras, constituíram-se os cursos de Letras Clássicas, Letras Neolatinas e Letras Anglo-Germânicas, com suas diversas cadeiras, dentre as quais a cadeira de Literatura Portuguesa e a cadeira de Literatura Brasileira (*Anuário* 1939-49, 12-29).

Em 1942, uma nova estruturação foi implantada por meio do decreto n.º 12.511, de 21 de janeiro. Os cursos foram agrupados em quatro seções fundamentais e uma "especial." Na seção de letras, foram mantidos os três cursos citados acima. No que se refere à seção de letras, a partir da reforma de 1942, os cursos ficaram organizados do seguinte modo:

III – Secção de Letras

I – Curso de Letras Clássicas	II – Curso de Letras Neolatinas	III – Curso de Letras Anglo-Germânicas
Primeiro Ano	**Primeiro Ano**	**Primeiro Ano**
Língua Latina	Língua Latina	Língua Latina
Língua Grega	Língua e Literatura Francesa	Filologia e Língua Portuguesa
Filologia e Língua Portuguesa	Língua e Literatura Italiana	Língua Inglesa e Literatura Inglesa e Anglo-Americana
Literatura Portuguesa	Língua Espanhola e Literatura Espanhola e Hispano-Americana	Língua e Literatura Alemã
Literatura Brasileira	Filologia e Língua Portuguesa	
História da Antiguidade Greco-Romana		
Segundo Ano	**Segundo Ano**	**Segundo Ano**
Língua Latina	Língua Latina	Língua Latina
Língua Grega	Filologia e Língua Portuguesa	Filologia e Língua Portuguesa
Filologia e Língua Portuguesa	Língua e Literatura Francesa	Língua e Literatura Alemã
Literatura Latina	Língua e Literatura Italiana	
Literatura Grega	Língua Espanhola e Literatura Espanhola e Hispano-Americana	
Terceiro Ano	**Terceiro Ano**	**Terceiro Ano**
Língua Latina	Filologia Românica	Língua Portuguesa
Língua Grega	Filologia e Língua Portuguesa	Língua Inglesa e Literatura Inglesa e Anglo-Americana
Filologia e Língua Portuguesa	Literatura Portuguesa e Brasileira	Língua e Literatura Alemã
Literatura Latina	Língua e Literatura Francesa	
Literatura Grega	Língua e Literatura Italiana	
Filologia Românica	Língua Espanhola e Literatura Espanhola e Hispano-Americana	

Figura 1. Seção de Letras (Adaptado de *Anuário*. 1939-1949, 12-29).

IV – Pedagogia

I – Curso de Pedagogia	II – Curso de Didática
Primeiro Ano Complementos da Matemática História da Filosofia Sociologia Fundamentos Biológicos da Educação Psicologia Educacional	**Didática Geral** Didática Especial Psicologia Educacional Administração Escolar e Educação Comparada Fundamentos Biológicos da Educação Fundamentos Sociológicos da Educação (2)
Segundo Ano Estatística Educacional História da Educação Fundamentos Sociológicos da Educação Psicologia Educacional Administração Escolar Higiene Escolar	
Terceiro Ano História da Educação Psicologia Educacional Administração Escolar Educação Comparada Filosofia da Educação	

Figura 2. Pedagogia (Adaptado de *Anuário* 1939-49, 12-29).

De acordo com a estrutura acima indicada, os alunos poderiam se candidatar ao curso de didática. Para tanto, deveriam ter completado os três anos básicos destinados ao cumprimento do bacharelado obtido nas três séries dos diversos cursos da faculdade. Nesse caso, por exemplo, o aluno poderia concluir os três anos de um dos cursos de letras ou do curso de pedagogia e, posteriormente, cursar um ano do curso de didática. Aos que terminassem o curso de didática era fornecido o diploma de licenciado no curso em que tivesse obtido o seu bacharelado.

Em 1946, houve mais uma reforma operada em decorrência do decreto federal n.º 9.092, pela qual se acrescentou a todos os cursos um ano de caráter obrigatório, além de terem sido criados os cursos de especialização. Depois de 1946, os currículos dos cursos de letras passam a ser dispostos da seguinte maneira:

III – Secção de Letras

I – Curso de Letras Clássicas	II – Curso de Letras Neolatinas	III – Curso de Letras Anglo-Germânicas
Primeiro Ano Língua Latina Língua Grega Filologia e Língua Portuguesa Literatura Portuguesa História da Antiguidade Greco-Romana	**Primeiro Ano** Língua Latina Língua e Literatura Francesa Língua e Literatura Italiana Língua Espanhola e Literatura Espanhola e Hispano-Americana Filologia e Língua Portuguesa Literatura Portuguesa	**Primeiro Ano** Língua Latina Filologia e Língua Portuguesa Língua Inglesa e Literatura Inglesa e Anglo-Americana Língua e Literatura Alemã História da Civilização Medieval
Segundo Ano Língua Latina Língua Grega Filologia e Língua Portuguesa Literatura Latina Literatura Grega Literatura Portuguesa Literatura Brasileira	**Segundo Ano** Língua Latina Filologia e Língua Portuguesa Língua e Literatura Francesa Língua e Literatura Italiana Língua Espanhola e Literatura Espanhola e Hispano-Americana Literatura Portuguesa Literatura Brasileira	**Segundo Ano** Língua Latina Filologia e Língua Portuguesa Língua Inglesa e Literatura Inglesa e Anglo-Americana Língua e Literatura Alemã
Terceiro Ano Língua Latina Língua Grega Filologia e Língua Portuguesa Literatura Latina Literatura Grega Filologia Românica Glotologia Clássica	**Terceiro Ano** Filologia Românica Filologia e Língua Portuguesa Literatura Brasileira Língua e Literatura Francesa Língua e Literatura Italiana Língua Espanhola e Literatura Espanhola e Hispano-Americana	**Terceiro Ano** Língua Portuguesa Língua Inglesa e Literatura Inglesa e Anglo-Americana Língua e Literatura Alemã

Figura 3. Seção de Letras (Adaptado de *Anuário* 1939-49, 12-29)

Já a composição do 4.º ano dos cursos ficou organizada de acordo com a seguinte explicação:

O quarto ano
Na quarta série, os alunos optarão, livremente, por duas ou três Cadeiras ou Cursos, dentre os ministrados pela Faculdade; quando aprovados, terão direito ao diploma de Bacharel. Além disso, poderão cursar as Cadeiras de

251

Psicologia Educacional, Didática Geral e Didática Especial; neste caso, terão direito ao diploma de Licenciado. No quarto ano de Anglo-Germânicas será obrigatória a Cadeira de Filologia Germânica.

Curso de Especialização
Os cursos de Especialização destinam-se aos alunos que, tendo concluído um dos Cursos Ordinários, desejam obter o diploma de Especialista, em uma das matérias constantes das Portarias Ministeriais, nos. 328, de 13 de maio de 1946 e 497, de 15 de outubro de 1947. (Anuário 1939-49, 12-29)

É interessante observar que, a partir da mudança ocorrida depois de 1946, as cadeiras de Literatura Portuguesa e Brasileira passam a ganhar mais espaço na distribuição curricular dos cursos de letras. De acordo com a primeira distribuição do currículo dos cursos de letras, em vigor desde 1941, as disciplinas de Literatura Portuguesa apareciam apenas no primeiro semestre do curso de Letras Clássicas e no terceiro no de Neolatinas, neste caso juntamente com o de Literatura Brasileira. Esta, por sua vez, também aparecia apenas no primeiro ano do curso de Letras Clássicas. Já depois da reforma de 1946, a Literatura Portuguesa passou a figurar no primeiro e segundo anos dos cursos de Letras Clássicas e no curso de Letras Neolatinas, ao passo que a Literatura Brasileira passou a vigorar no segundo e terceiro anos destes mesmos cursos. No curso de Letras Anglo-Germânicas, contudo, tanto a literatura portuguesa como a brasileira não chegaram a fazer parte da grade de disciplinas.

Neste mesmo Anuário, há a apresentação da quantidade de alunos matriculados nos três cursos de letras ao longo dos anos entre 1939 e 1949. Para o curso de Letras Clássicas, contabilizou-se um total de 554 matrículas; para o curso de Letras Neolatinas, foram 696 matrículas; já para o curso de Letras Anglo-Germânicas, foram 430 matrículas. Desse modo, conforme o documento consultado, temos, ao longo de todo esse período, um total de 1680 matrículas nos três cursos de letras da Universidade de São Paulo.

O Anuário referente ao ano de 1950 foi publicado somente no ano de 1952 e se apresenta, basicamente, como um documento de balanço de funcionamento dos cursos, com a indicação das cadeiras componentes de cada curso, do movimento escolar (número de matriculados e de alunos formados), bem como uma seção reservada à descrição das principais atividades das cadeiras. Quanto à composição dos cursos em relação às cadeiras, a organização parece não ter sofrido alterações em relação aos anos anteriores, tendo assim permanecido, com pouquíssimas alterações, ao longo de toda a década de cinquenta.

6. Considerações Finais

Como dito anteriormente, o presente trabalho procurou se ater à apresentação de um quadro geral sobre a configuração do ensino de literatura portuguesa e brasileira na Universidade de São Paulo (USP), prioritariamente nas suas duas primeiras décadas de existência de seus cursos de letras. Para finalizarmos, contudo, é oportuno lançar um olhar, mesmo que breve, para os desdobramentos da configuração da universidade nas décadas seguintes, contextualizando as áreas de ensino em questão.

Segundo Santilli (1994), a década de sessenta do século XX foi fundamental para o estabelecimento e reordenação das áreas de literatura portuguesa e brasileira. No ano de 1961, a Lei de Diretrizes e Bases da Educação resultou numa reforma dos estatutos da Universidade de São Paulo e na própria Faculdade de Ciências e Letras. Em 1966, foi instituído o decreto que estabelecia que as unidades universitárias seriam constituídas por departamentos, com suas disciplinas afins, os quais seriam as menores frações da universidade. Conforme nos relata Santilli, no artigo quinto de tal decreto, estabeleceu-se a denominação que tem hoje a Faculdade de Filosofia, Letras e Ciências Humanas (FFLCH) da USP. Mais tarde, em portaria de janeiro de 1970, foram estabelecidas as disciplinas e as áreas de letras e, em fevereiro de 1971, por meio de outra portaria, tais disciplinas foram agrupadas aos departamentos (Santilli 1994, 428).

Para uma melhor visualização, segue abaixo um quadro com os principais momentos, apresentados por Santilli (1994), da organização institucional que tiveram impacto na área de estudos literários, em específico para as literaturas de língua portuguesa:

Ano	Documento	Ação
1934	Decreto Federal n.º 39 de 3 de setembro	Estabelece os setores de letras e de ciências e subdivide o setor de letras em clássicas e modernas.
1942	Reforma instituída pelo Decreto n.º 12.511 de 21 de janeiro	Institui as cadeiras de Letras Clássicas e Português, desmembrando a cadeira de Literatura Luso-Brasileira em cadeira de Literatura Portuguesa e cadeira de Literatura Brasileira.

Ano	Documento	Ação
1954	Criação do Instituto de Estudos Portugueses.	
1961	Lei de Diretrizes e Bases (Lei n.º 24, de 20 de dezembro) e Reforma dos Estatutos da Universidade de São Paulo e da Faculdade de Filosofia, Ciências e Letras	Consolidação da divisão das letras em clássicas, neolatinas e anglo-germânicas. As cadeiras de Literatura Portuguesa e Brasileira foram consideradas básicas para as três áreas de letras.
1966-69	Decreto n.º 53.326, de 16/12/69, que aprovou o novo estatuto da Universidade de São Paulo, a partir de trabalho de reforma universitária iniciado em 1966, a partir de duas portarias da Reitoria (GR n.º 278 e 282).	O decreto n.º 53.326 definiu, em seu artigo 4.º, as unidades universitárias nas quais os departamentos, com as disciplinas afins, constituem as menores frações da universidade; no seu artigo 5.º, enumerou, em 13º. lugar, e já com a denominação que tem hoje, a Faculdade de Filosofia, Letras e Ciências Humanas.
1969	Portaria 885, de 25 de agosto.	Os cursos do Departamento de Letras e dos outros, após os três anos do bacharelado, passaram a ser designados de cursos de pós-graduação.
1970	Portaria GR 1.023 de 15 de janeiro.	Elencou as disciplinas e as áreas de letras, depois agrupadas nos termos do artigo 14.º da Portaria GR 1380, de 01 de fevereiro de 1971, ficando as disciplinas de Literatura Portuguesa e Literatura Brasileira confirmadas entre as do Departamento de Letras Clássicas e Vernáculas, conforme hoje está.
1971	Reorganização dos cursos de pós-graduação. Novo impulso de pesquisa na área de literatura portuguesa, à qual vieram acoplar-se as disciplinas de Literaturas Africanas de Língua Portuguesa e de Literatura Infanto-Juvenil de Língua Portuguesa.	
1993	Aprovação pela comissão CPG da FFLCH e pela Câmara Curricular da área de estudos comparados de literaturas em língua portuguesa. Transferência das disciplinas de Literaturas Africanas de Língua Portuguesa e de Literatura Infanto-Juvenil de Língua Portuguesa para a área recém criada.	
1994	Transferência das disciplinas de Literaturas Africanas de Língua Portuguesa e de Literatura Infanto-Juvenil de Língua Portuguesa para a área de estudos comparados de literaturas em língua portuguesa.	

Adaptado de Santilli (1994, 428).

Como salientado anteriormente, pouquíssimas alterações nas estruturas dos cursos de Letras da USP se operaram durante a década de 1950. Apenas a partir da década de sessenta é que se implantarão as grandes reformas estruturais, ocasionadas em decorrência de reformas mais abrangentes do próprio sistema educacional e universitário brasileiro. É justamente a partir dessa década que Souza (2014) estabelece o que entende como sendo o quinto período dos cursos de letras no Brasil, período este que iria de 1963 a 2000.

Segundo Souza (2014), a partir de 1963, os cursos de letras passam a ser estruturados em habilitações simples e duplas, sendo incluída a obrigatoriedade de um currículo mínimo contendo oito disciplinas, cinco obrigatórias e três de livre escolha. As disciplinas de Literatura Brasileira e Literatura Portuguesa passavam a figurar no rol das obrigatórias, ao lado das de Língua Portuguesa, Língua Latina e Linguística. Dentre as de livre escolha, incluíam-se as disciplinas de Cultura Brasileira, Teoria da Literatura, Literatura Latina, Filologia Românica, Língua Grega, Literatura Grega, além de uma língua estrangeira moderna e sua respectiva literatura. Souza (2014) chama a atenção para o fato de esse período ser marcado por um crescente protagonismo das disciplinas de Linguística e Teoria da Literatura, que acabaram por ser responsáveis por orientar novas perspectivas no ensino e pesquisa.

Nesse quinto período, ainda na década de sessenta, houve um segundo momento de reforma universitária que acabou por delinear o formato dos cursos de letras que se manteve até os anos dois mil. A partir da reforma universitária de 1968, há o desmembramento das faculdades de filosofia, dando margem ao surgimento de faculdades e institutos de letras isolados. Há, também, como visto acima com Santilli (1994), a extinção do sistema de cátedras, ou cadeiras, sendo criados os departamentos. A partir da década de setenta, ocorre a criação do sistema nacional de pós-graduação, com a implantação dos cursos de mestrado. Com isso, à medida em que os programas de pós-graduação vão sendo incorporados ao sistema universitário brasileiro, criam-se gradativamente novas exigências formais para a admissão de professores no magistério superior.[7]

A partir do final da década de 1990, com a formulação e implantação gradual da Lei de Diretrizes e Bases da Educação e as consequentes Diretrizes Curriculares Nacionais, há modificações importantes nas orientações para a composição dos currículos na área. Isso prepara o que Souza (2014) entende por ser o sexto período dos cursos de letras, que se estenderia do início dos anos dois mil até a atualidade. A partir daí, deixa de existir a exigência de um currículo mínimo e admite-se uma maior flexibilização, considerando apenas que as disciplinas dos cursos devem estar ligadas às áreas de estudos linguísticos e literários.

A título de exemplo, como já demonstrado em outro estudo,[8] considerando o caso específico do ensino de literatura portuguesa na USP, verificou-se a presença, desde a década de sessenta até a atualidade, da disciplina em seis níveis (Literatura Portuguesa I-VI) ocupando o espaço de seis semestres. A partir da análise dos programas desta disciplina entre as décadas de sessenta e a primeira década dos anos dois mil, concluiu-se pela existência de alguns padrões de organização de conteúdos. Até o ano 2000, houve basicamente dois princípios de organização, nos seis níveis da disciplina: o primeiro seria de caráter panorâmico, obedecendo a um paradigma historiográfico ascendente baseado no estilo/época, que variava ao longo do período de distribuição de acordo com gêneros e autores – esse princípio foi aplicado nas disciplinas I a IV; um segundo princípio seria o da especialização, nas disciplinas V e VI, fundamentado no pressuposto canônico, baseado em nomes de autores, sendo estes tomados como monumentos incontornáveis: Camões e Pessoa. Apenas a partir de 2010, os programas da disciplina aparentam uma organização totalmente diferente: para as disciplinas I a IV, abandonou-se a organização dos conteúdos baseada no estilo de época e autor, sendo estes substituídos pelo princípio de organização temporal, por séculos; já as disciplinas V e VI passam a ser organizadas segundo princípios de temas e autores, mas que não são mais fixos.

No que se refere ao currículo, apesar de a atualidade ser cada vez mais marcada pelo processo de flexibilização e, paralelamente, apontar para um certo ultrapassamento do paradigma da nacionalidade no modo de organização dos estudos literários, no caso específico da Universidade de São Paulo, contudo, quando considerados os documentos acadêmicos, as disciplinas de Literatura Brasileira e Portuguesa parecem ter ocupado espaço fixo e destacado nos currículos dos cursos de letras ao longo de décadas até a atualidade.

NOTAS

1. Carlos Augusto de Melo demonstra justamente como as primeiras histórias literárias brasileiras são constituídas a partir da história da literatura portuguesa, e como o que nelas se denomina de nacional, na verdade, se faz, sempre, como referência ao entendimento de Portugal como nação. Para tanto, aborda justamente obras concernentes ao período enfocado por Roberto Acízelo de Souza. Em especial, sobre o *Curso Elementar de Literatura Nacional*, do Cônego Fernandes Pinheiro, Melo considera o seguinte: "A literatura nacional estudada é, portanto, a literatura portuguesa, formada pela produção dos portugueses e da colônia. Essa literatura constrói-se e manifesta-se por meio da história da nacionalidade dos portugueses fundamentada pelos momentos de formação do poderio da monarquia portuguesa. Desse ponto de vista, a produção literária brasileira aparece para fortalecer a ideia do domínio e do poder português. A história da literatura portuguesa é expressão e reflexo direto das marcas do passado histórico dos portugueses. Entende-se, então, que as metáforas de periodização – infância, adolescência, etc. ou século de ouro, idade de ferro, etc. – aplicadas ao desenvolvimento da história das letras nada mais é que a interpretação geral da história do reino de Portugal, na qual os escritores e suas obras aparecem como resultante documental desse processo histórico" (Melo 2011).

2. Souza (2014) identifica pelo menos cinco dessas tentativas: "1. Faculdade Eclesiástica (depois Pontifícia) de São Paulo: fundada em 1908 e extinta em 1914; 2. Faculdade Livre de Filosofia e Letras de São Paulo: fundada em 1908, interrompeu suas atividades em 1917, por causa da Primeira Guerra; voltou a funcionar em 1922, passando a chamar-se, a partir de 1931, Faculdade de Filosofia, Ciências e letras de São Bento, sendo posteriormente incorporada à Universidade Católica de São Paulo (hoje Pontifícia Universidade Católica de São Paulo), quando de sua fundação, em 1946. 3. Academia de Altos Estudos: fundada em 1916, no Instituto Histórico e Geográfico Brasileiro, passa a chamar-se, a partir de 1919, Faculdade de Filosofia e Letras, cessando as atividades em 1921. 4. Faculdade de Filosofia e Letras do Rio de Janeiro: fundada em 1924 e extinta em 1937; 5. Faculdade Paulista de Letras e Filosofia: fundada em 1931 e extinta no ano seguinte" (Souza 2014, 15).

3. Souza (2014) identifica os primeiros cursos de letras do país como sendo os seguintes: "1. O da PUC-SP, que remontaria a 1908 ou a 1933, conforme o referencial que se adote como seu núcleo originário (respectivamente, a Faculdade Livre de Filosofia e Letras de São Paulo, ou o Instituto *Sedes Sapientiae*); 2. O curso de Letras da USP, instituído em 1934, já a partir da fundação da Universidade, incluindo a Faculdade de Filosofia, Ciências e Letras; 3. O curso de Letras Universidade Federal do Rio de Janeiro -UFRJ, datado de 1935; 4. O curso de Letras da Universidade Federal do Paraná - UFPR, datado de 1938; 5. O curso de Letras da Universidade Federal do Paraná – UFPR, datado de 1938; 6. O curso de Letras da Universidade Estadual do Rio de Janeiro – UERJ, datado de 1939; 7. O curso de Letras Universidade Federal de Minas Gerais, datado de 1939" (Souza 2014, 16).

4. O levantamento dos documentos aqui apresentados se deu no âmbito do projeto de pós-doutorado que se intitulou A Presença da Literatura Portuguesa no Brasil: Percursos e Percalços do Ensino e da Pesquisa no Processo de Constituição da Área de Literatura Portuguesa nas Universidades Brasileiras. A pesquisa teve como sede a Universidade de São Paulo (USP) e foi desenvolvida no âmbito do Departamento de Letras Clássicas e Vernáculas (DLCV) da Faculdade de Filosofia, Letras e Ciências Humanas (FFLCH). Pesquisa financiada pela FAPESP (processo 2013/07623-3). Resultados parciais dessa pesquisa já foram publicados esparsamente, tais como a comunicação submetida ao congresso da Associação Internacional de Lusitanistas, intitulada "A Presença da Literatura Portuguesa nas Pesquisas de Pós-Graduação na Universidade de São Paulo" (XI Congresso da Associação Internacional de Lusitanistas. Mindelo, Cabo Verde, 21-25 de julho de 2014); a comunicação "Universidade: Instância Legitimadora da Literatura" (XIV Congresso Internacional da ABRALIC, 2015. https://abralic.org.br/anais-artigos/?id=919); e em artigo intitulado "A Literatura como Objeto de Conhecimento: Notas sobre o Cânone e a Pesquisa Acadêmica." 2015. Revista FronteiraZ 14: 30-50. São Paulo: PUC-SP.

5. No Anuário da Faculdade de Filosofia Ciências e Letras de 1936, é possível encontrar a seguinte nota biográfica acerca do Professor Ontoniel Mota: "O prof. Otoniel de Campos Mota, filho de José Rodrigues e de D. Bernardina Deoclecia da Mota Pais, nasceu em Porto Feliz, a 16 de Abril de 1878. Fez seus primeiros preparatórios no antigo Curso Anexo à Faculdade de Direito. Completou-os no Seminário Presbiteriano, onde fez o seu curso teológico, em São Paulo. Foi lente de português em Ribeirão Preto, e depois em Campinas, e Diretor da Biblioteca Pública de S. Paulo". Ver Anuário da Faculdade de Filosofia, Ciências e Letras 1936. 1937, 306. São Paulo: Faculdade de Filosofia, Ciências e Letras.

6. O referido concurso foi realizado entre os dias 23 de julho e 4 de agosto de 1945. Houve seis candidatos em disputa: 1. Antonio Candido de Mello e Souza, com a tese intitulada "Introdução ao Método Crítico de Sílvio Romero"; 2. Antônio Salles Campos, com a tese "Origem e Evolução dos Temas da Primeira Geração de Poetas Românticos Brasileiros"; 3. Manuel Cerqueira Leite, com a tese "Do Fato Literário, do Ponto de Vista Funcional"; 4. Mário Pereira de Souza Lima, com a tese "Os Problemas Estéticos na Poesia Brasileira do Parnasianismo ao Modernismo"; 5. José Oswald de Souza Andrade, com a tese "A Arcádia e a Inconfidência"; 6. Jamil Almansur Haddad, com a tese "O Romantismo Brasileiro e as Sociedades Secretas do Tempo." A comissão examinadora foi composta pelos professores Jorge Americano e Gabriel Rezende Filho (indicados pelo Conselho Universitário) e Afonso Arinos de Mello Franco, Leonel Vaz de Barros e Guilherme de Almeida (indicados pelo Conselho Técnico-Administrativo) (Anuário 1939-49,384).

7. No que se refere à pós-graduação na Universidade de São Paulo, foram apresentados estudos, em outras duas oportunidades, acerca das pesquisas e produções na área, especificamente a literatura portuguesa. Primeiramente, numa comunicação submetida a um

congresso da Associação Internacional de Lusitanistas, intitulada "A Presença da Literatura Portuguesa nas Pesquisas de Pós-Graduação na Universidade de São Paulo" (XI Congresso da Associação Internacional de Lusitanistas. Mindelo, Cabo Verde, 21-25 de julho de 2014) e, posteriormente, em artigo intitulado "A Literatura como Objeto de Conhecimento: Notas sobre o Cânone e a Pesquisa Acadêmica." 2015. *FronteiraZ* 14: 30-50. São Paulo: PUC-SP.

8. Ver Telles 2015, https://abralic.org.br/anais/arquivos/2015_1456102502.pdf.

REFERÊNCIAS

Anuário Faculdade de Filosofia, Ciências e Letras 1936. 1937. São Paulo: Universidade de São Paulo, Seção de Publicações.

Anuário Faculdade de Filosofia, Ciências e Letras 1937-38. 1938. São Paulo: Universidade de São Paulo, Seção de Publicações.

Anuário Faculdade de Filosofia, Ciências e Letras 1939-49, vols. 1 e 2. 1953. São Paulo: Universidade de São Paulo, Seção de Publicações.

Anuário Faculdade de Filosofia, Ciências e Letras 1950. 1952. São Paulo: Universidade de São Paulo, Seção de Publicações.

Anuário Faculdade de Filosofia, Ciências e Letras 1951. 1952. São Paulo: Universidade de São Paulo, Seção de Publicações.

Fialho, Denise da Silva, e Lara Lopes Fidelis. 2008. "As Primeiras Faculdades de Letras no Brasil." *Revista HELB* 2. Brasília, DF: Universidade de Brasília.

Fiorin, José Luiz. 2006. "A Criação dos Cursos de Letras no Brasil e as Primeiras Orientações da Pesquisa Linguística Universitária." *Línguas e Letras* 7, no. 12. Cascavel, PR: Universidade Estadual do Oeste do Paraná – UNIOESTE.

Melo, Carlos Augusto. 2011. "A História da Literatura Portuguesa nas Páginas das Primeiras Histórias Literárias Brasileiras." *Atas do XII Congresso Internacional da ABRALIC.* Curitiba, PR: ABRALIC.

Romanelli, O. 2005. *História da Educação no Brasil.* Petrópolis, RJ: Vozes.

Santilli, Maria Aparecida. 1994. "Literatura Portuguesa." *Estudos Avançados* 8, no. 22. São Paulo: Universidade de São Paulo.

Souza, Roberto Acízelo de. 2007. "Ao Raiar da Literatura Brasileira: Sua Institucionalização no Século XIX (Introdução)." Em *Historiografia da Literatura Brasileira,* edição de Joaquim Caetano Fernandes Pinheiro. Rio de Janeiro: EdUerj.

Souza, Roberto Acízelo de. 2014. "Os Cursos de Letras no Brasil: Passado, Presente e Perspectivas." *Opiniães* 4 e 5, *Dossiê: Literatura e Educação.* São Paulo: Universidade de São Paulo.

Telles, Luís Fernando Prado. 2014. "A Presença da Literatura Portuguesa nas Pesquisas de Pós-graduação na Universidade de São Paulo." *XI Congresso da Associação Internacional de Lusitanistas.* Mindelo: Cabo Verde.

Telles, Luís Fernando Prado. "A Literatura como Objeto de Conhecimento: Notas sobre o Cânone e a Pesquisa Acadêmica." 2015. *FronteiraZ* 14: 30-50. São Paulo: PUC-SP

Telles, Luís Fernando Prado. 2015. "Universidade: Instância Legitimadora da Literatura." *XIV Congresso Internacional ABRALIC*. Belém, PA: Universidade Federal do Pará, UFPA.

LUÍS FERNANDO PRADO TELLES é Professor de Teoria Literária da Escola de Filosofia, Letras e Ciências Humanas da Universidade Federal de São Paulo (UNIFESP). Possui bacharelado e licenciatura em letras (1997), mestrado (2000) e doutorado (2009) em Teoria e História Literária pela Universidade Estadual de Campinas (UNICAMP) e Pós-Doutorado junto ao Departamento de Letras Clássicas e Vernáculas da Universidade de São Paulo (USP) 2014.

Secção Literária

A 1ª classe

Começo sempre um texto, isto é, chego sempre ao texto, esse abismo e esse sofá, a achar que quero ir para a escola, para a 1ª classe. Regresso pois, por hoje, à minha primeira classe, de que não guardo nenhuma recordação má, só boas recordações.

Aprendi a ler e a escrever no ano lectivo de 1966/67. Foi no Colégio do Sagrado Coração de Maria, na Manuel da Maia, em Lisboa. A professora era a irmã Maria Antonieta. Era uma mulher muito nova, bonita, fresca, doce e inteligente, muito simpática, séria, alegre e comunicativa. Usava hábito até aos pés. Perto dela cheirava a engomado e a lavado. Dessa primeira classe ficaram fotografias e o exame (o teste, o ponto, o exercício final) em que tive Muito Bom. Numa das fotografias, tirada pelo Carnaval, estou mascarada de saloia ao pé de outras meninas, também mascaradas, e da irmã Maria Antonieta. Diz-me a pastora Eva Michel que, na Alemanha, as regiões em que se festeja o Carnaval são católicas, nas zonas protestantes não se festeja o Carnaval. Os fatos tradicionais das zonas protestantes são escuros, pretos. Os das zonas católicas são garridos.

Portugal e eu, nos anos 60, na minha memória, somos muito essa fotografia do colégio das freiras: a irmã Maria Antonieta, vestida de freira e não mascarada de freira, e eu mascarada de saloia e uma saloia, uma pirosa para a minha prima Vera, para a Zé Botelho e para a dúzia de filhos e filhas de intelectuais portugueses que conheci ao longo do liceu. A verdade dessa fotografia fia fino: o fato de saloia era da minha prima Vera, filha do irmão da minha mãe, a tal presumida que me achava uma pirosa, uma saloia, esse fato, mais tarde, foi parar à minha prima Manelas, filha de uma prima direita do meu pai, que para a Zé Botelho dos quatro costados era uma pirosa. Não estou a dizer mal da minha prima Vera nem da Zé Botelho porque estou a dizer como elas eram (e como ainda devem ser, há anos e anos que levaram sumiço). O snobismo é um pecado gravíssimo. Marcel Proust escreveu sobre isso. As duas criaturas acima referidas eram de uma estupidez gravíssima porque são muito inteligentes. Têm 40 anos, têm 4 anos – são uns monstros. Não sabem o que fazem apesar das aparências em contrário. Envergonham-se da infância que tiveram, querem aparecer sempre como pessoas crescidas e perfeitas, só os tachos e os penachos contam para elas. São extremamente vulgares: a maior parte das pessoas é assim. Mas deixo isto por agora.

Chegada a este ponto, recorrente nos meus textos em prosa, ocorre-me uma passagem de Maria Velho da Costa, do livro *Dores*, do conto "O Assassinato da Bela Seresma". Trasncrevo-a: "Fazia escritos memorialistas a roçar a denúncia de familiares e próximos, trabalhos de mão de algum mérito, ou pastosas ficções filosofantes sobre inomináveis delíquios. Dizia-se que estava crente, a serena Seresma." Devo dizer que gosto muito deste conto. Seresma não morre: mata. Mas revelar isto assim anula o "suspense".

Vou transcrever a seguir a minha redacção da "Prova de Passagem da 1ª à 2ª classe" (afinal é este o nome desse exercício escolar). O tema era "O que queres ser quando fores grande".

"Eu quando for grande quero ser hospedeira do ar, para ver os passarinhos a voar de um lado para o outro, e para levar os passageiros e para voar sobre o mar e para ver os barcos de pesca, com as velas de todas as cores, etc."

Nunca fui hospedeira, mas adoro andar de avião e adoro aeroportos. E, acima de tudo, gosto de cores, de todas as cores. Continuo a mesma.

A espertalhona sabidona quarentona que me lê diz: mas que querida que é esta Adília!

Que interesse é que isto tem para mim que fui ver *O Delfim*, o David Lynch, o Gilbert & George? E tu, rapariga de 90 anos que me lês, o que é que tu queres ser quando fores crescida? A Deus nada é impossível. Matusalém viveu 969 anos. O que é que te apetece fazer a seguir?

Na prova de Aritmética tenho os problemas bem resolvidos: o raciocínio e os cálculos estão todos certos. Transcrevo um dos problemas: "A mãe comprou um quarteirão de bananas. Os filhos comeram dúzia e meia. Quantas bananas ficaram?" Não sei se hoje as crianças sabem o que é um quarteirão.

Da prova de Aritmética faziam parte dois problemas e quatro contas. A última conta está mal. Em toda a prova não dei um único erro de ortografia nem de gramática nem de raciocínio e não há nada riscado. Mas não há bela sem senão. E eu transcrevo a bela e o senão. Transcrevo a conta errada: $(5+5-2) + (3+4-3) = 3$.

O desenho a lápis de cor que fiz ao alto da folha do teste tem uma igreja e uma menina, uma ao lado da outra, com o centro do desenho ao meio, a igreja à esquerda, a menina à direita. Além de igreja e menina, tem: o Sol, um pássaro a voar, flores, árvores e, por cima de tudo, a barra azul do céu. A data da prova é 31 de Maio de 1967.

Para rematar esta crónica escolho um dos meus poemas mais antigos, escrito aos 11 anos, publicado em "Minha terra, minha gente", de Cristina de Mello e outros, Livraria Popular de Francisco Franco, Lisboa, 1976.

A flor

Uma flor é uma coisa tonta.
Uma borboleta presa por um pé
Com mil olhos e mil asas que não voam.
Uma flor escuta o vento e o pio do pardal.
A flor é bela e tontinha, tontinha

Adília Lopes, "Cartas do meu moinho", *Pública*, 5 de Maio de 2002, p. 8.

Subordinados

Segunda-feira

— Vamos ver se nos entendemos. Eu estou doente. Do-en-te. Já estiveram doentes?! Vim trabalhar porque, para mim, estar aqui ou noutro lugar qualquer é igual, percebem?! Portanto, já vos disse uma vez e não repito, não falem, não abram a boca! Eu não vou falar mais alto. E sabem porquê?! Porque não sou capaz. Não sou capaz de falar baixo nem de falar, sequer, portanto, peço-vos, meninos, não tenham apenas respeito por mim, tenham piedade. Sabem o que é piedade?! Se não sabem vejam no dicionário ou no google, onde vos apetecer, e façam uma composição subordinada ao tema para me entregar amanhã.

Grande silêncio. Marta pergunta:

— Stora, o que é subordinada?

Terça-feira

— Meninos, vêm todos às aulas extraordinárias a partir de quinta! Ouviram? Vamos fazer exercícios de conhecimento explícito da língua e treinar comentário a texto. Perceberam?

— Oh, stora, a gente quer ir para a praia.

— Não quer, não. Têm exame daqui a uma semana e querem ir para a praia?! Estão a dizer-me que não são capazes de aproveitar os próximos dias para estudar e treinar, sabendo que a seguir vão ter três meses de férias e podem ir todos os dias para a praia, podem fazer asneira todos os dias? Três meses é muito tempo para asneirar, meninos. Tenham juízo. O que vocês querem é vir às aulazinhas extraordinárias, para melhorarem a vossa vida que já é tão linda!

— Oh, stora, mas isso das aulas extraordinárias é obrigatório?

— Não interessa se é obrigatório. O que interessa é que vão ser sujeitos a exame e que precisam destas aulas como de pão para a boca! Viram as notas dos alunos da turma G? Viram a diferença nos resultados dos testes intermédios?

— Por favor, stora, os da turma G trazem de casa bolachas Maria sem açúcar dentro de um tupperware e metem as mãozinhas lá dentro, muito delicadamente. São uns nerds, stora. Não são como nós,

— Cincos. O que eles são é cincos a todas as disciplinas! Vocês só chegam ao três com muita água benta. E mais, meninos, ninguém é anónimo nesta estrutura. Somos todos avaliados. Cada turma, cada aluno está associado a uma professora, e as vossas notas são também as minhas, entendem? Já têm idade para perceber estas coisas.

— Oh, não...

— Não é "oh, não", é "oh, sim".

— Oh, stora, por favor... diga lá ao ministério que nós temos uma vida social.

— Quero aqui toda a gente para as aulas extraordinárias, ponto final.

— Stora, lembre-se que está doente. A stora está do-en-te.

Quarta-feira

Levanto-me cedo. Trabalho. Nos intervalos bebo garotos para acordar. Leio e explico poemas e também a diferença entre uma preposição e uma conjunção. Respondo aos miúdos. Ralho com eles. Ouço-os. Mando-lhes bocas. Nunca minto. Digo-lhes que são uns traidores quando são uns traidores, ou que são o que de melhor o mundo alberga, quando são o que de melhor o mundo alberga. Parece fácil. Admito que chegue a parecer bonito, mas são horas a fio de interpretação em improviso, apesar do guião, e nunca nada está pronto nem completo nem satisfaz ninguém. Quem manda, pensa que não valho nem faço, que sou um falhanço, um balão de ar.

Conduzo o automóvel. Penso que um dia destes até podia aspirá-lo.

Almoço durante dias a mesma refeição, porque a confecionei em grande quantidade para evitar trabalho. Penso que deveria arrumar a cozinha, mas amanhã é melhor. Rego as plantas. Acudo sempre primeiro ao que tem fome e sede.

Tenho muito sono. Não devia dormir. Durmo. Depois, amanhã.

Trabalho com papéis, canetas, lápis e computador. Muitas horas seguidas. Faço telefonemas, mas poucos. Estou sempre em silêncio. O silêncio concorda com a minha cabeça. Não penso no que não me interessa. Faço de conta que a vida é pássaros, cães, papéis e silêncio, simulação de paz à qual me sinto com direito, em certos dias. E beijo o silêncio.

Tomo os comprimidos. Fico na sala a ler, esperando que surtam efeito. Quando me chegam à cabeça, pego na cadela, entorpecidas pelo sono, e carrego-a nos braços até o quarto. Deposito-a na cama, ela suspira e fica como a deixo. Deito-me e dormimos para aguentar recomeçar. Um dia havemos de morrer, mas agora ainda temos esta noite.

Espingarda de Cânone Cerrado

para a Vanusa

O que é a ESPINGARDA DE CÂNONE CERRADO

A ESPINGARDA DE CÂNONE CERRADO é uma arma de fogo portátil que desautoriza novas leituras das grandes obras ou autores canônicos portugueses, especialmente aquelas feitas por membros das comunidades das ex-colónias, estrangeiros ou certos portugueses a viver fora da excelsa pátria. Estes três, que, sem fundamento ou o domínio dos estudos literários, parecem não querer iden-tificar-se com o tratamento social do género, da raça, do regalo heteronormativo e do sentimento patriótico das notáveis composições da eloquente terra lusa, pecam por, em primeiro lugar, descontextualizar historicamente o texto e impor valores do presente no nosso tão vigoroso passado. Desconsideram, igualmente, a qualidade incontestável da nossa voluminosa literatura que, como uma virgem imaculada, continua resplandecendo a potência da valorosa nação portuguesa nos sete cantos dos mundos velho e novo.

Como usar a ESPINGARDA DE CÂNONE CERRADO

1. Ao contrário do que acontece com outras armas, você não precisará de licença nem treino prévio para adquirir, portar e manejar a ESPINGARDA DE CÂNONE CERRADO.

2. O uso assíduo da ESPINGARDA DE CÂNONE CERRADO fortalece a prática de uma relação de indiscernibilidade pindérica entre orgulho nacional e obra literária.

3. O bom emprego da ESPINGARDA DE CÂNONE CERRADO tampouco requer o domínio da(s) obra(s) ou autor(es) em discussão.

4. Ignore que a repetição contínua de determinados valores e interpretações modela coletivamente uma visão exclusiva do mundo que, coincidentemente, corresponde à sua e à dos seus.

5. Saque da ESPINGARDA DE CÂNONE CERRADO quando sentir que você e o portentoso cânone luso são os alvos da perseguição e inquisição da entidade institucional pós-moderna do POLITICAMENTE CORRETO.

6. A combinação indivisível dos termos CONTEXTUALIZAÇÃO e HISTÓRICA revelar-se-á, durante o manuseamento da ESPINGARDA, fundamental. Repita-a quantas vezes forem necessárias apostando na seguinte contradição: jamais deverá, em situação alguma, contextualizar a(s) leitura(s), experiência(s) ou ponto(s) de vista(s) do(s) feroz(es) inimigo(s) das mais preciosas relíquias literárias portuguesas.

7. Num tom algo desinteressado, descarregue sobre os seus amigos e adversários a seguinte tática de auto-comiseração. Ao preencher o espaço vazio do comentário (AGORA TAMBÉM É TUDO ___X___) com as acusações que mais o atemorizam, faça por variar o tipo de denúncia (e.g., RACISTA, MACHISTA, HOMOFÓBICO) conforme o fervor do combate argumentativo. Insista sequencialmente na variação até que o amigo anua e repita, eventualmente em coro, a expressão variável e o adversário alce, por desespero ou aborrecimento, num gesto de irreversível derrota, a bandeirinha branca.

8. Sem pestanejar e pelo bem da nação, dispare, a torto e a direito, tão apaixonada quanto desordenadamente, a ESPINGARDA DE CÂNONE CERRADO.

Para todas as idades.

ASA PEP

Está escrito num papel: asa pep.
Cifra obscura, não é a primeira vez
que surge do nada, numa gaveta,

dentro de um livro. É o meu Rosebud.
Assim pensarão as gerações que virem
escrito nestes papéis que vão queimar

esse nome fantástico, refrão encantatório.
Fique dito, meus herdeiros colaterais,
asa pep não tem sentidos misteriosos,

é apenas a mais simples mnemónica
sobre o que sucede às palavras,
fórmula liceal útil talvez num exame.

Ouçam bem o meu maior segredo:
aférese, síncope e apócope;
prótese, epêntese e paragoge.

Pedro Mexia, *Poemas escolhidos*, Lisboa, Tinta da China.

Eu que nunca li Beckett

Acudam ao Mestre, que o matam! No Monte Estoril, na casa de férias dos meus avós maternos, o meu pai lia em voz alta pela noite dentro. Nós, os filhos, sentados à volta da mesa, cabeceávamos em silêncio, cheios de sono. O vento arremetia entre as torres de apartamentos com um ímpeto de fera aprisionada. Na rua, quando íamos a caminho do carro estacionado, as rajadas atiravam-se a mim, enroscavam-se-me nas pernas, sacudiam-me, empurravam-me para trás. Apavorado, dizia a mim próprio que bastaria dar um pequeno salto, perder o contacto com o chão durante meio segundo, para ser erguido no ar e arrastado para muito longe dali. Nos meus pesadelos, o meu pai, a minha mãe e os meus irmãos, ao verem-me desaparecer assim, varrido pela ventania, seguiam-me com o olhar, impávidos, depois continuavam em frente, abriam as portas do carro e instalavam-se nos bancos, ensimesmados, prontos a arrancar para Lisboa, como se o sucedido fosse um cataclismo tão triste quanto inevitável, que urgia esquecer. Morto o Conde Andeiro, Leonor Teles mandou perguntar ao Mestre se a ia matar também a ela. Havia pinhais no meio dos prédios, talhões rectangulares ainda virgens, mas já sitiados, sisudos como homens no corredor da morte. Ladravam cães no escuro. O apartamento ficava no rés-do-chão, diante de uma dessas manchas de arvoredo de limites traçados a régua e esquadro, como certos troços das fronteiras de Angola e de Moçambique. O meu pai pousava o livro, ia à varanda e disparava a espingarda de pressão de ar para calar o ladrido. Todos despertávamos então do torpor. Os cães não se calavam.

O meu pai ofereceu-nos, um após outro, todos os álbuns do Tintim, que lemos milhares de vezes, até os sabermos de cor. Adorávamos *Tintim na África*, com o seu racismo grotesco, pueril, feito à nossa medida. Mas sobre o Lucky Luke e o Astérix pesava um misterioso anátema, e não só esses álbuns nunca entraram lá em casa como nos foi dito, sem mais explicações, que eram «uma merda». Qual era a diferença entre o Tintim e o Astérix? O que é que interditava o Astérix e tornava o Tintim recomendável? Ninguém sabia. Uma vez, uma tia ofereceu a uma das minhas irmãs um livro da colecção *Os Cinco*. O meu pai entrou no quarto das crianças, onde estávamos reunidos, apoderou-se do livro, saiu. Percebemos depois, vendo as páginas estraçalhadas no lixo, que ele o rasgara aos bocados. Ficámos a saber que *Os Cinco* eram também obras proibidas. O meu pai não explicou porquê. Provavelmente, não saberia explicar. Ter-se-ia limitado a dizer que eram «uma merda». Os livros eram objectos poderosos, capazes de nos corromper, capazes de destruir num ápice todos os ensinamentos por ele laboriosamente incutidos em nós. Era preciso combater certos livros sem dó nem piedade, como quem combate um micróbio patogénico. Queimar as casas dos doentes, os haveres, não deixar pedra sobre pedra, para evitar a contaminação. Também isto ficámos a saber naquele dia.

Depois de verem o Mestre aparecer à janela do paço e de se certificarem de que ele estava são e salvo, os plebeus arremeteram em chusma para a sé e mataram o bispo. A descrição era pormenorizada, repleta de detalhes escabrosos, e nós ouvimos essa parte com muita atenção. O meu pai lia com uma dicção impecável, sem deixar cair uma única sílaba. Era um médico à força, um literato frustrado. Foi o primeiro licenciado da família. Adorava livros, mas via-se que não crescera no meio deles. Pegava-lhes como quem pega em objectos sagrados, em alfaias de uma liturgia recém-aprendida. Parecia um bárbaro convertido havia pouco ao Cristianismo, fascinado pelos mistérios da fé, que não domina. Creio que ele tinha dificuldade em interpelar os livros, em dialogar com eles, em tratar os autores como seus iguais. Depois de ler um livro, guardava-o na estante, e era como se não lhe tivesse tocado. Os livros saíam-lhe das mãos absolutamente imaculados. Não havia uma só página dobrada ou amarfanhada. A capa não exibia um único vinco. Os sublinhados, quando existiam, eram traçados a régua, precisos, impecavelmente rectilíneos. O meu pai tinha um certo medo dos livros.

Há coisas que demoramos uma vida inteira a aprender. Há coisas de que só nos libertamos ao cabo de várias gerações. Tenho com os livros e com a literatura uma relação em tudo semelhante à do meu pai. Como ele, sou um neófito, um viquingue asselvajado, convertido em criança à nova religião. Nunca li Beckett. Há na minha cultura literária enormes lacunas. Fui descobrindo os autores aos tropeções, ao sabor do acaso. Mais tarde, ao sabor das traduções que fui fazendo, a pedido das editoras. Só li os dois primeiros volumes de *Em Busca do Tempo Perdido*. Perdi-me a meio do terceiro. De Agustina, só li *Fanny Owen*. Peguei n'*A Sibila*, mas logo deixei que outro livro se lhe atravessasse no caminho, a marca ficou metida entre a página vinte e oito e a página vinte e nove. Quando acabo de ler um livro, ou quando o abandono antes de acabar, como sucedeu com *A Sibila*, guardo-o na estante e está intacto, as páginas imaculadas, a capa sem um arranhão. Os sublinhados, quando os há, foram por mim traçados a régua, impecavelmente rectilíneos, para não desfazer as páginas, não as macular.

Uma vez, um amigo disse-me que gostava muito de Agustina, mas que ela escreve aforismos sobre aforismos, uma avalancha de aforismos, e que, na página 100, escreve um aforismo que contradiz um outro que ela enunciou na página 50. Mas que a escrita dela é assim mesmo, ela está-se nas tintas para a coerência, constrói magníficos castelos, disformes e caóticos. E aquele comentário pareceu-me uma súmula perfeita da escrita de Agustina, e dei-me conta de que, como o meu pai antes de mim, não sou capaz de abocanhar uma obra literária e de a descarnar assim, até ao osso, sem dó nem piedade, sem respeito nem reverência, com um amor desbragado e rude, como o meu amigo acabara de fazer com Agustina. Quando abro um livro e o leio, a escrita submerge-me e sufoca-me como a água de um baptismo.

Temo as águas profundas que adivinho na obra de certos autores. Nunca tentei, sequer, ler Beckett. Tive em casa a poesia completa de Herberto Helder, ofereci o volume já não sei a quem, depois de ter aflorado dois ou três poemas, sem os entender, sem os conseguir apreciar. Como quem cede a um vício, recaio uma e outra vez na leitura das memórias de figuras obscuras, que me prodigalizam um maná de pormenores comezinhos, curiosidades triviais, detalhes onde julgo entrever grandes verdades. As memórias de Madame Campan, camareira de Maria Antonieta. As memórias de Bernal Díaz del Castillo, soldado de Cortés. Ou então os cronistas, Suetónio, Fernão Lopes, João de Barros. Evito as reflexões que rodopiam, impetuosas, até bem alto, ganhando distância em relação ao palpável, que ameaçam arrancar-me do chão como aquele vento furioso a rondar os prédios do Monte Estoril. Prefiro os lugares protegidos, onde me sinto em casa. Para ler a Ética, de Espinosa, pousada na minha secretária há meses, socorro-me de ensaios explicativos, como quem faz sandes mistas com um queijo de sabor exigente, como quem dilui em água um vinho forte.

O meu pai, que se rebelou contra o autoritarismo da mãe, que o obrigou a ser médico, e contra o autoritarismo da ditadura de Salazar, que o obrigou a fazer a guerra, tinha dificuldade em se rebelar contra o autoritarismo da palavra escrita. Não era capaz de dizer de um escritor que, pelos seus padrões, fosse um autor consagrado: «É uma merda.» Ou, sequer: «Não gosto.» E muito menos: «Não entendo.» Preferia calar-se, não dizia nada. Mas mesmo em relação aos escritores de que muito gostava, Torga, Namora, Eça, Cardoso Pires, Lobo Antunes, Saramago, nunca o ouvi a compará-los uns com os outros. Nunca o ouvi a fazer comparações entre os vários romances deles, a traçar a evolução da obra de cada um. Entrava nos livros em silêncio, como numa igreja, não tocava nos altares, limitava-se a contemplá-los com fervor. Repetia as fórmulas rituais. Parecia sempre receoso de que o apanhassem em falso.

Legou-me este amor estranho pela literatura, esta transgressão inebriante em que nos sentimos sempre a invadir uma propriedade privada, um lugar onde, a qualquer momento, alguém irá aparecer e gritar-nos: «Fora daqui!» Um lugar de quietude, porque, se fizermos barulho, surge um vulto numa varanda iluminada, a disparar a eito uma espingarda de pressão de ar. Um lugar de vertigem culpada e deliciosa, como se estivéssemos a apoderar-nos de alguma coisa que não nos pertence. Um lugar a perder de vista, de que só percorro uma ínfima parte, cheio de territórios imensos onde não me aventuro, demasiado inóspitos, demasiado gélidos. Vivo apavorado com a ideia de que, um dia, me irão convidar para falar sobre Beckett. Passo muito tempo a urdir desculpas credíveis para me esquivar ao hipotético convite, que, muito provavelmente, nunca virá.

No mato, durante a guerra colonial, com trinta anos, o meu pai completou a sua educação literária. Nas suas minúsculas agendas de guerra, onde tomava notas numa caligrafia microscópica, registou a data em que começou a ler cada livro, a data em que o terminou, por vezes uma breve apreciação. Nestas páginas translúcidas, de papel-bíblia, tenho com ele uma derradeira conversa sobre livros. Afinal de contas, não conversámos assim tanto sobre livros como eu gostaria. Não conversámos assim tanto como eu gostaria. *O Ingénuo*, de Voltaire, lido em quatro dias: «É muito curioso.» *Histórias de Mulheres*, de José Régio, lido em nove dias: «É bom (o conto "O Vestido Cor de Fogo" é excepcional).» As opiniões são fugazes, lapidares. Não há espaço para mais. Ou talvez ele tenha escolhido agendas assim, minúsculas, para não ter de se alargar em opiniões, em compa-rações, para não ter de apresentar os porquês dos seus veredictos. *Gabriela, Cravo e Canela*, de Jorge Amado, lido em cinco dias: «Sensacional!» No início e no final das agendas, nas folhas de guarda, há citações em letra miniatural, os trechos de cada livro que mais o marcaram. Há citações cujo conteúdo foi, obviamente, ditado pelo contexto daquela guerra:

«Começava a notar no outro os primeiros sinais dessa desagregação que acaba fatalmente por destruir o corpo e o espírito de todo o branco que fica muito tempo exposto ao clima físico e moral dos trópicos...» (Erico Veríssimo, *O Prisioneiro*)

Há outras com laivos de premonição:

«— O amor — repetia — é um acto sincero que ocorre, no casamento, entre estas duas garantias de felicidade individual: noivado e divórcio.» (Maurice Bedel, *Jerónimo a 60º de Latitude Norte*)

Há ainda outras em que ressoam, talvez, os medos e angústias existenciais do meu pai, a que ele próprio se recusava a dar voz:

«Torna-se quase espantoso que se possa atravessar certas crises de espírito, continuando a viver, afinal, como de costume. Ou pode ser, então, que a prática de uma vida mecanizada e mesquinha em parte nos defenda da angústia. Cada manhã que me nascia depois de uma noite de tortura — não me era senão o começo de mais um dia de penoso esforço ou morno desespero, sombrio desleixo. Todavia, eu mantinha a aparência de quase cumprir as minhas obrigações na forma do costume.» (José Régio, *Histórias de Mulheres*)

Há nestas citações, na maneira desenraizada e aleatória como se sucedem nas páginas, na ausência de fio condutor a uni-las, qualquer coisa dos esforços de um explorador em terras virgens. O meu pai tentava apoderar-se do que lera, tentava resumir os romances usando as palavras dos próprios autores. Também eu, em jovem, copiei longas citações dos livros que fui lendo. Um dia, percebi que, com as armas intelectuais ao meu dispor, estava condenado, para entender plenamente um romance, a copiá-lo na íntegra. E talvez tenha sido este o caminho que me levou à tradução literária, por onde andei tanto tempo antes de começar a escrever em nome próprio.

No mato, no Norte de Moçambique, a 26 de Março de 1969, o meu pai escreveu na agenda: «Comecei a ler um livro de Charles Dickens (*O Mistério de Edwin Drood*).» Não anotou quando é que terminou esta leitura nem qual a sua apreciação do livro, deixando inacabado este registo. O que, em certa medida, faz sentido, porque *O Mistério de Edwin Drood* foi o romance que Dickens, ao morrer subitamente, deixou inacabado. Mas o meu pai anotou no final da agenda, também no caso deste romance, uma citação:

«Era tão simplesmente e firmemente fiel ao seu dever nas grandes coisas, como nas pequenas. São sempre assim os corações sinceros. Nada é pouco importante para os grandes corações.»

Já depois de ele morrer, mas antes de as agendas dele me terem vindo parar às mãos, quis o acaso que eu traduzisse *O Mistério de Edwin Drood*. E eis como traduzi o mesmo trecho:

«Cumpria os seus deveres de modo singelo e firme, tanto nas ocasiões grandiosas como nas situações comezinhas. É assim que agem todas as almas sinceras. É assim que sempre agiram, sempre agem e sempre agirão as almas sinceras. Não há assuntos menores para os espíritos genuinamente notáveis.»

No meio dos gritos, da escuridão, da ventania, dos tiros a eito com a espingarda de pressão de ar, o meu pai passou-me um testemunho que só irá dar frutos depois de eu morrer, nas minhas filhas ou nos filhos delas. Há caminhos que não se podem percorrer numa só vida, que exigem várias gerações para ser trilhados. Há coisas que demoramos uma vida inteira a desaprender. O medo demora a dissipar-se. O medo do olhar dos outros, o medo do escuro, o medo de que as palavras dos outros nos contaminem. Espinosa escreveu que o homem livre não pensa na morte. E que, quanto melhor entendemos o mundo e os outros, menos inquietos nos sentimos. Gosto de pensar que sou mais livre do que o meu pai, mas não sei se é verdade. Espero que as minhas filhas sejam mais livres do que eu. No escuro, os cães não se calavam. Provavelmente, nunca lerei Beckett.

Pediram-me um poema

para uma revista internacional, em inglês.
Qualquer coisa sobre didática da literatura e escolas.
Ocorreu-me escrever uma gramática do português em verso
ou falar da minha professora de matemática,
que usava uma saia preta com dois bolsos laterais.
Sempre achei que ser professora é vestir uma saia preta
com manchas de giz por todo o lado.
A matemática caiu, entretanto, em desuso e
já ninguém escreve no quadro com giz.
O rigor em matemática mostra que um mais um dá dois.
O rigor da poesia exige que o resultado seja três.
Cansada de tanto cálculo e imaginação,
fui buscar os livros de Simone de Beauvoir e das três Marias:
o feminismo é, de facto, um pouco mais em voga.
Para entrar no tom,
pus-me a falar com a vizinha de lado
sobre o preço da vida e das nódoas de gordura,
como só nós, as senhoras, sabemos fazer.
Ao fim de meia-hora, já estava farta de ser mulher.
Fui olhar-me ao espelho,
a ver se ainda havia alguma coisa a remediar.
Enchi-me de coragem
e deixei de suster
(por segundos)
a barriga de dois partos seguidos.
Felizmente, ninguém estava a ver.

Só porque uma escada não responde

Sempre falei com cães e gatos e pássaros e árvores e flores e até mesmo com insetos, como o louva-a-deus, que não se sentem tentados em me morder ou picar.

Cumprimentá-los faz-me sentir como se fizesse parte de um mundo amigável (mesmo que não seja o caso).

E acho impossível que isso lhes faça mal.

A menos que contasse uma história longa e chata, é claro; ninguém, nem mesmo uma joaninha, quer ouvir uma história entediante da boca de um estranho.

Ocasionalmente, também conversei com paredes, cadeiras e mesas.

Quando troco ideias com eles, é possível que esteja a penetrar no território da loucura, mas quem poderá ter a certeza?

Só porque uma escada não responde, não significa que não esteja a ouvir.

Em geral, falo com animais e objectos em inglês – é a minha língua materna. Mas de vez em quando falo com eles em português, embora não possa garantir que o que digo está gramaticamente correcto. Não me custa nada eu evidenciar um pouco de dificuldade com a minha segunda língua porque imagino que os cães e gatos portugueses possam achar os meus erros engraçados ou até charmosos.

Noto que durante a pandemia falei menos com animais, plantas e objetos inanimados.

A máscara abafava esse desejo.

Conversava, talvez em compensação, muito mais com eles em pensamento.

E enviava mensagens de saudação e votos de boa saúde a todos que via usar máscara.

(Vou abster-me de dizer o que dizia em silêncio àqueles que se recusavam a usá-la, porque o que tinha a dizer não era muito simpático.)

Também sempre conversei com as personagens dos livros.

Sim, eu disse a Hester Prynne que teve a má sorte de nascer muito à frente do seu tempo e agradeci a Boo Radley por ter salvado a jovem Scout e perguntei à Medusa por que raio nasceu ela com cobras venenosas e aladas em vez de cabelos.

Se leu *Um Conto de Natal* então pode adivinhar que também mandei o Ebenezer Scrooge à bardamerda e que ganhasse tino e começasse a comportar-se como um *mensch*.

E talvez ele me tenha dado ouvidos, porque é isso o que lhe acontece no final do livro.

Então, talvez, tudo o que vemos, ouvimos ou pensamos, esteja em contato com tudo o mais.

Ou talvez não.

Não importa, porque já tenho 65 anos e não acredito que algum dia venha a ter a certeza.

Continuo a falar com qualquer interlocutor, em voz alta ou na minha cabeça, e, embora não fique à espera de resposta, guardo a esperança de que isso nos traga algum bem.

Queridos Alunos

Todo final de semestre ou ano letivo, experimento a despedida. As férias che-gam, com a ausência de tantas companhias, vozes, rostos que se fizeram fami-liares. Mesmo em encontros limitados por horários e ambientes, a imprevisibi-lidade sempre aconteceu – as boas surpresas das opiniões, dos argumentos, do brilhantismo de uns ou da dúvida de outros construíram o mosaico humano de cada turma, cada sala de aula.

O pretexto de um estudo acadêmico sobre arte, língua ou sociedade é meu trampolim para questões essenciais. O magistério vira um exercício de convi-vências, conhecimentos mútuos. Como professora, claro que organizo um pro-grama didático e cumpro a rotina de avaliação, prazos etc – mas sei que isso é apenas o ritual, a superfície que sustenta minha verdadeira função de trocar aprendizados e experiências. Tantas vezes não me vejo como expectadora ou ouvinte de maravilhosos argumentos e testemunhos dos estudantes! Conviver com eles, no mínimo, traz a sensação positiva de um afeto silencioso, desse que-rer-bem formalizado pelas circunstâncias, mas nem por isso menos profundo.

O que me comove e atrai na condição do "ser aluno" é a sua permanente jovia-lidade. Não importa a faixa etária: quem se dispõe a aprender se reveste de um frescor, de um tipo de limpidez que só a curiosidade é capaz de criar. A disposi-ção para lidar com o desconhecido é um ato de coragem, de atração vertiginosa; é um desejo de aventura que os não acomodados carregam pela vida inteira. Quem acha que já aprendeu tudo se fossilizou na própria limitação, abdicou de surpresas e espantos tão importantes para o ânimo que nos faz humanos. Por causa dessa característica, jamais renunciei a minha própria condição de aluna – papel que assumo em cursos de idiomas ou atividades físicas. Necessito lembrar a sensação de estar "do outro lado"; preciso manter o referencial do aprendiz, suas expectativas e interesses – mas, sobretudo, preciso mensurar tudo o que ainda não sei, para manter a humildade indispensável.

Meus alunos são objeto de admiração e respeito. Quando os conheço de modo mais próximo, numa relação que ultrapassa os corredores e se prolonga anos afora, constato a riqueza de cada mundo que um dia cruzou com o meu. Descu-bro neles a prática artística, pois muitos hoje são músicos, atores, dramaturgos ou escritores, além de profissionais com diversas outras sensibilidades. A felicidade de reencontrá-los para um cinema ou café, um espetáculo ou simples conversa é a realização daquilo que todo aluno em estado latente anuncia: a promessa de uma grande amizade. Alguns realmente tornam-se amigos, companheiros, pessoas queridas para além de toda diferença, e chegamos a um nível de cumplicidade tão aprimorado, que tempos depois até faz graça pensar que nos conhecemos em sala de aula.

Por essas voltas do destino sou levada a dizer que há, sim, profissões abençoadas – e ainda que o magistério seja desvalorizado, com todos os problemas que já estamos exaustos de repetir, esta é uma área que nos permite um ganho singular: o prêmio de conhecer muitas pessoas, que – benza Deus! – chegam para nos desacomodar e nos salvar da mesmice.

Recensões

Marcos Natali. 2020.

A Literatura em Questão:
Sobre a Responsabilidade da Instituição Literária.
Campinas, SP: Editora da Unicamp.

No livro *A Literatura em Questão: Sobre a Responsabilidade da Instituição Literária* (2020), Marcos Natali formula problemas e perguntas que desafiam consensos (e o desejo de que haja consensos) no campo dos estudos literários. Como destaca Alfredo Cesar Melo no texto de contracapa do livro, o autor "aborda a literatura de um ângulo contraintuitivo: e se a literatura, que o *establishment* dos estudos literários tanto reverencia, servir de engrenagem a injustiças, preconceitos e violências simbólicas?" Melo destaca "as leituras cuidadosas que Marcos Natali faz de um variado *corpus*, que vai de Antonio Candido a Jacques Derrida, passando por Ángel Rama, Monteiro Lobato, Roberto Bolaño e Mario Bellatin." Vale a pena também destacar a importância do diálogo do autor com Michel Foucault, Emmanuel Lévinas, Jacques Rancière, Gayatri Spivak e Dipesh Chakrabarty.

No primeiro capítulo do livro, intitulado "Além da Literatura," Marcos Natali discute o não raro recurso a concepções idealizantes e universalizantes de literatura. Em sua avaliação, a literatura como categoria universal parece contornar sua própria particularidade histórica e servir para a apropriação de textos pertencentes a contextos culturais diversos, desconsiderando (e apagando) práticas discursivas e grades classificatórias alheias. Contrapondo a ideia de literatura mundial (*Weltliteratur*) de Goethe à de Marx, Marcos Natali sugere que o gesto de universalização do literário tende a ser percebido como simples reconhecimento do que já existiria de antemão (conforme Goethe, todos os homens fazem poesia porque são, afinal, humanos); contudo, voltando-se a Marx, o autor considera tal universalização o resultado de um processo histórico particular: a expansão do capitalismo no contexto econômico, social e cultural da modernidade, de modo que o "universal" não passaria de um "eufemismo para 'moderno'" (31).

A universalização do literário é entendida, então, como o resultado de um violento processo de abstração, de produção de equivalências, tão mais agressivo quanto menos visível. Trata-se de uma "violência tradutora" (52), que responde por um imperialismo epistemológico cujo horizonte é o desaparecimento (supostamente inevitável, ou seja, naturalizado) de culturas consideradas "primitivas," "arcaicas," "não modernas." A conclusão do capítulo traz estimulante provocação: "o que aconteceria se, em um cenário hipotético qualquer, . . . tivermos que escolher entre literatura e justiça, onde ficaria nossa fidelidade?" (54). Afinal, argumenta o autor, a demanda pela difusão da literatura tende a se comprometer com a inferiorização de repertórios culturais diversos.

A pergunta pela hipotética necessidade de escolha entre literatura e justiça ecoa por todo o livro. Ao lidar com escritores como o peruano José María Arguedas (especialmente em três capítulos: "José María Arguedas aquém da Literatura"; "Aspectos Elementares da Insurreição Indígena: Notas em Torno de *Os Rios Profundos*"; "Futuros de Arguedas") e o chileno Roberto Bolaño (centro do nono capítulo, "Da Violência, da Verdadeira Violência"), Marcos Natali adensa sua crítica, já delineada no primeiro capítulo, à defesa da literatura como recurso de integração e síntese cultural, problematizando a teoria do "super-regionalismo," de Antonio Candido, e a da "transculturação," de Ángel Rama. Mas talvez seja no quinto capítulo, intitulado "Uma Segunda Esméria: Do Amor à Literatura (e ao Escravizado)," que a pergunta por onde ficaria nossa fidelidade revele de modo mais patente sua força e necessidade.

Nesse quinto capítulo, Natali apresenta um estudo muito oportuno da "polêmica em torno da existência de racismo na obra de Monteiro Lobato," disparada "por uma queixa protocolada no Conselho Nacional de Educação em 2010" (121). Podemos, então, conhecer o teor da denúncia e a posição do Conselho (órgão vinculado ao Ministério da Educação do Brasil), como também uma série de declarações de escritores, estudiosos e instituições acadêmicas brasileiras que se incumbiram da missão de defender Monteiro Lobato. Se Natali argumenta que a instituição literária se assemelha em muitos aspectos a uma instituição religiosa, funcionando como uma espécie de culto laico (especialmente no quarto capítulo, "O Sacrifício da Literatura," e no sexto capítulo, "Grafoterapia"), o tom das declarações citadas parece corroborar o argumento: estamos diante de uma fidelidade absoluta e devocional à literatura. Mas importa destacar: no caso, tal fidelidade é ativada para se rejeitar a pertinência de se tratar dos danos do racismo no Brasil. Aliás, o veto a se discutir o racismo na obra infantil de Monteiro Lobato coincide muitas vezes com a recusa a se reconhecer o racismo no país.

O livro se encerra com uma espécie de posfácio que flerta com a ficção, trata-se do surpreendente texto "*Post Scriptum*: Autobiografias do Começo de uma Aula."

Ao acompanhar o que passa na cabeça de uma professora diante de sua turma, somos convidados a imaginar "uma aula que não pressuponha a ignorância dos alunos" (251), que seja "a aventura do poder pensar junto a outras pessoas" (253), do "estar com os outros sem a obrigação de ser semelhante" (254), havendo lugar para "o atrito e o dissenso" (245), "apontando para aberturas presentes no pensamento e na política e sinalizando tudo aquilo que ainda está para ser feito" (260).

No primeiro capítulo do livro, Natali já alertava (especialmente ao discutir o ensaio "O Direito à Literatura," de Antonio Candido) para o fato de que a defesa do "direito ao acesso a bens culturais privilegiados" (25) muitas vezes se limita a considerar aquilo "que já existe," revelando-se frequentemente incapaz de imaginar "a criação do que ainda não é" (40). Aludindo a reflexões de Gayatri Spivak sobre a condição subalterna, o autor questiona a pretensão do intelectual de saber qual o desejo do outro, o subalterno. Questionar esta posição de autoridade associa-se, ao longo do livro, à defesa do dissenso e da crítica, configurando-se uma ética da leitura como encontro com a diferença, numa atitude avessa ao monologismo pedagógico, pois o "estabelecimento da semelhança não é a única maneira de pensar a justiça social . . ." (31). Aliás, nessa aula ficcional, situada numa universidade da megalópole latino-americana que é São Paulo, não se espera que o ensino de literatura sirva à produção do mesmo, que a literatura seja garantia e segurança, mas sim abertura e risco: "uma aula que terminasse não no fim, mas no *sim* . . . : *Ainda não terminamos. Continuamos na próxima aula?*" (260).

ANITA MARTINS RODRIGUES DE MORAES é Professora Associada de Teoria da Literatura na Universidade Federal Fluminense (UFF).

António M. Feijó, João R. Figueiredo, Miguel Tamen, orgs. 2020. *O Cânone*. V. N. Famalicão/Lisboa: Fundação Cupertino de Miranda/Tinta-da-China.

Mais do que num objetivo de chegar a uma lista de autores canónicos, esta publicação deve enquadrar-se na série de iniciativas de António M. Feijó e Miguel Tamen promotoras das humanidades e da Faculdade de Letras da Universidade de Lisboa. Nesse rol de intervenções civis, cujo ponto de partida terá sido o Programa em Teoria da Literatura, figuram a licenciatura em Estudos Gerais, o livro A *Universidade como deve ser*,[1] o advento da Imprensa da Universidade de Lisboa, contributos diversos através de instituições fora da universidade, ensaios em jornais;[2] enfim, a colaboração na Torre Literária, na Fundação Cupertino de Miranda, em Famalicão, colateral da obra, ou os cursos via Zoom em parcerias com privados. Esta demanda de que se discuta a literatura sem reverências e de abrir as letras a mais interessados tem dado resultados. Quanto ao *Cânone*, constitui uma bela maneira de nos fazer querer ler, ora porque revela com originalidade o que desconhecíamos ou não víamos do mesmo modo, ora até para verificarmos se podemos desagravar quem julguemos beliscado.

Como os organizadores foram dizendo nas apresentações online, o foco não era a seleção de escritores, antes acolher perspetivas interessantes sobre cada um. No fundo, a haver avaliação de um elenco, teríamos de incidir no mérito do dos ensaístas e não no da lista de escritores tratados. Por isso, centrar-me-ei nos autores dos artigos, descartando juízos sobre cânones, aliás já discutidos em notícias, sessões públicas e recensões anteriores a esta.[3]

Distinguirei três tipos de ensaístas. O primeiro reúne os que atraem pela escrita, cujos artigos seguimos com gosto pelo estilo inteligente mais do que pelos argumentos acerca do escritor de que se ocupam um pouco marginalmente. Tem este tipo os melhores exemplos no Abel Barros Batista do artigo sobre Camilo Castelo Branco e em quase todos os capítulos que Miguel Tamen subscreve (António Nobre, Bocage, Raul Brandão, Eça, Fernão Mendes Pinto, Cesariny, Gomes Leal, João de Deus); também Nuno Amado (Pessoa 2) pertenceria a este primeiro perfil.

Caberiam aqui igualmente ensaístas que tentaram escrever com a desenvoltura que descrevi mas que não são Miguel Tamen, o que fez sentirmos demasiado a presença do ensaísta e faltar um mínimo justo do escritor que servia de tópico.

No segundo tipo ficam aqueles cujos artigos admiramos por conseguirem definir argumentada e seletivamente em que pode assentar uma interpretação do escritor em causa. Destaco Pedro Mexia (Agustina), António M. Feijó (Pessoa 1, Régio, Saramago, Torga, Ruben A., Ruy Belo, Pascoaes), Abel Barros Baptista (em Júlio Dinis), João Dionísio (Fernão Lopes, Dom Duarte), Gustavo Rubim (Cesário Verde, Pessanha), Fernando Cabral Martins (Almada, Mário de Sá-Carneiro), Joana Meirim (O'Neill, Três Marias, podendo o artigo sobre Sena, assente sobre o que o obsidiava, incluir-se na categoria anterior), Hélio S. J. Alves (em Camões 2), João R. Figueiredo (em Sá de Miranda). Este segundo perfil calhará ainda a colaboradores que não elegem tão bem os argumentos convincentes (isto é, que me convencessem a mim) – é o caso do artigo de Cláudia Pazos Alonso, demasiado focado nos constrangimentos da autoria feminina, o que esbate a importância de Irene Lisboa; já Anna M. Klobucka, aludindo de passagem a questões identitárias, dá-nos um quadro pertinente da receção de Florbela Espanca.

Um terceiro tipo de colaborações reuniria quem, arrumada e altruisticamente, elaborou síntese abrangente e conhecedora. Os exemplos perfeitos são os dois textos de Isabel Almeida (Vieira, Gil Vicente); mas também José Carlos Seabra Pereira (Aquilino), Isabel Cristina Rodrigues (Maria Judite de Carvalho), Joana Matos Frias (Carlos de Oliveira, próximo do perfil dois, e Fiama), Maria Sequeira Mendes (António José da Silva), Peter Stilwell (Cinatti, em modo biográfico), Rui Ramos (Oliveira Martins, Antero), Rita Patrício (Vitorino Nemésio, a que talvez falhe o Nemésio das biografias), Rosa Maria Martelo (em Luiza Neto Jorge). A outros integráveis neste terceiro perfil, ora faltaram mais páginas do que as cerca de oito atribuídas ora o artigo se ressente da contiguidade com ensaios ancorados em menos ideias mais perspicazes ou em redação incisiva e irónica. E os ensaios com trechos em que não se escondem pontos frágeis do escritor, ou em que se caldearam os pontos fortes com igualmente alguns defeitos, resultam melhor do que os sobretudo panegíricos (o que, por exemplo, prejudica o no entanto competente Herberto de Rosa Maria Martelo).

Os artigos que não tratam de um só escritor parecem quase prescindíveis, à exceção dos que remetem para fatias cronológicas (Lírica medieval, por João Dionísio; Renascimento, por João Figueiredo; Barroco, por Hélio Alves; Orpheu e presença, por António Feijó). O artigo sobre memorialismo (Rui Ramos) podia figurar como ensaio sobre o Marquês de Fronteira (o essencial sobre as *Memórias de Raul Brandão* já estava intuído no artigo "Raul Brandão"; o resto, em modo de verbete, destoa do volume); o sobre críticos (Miguel Tamen) apareceria com título personalizado (João Gaspar Simões e Eduardo Prado Coelho); o dos poetas laureados (também de Tamen) caberia em "João de Deus" ou num artigo sob "Sophia", já que ainda vive Manuel Alegre; o artigo "Portugal" diluir-se-ia em qualquer outro de Tamen. Dois dos quatro artigos "Cânone" (o de Feijó e o de Tamen) surgiriam como os interessantes prefácio e posfácio que são realmente; os outros dois, sobre escritoras (Klobucka) e escritores homossexuais (Figueiredo), corresponderiam a reflexão prévia ao plano do volume, quando se avaliasse não se justificar representação *ad hoc* daqueles grupos, dispensando-se o critério político em matérias de literatura. Quanto ao artigo sobre prémios (João Pedro George), funciona como útil introdução ao tema, a que faltará terem-se explicitado os chancelados por essa outra via canonizante.

Que a lista de escritores não é o principal se retira também de o elenco sofrer o viés que significa o tratamento múltiplo. Camões e Pessoa são objeto de dois ensaios cada um (por João Figueiredo e por Hélio Alves; por António Feijó e por Nuno Amado), mas Camões acaba por ser bastante tratado ainda em outros artigos (numa meia dúzia) e Pessoa é omnipresente (não menos de quinze cruzamentos com outros); Eça está em "Eça de Queirós" (Tamen) e nos dois artigos de Abel Barros Baptista (Júlio Dinis, Camilo); outros vão surgindo com certa recorrência: Cesário Verde, Régio, Herberto Helder, e, apesar de não lhe ser dedicado ensaio, Sophia Andresen. Também há escritores que mal comparecem no artigo que os traz no título (José Rodrigues Miguéis, por Pierre de Roo). Miguel Torga está esquecido na cronologia (527), mas é objeto de ensaio no miolo, gralha que nos lembra que há vinte anos, na ocasião de uma iniciativa com alguns aspetos em comum, o *Século de Ouro*,[4] foi muito discutido o esquecimento de Torga, como o de Alegre, ausência menos chorada agora. Desta vez, segundo se percebe das recensões e notícias, as exclusões polémicas foram Sophia, José Cardoso Pires, Eugénio de Andrade, Nuno Bragança – por estar Ruben A. – e Vergílio Ferreira.

Só três notas. A edição de que Hélio Alves diz ter tido notícia e não ter podido encontrar ("Barroco", 128, rodapé) será a publicação da dissertação de doutoramento, de 1999, de Manuel dos Santos Rodrigues.[5] Ao eleger *Viagens na Minha Terra* como tema central do artigo "Almeida Garrett", Viktor Mendes assume serem as *Viagens* o contributo relevante de Garrett para o cânone, entendido como repertório estável de obras estudadas nas escolas (73); porém, segundo esse critério, deveríamos atentar sobretudo no *Frei Luís de Sousa*, a única obra de leitura integral obrigatória em todo o secundário atual (de Eça, Saramago, Gil Vicente, as escolas podem escolher um de dois títulos; quanto às *Viagens* não são para leitura na íntegra, selecionam-se cinco capítulos, e figuram como opção, rivalizando com *Amor de Perdição* e "A Abóbada"). Pelo menos no caso de Irene Lisboa, não se justifica a assunção, aceite por Cláudia Pazos Alonso (284), de que as escritoras teriam sido prejudicadas quanto a presença nas antologias escolares – no período de 1954-79, três textos de Irene Lisboa ocupam o top dos escolhidos por manuais do 3.º ano do liceu.[6]

O Cânone teve resultados, até um enjeitado nos planos iniciais. Numa das sessões de apresentação, asseverava Miguel Tamen que "evidentemente, este livro não vai sair em exame nenhum". Entretanto, nem foi preciso um ano para *O Cânone* chegar aos exames nacionais. A prova de Português do ano passado (2021, 1.ª fase)[7] reproduzia o texto do ensaio "Almada Negreiros", de Fernando Cabral Martins (67-68), sobre que versava todo o grupo II, enquanto que a parte C do grupo I da prova da 2.ª fase,[8] sobre "a dor humana" em "O Sentimento dum Ocidental", terá sido inspirada pelo final do ensaio de Gustavo Rubim sobre Cesário (209).

NOTAS

1. Feijó, António M., e Miguel Tamen. 2017. *A Universidade como Deve Ser*. Lisboa: Fundação Francisco Manuel dos Santos.

2. Ver: Tamen, Miguel. 2021. *Erro Extremo, Ensaios do Observador (2014-2016)*. Lisboa: Tinta-da-China; e Tamen, Miguel. 2021. *Erro Extremo II. Ensaios do Observador (2016-2017)*. Lisboa: Tinta-da-China.

3. As que li: Diogo Vaz Pinto. "*O Cânone*. Travessuras e Partidas entre Freiras." *Nascer do Sol*, 24/10/2020; João Oliveira Duarte. "Literatura. O Deslumbramento do Cânone." *Jornal i*, 28/10/2020, https://ionline.sapo.pt/; Diogo Ramada Curto. "O Retrocesso do Cânone." *E – A Revista do Expresso*, 7-11-2020; Luís Miguel Queirós. "Um Cânone que Resgata Autores Soterrados pelo Gosto Dominante" (entrevista) e "Um Cânone para Abalar o Cânone." *Ípsilon* (suplemento de *Público*), 20/11/2020; Teresa Carvalho. "O Cânone, a Tia e o Cardeal Diabo." *Jornal i*, 23/11/2020; recensão (parte I) por João N. S. Almeida, *Os Fazedores de Letras*. *Revista dos Estudantes da Faculdade de Letras da Universidade de Lisboa*, 88, 22/6/2021, https://osfazedoresdeletras.com/; recensão por António Cândido Franco, *A Ideia. Revista de Cultura Libertária* XXIV, outono de 2021, https://aideiablog.wordpress.com/; João Dionísio. "Sobre o Cânone da Literatura Medieval Portuguesa." *Forma de Vida* 22, setembro de 2021, https://formadevida.org/. As apresentações, moderadas por Ricardo Araújo Pereira, a 14, no Jardim Botânico Tropical de Lisboa, e por Pedro Sobrado, a 15/10/2020, na Casa de São

Roque, no Porto, estão no YouTube: https://www.youtube.com/watch?v=Zi-6XVzEyDk; https://www.youtube.com/watch?v=lEfUR5Ubgco.

4. Silvestre, Osvaldo Manuel, e Pedro Serra, orgs. 2002. *Século de Ouro, Antologia Crítica da Poesia Portuguesa do Século XX*. Braga-Coimbra/Lisboa: Angelus Novus/Cotovia.

5. Quevedo, Vasco Mouzinho de. 2013. *Afonso Africano: Poema Heróico da Presa de Argila e Tânger*, estudo histórico-literário, edição crítica e dicionário por Manuel dos Santos Rodrigues; apresentação de José António Segurado e Campos. Setúbal: Câmara Municipal de Setúbal.

6. Ver: Tavares, Maria Andresen de Sousa. 1987. *A Antologia Escolar no Ensino do Português*, tese de mestrado. 309-11. Braga: Universidade do Minho.

7. https://iave.pt/wp-content/uploads/2021/07/EX-Port639-F1-2021-V1_net.pdf.

8. https://iave.pt/wp-content/uploads/2021/09/EX-Port639-F2-2021-V1_net.pdf.

LUÍS PRISTA é Professor na Escola Secundária José Gomes Ferreira (Benfica). Integra a Equipa Pessoa. Ensinou História da Língua Portuguesa e Didática do Português, na FLUL e na FCSH-UNL.

Abel Barros Baptista, Sara de Almeida Leite, Joana Meirim, Gustavo Rubim,

orgs. 2021, *Contra a Literatura: Programas (e Metas) na Escola*. Lisboa: IELT / NOVA FCSH.

Nos dias 20 e 21 de Outubro de 2017 decorreu no Instituto Superior de Educação e Ciências e na Faculdade de Ciências Sociais e Humanas da Universidade Nova de Lisboa um encontro acerca de "Programas (e Metas) na Escola" sob o título *Contra a Literatura*. O colóquio, organizado por estas duas instituições, reuniu cinco painéis cuidadosamente delineados: I. "Educação Literária Programada?"; II. "Papel do Professor: Professor de Papel?"; III. "Manuais: Livros de Instruções?"; IV. "E Agora, como se Faz uma Aula?"; V. "Formação de Professores: Perspetivas Finais." Ao todo, o programa previa 22 intervenções com moderação dos organizadores do colóquio (e agora também deste volume): Abel Barros Baptista, Sara de Almeida Leite, Joana Meirim e Gustavo Rubim.

Assinalo o enquadramento original das intervenções que depois foram integradas no livro em apreço com três finalidades: a. sublinhar que o livro contém menos de metade das versões escritas mais ou menos dependentes das intervenções feitas no colóquio; b. assinalar que aqueles painéis estão diferentemente representados no livro (I – 1 texto; II – 2; III – 3; IV – 3), com maior incidência nos assuntos relativos a manuais e à preparação das aulas e sem vestígio das perspetivas finais sobre a formação de professores; c. destacar que, dos diferentes contributos, é o de Joana Meirim, "Educação Literária Programada?," o que está alinhado com a dimensão mais *programática* da publicação, como se pode perceber pela seguinte observação no texto prefacial do volume: "Colocando-se *contra* a literatura, isto é, diante dela e para seu benefício, o colóquio pretendia decidir se a 'educação literária' não se colocava afinal *contra* a literatura, isto é, em oposição a ela e em seu prejuízo" (12).

Com efeito, o contributo de Meirim disputa a ideia de que a educação literária equivalha a um reforço da literatura nos programas e metas em apreço, discute o paradigma da representatividade (nacional e não só) na configuração que estes documentos oferecem da literatura e contesta o grau de regulação das práticas lectivas, que a seu ver reduz professores e alunos a simples executantes de instruções. A oportunidade da argumentação patente neste contributo convidaria a interlocução representativa da visão posta em causa, por certo para que um ponto de vista mais regulador pudesse mostrar os méritos que também tem, mas, claro, o diálogo pode fazer-se fora do volume.

Entre outras questões levantadas pelo artigo de Meirim, destacaria duas, uma num plano alto e outra de plano baixo. No plano alto, uma das questões mais importantes é a de saber, ao defender-se uma muito maior margem de atuação por parte de professores e de alunos, qual deveria ser o grau certo de regulação dos documentos orientadores, se precisaríamos de todos os existentes e, no limite, como se deveria perfilar o papel do Estado nesta matéria. No plano baixo, seria também interessante inquirir sobre se o atual quadro regulador tolhe definitivamente o trabalho de iniciativa individual a desenvolver pelos agentes no terreno. Os outros contributos colocam-se diversamente perante estas perguntas, embora se note a preponderância de uma maior ou menor sintonia matizada com as posições de Meirim.

Menor sintonia nota-se da parte de Daniel Joana, quando afirma que "a autonomia pedagógica depende infinitamente mais da perspetiva – sempre autónoma – com que o professor decide abordar as matérias definidas" (23); menor sintonia também da parte de Sofia Paixão, ao reconhecer que "a autonomia do professor decorrerá da sua atitude reflexiva e da sua visão crítica relativamente aos documentos curriculares em vigor e às diversas publicações didáticas disponíveis no mercado" (34). Finalmente, menos ainda no que toca a Ana Santiago e Alexandre Dias Pinto, autores de manuais escolares publicados há poucos anos, concebidos portanto ao abrigo dos documentos normativos e orientadores que estão em vigor.

Maior sintonia é, em contrapartida, notável no artigo de Rui Mateus, que vê nos manuais (e instrumentos conexos) veículos de uma polivalência invasiva e ocupantes dos espaços próprios de outros textos e recursos, para não falar da atuação individual de professores e alunos (46). O efeito monopolizador dos manuais seria assim o de estimular a indolência através da promoção da reprodução de conteúdos *ready made*, fazendo com que, na linguagem de Osório Mateus, o *dar lido* ganhasse ao *dar a ler*. No que diz respeito aos manuais, esta vitória estaria também documentada na prevalência do modelo *compêndio* em relação ao modelo *selecta* (este último munido de orientações mínimas ao contrário das sobredeterminações daquele). É certo que a defesa do modelo *selecta* pode às vezes vir embrulhada com laço de sentidos contraditórios, como é sugerido pelo seguinte apontamento de Jorge Calado a propósito dos seus tempos escolares:

> Os tempos eram de livro único para cada disciplina, escolhido por concurso. Se, por um lado, me repugna a ideia totalitária de pôr todos os alunos do país a estudar pelos mesmos livros, por outro lado evitava-se a corrupção atual de editoras e autores, muitas vezes promovendo livros pedagogicamente falhados e cheios de erros. (2022. *Mocidade Portuguesa*, 314. Lisboa: Imprensa Nacional)

O argumento de Rui Mateus, e de outros autores neste volume (assim Teresa Vieira da Cunha), é um tanto outro. As metas curriculares impuseram pressões de calendário incompatíveis com o tempo *lento* da literatura (51) que o manual ameniza graças a uma proliferação de tipologias de conteúdo que permitem poupanças ao seu utilizador (poupanças de tempo, mas também de espírito crítico e de diversidade material na experiência de leitura).

Um tanto à parte neste espectro informal de maior ou menor aproximação às posições de Meirim encontra-se a intervenção de Luís Prista, que, por um lado, fornece uma visão ainda mais constrangida do ensino da literatura e, por outro, é um caso singular de relato sobre o engenho individual na maneira de lidar com diversas formas de constrangimento. Adicionalmente, o contributo de Prista faz um reconhecimento extremo da intratabilidade dos textos literários que já não estão escritos na *nossa* língua (segundo ele, do Padre António Vieira para trás). Trata-se de um reconhecimento merecedor de debate que não tem eco neste livro, mas que pode ser lido pelos seus organizadores assim: é também por causa de se ter apostado em estratégias centradas em dar a *literatura lida* (em vez de a *dar a ler*) que o cânone literário legível na nossa língua tem ficado cada vez mais reduzido.

A defesa de uma prática centrada no encontro individual, e tão pouco pré-definido quanto possível, com a literatura suscita perguntas relativas ao que se entende por literatura, a como se concebe o seu ensino, mas também a como se faz o reconhecimento e avaliação dessas práticas individuais monitorizadas. Neste sentido, o texto final de Sara de Almeida Leite remete para o que podem ser cenas especialmente úteis dos próximos capítulos deste debate:

> Não é legítimo continuar a alegar que as leituras pessoais dos alunos são muito difíceis de avaliar, quando existe uma considerável bibliografia sobre formas válidas e eficazes de proceder à avaliação de leituras literárias individuais, que dependem da genuína transação com os textos. (101)

Este parece um passo necessário no trânsito das reservas de princípio a alternativa integral ao modelo atual. Uma proposta consideravelmente menos reguladora do que a que está em vigor exige o estabelecimento de posições concertadas em torno de documentos orientadores, de instrumentos de ensino, da formação de professores, entre outros aspetos, e torna-se mais viável quando se descortinar que, além de reservas, pode existir um acordo mobilizador na operacionalização de uma outra visão para o ensino da literatura. É também por esta via que se ultrapassa a bloqueio devido ao sim de Hipócrates e ao não de Galeno.

JOÃO DIONÍSIO é Professor de Literatura Portuguesa e de Crítica Textual na Faculdade de Letras da Universidade de Lisboa

Anita M. R. de Moraes e Vima Lia R. Martin,
orgs. 2019. *O Brasil na Poesia Africana de Língua Portuguesa*. São Paulo: Kapulana.

O jogo eletrônico FIFA emula partidas de futebol. Na inicialização do *game*, o jogador escolhe em que língua quer que as narrações, descrições e legendas do jogo se apresentem. O português aparece duas vezes: numa delas, o nome do idioma vem acompanhado da bandeira de Portugal; na outra, da do Brasil. O que isso nos revela? À queima roupa, que a língua portuguesa se divide entre Portugal e Brasil, pois existe um português de Portugal (não gosto nada do jargão "português europeu"), existe um do Brasil. Ok, mas e os países africanos de língua oficial portuguesa?

O português, para a maioria de nós do Brasil, não é tão estrangeiro assim. Em virtude de inúmeras razões (e catástrofes) históricas, inclusive os sucessivos, e ainda vigentes, genocídios dos povos indígenas, o português não compete, para a maior parte da gente que nasceu no Brasil, com nenhum outro idioma pelo posto de língua primeira. É estrangeiro, claro, porque, além de ser *português*, é língua, e línguas são estrangeiridades *per se* – mas pronto. Já nos países africanos onde se fala português, aqueles que não aparecem no menu do FIFA, o português ainda disputa espaço com línguas vivas no cotidiano de muitas populações, e essa experiência, em tudo cheia da violência colonial, mantém ainda algumas marcas.

Assim, Brasil e Portugal, grosso modo, são os países em que o português se encontra em solo mais (lá) ou menos (cá) naturalizado. Mas o Brasil, também colônia, torceu a língua, alterou-a, abriu-a, inclusive, a sabores vindos da África no maldito processo da escravidão. O Brasil, então, se torna, para certa poesia africana de língua portuguesa, um dialogante profícuo: por um lado, sermos todos ex-colônias nos faculta a amizade de quem conhece a mesma dor; por outro, o Brasil, por ser independente há mais tempo e por já ter certa propriedade sobre o português, sabe a uma espécie de irmão mais velho – ou referência firme e não opressora.

É por essas e outras razões que a antologia *O Brasil na Poesia Africana de Língua Portuguesa*, organizada por Anita M. R. de Moraes e Vima Lia R. Martin, é tão oportuna e bem-vinda. Pertencente ao catálogo da editora Kapulana, que vem, há vários anos, se dedicando à divulgação da literatura africana (não apenas em português) no Brasil, o livro é um investimento nas trocas culturais que se dão, em poesia, entre África e diversos aspectos da vida e da cultura brasileiras – diz o posfácio das organizadoras:

> O conjunto de poemas . . . aponta para representações diversas: há poemas que apenas mencionam o Brasil, entre outros países do continente americano, como destino de africanos escravizados; há poemas que estabelecem alguma relação intertextual com obras da literatura brasileira; outros enaltecem o Brasil, desde uma perspectiva idealizada, por vezes até mesmo exotizante ou turística; há aqueles que se referem com admiração a personalidades brasileiras (escritores, compositores, intelectuais etc.); há, ainda, poemas que mencionam a opressão – e a resistência a formas de opressão – dos negros no Brasil. (101)

O elenco da antologia conta com poetas de São Tomé e Príncipe, Angola, Moçambique e Cabo Verde. O mais antigo é o angolano José da Silva Maia Ferreira, que viveu no Brasil e aqui morreu, em 1881. Maia Ferreira é autor de uma interessante *canção de exílio*, intitulada "A Minha Terra," em que é decantada a singularidade de sua Angola em perspectiva às belezas exuberantes e já bastante cantadas de Portugal e do Brasil (o poema foi escrito no Rio de Janeiro). Também ao século XIX pertence o santomense Caetano da Costa Alegre, que convoca o Castro Alves d' "O Navio Negreiro" para cantar uma "pálida e gentil morena" (11) que sonha um sonho inadequado a um poema de amor.

Entre os nomes contemporâneos presentes em *O Brasil na Poesia Africana de Língua Portuguesa*, ressaltem-se os da cabo-verdiana Vera Duarte e o do moçambicano Nelson Saúte, visitantes frequentes, já em plena pós-independência de seus países, do solo brasileiro. Suas poéticas já não procuram o Brasil como um lugar entre a utopia e a identificação, tampouco como contraponto de Portugal; o que fazem é lançar sobre o país amigo um olhar ainda solidário, mas cheio de clareza. O poema de Vera Duarte, "Os Meninos," que começa com um retrato desalentado – "Sobre estas praias cheirando a maresia e a peixe podre brincam os meninos da pobreza, do abandono e do desespero" (75) –, bem poderia se referir a qualquer lugar (pobre) do mundo. De modo semelhante, um Brasil que participa de memórias em português de uma cultura com ambição universalizante é o que figura na poética de Luís Carlos Patraquim, moçambicano dono de uma lírica sofisticada e de claro rigor.

Um caso singular na antologia é o de Ondjaki, o mais jovem dos poetas do livro, pois ele não apenas frequenta o Brasil, mas tem laços bastante sólidos com o país, especialmente com o Rio de Janeiro, onde esteve incontáveis vezes, por longos períodos. Autor fartamente publicado por editoras brasileiras, o angolano já é um representante de certa ponte aérea luso-afro-brasileira que se sente à vontade em qualquer dos chãos desse tripé com feições globalizadas – é a procura desse multipertencimento que orienta, por exemplo, a emulação de Manoel de Barros num poema como "Chão," cujo primeiro verso é "apetece-me des-ser-me" (45).

O Brasil na Poesia Africana de Língua Portuguesa surge como uma oportuna possibilidade de reflexão acerca da relação literária entre África e Brasil, revelando que há muito Brasil na África, para além de toda a África que há no Brasil. Essa via de mão dupla, ainda que a segunda seja mais conhecida, ainda tem muito para ser estudada.

LUIS MAFFEI é Professor de Literatura Portuguesa da UFF, pesquisador do CNPq, ensaísta e poeta. Tem diversos livros publicados, assim como vários ensaios em revistas da área e coletâneas.

Martelo, Rosa Maria.
Antologia Dialogante de Poesia Portuguesa.
Lisboa: Assírio & Alvim, 2020.

Collecting 102 poems by forty-four authors over nine centuries, this anthology presents a substantial and sustained selection of intertextually linked poems written by representative poets from different periods, whether (near) contemporaries or chronologically distant. In tracing dialogic genealogies of echoes and reverberations in Portuguese poetry based on "pre-existing links" of affiliation among the selected poems, as stated in the editor's preface (7), the volume celebrates the poems' productive afterlives and invites the reader to consider both their ability to engage and inspire subsequent poets to respond to them in varied ways, underscoring their significance as foundational texts or as milestones in Portuguese poetry, and the influential role of the poets who authored them in an unfolding poetic tradition. However, the anthology resists a fixity that the genealogical treatment of canonical works and authors and the chronological arrangement might impose. In a proleptic gesture, it reads the intertextual poems as elective allegiances by the later poets (i.e., the poets who produced their works in dialogue with a previously written poem or poems), thereby demonstrating that "twentieth- and twenty-first-century poetry oftentimes renders explicit the intertextual relationships which gave birth to it" (9).

   This at once historical and prospective conceptualization of how texts relate to one another evokes a definition of intertextuality such as Norman Fairclough's, reflecting the "ways in which texts . . . are shaped by prior texts they are 'responding' to and subsequent texts that they 'anticipate.'"[1] The dialogic approach that underpins the organization of this anthology is aligned with Fairclough's s views and those of his precursors Mikhail Bakhtin, Julia Kristeva, and Gérard Genette. In turn, Martelo's reference to T. S. Eliot's "good" and "bad" poets (10), depending on how fully a poet incorporates the diction of his/her precursor, and her use of the term "correction" (emenda) naturally evoke Harold Bloom's tropes of "anxiety" (The Anxiety of Influence: A Theory of Poetry, 1973) and "misreading" (A Map of Misreading, 1975), which recast Eliot's dichotomy, qualifying "strong" (as opposed to "weak") poets as those whose poetry is most subject to corrective appropriation. It follows that the anxiety felt by those writing in the wake of influential poets engenders what Bloom terms a "misprision"—a deliberate misunderstanding—as a "swerve" away from the predecessor by the new poet, who completes the parent poem by retaining its terms and its fragments but gives these terms another meaning. The notion "that every poem is the result of a critical act, by which another, earlier poem is deliberately misread, and hence re-written," regarded as essential to Bloom's concept of passing on the poetic tradition, could be seen as partly animating Martelo's editorial project.[2] However, in her choices, she expands the rewritings to poems that are sometimes contemporaries of the originals, and she transcends or sublimates the contesting, conflictual metaphor underpinning Bloom's agonistic criticism, proposing instead a dialogic, constructive relationship whereby the two or more poems in dialogue intersect in seemingly harmonious, choreographed nodes of renewed meanings. In effect, the new poems intertextually linked to the original ones achieve what Linda Hutcheon has termed a "bitextual synthesis," describing the "dialogic relation between texts" established by parodies (which applies to intertextually linked pairs of works in general).[3] Arguably, the degree of imbrication of the two texts—as parts of a new whole of entangled signifier and signification—is comparable to that of diptychs in the visual arts, or even occasionally triptychs, as when the poem dialogues concomitantly with two texts, as is the case with certain sets of poems in this anthology.

Martelo terms the sustained practice of elective allegiances underpinning the anthologized poems an "epigraphic way of writing" (9), a concept she traces to one of the poets anthologized, Fiama Hasse Pais Brandão, for whom, she argues, "literature is epigraphic in the sense in which it progresses over the texts of the past, celebrating them while subverting, assimilating and transforming them at the same time" (7–8). Martelo highlights key precursors in Portuguese literature of this "hypertextual" practice, which she contextualizes amid the neo-avant-garde movements of the 1970s, and revisits some of their views, such as Manuel António Pina's suggestion that hypertextuality could be regarded as characteristic of a late modernity (9). Martelo identifies illustrative works and significant figures belonging to this intertextually based dialogic lineage in contemporary Portuguese poetry, many of whom feature in this anthology as its committed and consummate practitioners. Their transcreative poems connect to our contemporaneity, partaking in the co-creation of a transtemporal poetic community that encompasses some of the most significant contemporary Portuguese poets. Given that the thematic, stylistic, and tonal intertextual links among the texts gathered in this anthology include emulation, pastiche, and parody as modes of rewriting, it could be argued that the aforesaid elective allegiances establish poetic genealogies of affect, relying on such values as affiliation and conviviality in their sustained effort to reveal multilayered, cross-temporal affinities. These features, Martelo argues, can potentially lead to an extension of the "dialogical exercise" (13) that resulted in this anthology to include "hypertextual dialogues with a transnational breadth"—providing as example dialogues with poems by certain Brazilian and other overseas poets, mentioning some of the preferred interlocutors of contemporary Portuguese poets, and leaving a promise of further dialogic anthologies of poetry in Portuguese.

NOTES

1. Norman Fairclough, "Intertextuality in Critical Discourse Analysis," Linguistics and Education 4 (1992): 269–93, at 269.

2. Edward W. Said, "The Poet as Oedipus," review of Harold Bloom's A Map of Misreading, New York Times, April 13, 1975, https://archive.nytimes.com/www.nytimes.com/books/98/11/01/specials/bloom-misreading.html.

3. Linda Hutcheon, A Theory of Parody (Urbana: University of Illinois Press, 2000), xiii.

PATRÍCIA SILVA holds a PhD in Portuguese and Brazilian studies from King's College London and is Associated Research Fellow at the Centre for Social Studies (CES), University of Coimbra. Her research focuses on poetry, modernism, Lusophone literary and cultural studies, comparative literature, interarts studies, and visual cultures.

Abel Barros Baptista.
2019. *Obnóxio (Cenas).*
Posfácio de Luísa Costa Gomes.
Lisboa: Tinta-da-China.

Apesar das diferenças entre as várias secções que o compõem, *Obnóxio (Cenas)*, de Abel Barros Baptista, pode ser lido como um livro uno; a sua unidade é garantida pela ficção da história da sua edição, pela evidência da montagem dos elementos que o constituem enquanto partes de um todo, pela constância do tipo de humor dos textos e pela recorrência de tópicos, preocupações e cirúrgicos detalhes narrativos; o posfácio, assinado por Luísa Costa Gomes, prolonga e fecha essa construção discursiva dramática e irónica. Nestas cenas, predominantemente diálogos, o que acontece são conversas, mas estamos longe de qualquer imobilismo. Pelo contrário, o diálogo, dispensando qualquer moldura narrativa, permite trazer para cena o mundo vivo nas intervenções das personagens e esse confronto de palavras torna-se a acção principal. Mesmo nos textos não dialogados ouvimos o conferencista, a voz que nos interpela e que antecipa possíveis objeções: estamos sempre no domínio da representação da palavra dita, lançada a prever e a responder ao repto.

Os textos que aqui se reúnem são ensaios com argumentos fortes, mas o seu ímpeto argumentativo aparece-nos contido, quer pela estrutura dramática que tantas vezes encena o impasse, quer pela prevalência do humor, "força invisível de irrisão de todos os humanos (piores ou melhores) que atravessa todas as práticas sociais e é uma das determinações do humano" (95). Se o trágico for o ato irreparável (157), o humor enfrenta e questiona essas práticas, esse humano e a linguagem em que se dizem, dando como possível a sua reparação, ou, pelo menos, suspendendo a sua irreparabilidade. É pelo humor que se celebra o jogo dos possíveis, o puro prazer de contar de feição camiliana, manifesto também no gozo da interrupção, tornando promessas as histórias só começadas. A ironia manifesta-se na diversão metanarrativa e metadiscursiva, como se torna evidente no exame de subtilezas linguísticas (como o uso de adjetivos uniformes ou pausas que distinguem interrogações indiretas das diretas). Para além disso, a ironia é aqui uma forma de educação literária, ao impossibilitar qualquer leitura linear, convidando o leitor a reconhecer que ler é estar em recreio (137).

Neste livro, a primeira ironia está no título, que usa o adjetivo como substantivo, num modo enigmático, mas assertivo, procedimento que depois se descreverá a propósito do machadiano "diplomático" (163); a segunda estará no subtítulo, Cenas, que tanto diz a diversidade dos assuntos tratados como a estrutura dramática dos textos que compõem o livro; a terceira está na proximidade de dois termos antagónicos quanto à estranheza lexical que podem suscitar no leitor. Todo o livro viverá desse escrutínio da linguagem, seja no apuramento de significados que se buscam e se apuram (que a procura de redefinição de "obnóxio" pode ilustrar), seja na denúncia dos lugares mais rarefeitos da língua – e que o uso de "cena" na epígrafe dá a ver e que será depois tematizado a propósito dos efeitos normalizadores da linguagem e das consequências empobrecedoras do cliché (46). Se um dicionário comprova a impossibilidade de fixar o sentido das palavras, mostrando, desse modo, "a possibilidade de usos além do uso que já fazemos delas e a possibilidade de novos usos por vezes tornarem ilegais os antigos" (146), Obnóxio ensaia precisamente essa possibilidade e o uso reiterado do termo enquanto título das quarenta e oito "Cenas Breves" tenta e celebra esse "prodígio de autoridade e liberdade" (147).

Estas páginas são também animadas pelo exame da coisa literária, sobretudo o das práticas sociais que visam regular a sua experiência: os problemas e os limites do ensinável são tópicos recorrentes, seja a propósito da carta da condução, em que a obtenção de um grau visa certificar competências e conhecimentos técnicos, "uma instrução prática sem tempo nem vocação para subtilezas" (22), seja a propósito do programa de contemplação de ruínas em paz, "atividade eminentemente teórica, consiste em considerar, examinar, escrutinar as ruínas . . . sem as envolver . . . numa guerra de teorias" (40). Aqui a escola pode ser o quartel das guerras teóricas, como as querelas sobre identidade, ou o lugar que hipercodifica a validação das competências, comprometendo a experiência da leitura. Mas a escola pode ser também o princípio de outra conversa e a lição que encerra o último "Obnóxio" é a da gratidão pela companhia na leitura, uma companhia que começa precisamente na escola.

Se se acaba com a conclusão de que sem o "eminente académico brasileiro" Alcir Pécora "nada disto seria possível," a possibilidade de conversar começa no reconhecimento da importância da instigação de um interlocutor que vem do meio escolar, na sua voz e no seu exemplo, e os gestos criativos que aqui se encenam assumem essa dívida de fraternidade intelectual. A escola pode ser um lugar de semáforos, de aprendizagens inúteis, de regras dispensáveis à vida, aferível em respostas previsíveis que garantem diplomas, mas inibem a compreensão de subtilezas; contudo, é também nela, ou a partir dela, que, no recreio, se goza com os constrangimentos das salas de aula e se reconhecem os pares. Nos recreios, pode-se brincar com qualquer coisa e as regras do jogo são reinventadas sempre que necessário. É por esse género de brincadeiras recreativas, de espécie complicada, que este *Obnóxio* nos conduz.

RITA PATRÍCIO ensina na Faculdade de Letras da Universidade de Lisboa. Interessa-se por literatura portuguesa moderna e contemporânea.

José Luís Jobim, Nabil Araújo, Pedro Puro Sasse,
orgs. 2021. *(Novas) Palavras da Crítica* [livro eletrónico].
Rio de Janeiro, RJ: Edições Makunaima.

(Novas) Palavras da Crítica apresenta-se como um livro que dá continuidade ao volume *Palavras da Crítica*, publicado em 1992, com a organização de José Luís Jobim, professor na Universidade Federal Fluminense. Saído em formato papel, há três décadas, o livro esgotou rapidamente, tendo sido mais tarde digitalizado e posto a circular de forma gratuita na internet. Este gesto anónimo acabou por reforçar o desejo, por parte do organizador, de iniciar um projeto de "ciência aberta" (11). O novo volume emerge, assim, como produção de conhecimento de acesso livre e gratuito com o claro propósito de encurtar a distância entre a academia e o público em geral. Segue, por isso, a mesma estrutura, objetivos e audiência-alvo do volume anterior, porém, traz a novidade de se ramificar em linha, através de vídeos (publicados no canal de YouTube do Programa de Pós--Graduação em Estudos de Literatura da Universidade Federal Fluminense) onde alguns colaboradores dissertam sobre o seu verbete-ensaio, dando voz de uma maneira mais informal às palavras escritas e amplificando a dimensão de acessibilidade e legibilidade que caracteriza o projeto. Na elaboração deste segundo volume, a José Luís Jobim juntam-se Pedro Sasse, professor na mesma instituição, e Nabil Araújo, professor na Universidade do Estado do Rio de Janeiro.

Com 448 páginas, o volume de 1992 apresenta 18 entradas, a saber: Autor, Autora, Cânone, Desconstrução, Género, História da Literatura, Ideologia, Inconsciente, Influência, Leitor, Literatura, Literatura Negra, Nacionalismo Literário, Popular, Tempo, Teoria da Literatura, Texto e Tradução. Bastante maior, o novo volume oferece 26 entradas, aparecendo nove delas em ambas as edições – Cânone (nova grafia), Desconstrução, Género, Ideologia, Inconsciente, Leitor, Nacionalismo, Teoria da Literatura e Texto – e sendo três assinadas pelos mesmos autores da primeira edição: Inconsciente, Nacionalismo (literário) e Teoria da Literatura. A repetição das entradas demonstra que o trabalho de definição de determinados conceitos resulta de uma reflexão em progresso, inacabada e necessariamente dependente dos debates socioculturais que se vão evidenciando ao longo do tempo. Comprova igualmente a maturidade intelectual dos próprios autores, capazes de releituras críticas.

A seleção das novas palavras – Crítica Literária, Distopia, Epopeia, Insólito, Lírica, Literatura de Viagem, Literatura Indígena, Literatura Infantil e Juvenil, Melodrama, Narrativa, Narrativas Amazónicas, Natureza, Orientalismo, Pós-colonial, Regionalismo, Representação e Transculturação – revela a emergência de áreas e questões de interesse crítico nas últimas décadas, como sendo as questões pós-colonial, ambiental e indígena. A abrangência a novos termos e temas é explicitada, por exemplo, no início do verbete sobre Literatura Indígena da autoria de Fábio Almeida de Carvalho, onde se lê:

A ausência do verbete 'Literatura indígena' na primeira edição de *Palavras da Crítica* comprova que até 1992 esse fenômeno cultural ainda não havia se firmado na pauta do debate teórico e crítico sobre a vida cultural e literária brasileira. . . . bem diferente é a situação em nossos dias, quando a literatura indígena passa por momento de grande ebulição, por verdadeiro boom. (379)

Um caso ilustrativo de atualização teórica diz respeito à palavra Género. Se, em 1992, o verbete de Maria Consuelo Campos contextualiza a questão da categoria de género a partir dos pontos de vista linguístico, histórico, antropológico e feminista; em 2021, além de serem mencionados esses pontos de vista, a reflexão de Anélia Pietrani engloba questões ideológicas, políticas e performativas, dando conta dos debates sobre esta matéria a partir dos anos 90 do século XX e introduzindo terminologia-chave nas discussões contemporâneas sobre o tópico, tal como: construção discursiva, performatividade, não-binaridade, interseccionalidade, linguagem não-binária, *queer*, etc. Além disso, este ensaio ativa um conjunto de referências bibliográficas que não tinham sido consideradas no verbete anterior, alertando-se para a importância de se repensar tanto a linguagem quanto a própria construção linguística do género. Na última parte do ensaio, a autora interseta ainda as questões de género e de violência.

Embora todos os verbetes se pautem pela clareza e pelo esforço de traduzir o jargão académico num discurso acessível sem resvalar para o facilitismo, existem naturalmente vários estilos de escrita. A meu ver, por uma questão de consistência, teria sido importante que todos os textos seguissem a mesma estrutura, aumentando a coesão do volume. Por exemplo, alguns verbetes recorrem a longas citações de fontes primárias, incluem notas explicativas, exibem epígrafes, outros não. Alguns têm subtítulos, outros apenas separações numéricas.

A extensão de cada um também difere em número de páginas, por vezes em quantidade significativa. Seja como for, compreende-se que a falta de padronização se deva à dificuldade de coordenar e acomodar as opções gráficas e estilísticas de um tão grande número de colaboradores. Além de que, no que se refere à extensão, entende-se que alguns termos exijam mais espaço.

Um aspeto digno de nota concerne à voz autoral que, em alguns verbetes, ganha uma força retórica bastante evidente. Tal é o caso do texto sobre Desconstrução assinado por Evando Nascimento. O autor começa por mapear a receção do termo de Jacques Derrida no Brasil, atentando no trabalho de tradução e no ambiente dos núcleos universitários brasileiros que o acolheram. Tendo sido aluno de Derrida em Paris, Nascimento dá um tom de proximidade e clareza à obra do filósofo considerado tantas vezes como sendo hermético e difícil de ler. Neste verbete, fica-se também a saber da visita de Derrida ao Brasil em 2004, ano da sua morte. Ao recusar ser um mero discípulo do incontornável pensador, Nascimento coloca em prática a visão derridiana de ser "preciso acrescentar alguma coisa ao texto do outro, 'traindo-o' na máxima fidelidade, ou seja, suplementando-o" (80). E é justamente nesse sentido que o autor menciona uma expressão que passou a incorporar no seu trabalho de crítica literária: "literatura pensante" (92).

Apesar de vários dos colaboradores referenciarem o contexto brasileiro, exemplificando e citando autores e obras nacionais quando pertinente, o volume pode ser muito útil em todas as geografias em que o português seja a língua de trabalho. Este livro interessa pelo esforço de síntese, por apontar caminhos de análise crítica e explicitar relações entre teoria e prática cultural. (Novas) Palavras da Crítica não é para ser lido de uma assentada. É um livro-ferramenta, um livro de consulta. Citando a definição de José Luís Jobim no texto introdutório, trata-se de "um meio-termo entre o dicionário e a coletânea de ensaios" (9). Dito de outro modo, este livro eletrónico é uma base de conhecimento sobre diversos conceitos incontornáveis para os estudos da literatura e da cultura, oferecendo, no final de cada ensaio, referências bibliográficas úteis a qualquer estudante, pesquisador de literatura, mas também a um público mais geral que se interesse por questões literárias e culturais. A leitura flui de maneira escorreita e o leitor, mais ou menos letrado nos temas abordados, sente-se acompanhado. Em suma, é um volume informativo e didático, um guia para futuras e aprofundadas reflexões.

PATRÍCIA MARTINHO FERREIRA é doutorada pela Brown University e ensina literaturas e culturas lusófonas na UMass Amherst. É autora de *Órfãos do Império: Heranças Coloniais na Literatura Portuguesa Contemporânea* (Lisboa: ICS, 2021).